山东省社会科学规划研究项目文丛·重点项目
山东科技大学学术著作出版基金资助项目

● 山东科技大学珠山文库

先秦两汉易学研究

于成宝 ◎ 著

中国社会科学出版社

图书在版编目（CIP）数据

先秦两汉易学研究/于成宝著.—北京：中国社会科学出版社，2019.11
ISBN 978-7-5203-5147-8

Ⅰ.①先… Ⅱ.①于… Ⅲ.①《周易》—研究—先秦时代 ②《周易》—研究—汉代 Ⅳ.①B221.5

中国版本图书馆 CIP 数据核字（2019）第 208987 号

出 版 人	赵剑英
责任编辑	安　芳
责任校对	张爱华
责任印制	李寡寡

出　　版	中国社会科学出版社
社　　址	北京鼓楼西大街甲 158 号
邮　　编	100720
网　　址	http://www.csspw.cn
发 行 部	010-84083685
门 市 部	010-84029450
经　　销	新华书店及其他书店
印刷装订	北京市十月印刷有限公司
版　　次	2019 年 11 月第 1 版
印　　次	2019 年 11 月第 1 次印刷
开　　本	710×1000　1/16
印　　张	26
插　　页	2
字　　数	415 千字
定　　价	128.00 元

凡购买中国社会科学出版社图书，如有质量问题请与本社营销中心联系调换
电话：010-84083683
版权所有　侵权必究

序

　　成宝是我的博士弟子，二零零二年至二零零五年入我门下求学时，我当时正主持南京大学思想家研究中心《中国思想家评传丛书》的编纂事宜，并从事梁启超思想的研究工作。最初我的想法是希望他从事清代学术思想史的研究，因清代学术的研究热潮在当时刚刚兴起，可供挖掘的"空白之地"很多，可以多出成果、出好成果。但成宝硕士阶段从事先秦学术的研究，对之一直抱有浓厚的兴趣，且进而有研究先秦两汉易学之志。我作为他的博士导师，虽感觉此课题对他来说甚为困难，但不忍挫其锐气、顿其热情，也便同意了他博士阶段以易学为研究方向。成宝为人极真诚，亦能谨遵师教，博士毕业后离开南京回到他的家乡工作，执教于山东科技大学，曾在学校党委办公室副主任、文法学院副院长等管理岗位工作长达七年之久，一路走来，颇为不易。

　　而今一晃十八年，重新读起成宝的书稿，感觉他工作之后的这些年在易学研究上还是有进步的。统贯整部书稿的，是成宝一贯主张的思想史与易学筮法相结合、传统文献与出土文献相结合的研究思路和方法。他借助出土秦简《归藏》阐述《连山》《归藏》和《周易》之关系，论述《易经》在商周之际人文精神构建上的巨大意义；分析《象》《小象》的来源、年代及其主要象数理论"爻位说"的思想内容，读之颇受启发。成宝能够在学术研究上从大处着眼、细处着手，关于"河图""洛书"与易学的结合，他既能上升到学术思想史的高度看待之，又能深挖《系辞》文本的意蕴论述之；关于魏相易学，同样是通过一篇简短的传文考索魏相师承及其在西汉卦气易学上的意义；乃至其关于扬雄《太玄》体系，荀爽、虞翻卦变理论及实践的阐述等，皆有一番"绣花"的工夫。

　　学术研究重在创新，然先秦两汉易学领域堪称是学术研究上"熟地"

中的"熟地",出新并不容易。成宝在书稿中对诸多易学问题提出了新的观点,足见其学术研究的勇气、工夫和担当精神,当然个中对错或未尽之处可以再论辩、再研究。

易学是中华思想文化之大源,不仅中华智慧、思想基本品格出于此,在社会思潮的大转折时,其基本动因也出于此。当今欣逢中华民族五千年未有之盛世,于内则"五位一体"全面推进,于外则"一带一路"飞速发展,"人类命运共同体"的美好蓝图正在逐渐展开,以易学为首的中华优秀传统文化必将在其中发挥更大的作用、承载更重的使命。吾已至杖朝之年,成宝尚还年轻,兹以《周易》"自强不息""厚德载物"之语送与他,希望他不忘初心、砥砺前行,在学术研究的道路上取得更多的成绩。

蒋广学序于南大思想家研究中心
二零一九年九月

自　　序

　　《易》为中华文明与智慧之源。自伏羲创制八卦而人智渐开，由八卦至六十四卦，由《连山》《归藏》至《周易》，神农、轩辕、夏禹、巫咸等历代帝王圣贤无不与焉。大哉文王，缘羑里之囚而遂得专研六十四卦爻之象，集上古之智而终成《易经》千古不移之文！天道显，地道通，人道和，三才之道尽蕴于卦象与卦爻辞之中。此不惟后世三千年圣王治理天下之经典，亦历代博雅君子立身行事之圭臬也。故《易经》者，推究天地阴阳玄奥之变、万物生长盛衰之理、人类吉凶悔吝之运，方法备矣；而其要旨在于"道德"二字，君子或"昼乾夕惕"，或"劳谦有终"，或"敬之终吉"，或"有孚惠德"……六十四卦即君子德性涵养之道也，用心深矣。

　　春秋战国，王官之学衰而诸子之学兴。巫史依象数而求人事之吉凶祸福，道家因自然而观阴阳之消息盈虚，儒家尊德义而立人伦之尊卑上下，诸子纷纷引《易》以证其论说，易学兴矣。《彖》《小象》言"爻位"之精深，《大象》论"德政"之宏博，《文言》叙"乾坤"之至理，《说卦》述"卦象"之古义，《序卦》陈"卦序"之妙说，《杂卦》解"错综"之微意，皆无匹也；而《系辞》雄伟奇绝之文出，统合天地人鬼之道，分析原始反终之理，综述古往今来之变，详解理数象占之蕴，高扬继善成性之功，易理明矣。

　　西汉经学不脱天人感应思想之牢笼。易学承战国"易与天地准"之宏论，遍采天文、律历、干支等数术之学，汲汲于易卦体系下新天道和新占术之构建。汉初易学宗师田何传《易》于丁宽，丁宽传《易》于田王孙，田王孙传《易》于孟喜，京房又学孟氏《易》，孟、京易学遂构建起融天地节气之变与君臣内外之事为一体的卦气易学。然易学家借"推天道以明人事"冀望"屈君而申天",为帝王权贵所不喜。汉末扬雄,以旷世之才拟《周易》而作《太玄》,卦气易学之根基从此动摇矣。

东汉易学,其可观者郑玄、荀爽、虞翻三家。郑氏易学深受《易纬》影响,虽调和今古文经学,然主旨附着卦气易学。荀爽易学亦受京房易学影响,然其注《易》承继《彖》《小象》解《易》之体例,于卦爻变化升降之理多有创见。虞翻易学集先秦两汉卦变及卦象理论之大成,然失之攀延附会,为魏晋易学的转向埋下了伏笔。

值拙作即将出版之际,回首一九九九年赴南京大学中文系读硕士、博士研究生的时光,不胜嘘唏!二十年光阴似箭,逝者如斯夫;往事不堪回首,唯师恩难忘!永远铭记并感谢恩师蒋广学先生、徐兴无教授对我学术上的指导、思想上的教诲和生活上的关怀。特别是蒋老师已至杖朝之年仍不辞辛苦审读了书稿,并欣然为拙作写序,使我特别的感动和感激。由于笔者学术水平实在有限,这些年易学研究又时断时续,书稿写作的时间跨度太长等,行文风格前后略有差异,征引文献出于便于读者理解的需要略有重复,引用学术界相关成果或未一一注明,以及拙作中论说的诸多不当之处,恳请各位读者谅解,并欢迎大家批评指正。

《大有·上九》曰:"自天佑之,吉无不利。"中华优秀传统文化是所有中华儿女世代传承的文化根脉和精神家园,作为"五经"之首的《周易》更是优秀传统文化中的精华,希望能有更多的人学习易学,理解易学,发展易学,创新易学,为中华民族伟大复兴的中国梦贡献力量!

于成宝

二零一九年十月

目　　录

第一章　《易经》研究 ……………………………………………（1）
　第一节　论《周易》的形成过程 ………………………………（1）
　　一　八卦的创制 …………………………………………………（1）
　　二　由八卦到六十四卦的发展 …………………………………（5）
　　三　《连山》《归藏》与《周易》 ……………………………（10）
　　四　"爻变"的出现与《周易》卦爻辞的撰系 ………………（18）
　第二节　论《易经》"理数象占"合一的哲学 ………………（24）
　　一　《易》之理——《易》与天地准 …………………………（25）
　　二　《易》之数——人类对自然秩序的认识 …………………（28）
　　三　《易》之象——观物取象的思维模式 ……………………（34）
　　四　《易》之占——推天道而明人事 …………………………（53）
　第三节　论《易经》的道德观与中国人文精神的觉醒 ………（54）
　　一　商周交替的时代思潮促使道德观念的诞生 ………………（54）
　　二　《易经》"轻天命、重人事"的思想体现周人的
　　　　道德自觉 ……………………………………………………（58）
　　三　《易经》"君子"形象体现了周人对贵族道德
　　　　规范的构建 …………………………………………………（65）

第二章　春秋战国易学研究 ……………………………………（68）
　第一节　论春秋时期的易学 ……………………………………（68）
　　一　春秋易学中的象数论 ………………………………………（69）
　　二　春秋易学中的义理论 ………………………………………（79）

第二节　论《易传》的著作年代
　　——兼述《易传》的解易体例和易学思想……………（83）
　　一　前人关于《易传》著作年代的研究………………（83）
　　二　《易传》著作年代再考辨……………………………（86）

第三节　论"大衍筮法"………………………………………（107）
　　一　大衍之数当为五十……………………………………（107）
　　二　揲扐求卦之法…………………………………………（114）

第四节　论"河图""洛书"………………………………………（115）
　　一　"河图""洛书"的学术源流……………………………（116）
　　二　"河图""洛书"与易卦的学术渊源……………………（117）
　　三　汉代学者对"河图""洛书"的认识……………………（124）
　　四　"河图""洛书"的学术史意义…………………………（129）

第三章　西汉易学研究（上）……………………………………（130）

第一节　论战国秦汉间易学思想的演进……………………（130）
　　一　作为融筮法和思想于一体的《易经》……………（130）
　　二　孔子儒学的礼乐文化背景……………………………（131）
　　三　《易传》《中庸》对天人关系论的构建……………（133）
　　四　董仲舒对天人感应新天道的构建……………………（136）
　　五　西汉易学对"天人感应"新占术的构建………………（141）

第二节　论贾谊易学……………………………………………（143）
　　一　贾谊易学的渊源分析…………………………………（144）
　　二　贾谊《新书》引《易》分析…………………………（146）
　　三　贾谊易学的时代意义…………………………………（153）

第三节　论魏相易学……………………………………………（153）
　　一　魏相易学的渊源考略…………………………………（154）
　　二　魏相易学的主要内容…………………………………（157）
　　三　魏相易学的历史意义…………………………………（166）

第四节　论孟喜易学……………………………………………（167）
　　一　孟喜易学的师承关系…………………………………（168）

二　孟喜卦气易学的主要内容 …………………………………… (170)
三　孟喜卦气易学的学术史意义 ………………………………… (180)

第四章　西汉易学研究（下） …………………………………………… (181)
第一节　论京房易学 ……………………………………………… (181)
一　八宫卦序说 …………………………………………………… (182)
二　世应说和飞伏说 ……………………………………………… (190)
三　卦爻纳干支说 ………………………………………………… (194)
四　卦爻五行说 …………………………………………………… (209)
第二节　论《太玄》 ……………………………………………… (216)
一　扬雄准《周易》作《太玄》的学术思想背景考察 ………… (216)
二　《太玄》对《周易》的模拟探析 …………………………… (222)
三　《太玄》的筮法和天道观略论 ……………………………… (232)
四　《太玄》的易学史意义 ……………………………………… (240)
第三节　论《易纬》 ……………………………………………… (243)
一　《易纬》对《周易》经传的新认识 ………………………… (244)
二　《易纬》的"爻辰说"略论 ………………………………… (253)

第五章　东汉易学研究（上） …………………………………………… (262)
第一节　论《易林》 ……………………………………………… (262)
一　《易林》的作者归属略辨 …………………………………… (262)
二　《易林》的林辞分析 ………………………………………… (283)
附录：《易林》林辞互见表 ……………………………………… (299)
第二节　论郑玄易学 ……………………………………………… (306)
一　郑玄对《易经》的注释 ……………………………………… (306)
二　论郑玄的易学哲学 …………………………………………… (316)

第六章　东汉易学研究（下） …………………………………………… (326)
第一节　论荀爽易学 ……………………………………………… (326)
一　论荀爽的易学哲学 …………………………………………… (328)

二　论荀爽的解《易》体例 …………………………………（335）
　　三　荀爽易学的卦变说
　　　　——兼论荀爽之前的卦变理论及实践 …………………（346）
第二节　论虞翻易学 ……………………………………………（370）
　　一　论虞翻的易学观 ……………………………………（374）
　　二　论虞翻的卦变思想及设计 …………………………（381）
　　三　虞翻易学的其他解《易》体例 ……………………（393）

第一章

《易经》研究

第一节　论《周易》的形成过程

《周易》是如何形成的？这是易学史上一个不可回避而又难以完美解答的问题。因为《周易》是一部包含内容极广的占筮书：有卦符（爻画、八卦卦形、六十四卦卦形）、有文字（卦名、卦爻辞）、有筮法（现今所知的"大衍筮法"）、有筮数（大衍之数、七八九六之数等），由之可以推衍出很多的问题：《周易》的卦符是如何起源的、经历了怎样的发展过程？卦名和卦爻辞是谁作的？大衍筮法是何时出现的？筮数的表达经历了怎样的变迁？……关于《周易》形成的诸多问题，战国时期的学者便开始孜孜探求并给予了不同的解释。兹采撷众说，从八卦的创制、由八卦到六十四卦的发展、《连山》《归藏》与《周易》、爻变的出现与《周易》卦爻辞的撰系等四个方面，就《周易》的形成问题作一简述。

一　八卦的创制

按照《易传》的说法，《周易》的发展，经历了一个由八卦扩展为六十四卦的过程。关于八卦的创制，比较有影响的说法有：

"河图""洛书"说。此说甚古。孔颖达《周易正义》曰："《系辞》云：'河出图，洛出书，圣人则之。'又《礼纬·含文嘉》曰：'伏牺德合上下，天应以鸟兽文章，地应以《河图》、《洛书》，伏牺则而象之，乃作八卦。'故孔安国、马融、王肃、姚信等并云：伏牺得《河图》而作《易》。"[1] 此是认为伏羲氏受了河图、洛书的启发而创制了八卦。

---

[1] （唐）孔颖达：《周易正义·卷首》，北京大学出版社1999年标点本，第7页。

原始文字说。此说出于两汉时期的《易纬》，认为乾卦的卦画是古文天字，坤卦的卦画是古文地字，震卦的卦画是古文雷字，巽卦的卦画是古文风字，坎卦的卦画是古文水字，离卦的卦画是古文火字，艮卦的卦画是古文山字，兑卦的卦画是古文泽字。[①] 当今亦有学者认为八卦是原始的象形文字。

男女生殖器崇拜说。主此说者有章太炎、钱玄同、周予同、郭沫若等人。1923年，钱玄同在《答顾颉刚先生书》中说："我以为原始的易卦，是生殖器崇拜时代的东西；'乾''坤'二卦即是两性生殖器的记号。"[②] 郭沫若也说："八卦的根柢我们很鲜明地可以看出是古代生殖器崇拜的孑遗。画一以像男根，分而为二以像女阴，所以由此而演出男女、父母、阴阳、刚柔、天地的观念。"[③]

记数之符号说。1927年，胡怀琛在《八卦为上古数目字说》中说："余亦谓八卦为上古之文字，特以为非记物之符号，乃记数之符号耳。"[④] 汪宁生也认为：八卦是古代巫师占筮时所用的一种表数符号，阴阳两爻是表示奇数和偶数的符号，八卦则是三个奇偶数的排列和组合；八卦既不是文字，又与男女生殖器无关，也不是龟卜的兆纹所演化。[⑤]

算筹说。日本学者三上义夫在《中国算学之特色》中说："八卦出于算筹之横布，其根据之原则与构成数字者同；筮竹所根据之原则，则与后代之算筹排列法相同。筮竹与八卦，何者先，何者后，不能容易决定，然筮竹单纯，八卦则不然，其构成含有深意。有此事者察之，则必筮竹在先，八卦在后。若八卦出于筮竹，则八卦照筮竹之位置而为纵排，岂非自然？乃实际不出此而为横排。此可谓模仿数字之横排，亦可谓与数字同样，根据于有排列算筹之风。虽然，另有一种妥当见解，即八卦乃算筹各位未纵排以前之物，故为横排也。"[⑥]

结绳说。王缁尘在《国学讲话》中说："我国古时之八卦，即是从结

---

① [日] 安居香山、中村璋八：《纬书集成》，河北人民出版社1994年版，第77—78页。
② 顾颉刚：《古史辨》第1册，上海古籍出版社1982年版，第77页。
③ 郭沫若：《中国古代社会研究》，人民出版社1964年版，第23—24页。
④ 黄寿祺、张善文：《周易研究论文集》第1辑，北京师范大学出版社1987年版，第3—6页。
⑤ 汪宁生：《八卦起源》，《考古》1976年第4期。
⑥ [日] 三上义夫：《中国算学之特色》，北京商务印书馆1934年版，第51—52页。

绳蜕化而来，卦即古时挂字，即悬挂之挂，绳必须挂，其数为八，故曰'八卦'。《易传》言八卦生于太极，按《说文》'极栋也'，以是知太极，即顶高的一条栋梁，而八卦则挂于其下，以此为发布命令之工具也。至伏羲氏，以结绳之笨滞累坠，乃改用颜色以画之，所以称'画八卦'也。"① 陈道生也说："八卦之前既为结绳，则八卦当是应契画的应用而产生的，也就是说八卦也是由结绳变为契画的东西。……八卦系根据结绳二进记数而来的事实，并且可以放在卦图上去验看。"②

日影说。刘钰在《关于易经卦画起源之研究》中认为："原来所谓奥秘的《易经》，是以测量术为基础而建立起来的哲学"，八卦的爻画，就是用土圭测量日影的记录。③

龟卜说。屈万里在《易卦源于龟卜考》一文中，通过对"卦画上下的顺序与甲骨刻辞的顺序""易卦反对的顺序和甲骨的左右对贞""易卦卦爻位的阳奇阴偶和甲骨刻辞的相间为文""易卦九六之数和龟纹"等方面的比较研究，得出了易卦源于龟卜的结论。④

以上诸说，都有一定的道理。笔者认为：八卦的起源，当是出于自然崇拜的需要。上古时期，由于人们思维观念极不发达、社会生产力极其低下、认识自然和改造自然的能力极其有限，因而往往把某些自然事物和现象当作神明加以崇拜。费尔巴哈在《宗教的本质》一书中说：

> 自然之有变化，尤其是那些最能激起人的依赖感的现象之有变化，乃是人之所以觉得自然是一个有人性的、有主意的实体而虔诚地加以崇拜的主要原因。……对于自然的依赖感，配合着把自然看成一个任意作为的、人格的实体这一种想法，就是献祭的基础，就是自然宗教的那个基本行为的基础。⑤

---

① 王缁尘：《国学讲话》，上海世界书局1935年版，第49页。
② 陈道生：《重论八卦的起源——结绳、八卦、二进法、易图的新探讨》，台湾《孔孟学报》1966年第12期。
③ 黄寿祺、张善文：《周易研究论文集》第1辑，北京师范大学出版社1987年版，第18—19页。
④ 同上书，第43—63页。
⑤ [德]费尔巴哈：《宗教的本质》，王太庆译，人民出版社1999年版，第35—37页。

八卦的创制，则是我国先民自然宗教的产物。《周易·系辞下》曰：

> 古者包牺氏之王天下也，仰则观象于天，俯则观法于地，观鸟兽之文与地之宜，近取诸身，远取诸物，于是始作八卦，以通神明之德，以类万物之情。作结绳而为网罟，以佃以渔，盖取诸《离》。包牺氏没，神农氏作，斲木为耜，揉木为耒，耒耨之利以教天下，盖取诸《益》。日中为市，致天下之民，聚天下之货，交易而退，各得其所，盖取诸《噬嗑》。神农氏没，黄帝、尧、舜氏作，通其变，使民不倦；神而化之，使民宜之。《易》穷则变，变则通，通则久。是以"自天祐之，吉无不利"。黄帝、尧、舜垂衣裳而天下治，盖取诸《乾》《坤》。①

就八卦所象征的基本物象而言，天、地、雷、风、水、火、山、泽，都是令古人好奇、恐惧和敬畏的自然物，它们与古人的生产生活息息相关，是古人观察、认识、理解与掌握的主要对象。我国先民最初的生产活动，当以渔猎为主，故需要"观鸟兽之文与地之宜""作结绳而为网罟""以佃以渔"。渔猎活动的主要范围是山泽河流（山、泽、水），影响渔猎活动的主要因素是天气（天、雷、风）是否适宜和地形是否熟悉（地），以及如何处理渔猎活动的成果（火、水）。以伏羲氏为代表的中国先民，正是出于渔猎活动的需要，在观天、观地、观万物的过程中，认识并划分了八大自然物，并作为崇拜的对象。在自然崇拜的过程中人们逐步加深了对这八大崇拜物的性质与规律的认识——《系辞》中所谓的"象""法""文""宜"，最终创制出一种符号化的卦画，作为对具有强大威力的自然事物的模拟，以之"通神明之德""类万物之情"，以期获得八大崇拜物的庇护。《礼记·祭法》曰：

> 燔柴于泰坛，祭天也。瘗埋于泰折，祭地也。用骍犊。埋少牢于泰昭，祭时也。相近于坎、坛，祭寒暑也。王宫，祭日也。夜明，祭月也。幽宗，祭星也。雩宗，祭水旱也。四坎、坛，祭四方也。山林、川谷、丘陵能出云，为风雨，见怪物，皆曰神。有天下者祭

---

① （唐）孔颖达：《周易正义》，北京大学出版社1999年标点本，第298—300页。

百神。①

由《礼记》中的这段话，可以想见，中国先民曾经有过一个浓重的自然崇拜时期；而正是在自然崇拜的过程中，人们认识与掌握了天地万物之道，并由之构建了人类社会生活的秩序。张文安先生在对中国先民"日、月、风、河"神的自然崇拜与神话研究中指出：

> 自然崇拜是中国自古有之的宗教习俗，但中国古代自然崇拜的宗教情绪比较平淡，自然神的人格化进程相当缓慢，春秋以前各种自然力基本上处于有"神"而无"话"状态，自然神话大多形成于战国以后，没有形成系统完整的神话故事。中国古代自然神话是很不发达的，这是中国古代现实主义主流文化精神决定的。②

其实，中国古代自然神的人格化进程缓慢的现象，正可以从八卦的创制上得到解释，恰恰是通自然事物之神明的八卦符号及其以后出现的筮法、筮数的神奇性，消解了先秦时期自然神人格化的发展动力。

八卦的创制，是中国先民集体智慧的结晶，堪称中华文明的源头和标志。通过八卦的创制，可以看出伏羲时代的人们已经有了比较复杂的思维活动，他们已经意识到人类生产活动受多种客观事物或因素的影响，初步有了大自然事物是普遍联系的观念；而寄希望于通过八种符号化的卦画，使八种自然物能够按照人们的意愿发生作用，反映了中国先民认识自然与改造自然的强烈愿望和决心。

关于伏羲最初所创立的八卦符号，是否与流传至今的通行本《周易》八卦符号一样，这是一个难于考证的问题，有待于《周易》史前学的考古发现与研究上的进一步突破。

二 由八卦到六十四卦的发展

从八卦向六十四卦的发展，看似是一个自然的过程，实则体现了一

---

① （唐）孔颖达：《礼记正义》，北京大学出版社1999年标点本，第1295—1296页。
② 张文安：《中国古代自然崇拜与自然神话的历史考察》，《东北师大学报》（社科版）2007年第3期。

种思维的巨大飞跃，标志着中国先民从简单思维的阶段进步到了复杂思维的阶段，由简单的自然崇拜与符号模拟，而转向对自然、人生的深层关系与道理的探求。高亨说："八卦重为六十四卦，则用于占筮矣。"① 就易学的发展而言，八卦发展到六十四卦，始奠定了易学体系的基础——筮法的出现、六十四卦卦名的拟定和卦爻辞的撰系才成为可能。

关于重卦发生的时代及重卦之人，前人有不同的说法。按照孔颖达的总结，一共有四种说法："王辅嗣等以为伏羲重卦，郑玄之徒以为神农重卦，孙盛以为夏禹重卦，史迁等以为文王重卦。"② 兹略述如下：

伏羲重卦。较之王弼以前，《淮南子·要略》已提出伏羲重卦的观点："今《易》之《乾》《坤》足以穷道通意也，八卦可以识吉凶、知祸福矣，然而伏羲为之六十四变，周室增以六爻，所以原测淑清之道，而捃逐万物之祖也。"③ 孔颖达《周易正义》即取此说。

神农重卦。持此说的有京房、郑玄、淳于俊、张惠言等人。三国时易学博士淳于俊曰："包羲因燧皇之图而制八卦，神农演之为六十四，黄帝、尧、舜通其变，三代随时，质文各繇其事。"④ 张惠言撰《神农重卦文王系辞》云：

> 郑（指郑玄）以包牺作八卦，神农重之。见于孔、贾《易正义》、《周礼疏》。案：《周礼》："三《易》：一曰《连山》，二曰《归藏》，三曰《周易》。其经卦皆八，其别皆六十有四。"杜子春云："《连山》，伏羲。《归藏》，黄帝。"郑虽不破其说，然亦不从……《易赞》以为夏、殷，则又谓夏、殷用之，原其本非夏、殷所作。孔颖达《易正义》引《世谱》等书：神农，一曰连山氏，亦曰列山氏；黄帝，一曰归藏氏。然则《连山》为神农之《易》。既三《易》首神农，则包牺之《易》盖未有六十四也。《系辞》惟云："伏牺作八卦"，故不谓包牺自重之也。《系》言十二"盖取"，包牺惟有取《离》，自为三画卦之象。至神农而取《益》、取《噬嗑》，

---

① 高亨：《周易古经今注》，中华书局1984年版，第7页。
② （唐）孔颖达：《周易正义》，北京大学出版社1999年标点本，第7页。
③ 刘文典：《淮南鸿烈集解》，中华书局1989年版，第707页。
④ （西晋）陈寿：《三国志》卷4，中华书局1982年点校本，第136页。

则神农重卦可决矣。①

夏禹重卦。持此说者为东晋人孙盛，未知所据，大概是受了当时流行的"三易"说的影响。东汉经学家郑玄曰："夏曰《连山》，殷曰《归藏》，周曰《周易》。……《连山》者，象山之出云，连连不绝；《归藏》者，万物莫不归藏于其中；《周易》者，言易道周普，无所不备。"② 既然夏代的易书是《连山》，由"连山"二字可推想其中有卦画为上下经卦皆艮，故孙盛将重卦之人归为夏禹。

周文王重卦。司马迁《史记·周本纪》曰："西伯盖即位五十年。其囚羑里，盖益《易》之八卦为六十四卦。"③ 扬雄《法言·问神》曰："《易》始八卦，而文王六十四，其益可知也。"④ 班固《汉书·艺文志》曰："至于殷周之际，纣在上位，逆天暴物，文王以诸侯顺命而行道，天人之占可得而效，于是重《易》六爻，作上下篇。"⑤ 王充《论衡·对作》曰："《易》言伏羲作八卦，前是未有八卦，伏羲造之，故曰作也。文王图八，自演为六十四，故曰衍。"⑥

以上是古代学者关于《周易》重卦问题的探讨。今人对此亦有探讨，高亨说：

  窃谓重卦之事，至晚当在殷代。《世本·作篇》云"巫咸作筮"（《周礼·龟人》郑注引），《吕氏春秋·勿躬篇》亦云"巫咸作筮"。是先秦故说作筮者乃巫咸也。《书君奭篇》云："在大戊时，则有巫咸乂王家。"是巫咸者，殷大戊时人也。按筮之产生，盖上古巫者群众性之创造，不能专归功于殷代巫咸，巫咸之前当已有一段发展过程，然则重卦之事当在巫咸之前也。至于《连山》、《归藏》，亦以六十四卦组成之筮书，但其书早亡，不

---

① 张惠言：《周易郑荀义》卷上，《续修四库全书》第 26 部，上海古籍出版社 2002 年版，第 678—679 页。
② （唐）孔颖达：《周易正义》，北京大学出版社 1999 年标点本，第 7 页。
③ （汉）司马迁：《史记》卷 4，中华书局 1982 年点校本，第 119 页。
④ 汪荣宝：《法言义疏》，中华书局 1987 年版，第 144 页。
⑤ （汉）班固：《汉书》卷 30，中华书局 1962 年点校本，第 1704 页。
⑥ 刘盼遂：《论衡校释》卷 29，中华书局 1990 年版，第 1181 页。

知作于何时，不能据之以考重卦之时代。《礼记·礼运》记殷有遗书名曰《坤乾》，从坤乾二字观之，此乃筮书。郑玄注谓即《归藏》之类，其说可信。则殷代已有重卦之筮书矣。由此可见，谓重卦之事至晚当在殷代，虽无坚确不破之明证，亦据先秦相传之故说，尚不至大谬矣。①

高亨从筮法产生的角度论证了重卦的产生时间。流传至今的大衍筮法，是六十四卦系统的产物，所以重卦当发生在大衍筮法的创立之后。尽管我们无法判断巫咸筮法与大衍筮法是否完全一致，但就各种文献的记载来看，巫咸筮法是易卦体系下的重大创制，故应当是六十四卦系统下的产物。那么，关于文王重卦的说法，基本上是可以排除的。另外，由近几十年出土的殷商时期的"数字易卦"材料来看，其中有不少是六画卦，可见六十四卦卦画的出现，实是在文王之前。

比较其他三种说法，笔者认为神农重卦说是相对可信的，兹在张惠言论述的基础上，作进一步的阐述。按照传统的说法，神农是中国农耕文明的开创者，也是一位了不起的发明家。除了《系辞》中有神农"斲木为耜，揉木为耒，耒耨之利以教天下"的记述外，先秦两汉不少典籍也记载了神农的事迹。《管子·轻重戊》曰：

神农作，树五谷淇山之阳，九州之民乃知谷食，而天下化之。②

《太平御览》引《逸周书》曰：

神农耕而做陶。③

《世本·作篇》曰："神农和药济人"，"神农作琴"，"神农做瑟"。④以上是先秦文献中的说法，汉代关于神农的传说则更多更详细。《淮南

---

① 高亨：《周易古经今注》，中华书局1984年版，第7—8页。
② 黎翔凤：《管子校注》，中华书局2004年版，第1507页。
③ 李昉：《太平御览》卷833，河北教育出版社1994年版，第751页。
④ 原昊、曹书杰：《〈世本·作篇〉七种辑校》，《古籍整理学刊》2008年第5期。

子·修务》曰：

　　古者，民茹草饮水，采树木之实，食蠃蚘之肉，时多疾病毒伤之害。于是神农乃始教民播种五谷，相土地宜，燥湿肥墝高下，尝百草之滋味，水泉之甘苦，令民知所辟就。当此之时，一日而遇七十毒。①

《史记索隐·三皇本纪》曰：

　　神农斵木为耜，揉木为耒，耒耨之用，以教万人。始教耕，故号神农氏。于是作蜡祭，以赭鞭鞭草木。始尝百草，始有医药。又作五弦之瑟。教人日中为市，交易而退，各得其所。遂重八卦为六十四爻。②

《新论·琴道》曰：

　　昔神农氏继宓羲而王天下，亦上观法于天，下取法于地，近取诸身，远取诸物，于是始削桐为琴，绳丝为弦，以通神明之德，合天地之和也。③

《白虎通·号篇》曰：

　　古之人皆食禽兽肉，至于神农，人民众多，禽兽不足，于是神农因天之时，分地之利，制耒耜，教民农作，神而化之，使民宜之，故谓之神农也。④

由上述记载可知，神农的最大贡献，就是将人们生产生活的主要对

---

① 刘文典：《淮南鸿烈集解》，中华书局1989年版，第629—630页。
② （唐）司马贞：《史记索隐》卷30，文渊阁四库全书本。
③ （汉）桓谭：《新论》，上海人民出版社1970年版，第63页。
④ 陈立：《白虎通疏证》，中华书局1994年版，第51页。

象由禽兽引向植物种植与利用，五谷、琴瑟、草药、农具等都是在与植物打交道的过程中发现或发明出来的。"春种一粒粟，秋收万颗子"，五谷巨大的繁殖能力不能不使人们惊叹；草药神奇的疗效治愈了人们的各种疾病；人们利用木头丝绳制作各种乐器，以满足沟通天地神明的需要。中国先民正是在农业种植的过程中看到了植物的神性，从而产生了植物崇拜。这种对植物神性的新崇拜，是与人类族群的膨胀、人们生产范围的扩展、生产对象的转换以及劳作手段的多样化与复杂性分不开的，从而突破了原来以八卦为代表的八大自然物的崇拜，推动人们将八卦重为六十四卦，以记录或表达更多生产生活的内容和对自然事物、现象的理解。《周易》以蓍草进行占筮的活动，正是在对植物神性的崇拜意识下逐渐产生出来的。朱伯崑先生说："周部落是以农业生产起家的，其迷信蓍草，实际上出于对农作物的崇拜。"[1] 笔者认为，从古典文献中神农对农耕文明具有开创性贡献的记载来看，将八卦重为六十四卦的创作归之于神农是有一定依据的。

三 《连山》《归藏》与《周易》

（一）前人关于《归藏易》的研究

易学史上一个绕不开的问题，就是《连山》《归藏》与《周易》的关系问题。《周礼·春官·宗伯》曰：

> 大卜……掌三易之法，一曰《连山》，二曰《归藏》，三曰《周易》。其经卦皆八，其别皆六十有四。……筮人掌《三易》，以辨九筮之名，一曰《连山》，二曰《归藏》，三曰《周易》。九筮之名，一曰巫更，二曰巫咸，三曰巫式，四曰巫目，五曰巫易，六曰巫比，七曰巫祠，八曰巫参，九曰巫环，以辨吉凶。[2]

先秦文献中除了《周礼》记述"三易"的说法，不见于他书；而《连山》和《归藏》长期失传，只有少量真伪难辨的佚文传世，导致"三易"的性质、来源及其相互关系等问题一直模糊不清。李镜池先生在

---

[1] 朱伯崑：《易学哲学史》第1卷，华夏出版社1995年版，第8页。
[2] （唐）贾公彦：《周礼注疏》，北京大学出版社1999年标点本，第637—650页。

将《归藏》文与《周易》卦爻辞比较后认为：

> （《归藏》）其中也有像《周易》卦、爻辞的，但我们宁可说它抄袭或模仿《周易》，并非同出一手而彼此雷同。因《易》筮辞之性质纯粹，而《归藏》则为不伦不类之杂凑书。其类似筮辞的，例如：《鼎》：人得其玉，小人得其粟。（《易·剥·上九》："君子得舆，小人剥庐。"归妹上六："女承筐无实，士刲羊无血。"）君子戒车，小人戒徒。（《易·大壮·九三》："小人用壮，君子用罔。"《革·上六》："君子豹变，小人革面。"）①

饶宗颐先生在将《归藏》卦名与《周易》卦名比较后指出：

> 《归藏》卦名大体与《周易》同，只有少数差别，足见殷人"阴阳之书"之乾坤，基本上已用六十卦，周人损益之，改首坤为首乾。②

于豪亮先生则通过马王堆帛书《周易》卦名与《归藏》卦名进行比较，认为帛书《周易》的卦名与《归藏》卦名"有一定的渊源"。③

最近几十年，多种有关易学的考古材料相继被人们发现和认识，尤其是1993年湖北江陵县荆州镇王家台15号秦墓疑似《归藏》易占竹简的出土，为人们重新认识"三易"提供了新的材料和视角。对于这批秦简的易占材料，林忠军先生曾予以详细的统计：

> 其中关于易占的竹简164支，未编号的残简230支，共计394支，共4000余字。这批竹简，有卦画、卦名、卦辞三部分。每卦卦画皆由—∧组成，为六画别卦。70组卦画，重复者不计，有54个卦画。70个卦名，重复者不计，有53个卦名。卦名下的卦辞，有许多

---

① 李镜池：《周易探源》，中华书局1978年版，第137页。李镜池所引《归藏》，是据马国翰《玉函山房辑佚书》中的《归藏》佚文。
② 饶宗颐：《殷代易卦及有关占卜诸问题》，《文史》1983年第20辑。
③ 于豪亮：《帛书〈周易〉》，《文物》1984年第3期。

与保留在古书中的《归藏》佚文相同。①

对于秦简易占材料，学者经过研究，发现与传世的《归藏》佚文大都相似，因此，大多数学者认为秦简易占应当就是殷易《归藏》，梁韦弦先生说：

> 从秦简"易占"与《周易》相应之卦存在的不同卦名来看，前者与卦之象义的关系简单直观，后者与卦之象义的关系则复杂抽象，故秦简"易占"之卦名当即先于《周易》之卦名而存在的殷易《归藏》之卦名。秦简"易占"之占辞中存有与殷易时代不合之数条，但其余占辞显然绝非后世所能编造，当即殷易《归藏》所收夏商旧有的占筮记录之辞。秦简"易占"虽非殷易《归藏》之原貌和全貌，但大体为殷易《归藏》之内容。②

廖名春先生则进一步考证秦简《归藏》当为《归藏易》的《郑母经》，他说：

> 秦简《易占》见于《归藏》篇名者，全在《郑母经》和《启筮》篇。从其体例看，《郑母经》与简文最为接近。《启筮》篇与简文同者，体例与《郑母经》亦同；与简文异者，体例与《郑母经》亦异。疑《启筮》篇与《郑母经》体例相同的几条，本为《郑母经》的文字，后人误引。因此，秦简《易占》不仅是《归藏》，更准确一点，应当是《归藏易》的《郑母经》。③

也有学者持不同的观点。有学者认为，晋代前《归藏》之文从未面世，晋以降历代《归藏》的版本均出自汲冢书《易繇阴阳卦》，而《易繇阴阳卦》的祖本则是孔子所见之《坤乾》，晋代荀勖著录图书的时候将之命名为《归藏》，王家台秦简《易占》是以卦占为主体的《归藏》摘

---

① 林忠军：《王家台秦简〈归藏〉出土的易学价值》，《周易研究》2001年第2期。
② 梁韦弦：《王家台秦简"易占"与殷易〈归藏〉》，《周易研究》2002年第3期。
③ 廖名春：《王家台秦简〈归藏〉管窥》，《周易研究》2001年第2期。

抄本，《归藏》的成书时代当比《周易》经文晚几百年。① 还有学者持三代之《易》为东汉晚出之说，《连山》《归藏》皆为《周易》的衍生物，它们的成书与《易传》的时代相先后。② 另外有学者认为，王家台秦简易占既不是"殷易"，也不是《归藏》，"王家台秦简《易》卦是一部道地的杂占类史书；或者更确切地说，这是一部带有神话色彩的卜筮史书"。③

（二）《归藏易》的文本形态探析

笔者同意王家台秦简易占为《归藏》的结论。兹先不谈秦简《归藏》材料和传世《归藏》佚文，仅就《周礼》对"三易"的记述来看，《连山》《归藏》是《周易》成书之前"易卦"系统的占筮书，是没有问题的，并且"三易"之间应该有着非常紧密的联系。因为《周礼》一书除了对"三易"的记载之外，还有"三兆""三梦"方面的记述，文本的系统性很强：

> 太卜掌《三兆》之法，一曰《玉兆》，二曰《瓦兆》，三曰《原兆》。其经兆之体，皆百有二十，其颂皆千有二百。……掌《三梦》之法，一曰《致梦》，二曰《觭梦》，三曰《咸陟》。其经运十，其别九十。以邦事作龟之八命，一曰征，二曰象，三曰与，四曰谋，五曰果，六曰至，七曰雨，八曰瘳。以八命者赞《三兆》《三易》《三梦》之占，以观国家之吉凶，以诏救政。……卜师掌开龟之四兆，一曰方兆，二曰功兆，三曰义兆，四曰弓兆。……占人掌占龟，以八筮占八颂，以八卦占筮之八故，以眡吉凶。……④

统观《周礼·春官·宗伯》中有关卜筮的内容记述，其对周王朝的卜筮体系、人员构成、官衔机制、方式方法记载得非常系统、清楚，且与《尚书》《仪礼》《诗经》《礼记》等文献可以互为佐证，故绝无后人

---

① 任俊华、梁敢雄：《〈归藏〉、〈坤乾〉源流考——兼论秦简〈归藏〉两种摘抄本的由来与命名》，《周易研究》2002年第6期。
② 程二行、彭公璞：《〈归藏〉非殷人之易考》，《中国哲学史》2004年第2期。
③ 史善刚、董延寿：《王家台秦简〈易〉卦非"殷易"亦非〈归藏〉》，《中国哲学》2010年第3期。
④ （唐）贾公彦：《周礼注疏》，北京大学出版社1999年标点本，第635—648页。

作假的可能。

既然"三易"是真实存在的，那么，《连山》《归藏》是什么样子的呢？按照《周礼》的记载，可作如下的推论：

第一，由"其经卦皆八，其别皆六十有四"，可知《连山》《归藏》有八卦的卦形、六十四卦的卦形。即《连山易》已经发展到了六十四卦的阶段。

第二，既然六十四卦卦形已经成熟，八卦和六十四卦的卦名也是应该完备的。我们由《礼记·礼运》篇记载孔子之言可以得到一定的佐证："我欲观殷道，是故之宋，而不足征也。吾得《坤乾》焉。《坤乾》之义，《夏时》之等，吾以是观之。"郑玄注《坤乾》曰："得殷阴阳之书也，其书存者有《归藏》。"① 学者一般认为此《坤乾》最大的可能是《归藏》，则至少《归藏》已有卦名。

第三，"三易"的共同点仅在八卦和六十四卦，那么，《归藏》应当没有出现一卦六爻的爻辞，即六十四卦一共三百八十四条爻辞，也就是说，《归藏》筮法里没有爻变，当然也不会产生卦变（之卦）现象。不像《周易》那样，爻辞、爻变在占筮结果中发挥着重要的作用。②

既然《归藏》没有爻辞，那么《归藏》靠什么来判断占筮的结果？这需要我们在认清《归藏》原貌的基础上作出判断。为便于分析，兹引述数条秦简《归藏》筮例如下③：

1. ䷱ 鼏（鼎）曰：昔者宋君卜封□而枚占巫苍，苍占之曰：吉。鼏之它它，鼏之轪轪。初有吝，后果遂。

2. ䷾ 卷（既济）曰：昔者殷王贞卜亓邦尚毋有咎而枚占巫咸，巫咸占之曰：不吉。卷亓席，投之谿。卷在北为牝□。

3. ䷇ 比（比）曰：比之茉茉，比之苍苍。生子二人，或司阴司

---

① （唐）孔颖达：《礼记正义》，北京大学出版社1999年标点本，第664—665页。
② 关于《归藏》没有爻辞的说法，饶宗颐先生已经指出，详见《文史》1983年第20辑所载《殷代易卦及有关占卜诸问题》一文。
③ 王明钦：《王家台秦墓竹简概述》，载艾兰、邢文《新出简帛研究》，文物出版社2004年版，第30—32页。为便于读者理解，笔者对原始释文予以标点，个别异体字略作改动，并于《归藏》卦名后写出对应的《周易》卦名。

阳。不□□姓□□。

4. ☱鼠（夬）曰：昔者赤乌止木之遽，初鸣曰鹊，后鸣曰乌。有夫取妻，存归其家。

5. ䷣明夷（明夷）曰：昔者夏后启卜乘飞龙以登于天而枚占□□。

6. 归妹（归妹）曰：昔者恒我窃毋死之［药］［于西王母］，□□奔月，而枚占□□□。

其中，后两条又见于辑佚本《归藏》，为便于读者理解，兹引述如下：

明夷曰：昔夏后启筮，乘龙以登于天，枚占于皋陶，皋陶曰："吉而必同，与神交通，以身为帝，以王四乡。"

归妹曰：羿请不死之药于西王母，姮娥窃之以奔月，将往，枚筮之于有黄，有黄占之曰："吉。翩翩归妹，独将西行，逢天晦芒，毋惊毋恐，后且大昌。"①

通过上述例子可以看出，《归藏》的文本形态有一个大致固定的模式：先写占筮所得的卦爻符号和卦名，然后写何人因何事而占，之后写主持占筮活动的筮人的占辞，一般先写筮人判定所占之事的吉凶结果，最后写判断吉凶结果的详细占辞——此与《周易》卦辞一般先断卦义的吉凶，然后再述卦所系之事的写法相同；而与《周易》爻辞一般先写爻所系之事，最后才断以吉凶的写法正好相反。

其中最值得我们注意的是判定吉凶之后的那一部分占辞，因为其对于我们理解《归藏》的性质有着重要的意义。就占辞与所占事件往往有着密切关系的特点来看，其当是出于巫师的临事创制，即源于每一次的占筮活动，是对所占之事的新造之辞。这说明在《归藏》的时代，六十四卦还没有形成固定的卦辞，当然也就不会有爻变现象。而《归藏》占辞在写作特点上，可以概括出如下三个特点：一是由于占辞皆是缘于筮人临事而作，故其占辞透露出浓郁的叙事性；二是注重押韵，就笔者所

---

① （清）马国翰：《玉函山房辑佚书》，清同治十三年刊本。

引用的六个筮例来看，皆押韵，其中例1"它""轪"押上古"歌"韵，例2"席""谿"押上古"溪"韵，例3"苍""阳"押上古"阳"韵，例4"虡""乌""家"押上古"鱼"韵，例5"同""通"押上古"东"韵，例6"芒""昌"押"阳"韵；三是筮者在撰写占辞的时候，喜用四字句。这对我们解读《左传》中的某些筮例有启发意义。

《左传·僖公十五年》曰：

秦伯伐晋。卜徒父筮之："吉。涉河，侯车败。"诘之，对曰："乃大吉也，三败必获晋君。其卦遇蛊，曰：'千乘三去，三去之余，获其雄狐。'夫狐蛊，必其君也。蛊之贞，风也；其悔，山也。岁云秋矣，我落其实而取其材，所以克也。实落材亡，不败何待？"三败及韩……秦获晋侯以归。①

《左传·成公十六年》曰：

六月，晋楚遇于鄢陵……公筮之，史曰："吉。"其卦遇复，曰："南国蹙，射其元王，中厥目。"国蹙王伤，不败何待？吕锜射共王，中目，楚宵遁。②

对于这两则筮例，"千乘三去，三去之余，获其雄狐"与"南国蹙，射其元王，中厥目"无疑是占辞，高亨先生曾指出："卦辞不见于《周易》，当是出于与《周易》同类的筮书如《连山》《归藏》等。"③《左传》中所记载的这两则筮例，占辞为筮人临事而造的迹象甚为明显，而不是取之于已有之筮书，且在叙述顺序上亦是先言吉凶结果，后以详细占辞解释吉凶结果；另外，筮人亦喜用四字句。在押韵方面，就前一条占辞而言，"去""余""狐"押上古"鱼"韵；后一条占辞，"蹙"押上古"屋"韵，"目"押上古"觉"韵，"屋""觉"旁转协韵。以上特征，皆与秦简《归藏》的文本形态相谐，可见筮人当是运用《归藏》来

---

① 杨伯峻：《春秋左传注》，中华书局1990年版，第352—353页。
② 同上书，第882—885页。
③ 高亨：《周易杂论》，齐鲁书社1979年版，第92页。

进行占筮的。

(三)《归藏》对《周易》的影响及其消亡原因分析

上文已述,《归藏》占辞先叙述占筮结果的吉凶,然后写判断吉凶结果的原因,此与《周易》卦辞一般先写元亨利贞、吉凶悔吝,然后再写卦所占筮之事的情况,有着较强的一致性,这说明《周易》在卦辞的创作上,受了《归藏》占筮活动及占辞撰写方式的影响。而《周易》各卦的爻辞在撰写上则往往是先叙所占之事,然后断以吉凶,体现了《周易》作者在爻辞创作上的创新。

除了叙述方式方面的影响外,《归藏》占辞多用四字句、注重押韵等形式上的特点,对于《周易》卦爻辞的创制,也有着直接的影响。如《复》卦卦辞:"出入无疾。朋来无咎。反复其道,七日来复",《震》卦卦辞:"震来虩虩,笑言哑哑,震惊百里,不丧匕鬯",《艮》卦卦辞:"艮其背,不获其身,行其庭,不见其人",《师》六五:"长子帅师,弟子舆尸"、上六:"大君有命,开国承家,小人勿用",《离》九三:"日昃之离,不鼓缶而歌,则大耋之嗟"、上九:"王用出征,有嘉折首,获匪其丑",《否》九五:"其亡其亡,系于苞桑",《同人》九三:"伏戎于莽,升其高陵,三岁不兴",《贲》六五:"贲于丘园,束帛戋戋",《剥》上九:"硕果不食,君子得舆,小人剥庐",《明夷》初九:"明夷于飞,垂其翼,君子于行,三日不食",《睽》上九:"见豕负涂,载鬼一车,先张之弧,后说之弧,匪寇婚媾",《丰》上六:"丰其屋,蔀其家,窥其户,阒其无人,三岁不觌"等,比较鲜明地体现出上述三个特点,可见《归藏》与《周易》之间,有着前后相承的密切关系。

按照传统的说法,《连山》为夏代之易,《归藏》为殷代之易,《周易》为周代之易,为何秦简《归藏》中出现了殷代之后的人物?笔者认为,这是由《连山》《归藏》本质上只有卦形、卦名和筮法的特点所决定的。殷代之后的筮人,运用《连山》《归藏》筮法把每一次的占筮活动记录下来,这些筮例皆可称之为《连山》《归藏》。商周之际文王创制了《周易》,但这并不是说《连山》《归藏》就马上消亡了,至少在周公制礼作乐的时代,它们的地位和《周易》是并列的。由《左传》《国语》等文献关于易占筮例的记录来看,春秋时人已习用以《周易》占筮,而运用《归藏》占筮的仅是个例,这反映了《归藏》易占逐步衰落的趋势。可以说,春秋时期《周易》义理学派的兴起,才最终导致杂糅着神话色彩的《连山》《归藏》退出了易占舞台。由之产生了另一个问题：《归藏》中是否也包含了运用《连山》占筮的筮例呢？笔者认为这种可能性也是存在的，《连山》《归藏》和《周易》，三者本身就是前后承继的关系；王家台秦简中记录了女娲、黄帝、炎帝、蚩尤、夏启等人物的筮例，尤其是关于夏启的筮例多达六条，很可能是因为《归藏》兴起了，之前运用《连山》占筮的部分筮例融入了《归藏》的筮例之中。另外，传世《归藏》佚文中有一部分是《启筮经》，可能就是夏王朝运用《连山》占筮记录的遗存。

四　"爻变"的出现与《周易》卦爻辞的撰系

前面已述，《周易》卦辞在创制上受到《归藏》占辞的影响，就《周易》卦辞而言，其意义在于说明一卦的吉凶情况，与《归藏》相比，尚不能说是一种创新；而《周易》爻辞的出现，则是人们对易卦"爻变"现象深刻认识的结果，说明人们由仅仅对六十四卦卦形的关注，转而深入到构成卦画之六爻阴阳属性、吉凶情况的研究上，"易"的变易之意，至此方彻底融通于六十四卦卦画之中，并一跃而成为易之首义。爻变概念的出现，又推进了《周易》筮法的更新，以满足从《归藏》"以不变为占"到《周易》"以变为占"转变的需要，即判断一次占筮活动之吉凶，不但要看所占卦的卦义，还须看所占卦是否有变爻情况，结合变爻和所变之卦的意义来分析占筮的结果，这反映了人们的思维水平出现了新的飞跃，已经认识到事物发展变化具有一定的阶段性、规律性和复杂性，事物之间是相互联系、相互影响的，并不是固定的、静止的、孤立的。正是在这种思想背景下，对于易卦六爻所蕴含的事、理与吉凶结果的考察与解说就成了易学的时代主题，开启了《周易》卦爻辞的创作之路。可以说，爻变筮法的出现与卦爻辞的创制，标志着《周易》一书的真正形成。

那么，爻变现象产生于何时？筮法又经历了怎样的变动？兹结合出土文献中的"数字易卦"材料谈谈该问题。现代学者对数字易卦的研究是从对《宣和博古图》中著录的"南宫中鼎一"铜器铭文的认识开始的，这件在北宋重和元年（1118）出土的西周铜器，其铭文为：

惟十又三月庚寅，王才寒次，王令大史贶土，王曰："中，兹人入事，锡于武王乍臣，今觊女土，乍乃采。"中对王休命，鼎父乙尊，惟臣尚中臣。🖃🖃。

铭文末尾的两个奇怪的符号🖃🖃，宋代学者将其释为"赫赫"或"十八大夫""八大夫"等。① 20世纪30年代，郭沫若提出了"末二奇字殆中之族徽"的说法。② 50年代，陕西长安张家坡出土的几片西周卜骨中也刻有此类符号，这引起了唐兰的注意。他结合铜器铭文中刻有这类奇字的多件青铜器予以研究，认为"这种文字是用数目字当作字母来组成的"，并吸取郭沫若的观点，认为这种古文字在西周金文中构成了族徽。③ 今天看来，唐兰的观点虽然还没有揭示出事物的本质，但其中的启发意义仍然很大，因为他认识到这种文字是一种数目字，与易卦符号的认识仅有一步之遥。1956年，李学勤在《谈安阳小屯以外出土的有字甲骨》一文中提到："这种纪数的辞和殷代卜辞显然不同，而使我们想到《周易》的'九'和'六'。"④ 这是第一次将卜骨上的"奇字"与《周易》数字符号联系了起来。

1978年12月初在吉林大学召开的古文字学讨论会上，张政烺针对与会者问他关于周原出土甲骨上"奇字"的问题，做了《古代筮法与文王演周易》的讲演，指出铜器铭文中三个数字的是单卦（八卦），周原卜甲六个数字是重卦（六十四卦），第一次把周原卜甲上的数字变成阴阳爻，从而推导出一个个卦象。1980年，张政烺发表了《试释周初青铜器铭文中的易卦》一文，集中探讨了当时能够搜集到的甲骨上、铜器上的三十二则数字材料，论证了长期以来困扰人们思维的这些所谓"奇字"就是数字易卦。他通过对甲骨易卦的数字出现次数的统计，发现奇数出现的次数与偶数出现的次数大致持平，二、三、四三个数字没有出现，并分析了其中的原因：

> 古汉语的数字，从一到四都是积横画为之，一二三四自上而下

---

① （宋）王俅：《啸堂集古录》，中华书局1985年版，第26页。
② 郭沫若：《两周金文辞大系图录考释》，科学出版社1957年版，第16页。
③ 唐兰：《在甲骨金文中所见的一种已经遗失的中国古代文字》，《考古学报》1957年第2期。
④ 李学勤：《谈安阳小屯以外出土的有字甲骨》，《文物参考资料》1956年第11期。

写起来容易彼此掺合，极难区分，因此把二、三、四从字面上去掉，归并到相邻的偶数或奇数之中，所以我们看到六字和一字出现偏多，而六字尤占绝对多数的现象。……占筮实际使用的是八个数字，而记录出来的只有五个数字，说明当时重视阴阳，那些具体数目并不重要。这是初步简化，只取消二、三、四，把它分别向一和六集中，还没有阴爻（- -）、阳爻（—）的符号。①

张氏对于数字易卦的另一重要贡献是指出了数字易卦中存在"卦变"现象：

这三十二条考古材料中已有卦变，惟所占比例不大。3、4见张家坡卜骨，按《周易》是升之屯，四爻动，下卦巽变震，每爻皆变，上卦坤变坎，仅变中爻。28、29见爵陶范，按《周易》是中孚之渐，三爻动，下卦艮变兑，每爻皆变，上卦巽不变。……3、4一组第四爻（由下往上数）八变六，同是阴爻。28、29一组上爻五变一，同是阳爻。知道它和《周易》不同，当是布蓍推算的结果。25、26见中鼎铭文，上下连接着写，与上举两组之两卦并列不同，但从数字看也一望而知是二爻动（五爻、上爻变），按《周易》是剥之比，下卦坤不变，上卦艮变坎。从以上这三个例子看，它和《周易》有大不相同之处，《周易》九、六是可变之爻，七、八是不变之爻，而这几条材料则一、五、六、七、八皆可变，没有不变之爻。②

在张氏研究成果的带动下，张亚初、刘雨汇录了三十六则商周时期的数字卦材料，着重探讨了筮法何时起源的问题。作者列举了数条记载八卦符号的商末材料，特别是为学者一再引用的殷墟四盘磨"易卦"卜骨，对筮法起源于何时有着较强的说服力：

安阳四盘磨出土的胛骨从字体上看相当于甲骨第五期。它说明

---

① 张政烺：《试释周初青铜器铭文中的易卦》，《考古学报》1980年第4期。
② 同上。按"中孚之渐"当下卦兑变艮，上卦巽不变。

在商王朝的统治中心，与边远的朱家桥一样，通行着同类的占筮活动。①

在甲骨卜辞中，张亚初、刘雨还找到了更直接的材料"簭"字，可证早在商王武丁时期已有占筮活动。"簭"字在杨树达《积微居金文说·史懋壶跋》中被考释为"筮"字，甲骨文中多见"簭"字，说明在甲骨文中当有占筮方面的记录。总之，作者得出的结论是：筮法的出现，最迟不会晚于商王武丁时期；运用筮法以占卦，商人更是大大早于周人。②

此外，李学勤也论证了筮法当起源于商代，并通过对传统文献的解读指出了筮数刻在卜兆旁边的原因：

> 据《尚书·洪范》等书所述，古代占问祸福，卜与筮作为两种独立的方术，每每并用，即《礼记·曲礼》所谓"卜筮不相袭"。古人常在卜以前揲筮，如《周礼·筮人》郑注所说："当用卜者先筮之，于筮之凶，则止之不卜。"特别是在占问大事的时候，应先筮而后卜。《筮人》云："凡国之大事，先筮而后卜。"这时为了参照，就可以将筮得的数刻记在有关卜兆旁边，表明其关系。估计西周甲骨上的数字符号，都是卜前所行关于同一事项揲筮的结果，与卜兆有参照的联系，却不是由兆象得出来的。③

可以说，筮法至迟起源于商代中期的观点，学者通过结合考古资料与传世文献，给予了有力的证明。那么，这种筮法有什么特点呢？通过以上关于数字易卦研究成果的介绍，可以得到如下几点推论：

第一，甲骨上由六位数字构成的符号，是我们今天所能见到的最原始的六画卦符号，它是通行本《周易》六十四卦卦画的雏形。

第二，占卦中实际使用的是九个数字，但"二""三""四"三个数字可以归类到奇偶性与之相同的其他数字中，这说明当时人已经将数字分为奇偶两类，对数字注重的是其奇偶性在形成卦画上的意义，而具体

---

① 张亚初、刘雨：《从商周八卦符号谈筮法的几个问题》，《考古》1981年第2期。
② 同上。
③ 李学勤：《西周甲骨的几点研究》，《考古学报》1981年第9期。

的数目并不重要。这一点的认识意义特别巨大，因为沿着由六位数字的奇偶性表示的卦画思考下去，必将形成一个六十四卦卦画的系统。从商周之际存在大量的占筮活动看，此时的筮法已经初步成熟，形成了自己的体系。

第三，就筮法上看，商周之际的筮法还不是《系辞》中所讲的"大衍筮法"，在占筮技术上较大衍筮法要粗疏一些，但已经形成了卦变概念。另外，从数字易卦的表征上看，构成一个六画卦所用的数字不超过四个，这容易使人联想到大衍筮法在揲芳过程中可能出现的"七""八""九""六"四种情况，说明此一时期的筮法与《系辞》记述的大衍筮法，已经相当的接近。卦变概念的产生对于易学来说是一件非常重要的事情，它说明当时的筮人已经看到了六十四卦卦画之间的相互联系，并由之可能使筮人深入到对构成一卦之"六爻"的探讨上，从而催生了"爻"的概念——这是《周易》发展史上一次质的飞跃。

筮人对爻变现象的发现和重视，一方面会导致筮法的变革；另一方面也为《周易》卦爻辞之撰系，做好了技术上的准备。就前者来看，这种变革可能发生在商周之际，因为《尚书·洪范》中箕子向武王讲述卜筮稽疑之道时，还未看出"爻变"思想的痕迹：

> 七，稽疑：择建立卜筮人，乃命卜筮。曰雨、曰霁、曰蒙、曰驿、曰克，曰贞、曰悔，凡七：卜五，占用二，衍忒。立时人作卜筮，三人占，则从二人之言。汝则有大疑，谋及乃心，谋及卿士，谋及庶人，谋及卜筮。①

从这段文字的记载来看，商代占筮的方法已经有了成熟的模式，故《世本·作篇》说："巫咸作筮"，将筮法的创立之功归于商太戊时的巫咸。而以"贞""悔"为占的筮法，在春秋时期还为筮人使用。孔颖达《尚书正义》曰：

> 僖十五年《左传》云，秦伯伐晋，卜徒父筮之，其卦遇《蛊》。《蛊》卦巽下艮上，《说卦》云巽为风，艮为山。其占云："《蛊》之

---

① （唐）孔颖达：《尚书正义》，北京大学出版社1999年标点本，第314—315页。

贞，风也；其悔，山也。"是内卦为贞，外卦为悔也。筮法爻从下起，故以下体为内，上体为外。下体为本，因而重之，故以下卦为贞。贞，正也，言下体是其正。郑玄云："悔之言晦，晦犹终也。"晦是月之终，故以为终，言上体是其终也。下体言正，以见上体不正；上体言终，以见下体为始，二名互相明也。①

以"贞""悔"为占，说明当时人已经认识到三画卦与六画卦的分别，在占断上注重六画卦上下二体的关系，这就直接促进了六十四卦"卦象"体系的发展（这其中龟卜中"兆象"的概念对卦象概念的产生有着一定的启发意义），故《周易》卦象理论特别发达。但由箕子所述占筮是以"贞""悔"为占，也说明商人并没有重视爻变现象及其意义。由之可见：《淮南子·要略》曰"周室增以六爻"之语，是比较可信的。"文王演易"的核心内容，就在于卦爻辞的撰系和爻变筮法的改造两个方面，因为二者是相辅相成的关系。只有深入认识到一卦六爻各有不同的时位意义，撰系爻辞才成为可能，与之相应的筮法才能被推演出来。另外，从《尚书》《诗经》等文献中记载的周朝统治者反复强调"修德"的意义，以及《周易》经文本身所体现出的忧患意识、道德观念来看，也是倾向于卦爻辞的撰系者就是周文王。《系辞》曰：

>《易》之兴也，其当殷之末世，周之盛德耶？当文王与纣之事耶？是故其辞危。危者使平，易者使倾。其道甚大，百物不废。惧以终始，其要无咎，此之谓《易》之道也。

"其辞危"一句，正是指出了在商周易代的社会背景下，文王被囚羑里撰系卦爻辞时的思想倾向。

总之，从出土的数字易卦和传世文献两个方面的考察来看，可以说，《易经》的成书过程，是一个对《易经》一卦六爻位重新审视与定义的过程，其核心在于产生了"爻"的概念和"爻变"的概念，从而发现了一卦六爻各有不同的意义，爻变引起卦变，使六十四卦构成了一个循环融通的大系统。这就促使作者对于事件之考察，并不仅以预测结果为目的，

---

① （唐）孔颖达：《尚书正义》，北京大学出版社1999年标点本，第315—316页。

转而考察事件前因后果及其发展过程中的各种可能性。所以,从《易经》的卦辞上看,还仅仅是叙述对一件事情占筮活动的结果——这是由于《周易》的创作在一定程度上模仿了《归藏》,皆以卦辞记录所占事件的结果;而从六位爻辞上看,则是从不同的角度来分析这种结果的成因,由"观象"而"察爻",由"察爻"而"系辞",在爻辞的撰系上或是利用了当时同类情况的占筮记录,或是作者以所观察到的现象、人生的经验智慧,乃至纯粹的情感抒发来充实之,从而使《易经》爻辞呈现出一种相对严整化与系统化的倾向。而《周易》"象"与"辞"的关系,也正应该在《易经》的成书背景下去理解。

第二节 论《易经》"理数象占"合一的哲学

《易经》自诞生的那一天起,便面临一个不同认识与评价的问题。首先在占卜的圈子内,很长一段时间,易占的权威性远远不如龟卜。《左传·僖公四年》:

> 初,晋献公欲以骊姬为夫人,卜之,不吉;筮之,吉。公曰:"从筮。"卜人曰:"筮短龟长,不如从长。"[①]

通过"筮短龟长"一句,可以看出在春秋筮人的观念中,还是认为龟卜的准确性要高得多。但总体而言,春秋战国是一个易占权威上升、龟卜权威下潜的时期,人们对《易经》越来越重视,研究也越来越深入,乃至在战国中后期,形成了研究《易经》的著作——《易传》,由之使《周易》脱离了纯粹为"筮卜之书"的范畴,逐渐成为学者借此阐释哲学思想、政治主张、伦理道德学说的工具。时至今日,对于《周易》评价仍面临一个见仁见智的问题,其负面的评价亦不绝于耳。著名物理学家、诺贝尔物理学奖获得者杨振宁在"2004 文化高峰论坛"上作题为《〈易经〉对中华文化的影响》的演讲,认为"《易经》影响了中华文化中的思维方式,而这个影响是近代科学没有在中国萌芽的重要原因之一"。杨氏对《易经》的这种评价,笔者实在不敢苟同,难道说没有《易经》,近

[①] 杨伯峻:《春秋左传注》,中华书局 1990 年版,第 295 页。

代科学就会在中国诞生？朱伯崑说："如果说，古代的宗教典籍，是靠信仰和迷信得以长期传播，而《周易》则是靠其自身的理论思维和中国人的智慧相传下去的。中国人的理论思维水平，在同西方的哲学接触以前，主要是通过对《周易》的研究，得到锻炼和提高的。"①此堪为一语中的之论。

清代学者陈梦雷曰：

> 《易》之为书，义蕴虽多，大抵理、数、象、占四者尽之。有是理乃有是数，有是数即有是理。六经皆言理，独《易》兼言数，顾数不可显，理不可穷，故但寄之于象。夫子谓立象以尽意，而全彖六爻之传皆称象曰，则理数之备于象可知。②

兹就陈氏之言引申之，谈谈《易经》理、数、象、占合一的哲学。

一 《易》之理——《易》与天地准

《系辞》曰：

> 《易》与天地准，故能弥纶天地之道。仰以观于天文，俯以察于地理，是故知幽明之故。原始反终，故知死生之说。精气为物，游魂为变，是故知鬼神之情状。与天地相似，故不违。知周乎万物，而道济天下，故不过。旁行而不流，乐天知命，故不忧。安土敦乎仁，故能爱。范围天地之化而不过，曲成万物而不遗，通乎昼夜之道而知，故神无方而易无体。

此是战国时人对《易经》的评价，堪为千古不易之论。那么，"《易》与天地准"体现在哪些方面呢？

第一，体现在以六十四卦象征天地、万物、人事的完备体系上。《易》之八卦——乾、坤、震、巽、坎、离、艮、兑，象征天地间最为显著的八种自然物——天、地、雷、风、水、火、山、泽，八卦之间相互

---

① 朱伯崑：《易学哲学史》第 1 卷，华夏出版社 1995 年版，第 4 页。
② （清）陈梦雷：《周易浅述·凡例》，上海古籍出版社 1983 年版。

影响、相互制约、错综交汇而形成六十四卦，遂使易卦系统成为囊括天地万事万物的、兼俱天地人三才之道的、严整而完备的象征系统。于是，一切看似孤立的事物、看似林林总总的世界，因八卦、六十四卦的系统构建而使人们一下子洞察了其中的奥秘：世界上的每一个事物或现象——无论是生命界还是非生命界——都同其他事物或现象相互联系着，没有绝对孤立的东西；任何事物的存在、运动、变化、发展、衰灭都在于它内部结构要素之间的某种特定的联系及其运动，都在于它同周围其他事物的一定联系、相互作用及其变化。可以说，三千年前的中国古人，已经掌握了唯物辩证法的第一要义。

第二，体现在阴阳二元对立统一之道上。天地万物的生长衰亡，是何种原因？如何从最根本的性质上理解与把握它们？中国先民通过对天地万物的观察和对自然规律的理解，以极大的智慧提出了阴阳二元对立统一的观念。自然界有天有地，有白昼有黑夜，有雄有雌，有冷有热，有上有下，有正有反……堪称是一个二元对立统一的世界，这二元便是阴阳。原来天地万物万象，其根本在于阴阳之间的矛盾斗争而又和谐统一！《系辞》曰："一阴一阳之谓道，继之者善也，成之者性也。"万事万物，莫不负阴而抱阳，方能形成一个生生不息的世界。故八卦、六十四卦卦形之构成基质，在于阴阳二爻；八正卦相对两卦的卦爻阴阳不是相反便是相覆；六十四卦相邻两卦的卦爻阴阳不是相反便是相覆，无不体现了阴阳二元对立统一的规律。

第三，体现在六十四卦爻量变质变规律上。兹以《乾卦》爻辞说明之：

> 初九：潜龙，勿用。
> 九二：见龙在田，利见大人。
> 九三：君子终日乾乾，夕惕若。厉，无咎。
> 九四：或跃在渊，无咎。
> 九五：飞龙在天，利见大人。
> 上九：亢龙，有悔。

乾卦作为六十四卦之首，象征天，是一切生命的源头，体现了中国古人天地生育万物的观念。"初九，潜龙，勿用。"从卦画上看，这一阳爻处在最底下，在阳气刚刚开始滋生、还没有达到能够催生万物的时候，龙要深潜渊底，不要出来活动。"潜"在这里是动词，整句话充满了警戒、命令的色彩。"九二，见龙在田，利见大人。"从卦画上看，九二时阳气日渐增多，春回大地，龙可以离开伏藏的深渊，来到田野上活动，象征君子须应时而动、顺势而为。"九三，君子终日乾乾，夕惕若。厉，无咎"，这是龙上升阶段最艰难的一环，处于下卦之上，是下卦行进的终点，是最需要意志力去坚守的。所以爻辞强调一个"终"字，就是要努力坚持到终点。从初九到九三是一个量变的积累过程。到了"九四"，从卦位上看由下卦到了上卦，意味着龙的状态已经发生了质的变化，进入到了一个新的阶段。故卦爻辞曰"或跃在渊，无咎"，一个"跃"字，说明龙已经可以脱离地面，具备了飞升的能力。龙经过"跃"的练习，才能最终由不断量变实现完全质变，从而达到九五"飞龙在天"的自由之境。"上九"是卦中最后一爻，喻示事物发展到了极点，就要向相反的方向变化，转向衰落、消亡之路，故爻辞说"亢龙，有悔"。

《乾》卦以龙为喻，描述了其由"潜"龙→"田"龙→"乾"龙→"跃"龙→"飞"龙→"亢"龙的发展、变化过程，形象地揭示了在事物发展问题上，阶段性的量变是质变的必要准备，质变是量变的必然结果的规律。对于君子的启示而言，不但要注意把握事物发展的关节点，见机应势而动，还要做到慎始慎终，把握事物发展变化的整个过程。

《易经》量变质变的思想，还体现在其筮法上。七、八、九、六之数分别代表少阳、少阴、老阳、老阴，阳息阴消，潜滋暗长，到达临界点则阳极生阴、阴极生阳，爻的阴阳属性则发生变动，这一变动则会带来整个卦形的改变，即局部的变化会产生整体的变化。对君子的启示而言，就是要注意把握能够产生"牵一发而动全身"效果的局部之变。

第四，体现在循环不已、否定之否定的易道上。《易经》六十四卦是一个生生不息的系统，按照通行本六十四卦的卦序，始于"乾"卦而终于"未济"卦，个中深意值得玩味，可谓在卦画形式上"有终"而在哲学内涵上"无终"。六十四卦作为一个与天地准的系统，阴阳之动不息，六十四卦之变不止，可谓循环不已、彼此之间随着阴阳力量的不断变化而否定之否定，这充分体现了古人对宇宙之道的深刻认识。有人将《易经》六十四卦之变看成是一种循环论，即周而复始地回到原来的出发点，这个观点是不正确的。须知《易经》是囊括天地人道的占筮系统，时移世易，每一次占筮都是在不同条件之下的阴阳卦爻的重新组合，岂能以循环论概括之？故《系辞》曰：

> 显诸仁，藏诸用，鼓万物而不与圣人同忧，盛德大业至矣哉！富有之谓大业，日新之谓盛德。生生之谓易，成象之谓乾，效法之谓坤，极数知来之谓占，通变之谓事，阴阳不测之谓神……
>
> 《易》之为书也不可远，为道也屡迁，变动不居，周流六虚，上下无常，刚柔相易，不可为典要，唯变所适。其出入以度，外内使知惧。又明于忧患与故。无有师保，如临父母。初率其辞，而揆其方。既有典常。苟非其人，道不虚行。

《易》之道，在于"日新"，在于"生生"，在于"屡迁"，在于"不可为典要"，它绝不是一个僵化的、不变的、故步自封的体系，就其表现形式来看，每一次揲扐所得之卦，都容纳进新的内容，都体现出新的易道精神。

二 《易》之数——人类对自然秩序的认识

《左传》僖公十五年载韩简曰："龟，象也；筮，数也。物生而后有象，象而后有滋，滋而后有数。"[①]杜预注曰："言龟以象示，筮以数告；象数相因而生，然后有占，占所以知吉凶，不能变吉凶。"[②]可见春秋时人即认为数来源于象，数产生的原因在于人类对繁多事物的认识与计算的需要。《系辞》曰："参伍以变，错综其数。通其变，遂成天地之文；极其数，遂定天下之象。"《汉书·律历志》亦曰："自伏羲画八卦，由数起。"[③]可见卦又起于数，没有占筮求数则不能见象成卦。无论是"象"，还是"数"，都体现了古人对世界的一种认识，"理""象""数""占"之间有着一种天然的不可分割的联系。兹对《易经》中的"数"作一说明。

---

① （唐）孔颖达：《春秋左传正义》，北京大学出版社1999年标点本，第382页。
② 同上。
③ （汉）班固：《汉书》卷21，中华书局1962年点校本，第955页。

(一) 与占筮成卦有关的数

1. 阴阳二爻之数。阴阳二爻是画卦的基本单位，它们所代表的《易》之数是什么？答案只有一个：奇数和偶数。阳爻为奇数，阴爻为偶数。《易经》六十四个六画卦皆是由阴阳二爻组成，从数理上看是二的六次幂，可谓逢二进位，这使得《易经》与二进制有一种天然的联系。18世纪初，莱布尼茨在看到邵雍所作的"六十四卦次序图"时，即认为《易经》与二进制相通。[1]朱伯崑先生也是持这种观点，他说："邵雍以加一倍法或一分为二法，解释六十四卦卦数和卦象的形成，是把奇偶二数的演变置于第一位，有此数学的法则，方有六十四卦，并以此解释《系辞》'易有太极'章……他所提出的数学方法，同近代数学中的二进位制有相似之处。奇偶二数相当于二进位制中0和1两个记号。其加一倍法，从两仪开始，类似于逢二进位。"[2]

2. 天地之数。《系辞》曰：

> 天一地二，天三地四，天五地六，天七地八，天九地十。……天数五，地数五，五位相得而各有合，天数二十有五，地数三十，凡天地之数，五十有五，此所以成变化而行鬼神也。

3. 大衍之数与万物之数。《系辞》曰：

> 大衍之数五十，其用四十有九。分而为二以象两，挂一以象三，揲之以四以象四时，归奇于扐以象闰。五岁再闰，故再扐而后挂。……乾之策二百一十有六，坤之策百四十有四，凡三百有六十，当期之日。二篇之策，万有一千五百二十，当万物之数也。

4. 四象之数。老阴、老阳、少阴、少阳之数是多少？曰老阴数六、老阳数九、少阴数八、少阳数七。

(二) 卦爻辞中的数

关于《易经》卦爻辞中的数字用例，汉代人在《易纬·乾坤凿度》

---

[1] 林洪文：《关于莱布尼兹与〈易经〉的纠葛》，《九江师专学报》(哲社版) 1999年第1期。
[2] 朱伯崑：《易学哲学史》第2卷，华夏出版社1995年版，第125页。

中作了细致的统计与分析。《易经》卦爻辞的用数有如下特点：数字"三"出现的次数最多，有20次；其次是"十"和"一"，出现了5次；次之是"七"，出现了3次；次之是"二"，出现了2次；次之是"八""九"，各出现了1次；"四""五""六"则没有出现。此外，数字"百"出现了2次。兹列之如下：

用"一"例，

《睽》上九：睽孤，见豕负涂，载鬼一车；先张之弧，后说之弧。匪寇，婚媾。往，遇雨则吉。

《萃》初六：有孚不终，乃乱乃萃，若号，一握为笑，勿恤，往无咎。（按：帛书《周易》"一握"作"一屋"，当是。）

《损》六三：三人行则损一人，一人行则得其友。

《旅》六五：射雉，一矢亡，终以誉命。

用"二"例，

《坎》六四：樽酒簋贰，用缶，纳约自牖，终无咎。

《损》：有孚，元吉，无咎，可贞，利有攸往。曷之用？二簋可用享。

用"三"例，

《蒙》：亨。匪我求童蒙，童蒙求我。初筮告，再三渎，渎则不告。利贞。

《需》上六：入于穴，有不速之客三人来，敬之终吉。

《讼》上九：或锡之鞶带，终朝三褫之。

《师》九二：在师，中吉，无咎，王三锡命。

《晋》：康侯用锡马蕃庶，昼日三接。

《明夷》初九：明夷于飞，垂其翼。君子于行，三日不食。有攸往，主人有言。

《同人》九三：伏戎于莽，升其高陵，三岁不兴。

《坎》上六：系用徽纆，置于丛棘，三岁不得，凶。

《渐》九五：鸿渐于陵，妇三岁不孕，终莫之胜，吉。
《困》初六：臀困于株木，入于幽谷，三岁不觌。
《丰》上六：丰其屋，蔀其家，窥其户，阒其无人，三岁不觌，凶。
《既济》九三：高宗伐鬼方，三年克之，小人勿用。
《未济》九四：贞吉，悔亡。震用伐鬼方，三年有赏于大国。
《解》九二：田获三狐，得黄矢，贞吉。
《巽》六四：悔亡，田获三品。
《蛊》：元亨。利涉大川。先甲三日，后甲三日。
《巽》九五：贞吉，悔亡，无不利，无初有终。先庚三日，后庚三日，吉。
《革》九三：征凶，贞厉。革言三就，有孚。
《损》六三：三人行则损一人，一人行则得其友。
《比》九五：显比。王用三驱，失前禽。邑人不诫，吉。

用"七"例，

《复》：亨。出入无疾，朋来无咎。反复其道，七日来复。利有攸往。
《震》六二：震来厉，亿丧贝，跻于九陵，勿逐，七日得。
《既济》六二：妇丧其茀，勿逐，七日得。

用"八"例，

《临》：元亨，利贞。至于八月有凶。

用"九"例，

《震》六二：震来厉，亿丧贝，跻于九陵，勿逐，七日得。

用"十"例，

《屯》六二：屯如邅如，乘马班如。匪寇，婚媾。女子贞不字，十年乃字。

《复》上六：迷复，凶，有灾眚。用行师，终有大败；以其国君凶，至于十年不克征。

《颐》六三：拂颐，贞凶，十年勿用，无攸利。

《损》六五：或益之十朋之龟，弗克违，元吉。

《益》六二：或益之十朋之龟，弗克违。永贞吉。王用享于帝，吉。

用"百"例，

《讼》九二：不克讼，归而逋其邑人三百户，无眚。

《震》亨：震来虩虩，笑言哑哑。震惊百里，不丧匕鬯。

关于卦爻辞中的数与卦象之间的关系，历代学者进行了孜孜不倦的探讨，力证数与象之间有着一种内在的联系，兹略举几例。如《蛊》卦卦辞曰"先甲三日，后甲三日"，《周易集解》引马融曰：

> 甲在东方，艮在东北，故云"先甲"。巽在东南，故云"后甲"。所以十日之中，唯称"甲"者，甲为十日之首，蛊为造事之端，故举初而明事始也。言所以"三日"者，不令而诛谓之暴，故令先后各三日，欲使百姓遍习，行而不犯也。[1]

再如《需》卦上六爻辞曰"入于穴，有不速之客三人来，敬之终吉"，《周易集解》引荀爽曰：

> 需道已终，云当下入穴也。云上升极，则降而为雨，故《诗》云"朝跻于西，崇朝其雨"，则还入地，故曰"入于穴"。云雨入地，则下三阳动而自至者也。"三人"谓下三阳也。须时当升，非有召者，故曰"不速之客"焉。乾升在上，君位以定；坎降居下，当循

---

[1] （清）李道平：《周易集解纂疏》，中华书局1994年版，第227页。

臣职，故"敬之终吉"也。①

又如《复》卦卦辞曰"反复其道，七日来复"，《周易本义》曰：

> 又自五月《姤》卦一阴始生，至此七爻而一阳来复，乃天运之自然，故其占又为"反复其道"。至于七日，当得来复。又以刚德方长，故其占又为"利有攸往"也。反复其道，往而来复，来而复往之意。"七日"者，所占来复之期也。②

以上学者关于卦爻辞中的数与象的关系的探讨，是否符合《易经》作者的原意，已不可知，但关于卦爻辞中的用数问题，《易经》作者一定经过了审慎的思考，兹分条略述如下：

有的是纯粹的写实：比如《讼》之"归而逋其邑人三百户"、《睽》之"载鬼一车"、《萃》之"一握为笑"、《旅》之"一矢亡"、《坎》《损》之"二簋"、《比》之"王用三驱"、《既济》之"三年克之"、《未济》之"三年有赏于大国"等。

有的是表达某种思想或理念：如《蒙》之"初筮告，再三渎，渎则不告"、《损》之"三人行则损一人，一人行则得其友"、《革》之"革言三就"等。

有的是反映某种禁忌或方术：如《巽》之"先庚三日，后庚三日"、《蛊》之"先甲三日，后甲三日"、《复》之"七日来复"、《震》《既济》之"七日得"等。

有的是状条件之艰：如《明夷》之"三日"；有的是状境遇之苦，如《坎》《困》《丰》《渐》之"三岁"、《屯》《颐》之"十年"。

有的是状战争之酷：如《同人》之"三岁"、《既济》《未济》"三年"、《复》之"十年"。

有的是状收获之丰：如《解》之"三狐"、《巽》之"三品"、《损》《益》之"十朋"等。

---

① （清）李道平：《周易集解纂疏》，中华书局1994年版，第118页。
② （南宋）朱熹：《周易本义》，收入《四书五经》本，北京古籍出版社1996年版，第282页。

总之，《易经》中对数字的运用，初步透露出"以数为纪"的思想萌芽。

三 《易》之象——观物取象的思维模式

（一）六十四卦卦名与卦象的关系

六十四卦卦名之义例，大致可以归纳为如下几条：

第一，《周易》六十四卦卦名的取定，参考了上下经卦的卦象及其组合的意义。如《谦》卦，艮下坤上，为大山在地下之象，大山按常理应高于地面，而卑居地下，象征着地位高的人能谦卑于地位低的人。再如《明夷》卦，离下坤上，为光明没落于地平面下之象，而"明夷"，就是光明毁灭的意思，这个卦名的取得，显然是依据上下二经卦卦象的关系而取定的。再如《损》《益》二卦，"山下有泽"为"损"，因为泽水使大山的高度有所减损；"雷风交织"为"益"，因为雷雨和大风交织在一起必然相得益彰。再如《涣》卦，"风行水上"必然使水面涣散，故命名为"涣"。再如《既济》《未济》卦，一个是"水在火上"，一个是"火在水上"，二者上下卦象的关系正好相反，故在卦象的命名上也恰好相反。这样的卦例还有很多，《大象传》专门从上下二体之间卦象关系的角度去解释卦名的由来，是很有道理的。

第二，《周易》六十四卦卦名的取定，参考了一卦六爻画在奇偶或阴阳排列上的特点。首先我们看《小过》《大壮》《大过》《大畜》《大有》《小畜》这六卦。这六卦，卦名或称"大"，或称"小"，是否与卦象有一定的联系呢？答案是肯定的。卦名中的"小"，是就爻画中阴爻（或偶数）而言的；卦名中的"大"，是就爻画中阳爻（或奇数）而言的。这个推断，一方面我们在《泰》《否》两卦的卦辞上可以得到验证：《泰》卦卦辞说："小往大来，吉，亨。"《否》卦卦辞说："否之非人，不利君子贞。大往小来。"按《泰》卦乾下坤上，下三爻全为阳爻，上三爻全为阴爻，上经卦为往，下经卦为来，故曰"小往大来"；《否》卦则坤下乾上，下三爻全为阴爻，上三爻全为阳爻，上经卦为往，下经卦为来，故曰"大往小来"。这是"阳大阴小"的观念在《泰》《否》两卦上的证明。另一方面，"阳大阴小"的观念在上述六卦中照样行得通。如《小过》卦，外面四个阴爻，中间只有两个阳爻，阴爻与阳爻相比，确实有点"过"了，故为"小过"。《大过》卦，中间为四个阳爻，外面只有两个阴爻，阳爻与阴爻相比，确实也有点"过"了，故为"大过"。《大壮》卦，下面是四个阳爻，上面是两个阴爻，阳爻与阴爻相比，阳爻壮盛，且四个阳爻都处在下位，相对"阴（小）往"而言，其为"阳（大）来"，故取名为"大壮"。《大畜》卦，是外面四个阳爻畜集里面两个阴爻，以大畜小，故为"大畜"。《小畜》卦，是六四阴爻牵引、畜集其他阳爻，是以小畜大，故为"小畜"。《大有》卦，是五个阳爻共有六五阴爻，故为"大有"。

同样地，我们再看一下《夬》卦和《姤》卦：从卦画阴阳的排列上看，《夬》卦与《大壮》卦最为相近，《大壮》卦为四个阳爻在下位与两个阴爻构成对比，阳爻壮大；《夬》卦则五个阳爻在下位与一个阴爻构成对比，阳爻的势力达到了快要冲决阴爻的地步，故取名为"夬"。夬，就是决断、冲决的意思。这种解释，由《夬》与《大壮》卦的爻辞上相近的特点可以证明：如《大壮》卦初九爻辞曰"壮于趾"，九三爻辞曰"小人用壮"，而《夬》卦初九爻辞也说"壮于前趾"，九三爻辞曰"壮于頄"。关于《姤》卦卦名的含义，《周易集解》引郑玄曰："一阴承五阳，一女当五男，苟相遇耳，非礼之正，故谓之'姤'。'女壮'如是，壮健以淫，故不可取，妇人以婉娩为其德也。"[①]郑玄的解释注意的恰是卦画阴阳在排列上的特点，当符合《易经》作者的原意。

同样方式命名的，还有《复》《剥》二卦。关于《复》卦卦名的由来，《周易集解》引何妥曰："复者，归本之名。群阴剥阳，至于几尽，一阳来下，故称'反复'。阳气复反而得交通，故云'复亨'也。"[②]关于《剥》卦卦名的由来，《周易集解》引郑玄曰："阴气侵阳，上至于五，万物零落，故谓之'剥'也。五阴一阳，小人极盛，君子不可有所之，故'不利有攸往'也。"[③]

第三，《周易》六十四卦卦名的取定，还考虑了某些特殊卦形的外在形状。如《颐》卦，最下爻与最上爻为阳爻，中间四爻全为阴爻，从卦形上看，阳爻好像人的上下唇，阴爻好像口中密布的牙齿，故命名为"颐"。再如《噬嗑》卦，卦形与《颐》卦相近，而九四阳爻则像口中牙

---

① （清）李道平：《周易集解纂疏》，中华书局1994年版，第401页。
② 同上书，第260页。
③ 同上书，第254页。

齿咬住的食物，整个卦形好似人用口吃东西，故命名为"噬嗑"。再如《鼎》卦，刘大钧说："《鼎》卦之所以称'鼎'，恐怕就是因为组成该卦的六个爻画俱有'鼎'的形象。我们看：初六爻像'鼎'之足，九二爻，九三爻及九四爻像'鼎'之腹。六五爻像'鼎'耳，上九爻像'鼎'之铉。"[①]再如《中孚》卦之所以命名为"中孚"，可能亦与整个卦形有关：初九、九二阳爻在下，九五、九六阳爻在上，中间夹有六三、六四阴爻，可见卦形中间是虚空的，有虚怀若谷的意思，故取名为"中孚"。再如《节》卦，初九、九二阳爻，六三、六四阴爻，九五阳爻，上六阴爻，卦画在阴阳的搭配上若合符节，故取名为"节"。这样的例子，可能还有不少，需要我们仔细琢磨才能体味得出。

从以上对《周易》"观物取象定名"的分析可见，卦象与卦名之间确实是有着密切联系的。

（二）爻辞与卦象的关系

不但《周易》的卦名是通过观察卦象而取定的，而且六十四卦爻辞的撰系，亦与卦象有着密切的关系。关于爻辞在撰系上的特点，首先表现为六条爻辞在排布上所呈现出的"原始要终"的意义。《系辞》中专门作了论述：

　　《易》之为书也，原始要终，以为质也。六爻相杂，唯其时物也。其初难知，其上易知，本末也。初辞拟之，卒成之终。若夫杂物撰德，辩是与非，则非其中爻不备。噫！亦要存亡吉凶，则居可知矣。知者观其象辞，则思过半矣。二与四同功而异位，其善不同，二多誉，四多惧，近也。柔之为道，不利远者。其要无咎，其用柔中也。三与五同功而异位，三多凶，五多功，贵贱之等也。其柔危，其刚胜耶？

这段话比较准确、系统地阐释了《周易》爻辞的排列原理及其意义。首先，它提出了《易经》在卦爻辞的撰系上以"原始要终"为总法则，就是说《易经》以推原事物的初始、归纳事物的结局来作为一卦的根本目的。如果我们逐卦考察爻辞，就会发现有不少卦的爻辞在排列上透露了《易经》作者"原始要终"的强烈意识。如《师》卦爻辞：

---

① 刘大钧：《周易概论》，齐鲁书社 1988 年版，第 54 页。

初六：师出以律，否臧凶。
九二：在师，中吉，无咎，王三锡命。
六三：师或舆尸，凶。
六四：师左次，无咎。
六五：田有禽，利执言，无咎。长子帅师，弟子舆尸，贞凶。
上六：大君有命，开国承家，小人勿用。

由开始"出师"的警惕，到"在师"的赏赐，到师旅战斗的"舆尸"，到师旅驻扎的"左次"，到决战的"帅师""舆尸"，到最终凯旋的赏赐——"开国承家"，完整地讲了一次出师征战的终始过程。再如《咸》卦：

初六：咸其拇。
六二：咸其腓，凶，居吉。
九三：咸其股，执其随，往吝。
九四：贞吉，悔亡。憧憧往来，朋从尔思。
九五：咸其脢，无悔。
上六：咸其辅、颊、舌。

关于此卦的卦义，《周易正义》曰："此卦明人伦之始，夫妇之义，必须男女共相感应，方成夫妇。"那么，这对相恋的男女是怎样感应的呢？爻辞说得很清楚：先感应在"拇（足拇指）"，然后感应升到"腓（小腿肚）"，然后交感在"股（大腿）"，然后交感在"脢（脊背）"，最后交感在"辅、颊、舌"。这种由上而下、由始而终的感应过程是很清楚的。再如《井》卦：

初六：井泥不食，旧井无禽。
九二：井谷射鲋，瓮敝漏。
九三：井渫不食，为我心恻。可用汲，王明，并受其福。
六四：井甃，无咎。
九五：井冽寒泉，食。
上六：井收勿幕，有孚元吉。

从爻辞上看，《井》卦讲了一个修治旧井的故事。那么，爻辞是怎样"原始要终"的呢？初爻指出了这是一口"旧井"，井底淤泥塞阻；二爻讲废井弃置不修，成了一个大水坑；三爻讲开始修井，淘去污泥，井已清洁了，而人们仍不引用，令人难过；四爻讲再用砖石修砌井壁；五爻讲井水明澈清凉，人们开始饮用了；上爻讲最后再把井口收拢而不覆盖，以便利人们长久地取用井水。

除了上述三卦，明显地透露出"原始要终"意识的卦还有很多，如：《比》《噬嗑》《贲》《剥》《困》《鼎》《艮》《渐》卦等，这里就不一一举例了。这充分说明，《易经》作者在撰系卦爻辞的时候，并不是随意的，而是经过深思熟虑的，很多卦是作者匠心独具的杰作。朱熹曰："《易》本为卜筮而作。"[1]后人也常常因为"卜筮"二字而鄙薄《周易》一书的性质。实际上，正是因为《易经》作者撰系的是"卜筮"天地万物与人类社会的命运未来之书，其更注重对经验的总结和规律的把握，从而形成了要对事物自始至终的发展过程进行系统考察的观念，这可以说是《周易》爻辞在撰系上首要的特点。

与《周易》"原始要终"的思想相对应的是，《周易》中有很多卦的爻辞往往以初爻爻辞来解说事物的开始，故取象多在事物的下位；以上爻爻辞来解说事物的终结，故取象多在事物的上位。这也就是《系辞》所说的："其初难知，其上易知，本末也。初辞拟之，卒成之终。"初爻爻辞明显取象于事物下位的有：

表1—1

爻　　辞	取　象　分　析
《乾》："潜龙勿用。"	"潜"——初始状态，下位之象。
《同人》："同人于门，无咎。"	"门"——家门外与人同，为同之初始。
《观》："童观，小人无咎，君子吝。"	"童观"——儿童之观，观之初始。
《噬嗑》："屦校灭趾，无咎。"	"趾"——取象于人的最下部。
《贲》："贲其趾，舍车而徒。"	"趾"——取象于人的最下部。
《剥》："剥床以足，蔑贞，凶。"	"床足"——床的最下部位。

---

[1] （南宋）黎靖德：《朱子语类》卷66，中华书局1986年版，第1620页。

续表

爻　辞	取　象　分　析
《坎》："习坎，入于坎窞，凶。"	"坎窞"——极深的坑，下位之象。
《离》："履错然，敬之，无咎。"	"履"——脚步，下位之象。
《咸》："咸其拇。"	"拇"——足拇指，下位之象。
《遁》："遁尾，厉，勿用有攸往。"	"尾"——与"首"相比，下位之象。
《大壮》："壮于趾，征凶，有孚。"	"趾"——取象于人的最下部。
《夬》："壮于前趾，往不胜，为咎。"	"前趾"——取象于人的最下部。
《困》："臀困于株木，入于幽谷，三岁不觌。"	"株木"——树桩，为树的底部；"幽谷"——为大地的低处。
《井》："井泥不食，旧井无禽"	"井泥"——井的底部，下位之象。
《鼎》："鼎颠趾，利出否。得妾以其子，无咎。"	"鼎趾"——鼎脚，下位之象。
《艮》："艮其趾，无咎。利永贞。"	"趾"——取象于人的最下部。
《渐》："鸿渐于干。小子厉，有言，无咎。"	"干"——水涯处，与其他各爻的"磐""陆""木""陵""阿"相比，取象于下位。
《既济》："曳其轮，濡其尾，无咎。"	"尾"——与"首"相比，下部之象。
《未济》："濡其尾，吝。"	"尾"——与"首"相比，下部之象。

上爻明显取象于事物上位的卦有：

表1—2

爻　辞	取　象　分　析
《乾》："亢龙有悔。"	"亢"——极高位之象。
《比》："比之无首，凶。"	"首"——上部之象。
《大有》："自天祐之，吉，无不利。"	"天"——最高之象。
《噬嗑》："何校灭耳，凶。"	"耳"——取象于人的上部。
《大畜》："何天之衢，亨。"	"天"——最高之象。
《大过》："过涉灭顶，凶。无咎。"	"顶"——取象于人的上部。
《咸》："咸其辅、颊、舌。"	"辅颊舌"——取象于人的上部。
《晋》："晋其角，维用伐邑，厉吉，无咎，贞吝。"	"角"——上部之象。

续表

爻 辞	取 象 分 析
《姤》："上九：姤其角，吝，无咎。"	"角"——上部之象。
《渐》："鸿渐于阿①，其羽可用为仪，吉。"	"阿"——极高之象。
《中孚》："翰音登于天，贞凶。"	"天"——极高之象。
《既济》："濡其首，厉。"	"首"——上部之象。
《未济》："有孚于饮酒，无咎。濡其首，有孚失是。"	"首"——上部之象。

爻辞在撰系上的另一个特点，就是充分考虑了爻在阴阳上的特性。如《临》卦：

初九：咸临，贞吉。
九二：咸临，吉，无不利。
六三：甘临，无攸利。既忧之，无咎。
六四：至临，无咎。
六五：知临，大君之宜，吉。
上六：敦临，吉，无咎。

《咸》卦初、二皆为阳爻，故爻辞皆曰"咸临"。再如《节》卦：

初九：不出户庭，无咎。
九二：不出门庭，凶。
六三：不节若，则嗟若，无咎。
六四：安节，亨。
九五：甘节，吉。往有尚。
上六：苦节，贞凶，悔亡。

---

① 通行本《周易》"阿"作"陆"，当作"阿"。李光地《周易折中》曰："上，卦之终也，进之极也。既无所取于归与进之义，则反以无应为宜。盖在家为保姆，在国为黎老，超然于进退之外者也。'陆'字与九三重，故先儒改作'逵'字以叶韵，然'逵''仪'古韵，实非叶也。意者'陆'乃'阿'字之误，阿，大陵也，进于陵则阿矣。仪，古读俄，正与阿叶。《诗》云：'菁菁者莪，在彼中阿，既见君子，乐且有仪。'"

《节》卦初、二皆为阳爻，表示能守"节"之道，故爻辞"不出户庭""不出门庭"相类。

历代易学家在《系辞》"观象系辞"思想的指导下，对《周易》"象"与"辞"之间的关系作了种种探索，其中不乏真知灼见，值得我们予以深刻地总结。我们今天无论是品读还是研究《周易》一书，都不应抛开其独特而玄妙的卦爻象体系，舍弃了卦爻象，《周易》的义理就成为一种空谈。

（三）《周易》通行本卦序的意蕴

研究《易经》，不能不探讨《周易》通行本六十四卦的卦序问题。成书于战国时期的《序卦》，主要沿着"义理"的角度，通过诠释卦名的意义，对六十四卦前后相次的原因进行了揭示。后人曾对《序卦》的思想进行了详细分析，孔颖达《周易正义》曰：

> 其周氏就《序卦》以六门主摄，第一天道门，第二人事门，第三相因门，第四相反门，第五相须门，第六相病门。如《乾》之次《坤》、《泰》之次《否》等，是天道运数门也。如《讼》必有《师》，《师》必有《比》等，是人事门也。如因《小畜》生《履》，因《履》故通等，是相因门也。如《遁》极反《壮》，动竟归止等，是相反门也。如《大有》须《谦》，《蒙》稚待养等，是相须门也。如《贲》尽致《剥》，进极致伤等，是相病门也。[1]

《周易正义》中所曰"周氏"，是南朝梁代人周弘正，其撰有《周易讲疏》十六卷。周氏以"天道""人事""相因""相反""相须""相病"六种关系来阐释卦序之理，是在《序卦》基础上对六十四卦卦序内在联系的进一步揭示，对后人有着一定的影响。清人陈梦雷《周易浅述》曰：

> 《序卦》之意，有以相因为序，《乾》《坤》《屯》《蒙》是也。有以相反为序，《泰》《否》《剥》《复》是也。天地间不出相因相反

---

[1] （唐）孔颖达：《周易正义》，北京大学出版社1999年标点本，第334页。

二者，始则相因，终必相反也。①

陈梦雷的卦序相反相因说，当是直接受了周氏的影响而提出的。统观《序卦》，其以天地万物的生长过程、人类社会的发展过程、事物变化的相因相反的规律等，试图建立六十四卦之间因果关系的链条，有一定的合理性。但由于《序卦》注重的是从义理上对六十四卦前后关系的系统构建，对于卦与卦之间象数上的特点，则缺乏说明。与《杂卦》相比，其对《易经》相邻两卦的相对之义，揭示也是不够的。故不少学者对于《序卦》并不认可，韩康伯曰：

《序卦》之所明，非《易》之缊也。盖因卦之次，托象以明义。②

汉代学者受卦气说的影响，以阴阳二气说解释通行本六十四卦卦序之根由。《易纬·乾凿度》曰：

孔子曰：阳三阴四，位之正也。故易卦六十四，分而为上下，象阴阳也。夫阳道纯而奇，故上篇三十，所以象阳也。阴道不纯而偶，故下篇三十四，所以法阴也。乾坤者，阴阳之根本，万物之祖宗也，为上篇始者，尊之也。离为日，坎为月，日月之道，阴阳之经，所以终始万物，故以坎离为终。咸恒者，男女之始，夫妇之道也，人道之兴，必由夫妇，所以奉承祖宗，为天地主也，故为下篇始者，贵之也。既济、未济为最终者，所以明戒慎，而存王道。孔子曰：泰者，天地交通，阴阳用事，长养万物也。否者，天地不交通，阴阳不用事，止万物之长也。上经象阳，故以乾为首，坤为次，先泰而后否。损者，阴用事，泽损山而万物损也，下损以事其上。益者，阳用事，而雷风益万物也，上自损以益下。下经以法阴，故以咸为始，恒为次，先损而后益，各顺其类也。③

---

① （清）陈梦雷：《周易浅述》，九州出版社2004年版，第458页。
② （唐）孔颖达：《周易正义》，北京大学出版社1999年标点本，第334页。
③ 林忠军：《〈易纬〉导读》，齐鲁书社2002年版，第83—84页。

汉代学者的这个解释，以上经三十卦所讲为天地之道，以下经三十四卦所讲为人之道，可谓对《序卦》思想的继承与发展①，而其从卦的阴阳属性上重点阐述了乾、坤、泰、否、坎、离、咸、恒、损、益、既济、未济等十二卦在六十四卦卦序中的特殊意义，标志着汉代学者试图从象数规律上揭示六十四卦卦序阴阳消长之理，这种努力是值得肯定的。

关于通行本六十四卦卦序上的"象数"规律，孔颖达曰：

> 今验六十四卦，二二相耦，非覆即变。覆者，表里视之，遂成两卦，《屯》、《蒙》、《需》、《讼》、《师》、《比》之类是也。变者，反覆唯成一卦，则变以对之，《乾》、《坤》、《坎》、《离》、《大过》、《颐》、《中孚》、《小过》之类是也。②

所谓"覆"，就是将一个卦倒置而得到一个新的卦。所谓"变"，就是一个卦六爻的阴阳属性全变而得到一个新的卦。六十四卦按顺序每两卦分成一组，共三十二组，每组两卦之间在卦爻画上要么六爻全变，要么自上而下倒置。可以说，"非覆即变"，可谓通行本卦序最大的也是最鲜明的规律。

关于卦序"非覆即变"的特点，后人又有进一步的研究。北宋邵雍《皇极经世书》曰：

> 体者八变，用者六变。是以八卦之象，不易四，反易者二。以六卦变而成八也。重卦之象不易者八，反易者二十八，以三十六变而成六十四也……大成之卦，正者八，变者二十八，共三十六卦也。③

南宋张行成以邵雍易学为归宿，他在阐述邵雍上述观点时曰：

---

① 通行本《序卦》不分章，其开篇曰"有天地，然后万物生焉"，其于《坎》《离》之后曰"有天地然后有万物，有万物然后有男女，有男女然后有夫妇，有夫妇然后有父子，有父子然后有君臣，有君臣然后有上下，有上下然后礼义有所错。夫妇之道不可以不久，故受之以《恒》"，可见《序卦》亦有以上经讲的是天地之道、下经讲的是人之道的思想倾向。
② （唐）孔颖达：《周易正义》，北京大学出版社1999年标点本，第334页。
③ （北宋）邵雍：《皇极经世书》，中州古籍出版社1993年版，第326—328页。

> 六十四卦，反复视之，三十六卦而已。此则八中藏六，体中藏用也。三十六者，四九也；二十八者，四七也。天道盈于七而极于九，极则退变。故乾虽用九，《易》不用九而用七。其三十六卦之中，不变者八，变者二十八。变者，反复视之，乃为五十六用。此则九中藏七，用之中亦以体藏用也。①

又曰：

> 《周易》上经三十，下经三十四，反复视之，各十八卦，此三十六卦成六十四卦之理，自汉以来未有言之者，而文王孔子实先示之。观上下经用卦，与所分阴阳之数，则可知矣。②

南宋杨甲、毛邦翰、朱熹、税与权，元代胡一桂等学者，亦皆继承了邵雍的卦序思想而又有所阐发。可以说，邵雍、张行成等人的研究，对我们深入理解卦形及卦变，有着积极的意义。六十四卦，乾、坤、颐、大过、坎、离、中孚、小过八个卦，无论自初爻往上爻看，还是自上爻往初爻看，这八个卦的卦画、卦名皆不变，仍是本卦，可称之为"不变"之卦——也就是孔颖达说的"非覆即变"的"变"类卦；其他五十六个卦，两两相覆而成二十八组卦，每组卦可以看成是共用一个卦画，自初爻往上爻看是一卦，自上爻往初爻看，则是另一卦，如此，相覆之卦可看成一卦，故有二十八个"变易"之卦。这样一来，六十四卦可看成三十六卦，而上经、下经各十八卦，正好相同。这对于人们深入认识《周易》六十四卦的奥秘，尤其是探究覆卦之间的关系，有着积极的推动意义。

明代来知德在其《周易集注》中以"错"称"变"，以"综"称"覆"，而于"综"义阐述得尤为精妙：

> 错者，阴阳横相对也，综者，阴阳上下相颠倒也……综字之义，

---

① （南宋）张行成：《皇极经世观物外篇衍义》卷一，文渊阁四库全书本。
② 同上。

即织布帛之综，或上或下、颠之倒之者也。如乾坤坎离，四正之卦，则或上或下；巽兑艮震，四隅之卦，则巽即为兑，艮即为震，其卦名则不同……如《损》《益》相综，《损》之六五即《益》之六二，特倒转耳，故其象皆"十朋之龟"。《夬》《姤》相综，《夬》之九四即姤之九三，故其象皆"臀无肤"。综卦之妙如此。①

来知德发现《损》《益》、《夬》《姤》两组"覆"卦在卦爻象或者说卦爻辞上有一致性，对于人们深入认识通行本卦序，有着重要的意义。如果我们沿着这个思路继续探究的话，就会发现更多的相覆之卦在卦爻辞的撰系上有联系。兹将相覆之卦在卦爻辞上的联系揭示如下：

第一组：

《需》九二："需于沙，小有言，终吉。"
《讼》初六："不永所事，小有言，终吉。"

二者皆是"小有言，终吉"。
第二组：

《师》六五："田有禽，利执，言，无咎。长子帅师，弟子舆尸，贞凶。"
《比》九五："显比，王用三驱，失前禽。邑人不戒，吉。"

《师》六五爻辞前半段与《比》九五皆是讲田猎得禽的故事。
第三组：

《泰》卦辞："小往大来，吉，亨。"
《否》卦辞："否之匪人，不利君子贞。大往小来。"
《泰》初九："拔茅茹以其汇，贞吉。"
《否》初六："拔茅茹以其汇，贞吉，亨。"

---

① （明）来知德：《周易集注·卷首上》，文渊阁四库全书本。

《泰》《否》两卦卦名的意义相对。《泰》卦辞"小往大来"与《否》卦辞"大往小来"亦如卦象相倒一样，正好倒了过来。二者初爻爻辞则基本一致。

第四组：

《谦》上六："鸣谦，利用行师，征邑国。"
《豫》初六："鸣豫，凶。"

《周易折中》引龚焕曰："《豫》之初六，即《谦》上六之反对，故《谦》上六曰'鸣谦'，《豫》初六曰'鸣豫'……《谦》而鸣则吉，《豫》而鸣则凶。"[①] 此外，《豫》卦卦辞"利建侯、行师"与《谦》卦六五"不富以其邻，利用侵伐，无不利"、上六"鸣谦，利用行师，征邑国"在卦义上呼应。

第五组：

《噬嗑》初九："屦校灭趾，无咎。"
《贲》初九："贲其趾，舍车而徒。"

二者的卦爻象都是"趾"。

第六组：

《无妄》六三："无妄之灾，或系之牛，行人得之，邑人之灾。"
《大畜》六四："童牛之牿，元吉。"

二者的卦爻象都是"牛"。《无妄》之六三，相覆即成《大畜》之六四；《无妄》六三所失之牛，即《大畜》六四加牿之"童牛"也。

第七组：

《蹇》："利西南，不利东北。利见大人，贞吉。"
《解》："利西南。无所往，其来复，吉。有攸往，夙吉。"

---

① （清）李光地：《周易折中》，巴蜀书社1998年版，第157页。

《蹇》九五："大蹇，朋来。"
《解》九四："解而拇，朋至，斯孚。"

《蹇》《解》两卦卦名的意义相对，二者在卦辞中皆曰"利西南"。《周易折中》引林栗曰："《蹇》止乎坎中，是以言'利西南，不利东北'。《解》动于险外，是以但言'西南'之'利'，不复言'东北'之'不利'也。"[①] 《蹇》九五之"朋来"，即《解》九四之"朋至"，处《蹇》之道与处《解》之道皆需"朋"来相助，可见撰系卦爻辞时，当参考二者的相覆之象以及卦义。

第八组：

《损》六五："或益之十朋之龟，弗克违，元吉。"
《益》六二："或益之十朋之龟，弗可违，永贞吉。王用享于帝，吉。"

《损》《益》两卦卦名的意义相对。《损》之六五，相覆即成《益》之六二，上损之，即下益之。《损》《益》两卦对立统一之义甚是鲜明。此外，《损》《益》卦辞皆曰"利有攸往"，亦可见二者在卦义上的联系。

第九组：

《夬》九四："臀无肤，其行次且。牵羊悔亡，闻言不信。"
《姤》九三："臀无肤，其行次且，厉，无大咎。"

《夬》之九四，倒着看即《姤》之九三，故二者卦爻辞皆曰"臀无肤，其行次且"。

第十组：

《萃》："亨，王假有庙，利见大人。亨，利贞，用大牲吉。利有攸往。"
《升》："元亨。用见大人。勿恤，南征吉。"

---

① （清）李光地：《周易折中》，巴蜀书社1998年版，第326页。

《萃》六二:"引吉,无咎。孚乃利用禴。"
《升》九二:"孚乃利用禴,无咎。"

《萃》卦辞曰"利见大人",《升》卦辞曰"用见大人",二者一致。《萃》六二、《升》九二爻辞皆曰"孚乃利用禴",二者一致。

第十一组:

《革》九三:"征凶,贞厉。革言三就,有孚。"
《鼎》九三:"鼎耳革,其行塞,雉膏不食,方雨亏悔,终吉。"

《革》九三爻辞说的是改革成功,与之相覆的《鼎》九三却说鼎耳改变,不能插杠抬行,二者意思相对。"鼎耳革"之"革"即《革》卦之"革"也,作者在撰系《鼎》卦九三爻辞时借鉴了《革》卦的意义。

第十二组:

《丰》六五:"来章,有庆誉,吉。"
《旅》六五:"射雉,一矢亡,终以誉命。"

《丰》《旅》两卦的爻辞大都不吉,独二者六五爻辞皆以"誉"言。《旅》六五之"誉",即《丰》六五之所"命"也。

第十三组:

《既济》初九:"曳其轮,濡其尾,无咎。"
《未济》初六:"濡其尾,吝。"《未济》九二:"曳其轮,贞吉。"
《既济》九三:"高宗伐鬼方,三年克之,小人勿用。"
《未济》九四:"贞吉,悔亡。震用伐鬼方,三年有赏于大国。"
《既济》上六:"濡其首,厉。"
《未济》上九:"有孚,于饮酒,无咎。濡其首,有孚,失是。"

《既济》《未济》两卦卦名的意义相对。就卦爻辞的撰系来看,《未济》之九四与《既济》之九三呼应;《未济》之初六、九二爻辞,借用了《既济》初九爻辞；《未济》之上九爻辞，借用了《既济》上六爻辞。《既济》《未济》两卦在爻辞上的大量重复，就是为了说明二者在卦爻象上惊人的一致性。

通过对相覆之卦的考查与分析，我们可以得出其具有如下几个特点：

第一，相覆之卦，就卦名的意义上看，有不少卦义是相对的。比如《泰》《否》、《剥》《复》、《蹇》《解》、《损》《益》、《震》《艮》、《既济》《未济》等。

第二，相覆之卦，在卦辞、爻辞的撰系上，往往有词语或文句相同的现象，说明《周易》卦爻辞在撰系的时候参考了相覆之卦。特别是相覆之卦的相对之爻辞（初与上、二与五、三与四）相互借鉴，说明撰写者试图将卦爻的相对之义发挥到极致。

现在回到孔颖达所述的"非覆即变"的卦序排布原则上来，"覆"与"变"相比较，当然"覆"是卦序排布的主要原则，"变"是卦序排布的辅助原则，只有遇到不能相覆的卦，才采用卦爻全变即"相错"的方式予以解决。所以，针对通行本卦序中的《泰》《否》、《随》《蛊》、《渐》《归妹》、《既济》《未济》四组从卦爻属性上看既"覆"又"变"的卦，还是应当从"覆"的规律上去认识。

"覆"和"变"是两个原则，如果以"变"的原则来排列六十四卦的话，可以很容易地将其分成三十二组，从规律上看似乎更鲜明、更整齐划一，那么，《易经》的作者为什么不采用呢？邵雍在《皇极经世书》中进行了尝试，其以两两"相错"的原则制定新的卦序，将其命名为"伏羲六十四卦方位图"。来知德在《周易集注》中将其左右开列排布，即：

《乾》《坤》、《夬》《剥》、《大有》《比》、《大壮》《观》、《小畜》《豫》、《需》《晋》、《大畜》《萃》、《泰》《否》、《履》《谦》、《兑》《艮》、《睽》《蹇》、《归妹》《渐》、《中孚》《小过》、《节》《旅》、《损》《咸》、《临》《遁》、《同人》《师》、《革》《蒙》、《离》《坎》、《丰》《涣》、《家人》《解》、《既济》《未济》、《贲》《困》、《明夷》《讼》、《无妄》《升》、《随》《蛊》、《噬嗑》《井》、《震》《巽》、《益》《恒》、《屯》《鼎》、《颐》《大过》、《复》《姤》。

兹举其中两组卦与通行本卦序进行比较。《震》《巽》《艮》《兑》四卦，通行本是按照"相覆"的原则，《震》与《艮》、《巽》与《兑》相配；如果按照"相错"的原则，则是《震》与《巽》、《艮》与《兑》相配。就卦象与卦爻辞的基本意义来看，《震》卦为天上的雷，有"震惊——发动万物"之义；《巽》卦为天上的风，有"进入——挠扰万物"之义；《艮》卦为地上的山，有"静止——安定万物"之义；《兑》卦为地上的泽，有"流出——悦乐万物"之义。很明显，以"相覆"的原则排布的《震》与《艮》、《巽》与《兑》，较《震》与《巽》、《艮》与《兑》，每组之间既统一又对立的意义更加突出。

"相覆"与"相错"，体现了不同的易学思想。《系辞》曰"原始反终"，《序卦》曰"穷上反下"，可谓是对相覆之理的最好概括。它在一卦六爻所揭示的事物自下而上、自始而终的"渐变"发展之理之外，通过相覆的形式又揭示了事物是向其对立面转化、物极则反的"突变"发展之理。"相错"，则体现了事物在阴阳属性上的完全不同，突出对立之意，统一之义不显，难以说明卦与卦之间的变易、联系之理。

可以推想，文王值商周更替之际被拘羑里，推演《周易》六十四卦时，当是先参透了六十四卦卦象上的相覆、相错的规律，然后才开始卦名的拟定、卦爻辞的撰系，而通行本六十四卦卦序的排布，当是与之同步进行的。后人认为文王序卦，是有道理的。邵雍提出"二十八卦变五十六卦，三十六卦变六十四卦"象数理论，可谓参透了《周易》卦序的玄机。

总之，通行本卦序的出现，是一个象数与义理综合考虑的产物。卦序既深蕴象数规律，又统筹兼顾卦与卦相承的义理，后者《序卦》已经进行了详细的说明，兹不再赘述。今人沈有鼎撰《周易卦序分析》《周易序卦骨构大意》、① 顾伯叙撰《〈序卦〉研究》、② 刘蕙苏撰《〈周易·序卦传〉爻象变化规律之试释》、③ 李尚信撰《〈序卦〉卦序之建构及其思想》④ 等论文，尝试从象数的角度揭示通行本卦序之根由，然而皆没有一个完满的解释。当然我们不能否定他们在易学探索上的这种执着与努力，但我们不应把文王序卦时所没有的思想和原则强加在文王身上。

---

① 沈有鼎：《沈有鼎文集》，人民出版社1992年版，第97—99页。
② 刘大钧：《象数易学研究》第2辑，齐鲁书社1997年版，第39—61页。
③ 刘蕙苏：《〈周易·序卦传〉爻象变化规律之试释》，《周易研究》1994年第1期。
④ 刘大钧：《象数易学研究》第3辑，巴蜀书社2003年版，第289—334页。

那么，文王序卦之后，按照"非覆即变"原则排布的六十四卦之序，春秋战国时期人们是否有过调整呢？笔者认为其中的可能性很小，通过前面的分析，已经基本可以确认：六十四的排序当是与卦名的拟定、卦爻辞的撰写同步进行的，当《易经》最终写定，也就意味着卦序最终定型，被称之为《周易》。春秋时期，《周易》被周王室、诸侯国的史官所掌管，出于对文王"演《周易》"权威的遵从，卦序是不可能被轻易改动的。改易卦序的问题，当出现在战国中后期五行的思想盛行之后，易学在五行方位说的影响下出现了八卦方位说，人们需要以新的易卦图式、六十四卦卦序来反映新的天道观时，颠覆原来"非覆即变"的卦序、按照新的原则构建六十四卦卦序才成为可能。

在此赘述几句上博楚简《周易》的卦序问题。2003年上海博物馆藏战国楚竹书《周易》出版，引起学者兴趣的是出现了一组前所未有的符号。按照整理者濮茅左先生的介绍：

> 楚竹书《周易》中的符号只出现在每卦首简的卦名之下及末简末字下。每个卦名具有两个符号。首简卦名后的符号，我们称之为"首符"，末简末字下的符号，称之为"尾符"。①

濮先生认为《周易》上经以《大畜》卦结束，楚竹书《周易》中可能存在着另一种卦序。②

楚竹书《周易》有六种形式的符号，分别是：A、红色实心方块"■"，B、墨色实心方块"■"，C、墨色"⊏"框，D、红色"⊏"框内含墨色方块"■"，E、墨色"⊏"框内含红色方块"■"，F、红色"■"里内含墨色"⊏"框。楚竹书《周易》共有三十四卦，兹按照通行本卦序就各卦所写有的符号情况做一简要的说明：《蒙》、《需》（A+A）、《讼》（A+A）、《师》（A+）、《比》（A+A）、《大有》（+B）、《谦》（B+B）、《豫》（B+B）、《随》（B+B）、《蛊》（B+）、《复》、《无妄》（+B）、《大畜》（B+C）、《颐》（D+B）、《咸》（C+E）、《恒》（E+E）、《遁》（E+E）、《睽》（E+E）、《蹇》（D+D）、《解》

---

① 马承源：《上海博物馆藏战国楚竹书（三）》，上海古籍出版社2003年版，第251页。
② 同上书，第260页。

(D+)、《夬》(+D)、《姤》(D+D)、《萃》(D+)、《困》(+D)、《井》(D+D)、《革》(E+)、《艮》(E+E)、《渐》(E+)、《丰》(+E)、《旅》(E+)、《涣》(A+F)、《小过》(+E)、《既济》(+F)、《未济》。①

就符号出现的规律来看，可以得出如下推论：

第一，若"C"符是表示上下经的分隔符号，那么《大畜》卦为上经结束之卦，《咸》卦为下经开始之卦，而后者与通行本卦序一致。

第二，楚竹书《周易》中凡是属于通行本"二二相耦"的每组卦，即《需》《讼》、《师》《比》、《谦》《豫》、《随》《蛊》、《无妄》《大畜》、《咸》《恒》、《蹇》《解》、《夬》《姤》、《困》《井》、《丰》《旅》等诸组卦，尽管个别卦首符或尾符不见，基本可以断定每组卦符号是一致的，说明楚竹书《周易》六十四卦排序当遵循了通行本"相覆"的原则。

第三，通行本"相错"的八卦：《乾》《坤》、《颐》《大过》、《坎》《离》、《中孚》《小过》，因楚竹书《周易》只出现《颐》《小过》两卦，所以无从知道其是否按照"相错"的原则排布卦序。

由以上三点推论，如果符号确实具有标示卦与卦之间的关系及其卦序意义的话，仅就楚竹书《周易》残存的三十四卦所写有的符号而言，应当承认楚竹书《周易》卦序非常接近于通行本《周易》卦序。

但如果我们仔细推敲楚竹书《周易》所载符号的话，就会发现其中几处值得寻味的地方。

第一，首符、尾符的位置问题。尾符是在每个卦的卦爻辞最后一个字的下方位置，但首符确实在卦名之下。这颇令人起疑，为什么首符不是在卦爻画之上呢？因为既然首符、尾符应当标示的是一个整卦，不把卦爻画、卦名纳入进去，从意义上说是不完整的。战国时人会出现这样的疏漏吗？

第二，就残简所载三十四卦符号出现的规律来看，上经每卦的首符、尾符当是A、B类即红色实心方块、墨色实心方块，皆是实心方块；下经每卦的首符、尾符当是D、E、F类，三类皆是"匚"+"■"的组合，

---

① 为便于说明，以英文字母代替类别，"+"号前为首符，"+"号后为尾符，空缺则留空或不标。

可《颐》卦首符是 D 类，《涣》卦首符是 A 类，这种违反规律现象的出现，难道也是战国时人的疏漏吗？笔者谨慎怀疑：竹书《周易》撰写者虽断《大畜》卦为上经之终，但在撰写《颐》卦时又下意识地画上属于上经才有的墨色方块，发现问题后又用朱笔勾勒首符，而尾符亦留有墨框勾勒的痕迹，这种矛盾是不是作伪者留下的破绽？到底上博楚简《周易》的真相如何，似乎值得进一步探究。

四 《易》之占——推天道而明人事

张善文先生指出："既然'占筮'是《周易》的应用特征之一，则我们也不应忽视对这一问题的探讨。事实上，任何一个古老民族的原始文化中，均离不开对生命奥秘、大自然规律及对人类自身的整体或局部'运数'的思考，其中往往密切杂糅着浓厚的'巫术'文化因素，同时又无不贯穿着融合感性与理性为一体的哲学思维。"[①] 关于《周易》"占筮"的功能，有人极为排斥，甚至进而否定《周易》一书。这种做法是不可取的，因为《易经》之"占筮"数术，作为上古时期人们推衍天道、预测未来、占断吉凶的工具，是中国先民从蒙昧逐渐走向文明、从本能走向经验、从感性走向理性过程中的历史产物。即使在文明如此昌盛、科技如此发达的今天，试问面对自然、面对社会、面对人生，谁能永远无惑无求？有疑惑、有困难则或求诸组织、求诸他人，或求诸神灵，或求诸占筮算命等各种方术，其理一也。而易道之博大精深，非不占者所能尽窥其奥秘，所以《系辞》曰：

> 《易》有圣人之道四焉，以言者尚其辞，以动者尚其变，以制器者尚其象，以卜筮者尚其占。是以君子将有为也，将有行也，问焉而以言，其受命也如响，无有远近幽深，遂知来物。非天下之至精，其孰能与于此？参伍以变，错综其数。通其变，遂成天地之文；极其数，遂定天下之象。非天下之至变，其孰能与于此？《易》无思也，无为也，寂然不动，感而遂通天下之故。非天下之致神，其孰能与于此？夫《易》，圣人之所以极深而研几也。惟深也，故能通天下之志；惟几也，故能成天下之务；惟神也，故不疾而速，不行而至。

---

① 张善文：《象数与义理》，辽宁教育出版社 1993 年版，第 40 页。

就《系辞》所载的"大衍筮法"来看,《易经》的占筮过程是一个由可象征宇宙万事万理的"数"推导出"象"(爻象、卦象),进而参诸"象"与"辞",以占断"吉凶悔吝"的过程,也就是筮人对"理""数""象""占"融会贯通的过程。所以陈梦雷曰:"有象即有占。《本义》(即朱熹《周易本义》,笔者注)分龙马日月之辞为象,吉凶悔吝之辞为占,然占即在象中,盖龙马日月之辞,象也,即占也;吉凶悔吝之辞,占也,亦卦爻中有此象也。"[1]

时至今日,笔者认为易占仍具有两个方面的重要作用:一是由于《易经》的卦象体系的包容性、开放性,故通过占筮所得的卦爻象和卦爻辞,仍可给人们以启示意义;二是通过占筮活动,可以深入体会《易经》六十四卦、三百八十四爻之间的辩证关系,尤其是《易经》中蕴藏的普遍联系、对立统一、量变质变、否定之否定规律等辩证法的精髓问题。

第三节 论《易经》的道德观与中国人文精神的觉醒

《易经》的成书,是一个时代思想的产物。学术界对于商周之际"数字易卦"的发现与研究让我们看到了《易经》史前学的状态;对《易经》中所蕴含的史实的发掘越来越让我们对《易经》成书的时代有了更明确的定位,对《易经》作者的思想脉搏也有了更加强烈的感受。《易经》成书于周代初期的观点,已经成为当今学术界的普遍认识,越来越多的证据也倾向于传统的"文王演易"的说法。对于《易经》所反映出来的思想意识,前人做过不少的探讨,但大都停留在"易为卜筮之书"的思想认识上。《易经》的形成,固然是筮法发展的必然,但《易经》作者的用意,却绝不是"为占筮而占筮",而是借助了筮法这件外衣,来表达其对政治、社会、人生的认识与反思。可以说,《易经》卦爻辞中所表现出来的浓重的忧患意识和道德观念,标志着中国先民人文精神的觉醒。

一 商周交替的时代思潮促使道德观念的诞生

商周的朝代更替,不但是一场政治的革命,也是一次观念的变迁。

---

[1] (清)陈梦雷:《周易浅述·凡例》,上海古籍出版社1983年版。

我们从殷墟甲骨卜辞的记事情况来看，作为殷民族宗祖神的"帝"是殷人精神生活的最高主宰，也是殷人行为处事的最高根据。殷人是一个非常迷信的民族，可以说无事不卜、无日不祭，通过卜问来求得"帝"的意思。如：

> 邛方其来，王勿逆伐。《前》4.24.1 ①
> 我伐马方，帝受我又。(《乙》5408)②
> 自今至于己酉雨。(《甲》3121)③
> 己亥卜王：余弗其子帚姪子。《前》1.25.3④
> 乙亥卜生四月妹业史——今三月业史 (《甲》209)⑤

可见，殷人事无巨细，皆由"帝"主之。可以说，在殷人的思想中，"帝"具有普遍而至高无上的权威。陈梦家在谈卜辞中的文法时说："卜辞中凡问同一天由同一卜人由正反两个方面卜问同一件事，我们称之为'对贞'。"⑥ 如：

> 其遘大雨——其遘小雨。(《粹》807) 88
> 帝其雨——帝不雨。(《乙1070》)
> 帝令雨——帝不其令雨。(《乙》4626 + 《乙》4628)
> 帝令多雨——帝不其令多雨。(《乙》5329)⑦
> 帝令雨足年——帝令雨弗其足年。（罗振玉《殷墟书契前编》1.50.1）
> 于母己御——勿于母己御。(《铁》106.1) 128 ⑧

---

① 陈梦家：《殷墟卜辞综述》，科学出版社1956年版，第95页。
② 同上书，第97页。
③ 同上书，第116页。
④ 同上书，第117页。
⑤ 同上书，第127页。
⑥ 同上书，第87页。
⑦ 同上书，第88页。
⑧ 同上书，第89页。

冯达文进而将其归结为"帝令（不令）某"这样一个基本的语式或命题，并指出了这一语式所蕴含的人类认识上的意义：

> 再看"帝令（不令）某"这个语式中，主词"帝"与宾词"某"的相互关系。这是由肯定词与否定词直接连结的，不存在任何中介和条件。这表明殷人还没有注意到，主词与宾词、一般概念与具体概念、帝与某（物事）为什么会发生这种联系，在什么条件下才出现这种联系，更没有注意到由于条件的不同而产生的事物关系的多样性和复杂性。在他们的观念中，显然以为"帝"对任何事物的支配都是直接的、任意的、无条件的，因而是人所无法捉摸、不可把握的，这当然不可能容纳人的认识、人的主观努力。①

可以说，殷人的思维意识，还停留在以帝神崇拜为标志的原始宗教信仰的阶段。上天的"帝"权威的强大，恰恰反映了世间的人的力量的渺小。殷人的精神，可谓完全服从于"帝"的宗教意识，在这种情况下，人很难发现自身的力量与智慧，更不能对人自身的行为作出一定的反思，当然也就不会产生人的道德品质的意识。②

商朝末年，一方面，商代社会的基本矛盾达到了即将激化的状态，《诗经·大雅·荡之什》曰："文王曰咨，咨女殷商，如蜩如螗，如沸如羹。"描写的就是在纣王的暴政之下人民难以再继续忍受下去的痛苦生活。另一方面，是商与周边民族矛盾的加剧，这既表现在纣王多次出兵征伐的军事活动上，也表现在其他民族对纣王的严重不满上。《尚书·牧誓》曰："乃惟四方之多罪逋逃，是崇是长，是信是使，是以为大夫卿士。俾暴虐于百姓，以奸宄于商邑。"对于这句话的意思，周秉钧解释说："言纣招用诸侯之叛臣，尊之长之，信之用之，以之为大夫卿士，使

---

① 冯达文：《早期中国哲学略论》，广东人民出版社1998年版，第16页。
② 近代以来的甲骨学已经证明了这一点，从殷墟卜辞来看，一是卜辞中的先王庙号没有道德概念的含义；二是卜辞中的"德"字没有精神性的内容，从字的构成来看，还没有出现"心"这一符号，在意思上为得失之"得"。详见陈梦家《殷墟卜辞综述》、罗振玉《增订殷墟书契考释》（中）。

之危害于百姓，作乱于商国。"① 至于这些叛臣怎么作乱于商国姑且不谈，纣王的这一举动无疑是公然对其他民族权威的严重亵渎，自然使各地诸侯纷纷滋生抗议之心。而商周的天命意识的转换与道德意识的产生，便是从"文武剪商"的军事进程中开始的。《西伯戡黎》记载了文王战胜殷的属国黎之后，殷臣祖伊向纣王的劝谏之言：

> 天子，天既讫我殷命。格人元龟，罔敢知吉。非先王不相我后人，惟王淫戏用自绝。故天弃我，不有康食。不虞天性，不迪率典。今我民罔弗欲丧，曰："天曷不降威？大命不挚，今王其如台？"②

这里，祖伊并没有完全匍匐于"天命"之下而看不到"人为"的力量，他深刻地指出了正是纣王淫乐无极的举动自绝于帝神、自绝于上天之命。这里，祖伊提出了"天性"这一概念，即是赋予了"天"一定的道德意味；并且，他还提出了民心背向的问题，首次在"帝""天"之外看到了"民"的力量。如果说祖伊是从殷所面临的严重政治危机环境下看到了天有其性、民心背向的问题，而武王伐纣的誓词则鲜明地表现出了对天命德性意识的新观念。《尚书·牧誓》曰："今予发惟恭行天之罚。"③ 武王的这句话，是在指出了一大堆纣王倒行逆施的罪行后说出的，纣王行事违背天性，故天要惩罚他，这里的"天"，俨然是人间正义与法则的化身。《左传·昭公二十四年》引《泰誓》曰："纣有亿兆夷人，亦有离德；余有乱臣十人，同心同德。"④ 这是武王伐纣时向军队所作的誓言。《管子·法禁》篇引《泰誓》亦曰："纣有臣亿人，亦有亿万之心。武王有臣三千而一心。"⑤ 这里的"德""心"显然含有强烈的道德意味。

如果说"文武剪商"的政治、军事活动引发了人们对天命观念的新思索，催生了人们心性德行意识的萌芽，那么，当周初的统治者在思考、总结殷商灭亡的历史经验时，便是在一种深沉的忧患意识下、在天命的

---

① 周秉钧：《尚书易解》，岳麓书社 1984 年版，第 128 页。
② 同上书，第 114—116 页。
③ 同上书，第 129 页。
④ 杨伯峻：《春秋左传注》，中华书局 1990 年版，第 1450 页。
⑤ 黎翔凤：《管子校注》，中华书局 2004 年版，第 275 页。

背景下探讨人的德性作用和人自身行为的意义。

> 惟王受命，无疆惟休，亦无疆惟恤，呜呼，曷其奈何弗敬！（《尚书·召诰》）
> 肆予冲人，永思艰！（《尚书·大诰》）
> 予造天役，遗大投艰于朕身。（《尚书·大诰》）
> 朕言艰日思。（《尚书·大诰》）
> 我受命无疆惟休，亦大惟艰。（《尚书·君奭》）
> 我不可不监于有夏，亦不可不监于有殷……服天命，惟有历年；不其延，惟不敬厥德，乃早坠厥命。（《尚书·大诰》）
> 肆惟王其疾敬德。王其德之用，祈天永命。（《尚书·大诰》）
> 皇天无亲，惟德是辅。（《左传·僖公五年》引《周书》）
> 聿修厥德，永言配命，自求多福。（《诗经·大雅·文王》）

可见，周初的统治者虽然也讲天命，但他们更看重人自身所凸现的"德"的作用，更看重个人的努力在求得上天赐福上的意义。从这个意义上说，"敬德配命"观念的提出，在一定程度上架空了笼罩在人们头上的浓重的天命观念与宗教意识。徐复观在评论周初宗教中的人文精神时说：

> 周初所强调的敬的观念，与宗教的虔敬，近似而实不同。宗教的虔诚，是人把自己的主体性消解掉，将自己投掷于神的面前而彻底皈归于神的心理状态。周初所强调的敬，是人的精神，由散漫而集中，并消解自己的官能欲望于自己所负的责任之前，凸显出自己主体的积极性与理性作用。[①]

二 《易经》"轻天命、重人事"的思想体现周人的道德自觉

《易经》的形成，就是处于周人的这样一种深沉的忧患意识之下，处于周人的一种强烈的敬德配天的责任感之下。尽管我们不能否认《易经》的形成是出于筮法发展的需要，从而使《易经》由形式到内容都透露着

---

① 徐复观：《中国人性论史（先秦篇）》，上海三联书店2001年版，第20页。

占筮的迷信意味，但除此而外，《易经》的卦爻辞无疑还表达了作者思想的另一面，就是对社会、政治、人生的积极的反思——这使《易经》于占筮的外衣之下闪耀着一种人文主义的精神、一种理性的光芒，下面详细论述之。

第一，《易经》的卦爻辞反映了商周之际的天命意识，但这种天命意识因周人的忧患意识而显出逐渐淡化的趋势。《易经》中涉及"天""命"概念的卦爻辞有：

《大有·上九》："自天祐之，吉无不利。"
《大畜·上九》："何天之衢，亨。"
《乾·九五》："飞龙在天，利见大人。"
《姤·九五》："以杞包瓜，含章，有陨自天。"
《中孚·上九》："翰音登于天，贞凶。"
《革·九四》："悔亡。有孚改命，吉。"
《否·九四》："有命，无咎，畴离祉。"
《师·上六》："大君有命，开国承家，小人勿用。"
《泰·上六》："城复于隍，勿用师，自邑告命。贞吝。"①

对于这九例爻辞，"天"作为一个有意志的主宰者的形象严格来说只有《大有·上九》爻辞。《大畜·上九》《乾·九五》《姤·九五》《中孚·上九》爻辞中的"天"都是作为一个自然的、客观的存在而出现的。《革·九四》《否·九四》爻辞是讲有诚信可以改变天命，天命可以给人带来庇佑；《师·上六》《泰·上六》爻辞讲的是王的命令，当然从天子是天的代言者的角度来说，这也是讲的天命。我们从《易经》的整体来看，作者的天命思想并不是处在一个显著的位置上，而且作者运用天的概念时，凸现的是天的自然意义，而不是强调天命的主宰意识，这都说明了天命意识不是《易经》作者的主体思想。

《易经》中这种"天命意识"的淡薄，与周初统治者认识到天命并不是王朝政治、个人命运的绝对主宰的思想是一致的。"天命靡常""我受

---

① 《睽·六三》："见舆曳，其牛掣，其人天且劓，无初有终。"这里的"天"乃是"颠"的通假字，故不列入。

命无疆惟休，亦大惟艰"，可以说是周初统治者的一种普遍的思想与认识，与之相对应的，《易经》中也透露出了浓厚的"忧患"情结：

《乾·九三》："君子终日乾乾，夕惕若。厉，无咎。"
《临·六三》："甘临，无攸利。既忧之，无咎。"
《小过·九三》："弗过，防之，从或戕之，凶。"
《否·九五》："休否，大人吉。其亡其亡，系于苞桑。"
《大壮·上六》："羝羊触藩，不能退，不能遂，无攸利，艰则吉。"
《明夷》卦辞："利艰贞。"
《大有·初九》："无交害，匪咎；艰则无咎。"
《泰·九三》："无平不陂，无往不复，艰贞无咎。勿恤其孚，于食有福。"
《噬嗑·九四》："噬干胏，得金矢，利艰贞，吉。"

这种"忧患"的心态表现为行事的勤恳与警惕、对事情发展的忧虑与预防、对艰难处事的肯定与赞美。《易经》的这种忧患意识，《系辞》作者有了深刻的体察与论述：

《易》之兴也，其当殷之末世，周之盛德邪？当文王与纣之事邪？是故其辞危。危者使平，易者使倾。其道甚大，百物不废。惧以终始，其要无咎。此之谓《易》之道也。

《易》之兴也，其于中古乎？作《易》者，其有忧患乎？其称名也，杂而不越，于稽其类，其衰世之意邪？

对于周人的这种忧患的心理，徐复观作了高度的评价，他说：

"忧患"与恐怖、绝望的最大不同之点，在于忧患心理的形成，乃是从当事者对吉凶成败的深思熟虑而来的远见；在这种远见中，主要发现了吉凶成败与当事者行为的密切关系，及当事者在行为上所应负的责任。忧患正是由这种责任感来的要以己力突破困难而尚未突破时的心理状态。所以忧患意识，乃人类精神开始直接对事物发生责任感的表现，也即是精神上开始有了人的自觉的表现。①

第二，与《易经》中的这种"天命"意识淡化的趋势相对应的，是作者在忧患意识的启发下，转而表现为对人的本心活动的重视。《易经》作者多次描写了人的心理活动，这一现象有着重要的意义，它表示人们从浓厚的天命意识中走了出来，进而思考人自身，并由之产生了约束个人行为的道德观念。《易经》卦爻辞对"心"的描写的句子有：

《旅·九四》："旅于处，得其资斧，我心不快。"
《井·九三》："井渫不食，为我心恻。可用汲，王明，并受其福。"
《习坎》卦辞："有孚维心，亨，行有尚。"
《明夷·六四》："入于左腹，获明夷之心，于出王庭。"
《益·九五》："有孚惠心，勿问，元吉。有孚惠我德。"
《益·上九》："莫益之，或击之，立心勿恒，凶。"
《艮·六二》："艮其腓，不拯其随，其心不快。"
《艮·六三》："艮其限，列其夤，厉薰心。"

这八例描写"心"的句子，如果我们抛开个别以《艮》卦六爻讲了气功运行过程的说法，那么，"心"都是就人的思维活动来讲的。作者不但描述了因事情的好坏而带来的心理上不同的感受，而且以"心"作为审视自己行动与处事的器官。

当人们真正站在社会与群体的立场思考人的行为意义的时候，道德的观念也就随之产生了，《易经》中突出了人的"敬"与"孚"两种道德品质。

对于"敬"，周初的统治者在总结夏、商覆灭的经验教训的历史思考中，提出了"敬德"的道德观念，但这种"敬德"的主要功能是为了"配天"，即以德享天命；而《易经》则更注重于"敬"在日常行事上的作用。如《需·上六》："入于穴，有不速之客三人来。敬之，终吉。"《离·初九》："履错然，敬之，无咎。"也就是说，"敬"在《易经》中，

---

① 徐复观：《中国人性论史（先秦篇）》，上海三联书店 2001 年版，第 18—19 页。

更加具有独立的个人道德行为的意味。

对于"孚",可能最初是由祭祀而产生的道德概念。周人对殷纣政治不满与反抗,把祭祀的问题当作一个很大的借口,如《尚书·微子》:"今殷民乃攘窃神祇之牷牲用以容,将食无灾。"按照周秉钧的解释:"殷民盗神祇之牲用而隐匿之,或养或食皆不罪罚。谓其不敬神祇。"① 而殷民的这种对神亵渎的态度,主要是由于殷的统治者没有作好表率,《尚书·牧誓》:"昏弃厥肆祀弗答,昏弃厥遗王父母弟不迪。"周秉钧解释说:"言蔑弃其肆祭不问,蔑弃其从父兄弟不用也。"② 殷人对祭祀的这种亵渎的态度,在《易经》中也有反映:《既济·九五》:"东邻杀牛,不如西邻之禴祭,实受其福。"郑玄注曰:

> "东邻",谓纣国中也;"西邻",谓文王国中也,此辞在《既济》。《既济》离下坎上,离为牛,坎为豕,"西邻禴祭",则用豕与言杀牛而凶,不如杀豕受福,喻奢而慢,不如俭而敬也。《春秋传》曰:"黍稷非馨,明德惟馨。"信矣。③

可见,祭祀不在于祭品的厚薄多少,而在于祭祀者是否有恭敬诚恳之心。《易经》作者多次强调了祭祀时要有一颗虔诚之心,这样即使薄祭,也是很吉利的。如:

《升·九二》:"孚乃利用禴,无咎。"
《萃·六二》:"引吉,无咎,孚乃利用禴。"
《观》卦辞:"盥而不荐,有孚颙若。"
《损》卦辞:"有孚,元吉,无咎,可贞,利有攸往。曷之用?二簋可用享。"
《中孚》卦辞:"豚鱼,吉。利涉大川,利贞。"

"孚"在祭祀上的重要意义,在春秋时期的祭祀活动中还体现着,

---

① 周秉钧:《尚书易解》,岳麓书社1984年版,第122页。
② 同上书,第128页。
③ (清)朱彬:《礼记训纂》,中华书局1996年版,第765—766页。

《左传·庄公十年》：

> 公曰："牺牲、玉帛，弗敢加也。必以信。"对曰："小信未孚，神弗福也。"①

而"孚"作为一种个人道德行为品质的界定，便渐渐由宗教的氛围中脱离出来，成为人们的行为准则与评价标准。如：

《比·初六》："有孚，比之无咎。有孚盈缶，终来有它，吉。"
《解·九四》："解而拇，朋至斯孚。"
《大有·六五》："厥孚交如，威如，吉。"
《家人·上九》："有孚威如，终吉。"
《泰·六四》："翩翩不富以其邻，不戒以孚。"
《井·上六》："井收勿幕，有孚，元吉。"
《睽·九四》："睽孤，遇元夫。交孚，厉，无咎。"
《丰·六二》："丰其蔀，日中见斗。往得疑疾，有孚，发若，吉。"
《兑·九二》："孚兑，吉，悔亡。"
《兑·九五》："孚于剥，有厉。"
《未济·上九》："有孚，于饮酒，无咎。濡其首，有孚，失是。"
《革·九五》："大人虎变，未占有孚。"

当然，周人"敬""孚"两种道德观念，因其不能完全挣脱天命意识和宗教观念，以至于还呈现出一定的直观性，而缺乏作为完全意义上的道德概念的那种抽象性。

第三，《易经》中对于"道""德"概念的使用反映了周初文化主体性、人文化的发展趋向。《易经》中含有"道"的卦爻辞有：

《小畜·初九》："复自道，何其咎？吉。"
《履·九二》："履道坦坦，幽人贞吉。"

---

① 杨伯峻：《春秋左传注》，中华书局1990年版，第182—183页。

《随·九四》:"随有获,贞凶。有孚在道,以明,何咎?"
《复》卦辞:"亨。出入无疾,朋来无咎。反复其道,七日来复。利有攸往。"

在甲骨文中,尚未发现"道"这个字,金文中,"道"字已大量出现了。可见,"道"可能是商周之际才出现的一个概念。金文中的"道"皆为道路之义,这当是"道"最初的意思。《周易》卦爻辞中出现的这四例"道"字,虽然都是作为具体的概念而出现的,表示人所行走的道路的意思,但它们也具有了一定的规范性的含义。"复自道,何其咎?吉"之例,"道"虽然是道路的意思,但也含有一定的经验性因素在内。《说文解字》:"复,行故道也。"《易经》作者认为回到"曾经走过的道路"不会有咎害,是吉利的,这里的"道",已含有对人行为的指导意义,体现了作者某种经验性的思维成果。"履道坦坦,幽人贞吉"之例,"坦坦"就是平坦的意思,是说走平坦的道路,对于被囚禁的人是吉利的;"反复其道,七日来复"之例,作者认为往来在熟悉的道路上,七天就可以一个来回,没有疾病也没有咎害。可见,"道"体现了作者对人生经验的总结,体现了由对事物的价值判断而上升为某种法则性的因素。张岱年在论述"道"时说:"所谓道,实即究竟规律或究竟所以。道字的本谊是路。人所走的路为道,引申而人物存在变动所必经由的程途亦是道。物所必经由的程途,也即是物所遵循的规律。"[①]《易经》中的"道",已含有一种朴素的、经验的、应当为人所遵循的规律的意思,反映了周初积极的人文精神。

《易经》中含有"德"的卦爻辞有:

《讼·六三》:"食旧德,贞厉,终吉。或从王事,无成。"
《小畜·上九》:"既雨既处,尚德载。妇贞厉。月几望,君子征凶。"
《恒·九三》:"不恒其德,或承之羞,贞吝。"
《恒·六五》:"恒其德,贞妇人吉,夫子凶。"
《益·九五》:"有孚惠心,勿问,元吉。有孚惠我德。"

---

① 张岱年:《中国哲学大纲》,中国社会科学出版社1982年版,第20页。

"德"字，在甲骨文中像人一边走一边用眼睛向前看，其时还没有出现"心"符，含有人行事之意。在金文中，德增加了"心"符，这表明，其时已具有了精神性的含义，"德"体现了人心的思维与实际行动的结合与统一。郑玄注《周礼·师氏》"德"与"行"两概念时说："德行，内外之称。在心为德，施之为行。"① 这个解释是符合"德"字产生的实际的。对于《易经》中出现"德"字的这五条爻辞，《小畜·上九》爻辞中的"德"明显为"得"的借用。对于《益·九五》爻辞中的"孚"，学者有俘虏和诚信两种不同的解释，笔者认为这里的"孚"当作"诚信"解，这样"孚""心""德"三者从精神上看是贯通的。对于其他诸例，高亨认为其"德"字皆含有德性的意味，② 从《尚书》和《诗经》中对"德"在精神性层面的频繁使用情况来看，高亨的解释是符合实际的。这三例"德"字，皆表示对个人内在品德修养的界定。

　　《易经》中"道""德"两个概念的提出，既体现了周人对把握事物发展客观规律的积极思考，也标志着周人对个人道德上的主观努力的认识与肯定，因而从思想发展史的角度看，有着极其重要的意义。

三 《易经》"君子"形象体现了周人对贵族道德规范的构建

　　《易经》中刻画的君子形象，不仅是西周贵族政治的标志，还含有强烈的道德判断的意义。

　　殷周之际的朝代更替过程，是一个人们从原始的宗教观念的禁锢下逐步解放出来的过程，是一个人的价值与主体精神的发现过程，也是一个贵族道德意识的觉醒与构建的过程。这一思想表现在《易经》卦爻辞上，就是"天命""王公""大人"不再是作者关注的中心，君子的理政行事、生活方式与人生形态，才是作者所着力研究与描述的对象——尽管《易经》卦爻辞上多次出现"大人""王"等词语，但其除了是一种政治权力的象征，并没有其他的含义。在此先要明确《易经》中"君子"的意思，它是对有政治地位与权力的男性贵族的一种称呼。据笔者统计，《易经》卦爻辞中出现"君子"一词有 20 次之多，从内容上看，涉及了

---

① （唐）贾公彦：《周礼注疏》，北京大学出版社 1999 年标点本，第 348 页。
② 高亨：《周易古经今注》，中华书局 1984 年版，第 178、252—253 页。

君子的政治、军事、田猎、日常处事等方方面面，兹把《易经》中讲"君子"的卦爻辞摘录如下：

《乾·九三》："君子终日乾乾，夕惕若。厉，无咎。"
《谦》卦辞："亨，君子有终。"
《谦·初六》："谦谦君子，用涉大川，吉。"
《谦·九三》："劳谦，君子有终，吉。"
《小畜·上九》："既雨既处，尚德载。妇贞厉。月几望，君子征凶。"
《未济·六五》："贞吉，无悔。君子之光，有孚吉。"
《夬·九三》："壮于頄，有凶。君子夬夬，独行遇雨若濡，有愠，无咎。"
《明夷·初九》："明夷于飞，垂其翼。君子于行，三日不食。有攸往，主人有言。"
《屯·六三》："即鹿无虞，惟入于林中，君子几不如舍，往吝。"
《观·九五》："观我生，君子无咎。"
《观·上九》："观其生，君子无咎。"
《坤》卦辞："君子有攸往，先迷后得主。"
《同人》卦辞："利君子贞。"
《否》卦辞："否之匪人，不利君子贞。大往小来。"
《革·上六》："君子豹变，小人革面。征凶，居贞吉。"
《遁·九四》："好遁，君子吉，小人否。"
《解·六五》："君子维有解，吉；有孚于小人。"
《大壮·九三》："小人用壮，君子用罔，贞厉。羝羊触藩，羸其角。"
《观·初六》："童观，小人无咎，君子吝。"
《剥·上九》："硕果不食，君子得舆，小人剥庐。"

从这些爻辞可以看出，《易经》作者对君子生活与处事持有肯定的态度，"君子"堪称作者思想中行事与做人的标准与规范。在《易经》中有一个现象，就是"君子"与"小人"的对举。作者往往在说完君子是怎么做的之后，又说小人是怎么做的；小人用的是什么方法，而君子又是用的什么方法；君子的得失是什么，小人的得失又是什么。当然我们可以从阶级的角度来解释这个现象：《易经》中的"君子"，都是贵族；《易经》中的"小人"，都是非贵族的平民或地位更低的奴隶。但这种解释对我们分析《易经》"君子"这一群体的形象及其意义是远远不够的。笔者认为：当《易经》作者有意识地从社会全体中区别出了"君子"这一集团，并自觉地用一种道德审视的眼光、价值判断的标准去分析"君子"时，"君子"由纯粹是对贵族集团的一种界定而被赋予了强烈的道德意识，从而使君子也成为道德品质的一种标识。《易经》中赋予了君子"谦"（谦虚）、"乾乾"（勤勉）、"孚"（诚信、庄敬）等品质，从一个侧面显示了君子的德性内涵；另外，《左传》《国语》《论语》中的许多"君子"的用例，皆含有贵族阶级之外的道德意味，这从历史的角度显示了"君子"德性意义的独立是一个长期的过程。只有当作为其支柱的西周礼乐文化真正成为历史的时候，"君子"才完全蜕变成一个衡量人道德修养水平的词语。

以往我们探讨商周之际的思想变革，往往注意利用《尚书》这一文献，而忽略了《易经》卦爻辞中所反映的周初道德意识和人文精神；往往注重探讨《易经》的占筮体系对人智的开启和认识论上的意义，而忽略了《易经》文本本身所蕴含的巨大思想意义。殷周之际的思想转换，也同样体现在《易经》中，通过《易经》的卦爻辞，我们可以看到：尽管周人的思想中还含有一定的天命观念和宗教色彩，但由于以"小邦周"不可思议地代替"大邑商"而催生了一种深沉的忧患意识，这种忧患意识促使统治者看到了"天不可信"的一面，从而使周初统治者的思想重心由天命转向了对人自身道德和行为的考量。周人尽管强调天命，甚至宣传天命，但他们清醒地意识到：人才是真正影响天命转变的力量，从而使周初的统治者在很长的一段时间中，保持了一颗"生于忧患、死于安乐"的警惕之心，保持了一颗"敬德配天""敬天保民"的虔诚之心，从而使他们对左右国家政治生活的贵族集团予以全面的关注与认真的审视，这种审视既含有经验的总结，又含有道德的赞美、价值的判断，从而使"君子"由纯粹是一个"贵族"的代名词具有了更多更强烈的道德意味。当周人能够有意识地反思君子的这种精神时，哲学也就诞生了。

第二章

春秋战国易学研究

第一节 论春秋时期的易学

春秋时期，王权衰落，周天子失去了号令天下的政治权威，历史进入了诸侯争霸的时代。反映在学术上，就是王官之学下行，原为周王室贵族政教之典籍，被一些文化官员因躲避政治动乱等原因带出东都洛阳，逐渐流落到诸侯各国。如原为周朝守藏室之史的老子，看到周王室衰微，弃官出函谷关隐居；如《左传·庄公二十二年》所记"周史有以《周易》见陈侯者，陈侯使筮之"①，此周史即是凭《周易》到诸侯国谋生。春秋时期周王室文化官员和典籍的大量外流，形成了《左传·昭公十七年》孔子所感慨的"天子失官，学在四夷"②的局面，这也极大促进了文化的交流与发展，从而逐渐形成了中国历史文化上的"轴心时代"。

春秋时期，易学也得到极大的发展，《左传》和《国语》中记载人们使用《周易》的例子有二十二条，说明《周易》受到了人们高度的重视，有着较强的权威性。商周时期人们认为"筮轻龟重"，故占筮时先筮而后卜，龟卜的权威性远大于易占。如《周礼·春官·筮人》曰：

"凡国之大事，先筮而后卜。"郑玄注曰："当用卜者，先筮之，即事渐也。于筮之凶，则止不卜。"贾公彦疏曰："此大事者，即大卜之八命，及大贞大祭祀之事。大卜所掌者皆是大事，皆先筮而后卜。故郑云'当用卜者先筮之，即事渐也'者，筮轻龟重，贱者先

---

① 杨伯峻：《春秋左传注》，中华书局1990年版，第122页。
② 同上书，第1389页。

即事，故云'即事渐也'。云'于筮之凶则止'者，《曲礼》云'卜筮不相袭'。若筮不吉而又卜。是卜袭筮，故于筮凶，则止不卜。按《洪范》云'龟从筮逆'，又云'龟筮共违于人'。彼有先卜后筮，筮不吉又卜，与此经违者，彼是箕子所陈用殷法，殷质，故与此不同。"①

但到了春秋时期，"筮轻龟重"的情况已经改变。由《左传·闵公二年》鲁桓公使卜楚丘先卜后筮、《左传·僖公二十四年》晋文公使卜偃先卜后筮的例子来看，人们对于国之大事的预测，并不是"先筮而后卜"，龟卜之后还要由占筮来最终断定吉凶，这说明了筮法的权威已大大提高。此外，春秋时期人们一般只以易占来判定人事的吉凶，说明易占已发展成为一种独立使用的具有权威性的方术。

从易学史的角度看，春秋时期是易学发展上的一个重要阶段，此一时期的易学初步完成了象数与义理两个方面的构建，并形成了固定的解释《易经》体例，对于战国时期的易学有着重要影响。兹略作阐述，以飨读者。

一 春秋易学中的象数论

《易经》象数观念的产生，经历了一个很长的过程。一般来说，以象与数的观念来判断吉凶的方法不是同时产生的，它们分别来源于古代卜和筮两种不同的方术。卜用龟骨，根据卜兆的形状来判断吉凶。《周礼·春官·宗伯》：

> 太卜掌三兆之法："一曰玉兆，二曰瓦兆，三曰原兆。其经兆之体皆百有二十，其颂皆千有二百。"②

这个"兆"便是"兆象"。龟卜的方术，直接使人们形成了一种"象"的观念。占筮则用蓍草，按照一定的筮法揲扐所得的数字来排列卦爻，以判断吉凶。所以，筮占的方术，在更大程度上依凭一种神秘的

---

① （唐）贾公彦：《周礼注疏》，北京大学出版社1999年标点本，第651页。
② 同上书，第635—636页。

"数"的观念。近些年来，由于学者对考古材料中"数字易卦"的发现与研究，让人们看到了易卦与数字之间的密切关系。春秋时期韩简就象与数的关系作了论述，《左传·僖公十五年》：

> 龟，象也；筮，数也。物生而后有象，象而后有滋，滋而后有数。①

说明此时人们已经有了比较成熟的象数观念。另一个例子是韩宣子对《易经》的评价，这件事记载在《左传·昭公二年》：

> 晋侯使韩宣子来聘，且告为政，而来见，礼也。观书于太史氏，见《易象》与鲁《春秋》，曰："周礼尽在鲁矣，吾乃今知周公之德与周之所以王也。"②

韩宣子所谓的《易象》或指《易经》，或单指《易经》八卦卦象和六十四卦卦爻象。韩宣子称道《易》之象，说明《易经》的卦爻象体系已为人们所重视，《易象》已成为《易经》的代称。下面结合具体的筮例，对这一时期的易说作象数上的分析：

（一）卦变说

"卦变说"的出现，其直接原因是占筮时技术上的需要。所谓卦变说，就是在揲扐时筮得的某一个或几个爻之象在阴阳属性上恰好处于向其对立面转化的状态，在这种情况下判断占筮的结果，不能仅仅依靠最初所占的卦（亦称"本卦"），有时还需参考所占之卦的这一个或几个爻变化之后所形成的卦的意义。按照《系辞》所讲的"大衍筮法"，就是通过揲扐所得的七、八、九、六之数来确定爻的阴阳，分别代表少阳、少阴、老阳、老阴之象，少阳、少阴不变，老阳、老阴则要向其对立面转化，老阳变阴，老阴变阳，从而又形成了新的卦，即变卦（亦称"之卦"）。如《左传·僖公二十五年》：

---

① 杨伯峻：《春秋左传注》，中华书局1990年版，第365页。
② 同上书，第1126—1127页。

第二章 春秋战国易学研究

秦伯师于河上，将纳王，狐偃言于晋侯曰："求诸侯莫如勤王，诸侯信之，且大义也。继文之业而信宣于诸侯，今为可矣。"使卜偃卜之，曰："吉，遇黄帝战于阪泉之兆。"公曰："吾不堪也。"对曰："周礼未改，今之王，古之帝也。"公曰："筮之！"筮之，遇《大有》之《睽》，曰："吉，遇'公用亨于天子'之卦，战克而王飨，吉孰大焉！且是卦也，天为泽以当日，天子降心以逆公，不亦可乎？《大有》去《睽》而复，亦其所也。"①

"《大有》之《睽》"的"之"，是变的意思，可以看出是《大有》九三爻变为阴爻而成《睽》卦。判断占筮的结果，则须既看本卦所变爻，又看变卦。一般说来，如果只是一爻变，则主要依据本卦的所变之爻的爻辞来断吉凶，此例即是以本卦九三爻辞"公用亨于天子，小人弗克"来占断的。卜偃曰"天为泽以当日"，则是因为《大有》卦象为"乾下离上"，变卦《睽》卦象为"兑下离上"，下卦乾为天，兑为泽，上卦离为日，天变为泽，与日相当，故曰"天子降心以逆公"，这是参考了变卦的情况。再如《左传·哀公九年》：

宋公伐郑……晋赵鞅卜救郑，遇水适火。……阳虎以《周易》筮之，遇《泰》之《需》，曰："宋方吉，不可与也。微子启帝乙之元子也。宋、郑，甥舅也。祉，禄也。若帝乙之元子归妹而有吉禄，我安得吉焉？"乃止。②

这则筮例，是《泰》六五爻变，阳虎的占断即依据了《泰》六五爻辞"帝乙归妹，以祉，元吉。"又如《左传·闵公二年》：

成季之将生也，桓公使卜楚丘之父卜之，曰："男也，其名曰友，在公之右，间于两社，为公室辅。季氏亡，则鲁不昌。"又筮之，遇《大有》之《乾》，曰："同复于父，敬如君所。"及生，有

---

① 杨伯峻：《春秋左传注》，中华书局1990年版，第431—432页。
② 同上书，第1652—1654页。

文在其手曰"友"，遂以命之。①

这也是一爻变的筮例，按所变之爻为《大有》六五爻，其爻辞曰："厥孚交如，威如，吉。"筮者没有直接引用本卦所变之爻的爻辞，而是把它变成自己的话来说。交同"皎"，光明之意；威，权威、天威之意，故卜楚丘之父说"敬如君所"。"同复于父"则是从卦象上分析而得出的，《大有》卦是乾下离上，《乾》卦是乾下乾上，按《说卦》乾为君为父，离为子女，离变为乾，象征着儿子将同父亲一样居于同等的位子，将来要作国君。又如《国语·周语下》：

（单襄公）曰："成公之归也，吾闻晋之筮之也，遇《乾》之《否》，曰：'配而不终，君三出焉。'"②

这是三爻变的筮例，按《说卦》"乾为天为君""坤为臣"。古人以国君配天，《乾》之《否》则表示国君在配天的过程中发生变化，不能持续到最后，上卦为外，下卦为内，下卦乾变坤，表示国君将被赶下台来，三爻变则意味着国君将有三次出奔。故曰："配而不终，君三出焉。"这种解释，又与所变之卦的吉凶有关，《否》卦辞："否之匪人，不利君子贞，大往小来。"《否》卦是不利于贵族占问的，且"大往小来"，亦可以联系到国君出奔上。

春秋时人卦变思想的一个表现是称呼某卦某爻，采用某卦之某卦的形式，如《左传·昭公二十九年》：

秋，龙见于绛郊。魏献子问于蔡墨……对曰："……龙，水物也，水官弃矣，故龙不生得。不然，《周易》有之，在《乾》之《姤》，曰'潜龙勿用'，其《同人》曰'见龙在田'，其《大有》曰'飞龙在天'，其《夬》曰'亢龙有悔'，其《坤》曰'见群龙无首，吉'，《坤》之《剥》曰'龙战于野'。若不朝夕见，谁能

---

① 杨伯峻：《春秋左传注》，中华书局1990年版，第263—264页。
② 徐元诰：《国语集解》，中华书局2002年版，第90页。

物之?"①

《乾》之《姤》即《乾》之初九,《乾》之《同人》即《乾》之九二,《乾》之《大有》即《乾》之九五,《乾》之《坤》即《乾》之用九,《坤》之《剥》即《坤》之上六。出现这种情况,固然是因为其时还没有出现以"初、二、三、四、五、上"与"九、六"组合标记爻题,但也说明了人们对于《周易》卦变现象的深刻认识与熟练运用。

需要我们注意的是:对于卦变这一占断之义例,春秋时人有时候不仅看本卦变爻的爻辞,还看变卦所对应之爻,从而在占断上取义更广更灵活。如《左传·僖公十五年》:

> 初,晋献公筮嫁伯姬于秦,遇《归妹》之《睽》,史苏占之,曰:"不吉,其繇曰:'士刲羊,亦无衁也;女承筐,亦无贶也。'西邻责言,不可偿也。《归妹》之《睽》,犹无相也。震之离,亦离之震,为雷为火,为嬴败姬。车说其輹,火焚其旗,不利行师,败于宗丘。《归妹》'睽孤,寇张之弧',侄其从姑,六年其逋,逃归其国而弃其家,明年其死于高梁之虚。"②

这则筮例,是《归妹》上六发生变化,筮者在说解的时候,不但参考了《归妹·上六》爻辞:"士刲羊,亦无亡也;女承筐,亦无贶也。"(与今本《周易》经文稍有差异。)而且还参看了所变之爻在所变之卦的爻辞,即《睽·上九》:"睽孤,寇张之弧。"(与今本稍有差异)又如《左传·襄公九年》:

> 穆姜薨于东宫。始往而筮之,遇《艮》之八。史曰:"是谓《艮》之《随》。《随》,其出也。君必速出!"姜曰:"亡!是于《周易》曰:'《随》,元、亨、利、贞,无咎。'"③

---

① 杨伯峻:《春秋左传注》,中华书局1990年版,第1500—1503页。
② 同上书,第363—365页。
③ 同上书,第964—965页。

关于春秋时期占筮中的"之八"现象，《左传》中载有数例，至今其义未明，兹不细论。穆姜既已采纳筮人《艮》之《随》的卦变意见，却不从本卦及所变之爻去分析，而直接采用之卦的卦辞。这都说明春秋时期在占断的依据上有着较大的随意性。

在《左传》《国语》所记17条具体筮例中，涉及卦变的有14例之多，占了筮例的绝大多数。朱熹曾根据春秋时的筮例作过归纳：

> 凡卦六爻皆不变，则占本卦彖辞，而以内卦为贞，外卦为悔。
> 一爻变，则以本卦变爻辞占。
> 二爻变，则以本卦二变爻辞占，仍以上爻为主。
> 三爻变，则占本卦及之卦之彖辞，即以本卦为贞，之卦为悔；前十卦主贞，后十卦主悔。
> 四爻变，则以之卦二不变爻占，仍以下爻为主。
> 五爻变，则以之卦不变爻占。
> 六爻变，则乾坤占二用，余卦占之卦彖辞。[①]

实际上，在数爻变的情况下，没有一定的解《易》体例可以遵循，筮者对占筮结果的阐释具有很大的灵活性，除了参看本卦与变卦的卦辞外，还通过推阐本卦、变卦上下二体卦象之间的相互关系，来分析占筮的结果。这其中自然增加了筮者主观上的随意性与附会性。

（二）取象说

取象说也是春秋时期发展成熟的一种占筮体例。此一时期解释《易》占结果的，几乎没有不用取象说的。如果说卦变说更偏重于技术上的因素，容易因筮法的固定而走上僵化之路；那么取象说则给春秋时人开启了一片类比联想与推理分析的天空。所谓取象说，就是以乾、坤、震、巽、坎、离、艮、兑为八经卦，通过这八经卦所象征的物象，来说明六十四别卦的卦象和卦名，并以之解说卦爻辞，分析占筮的吉凶悔吝。学术界一般认为，在六十四卦产生以前，八卦取象的应用，应当经历了一个很长的时期。《周礼·春官·宗伯》曰："掌三易之法：一曰连山；二

[①] 朱杰人、严佐之、刘永翔：《朱子全书》，上海古籍出版社2002年版，第258—259页。

曰归藏；三曰周易。其经卦皆八，其别皆六十有四。"① 考古学家从商周时的甲骨中，已经发现了不少的三画卦材料，有力地证明了《周礼》的这一说法。我们从《左传》《国语》所记的易说中，可以看出春秋时人已能够熟练地运用易象解《易》。如《国语·晋语》：

> 十一月，秦伯纳公子……董因迎公于河。公问焉，曰："吾其济乎？"对曰："……臣筮之，得《泰》之八，曰：'是谓天地配亨，小往大来。'今及之矣。何不济之有？"②

占得《泰》卦，没有变爻，则看《泰》卦辞："小往大来，吉，亨。"董因在解释的时候，以"天地配"的卦象解释卦辞，说明卦辞本于卦象。

有时候，人们直接以卦上下二体之象来解释卦名，如《左传·昭公三十二年》史墨曰："在《易》卦，雷乘乾曰《大壮》，天之道也。"③ 战国时期的《大象传》卦名的解释，皆是从上下二体卦象的关系分析得出的，当是从春秋易说中得到了启发。再如《左传·庄公二十二年》：

> 陈厉公，蔡出也，故蔡人杀五父而立之。生敬仲。其少也，周史有以《周易》见陈侯者，陈侯使筮之，遇《观》之《否》，曰："是谓'观国之光，利用宾于王。'此其代陈有国乎？不在此，其在异国；非此其身，在其子孙。光，远而自他有耀者也。坤，土也。巽，风也。乾，天也。风为天于土上，山也。有山之材，而照之以天光，于是乎居土上，故曰：'观国之光，利用宾于王。'庭实旅百，奉之以玉帛，天地之美具焉，故曰：'利用宾于王'。犹有观焉，故曰其在后乎！风行而著于土，故曰其在异国乎！若在异国，必姜姓也。姜，大岳之后也。山岳则配天。物莫能两大。陈衰，此其昌乎！"及陈之初亡也，陈桓子始大于齐；其后亡也，成子得政。④

---

① （唐）贾公彦：《周礼注疏》，北京大学出版社1999年标点本，第637—638页。
② 徐元诰：《国语集解》，中华书局2002年版，第342—345页。
③ 杨伯峻：《春秋左传注》，中华书局1990年版，第1520页。
④ 同上书，第222—224页。

这则故事颇具有传奇色彩，抛开史实的本身不谈，仅看史官对易卦的解说。他首先根据变卦说作了论断，然后根据卦象来说明爻辞。《观》卦象为坤下巽上，坤为土，巽为风。《否》卦象为坤下乾上，乾为天。《观》之《否》，是巽变为乾，下体不变，故曰"风为天于土上"。《观》《否》二卦都没有山的卦象，为什么周史说"山也"呢？按杜预的解释："自二至四有艮象，艮为山。"这也就是后人所说的"互体"。① 风之性为"行"，隐含着敬仲将到他国发展的意思，《说卦》"巽，入也"，也是此意。变卦《否》坤下乾上，说明敬仲将进入到一个足以与天（天子、国君）相配的大国中去，且这个大国有山岳之秀，而姜齐恰恰是大岳之后，故周史认为这个国家是齐国。又按乾为君，坤为臣，《否》卦是臣朝见天子，故曰"观国之光，利用宾于王"。史官的这种解说尽管有附会之处，但毫无疑问：取象说是其解《易》的重要手段。又如《国语·晋语》：

> 公子亲筮之，曰："尚有晋国。"得贞《屯》悔《豫》，皆八也。筮史占之，皆曰："不吉。闭而不通，爻无为也。"司空季子曰："吉。是在《周易》，皆利建侯。不有晋国，以辅王室，安能建侯？我命筮曰'尚有晋国'，筮告我曰'利建侯'，得国之务也，吉孰大焉！震，车也。坎，水也。坤，土也。屯，厚也。豫，乐也。车班外内，顺以训之，泉原以资之，土厚而乐其实，不有晋国，何以当之？震，雷也，车也。坎，劳也，水也，众也。主雷与车，而尚水与众。车有震，武也，众而顺，文也。文武具，厚之至也，故曰屯。其繇曰：'元，亨，利贞，勿用，有攸往，利建侯。'主震雷，长也，故曰元。众而顺，嘉也，故曰亨。内有震雷，故曰利贞。车上水下，必伯。小事不济，壅也，故曰'勿用，有攸往'。一夫之行也，众顺而有武威，故曰'利建侯'。坤，母也。震，长男也。母老子强，故曰豫。其繇曰：'利建侯行师'，居乐出威之谓也。是二者，得国之卦也。"②

---

① 按："互体"说在《国语》《左传》的易说中仅此一例。
② 徐元诰：《国语集解》，中华书局2002年版，第340—342页。

《屯》卦象震下坎上，《豫》卦象坤下震上，司空季子的占断便由卦象的意义展开。需要我们注意的是：除了运用到最基本的八卦卦象外，他还考虑到了卦象之德性的意义，如以"顺""文"释"坤"，以"劳"释"坎"，以"厚"释"屯"，以"武"释"震"等，这说明人们对卦象的认识，已经超越了形象思维的阶段，达到了抽象思维的层次，开启了《象传》从卦象、卦德两个方面解《易》之先声。又如《左传·闵公元年》：

> 初，毕万筮仕于晋，遇《屯》之《比》。辛廖占之，曰："吉。屯固，比入，吉孰大焉？其必蕃昌。震为土，车从马，足居之，兄长之，母覆之，众归之，六体不易，合而能固，安而能杀，公侯之卦也。公侯之子孙，必复其始。"①

这则筮例，如果从卦变说的角度去解释，应该取《屯·初九》爻辞"磐桓。利居贞，利建侯"，实际上辛廖就是围绕着这句爻辞解释的，其一方面从两卦卦名的取义上作了阐释；另一方面则主要运用了取象说。高亨解释说：

> 《屯》卦是上坎下震，《比》卦是上坎下坤，坤为土，屯卦的震变为比卦的坤，是震变为土，所以说："震为土。"（为是变为）震为车，坤为马，所以说："车从马。"震又为足，所以说："足居之。"震又为长子，所以说："兄长之。"坤为母，所以说："母复之。"《国语·晋语》："坎，众也。"坎为众，所以说："众归之。"坤是土，能安。震是雷，能杀。所以说："安而能杀。"总之，《屯》《比》两卦卦象是有车马，有土地，有兄的帮助，有母的复育，有群众的归附，又有足居其地。因此论定是"公侯之卦"。②

又如《左传·昭公五年》：

---

① 杨伯峻：《春秋左传注》，中华书局1990年版，第259—260页。
② 高亨：《周易杂论》，山东人民出版社1962年版，第80页。

初穆子之生也，庄叔以《周易》筮之，遇《明夷》之《谦》，以示卜楚丘，曰："是将行，而归为子祀，以谗人入，其名曰牛，卒以馁死。《明夷》，日也。日之数十，故有十时，亦当十位。自王已下，其二为公，其三为卿。日上其中，食日为二，旦日为三。《明夷》之《谦》，明而未融，其当旦乎，故曰'为子祀'。日之《谦》，当鸟，故曰'明夷于飞。'明而未融，故曰'垂其翼。'象日之动，故曰'君子于行。'当三在旦，故曰'三日不食。'离，火也；艮，山也。离为火，火焚山，山败。于人为言。败言为谗，故曰'有攸往，主人有言。'言必谗也。纯离为牛，世乱谗胜，胜将适离，故曰'其名曰牛'。谦不足，飞不翔，垂不峻，翼不广。故曰'其为子后乎'。吾子，亚卿也，抑少不终。"①

《明夷》之《谦》的占断依据是《明夷》初九爻辞："明夷于飞，垂其翼。君子于行，三日不食。有攸往，主人有言。"卜楚丘主要运用了取象说解释初九爻辞的吉凶意义。《明夷》卦离下坤上，《谦》卦艮下坤上。离为日、为火，艮为山，坤为土。又因为《离》卦辞"畜牝牛吉"，《明夷》下体为离，故曰"纯离为牛"。至于说"于人为言"，大约是取自《艮》六五爻辞"言有序"之义。为了说明爻辞，卜楚丘又将一日之十时（鸡鸣、昧爽、旦、大昕、日中、日昃、夕、昏、宵、夜中——商周时期曾有把一昼夜分为十时的计时法）与当时社会人的十等级制（王、公、大夫、士、皂、舆、隶、僚、仆、台）相配，认为"明夷于飞"的时间是"旦"，此时天色"明而未融"，鸟儿尚不能展翅高飞，故曰"垂其翼"；"君子出行"中的"君子"身份为卿（大夫），皆在第三位，故又以之解释"三日不食"。可见春秋时期的《周易》象数学说已高度发达、日臻精深。

如果我们将《左传》《国语》中的易说所取的八卦之象作一统计并分类的话，就会发现这基本构成了《说卦》的雏形，在很多方面为战国时期的易说所继承：

---

① 杨伯峻：《春秋左传注》，中华书局1990年版，第1263—1265页。

表 2—1　　　　　　　　　春秋易学取象表

卦象＼卦名	基本物象	物性之象（卦德）	人伦之象	等级之象	人身之象	动物之象	器物之象
乾	天	光	父	君			玉
坤	土、地	顺、文、厚、安	母	众	腹	马、牛	帛
震	雷	行、武、杀	长男、兄		足		车
巽	风	入	长女				
坎	水	劳	夫	众			
离	火、日			公、侯		鸟、牛	
艮	山	实、材	少男				庭
兑	泽	悦、脱	妻		心		旗

通过表 2—1 我们对春秋时八卦取象的汇集与分类，可以得到如下几点认识：

第一，八卦所象征的天、地、雷、风、水、火、山、泽八种基本的物象，在春秋时已经定型化。

第二，乾、坤为父母卦，震、巽、坎、离、艮、兑为六子卦的观念已经产生，并且六子的长幼次序与《说卦》同。这说明春秋时已有乾坤两卦为"《易》之门户"的观念。

第三，春秋时八卦的取象范围非常广泛，如《系辞》所说"近取诸身，远取诸物"，涉及自然、社会、生活的方方面面。如上表所归纳的"物性之象""人伦之象""等级之象""人身之象""动物之象""器物之象"等。后来的《说卦》中的八卦取象只不过是春秋易说的进一步完备化而已。

二　春秋易学中的义理论

前面已述，易占较之于龟卜，是以一种新的方术对天命的占卜和对未来的预测，但就《易经》中高扬的道德精神和对君子行事的要求来看，其从成书之日起又以理论的形态指导着人们的立身行事。就《左传》《国语》中人们对《周易》的理解和使用来看，春秋时期贵族中的有识之士，已逐渐摆脱了纯粹从占卜角度看待《易经》的观点，而更将《周易》当作了人生哲理与道德之书。一个典型的事例是《左传·襄公九年》穆姜对《随》卦辞"元亨利贞，无咎"义理的阐发：

> 穆姜薨于东宫。始往而筮之，遇《艮》之八。史曰："是谓《艮》之《随》。《随》，其出也。君必速出！"姜曰："亡！是于《周易》曰：'《随》，元、亨、利、贞，无咎。'元，体之长也；亨，嘉之会也；利，义之和也；贞，事之干也。体仁足以长人，嘉德足以合礼，利物足以和义，贞固足以干事。然，故不可诬也，是以虽随无咎。今我妇人，而与于乱。固在下位，而有不仁，不可谓元。不靖国家，不可谓亨。作而害身，不可谓利。弃位而姣，不可谓贞。有四德者，随而无咎。我皆无之，岂随也哉！我则取恶，能无咎乎？必死于此，弗得出矣。"[①]

鲁成公的母亲穆姜与大夫叔孙侨如私通，又合谋废掉成公，吞并季孙氏和孟孙氏，独掌鲁国国政，结果失败，穆姜被幽禁于东宫。她占了一卦，史官认为是《艮》之《随》，用《随》卦的卦辞"《随》，元、亨、利、贞，无咎"来解释，认为穆姜将速出东宫，结束幽禁的生活。而穆姜则认为：《随》卦卦辞的"元亨利贞"实是讲了人应具备的四种德行，只有具备了这四种美好的德行，才能遇事无咎；自己四德皆无，且又"取恶"，故占筮的结果再好也没有用。这个筮例表明，春秋时期，即使占筮者也并不是迷信于占筮的结果，甚至从根本上否定占筮的结果，认为人生的结果完全取决于自身的德行。穆姜对"元亨利贞"作的"四德说"的解释，成为春秋时期从义理的角度说《易》的一个典范，直接为成书于战国时期的专门解释乾坤两卦的《文言》所吸收。

另一个典型的例子是子服惠伯为南蒯解《易》的故事，《左传·昭公十二年》：

> 南蒯之将叛也，其乡人或知之，过之而叹，且言曰："恤恤乎，湫乎攸乎！深思而浅谋，迩身而远志，家臣而君图，有人矣哉！"南蒯枚筮之，遇《坤》之《比》曰，"黄裳元吉"，以为大吉也。示子

[①] 杨伯峻：《春秋左传注》，中华书局1990年版，第964—966页。

服惠伯,曰:"即欲有事,何如?"惠伯曰:"吾尝学此矣,忠信之事则可,不然,必败。外强内温,忠也;和以率贞,信也,故曰'黄裳元吉'。黄,中之色也;裳,下之饰也;元,善之长也。中不忠,不得其色;下不共,不得其饰;事不善,不得其极。外内倡和为忠,率事以信为共,供养三德为善,非此三者弗当。且夫《易》,不可以占险,将何事也?且可饰乎?中美能黄,上美为元,下美则裳,参成可筮。犹有阙也,筮虽吉,未也。"①

南蒯为鲁国执政大臣季平子的费邑宰,将欲发动叛乱,用《周易》占了一卦,遇《坤》之《比》,他根据《坤》六五爻辞"黄裳,元吉"认为大吉。子服惠伯则认为筮得此卦,只可以施行忠信之事,不然必将失败。他指出了这一筮占所蕴含的道德意义在于启迪占筮者行为的忠信、恭敬、和善。可见,子服惠伯的易学观中,占筮不仅是为了预测吉凶,更重要的是发挥《周易》对人修身处事的道德指引意义,这就为易学、易占指出了义理化的发展方向。他提出的"《易》不可以占险"的观点,更为后世义理学派易学家所遵从。

春秋时期易学义理化的发展倾向,还表现在《周易》卦爻辞成为人们引经据典的工具。如《左传·宣公十二年》:

夏六月,晋师救郑。……及河,闻郑既及楚平,桓子欲还……彘子曰:"不可。……"以中军佐济。知庄子曰:"此师殆哉!《周易》有之:在《师》之《临》,曰:'师出以律,否臧,凶。'执事顺成为臧,逆为否。众散为弱,川壅为泽。有律以如己也,故曰律。否臧,且律竭也。盈而以竭,夭且不整,所以凶也。不行谓之《临》,有帅而不从,临孰甚焉?此之谓矣。果遇,必败,彘子尸之,虽免而归,必有大咎。"②

对于彘子不听军令、一意孤行的出师行动,知庄子引用《师》初六爻辞作了评论,认为这次行动是凶险取祸之道。他通过分析《师》《临》

---

① 杨伯峻:《春秋左传注》,中华书局1990年版,第1336—1338页。
② 同上书,第721—727页。

两卦的卦象，论证了"师出以律，否臧凶"的道理，象数的运用服务于阐述义理的目的。再如《左传·襄公二十八年》：

> 子大叔归，复命。告子展曰："楚子将死矣。不修其政德，而贪昧于诸侯，以逞其愿，欲久，得乎？《周易》有之：在《复》之《颐》曰，'迷复，凶'，其楚子之谓乎！欲复其愿，而弃其本，复归无所，是谓迷复，能无凶乎？君其往也，送葬而归，以快楚心。楚不几十年，未能恤诸侯也，吾乃休吾民矣。"①

对于楚国国君的贪婪骄横，游吉（子大叔）引用《复·上六》爻辞"迷复，凶"作了点评，认为楚王是"欲复其愿，而弃其本，复归无所，是谓迷复"，必将招致恶果。游吉的评论没有涉及象数，而是直奔义理。

春秋时期易学义理化的发展倾向，使人们解易时逐渐摆脱对象数的依赖，而直接阐释卦爻辞所包含的意义，从而开启了侧重从义理角度解易的《象传》和《小象传》之先声。如《左传·襄公二十五年》：

> 齐棠公之妻，东郭偃之姊也。东郭偃臣崔武子。棠公死，偃御武子以吊焉。见棠姜而美之，使偃取之。偃曰："男女辨姓，今君出自丁，臣出自桓，不可。"武子筮之，遇《困》之《大过》。史皆曰："吉。"示陈文子，文子曰："夫从风，风陨妻，不可娶也。且其繇曰：'困于石，据于蒺藜，入于其宫，不见其妻，凶。''困于石'，往不济也；'据于蒺藜'，所恃伤也；'入于其宫，不见其妻，凶'，无所归也。"崔子曰："嫠也，何害？先夫当之矣。"遂取之。②

陈文子对《困》九三爻辞"'困于石'，往不济也；'据于蒺藜'，所恃伤也；'入于其宫，不见其妻，凶'，无所归也"的解释方式，与《小象传》在解释爻辞上并无二致。

总之，春秋时期，《周易》中象数与义理已渐渐被人们认识和阐发。

---

① 杨伯峻：《春秋左传注》，中华书局 1990 年版，第 1143—1144 页。
② 同上书，第 1095—1096 页。

人们在运用《周易》时，由象数而引申出义理，由义理而归本于象数，象数与义理，遂成为《周易》不可分割的两端。正是由于二者的完美融合，才使易学有着历久弥新的生命力。

第二节　论《易传》的著作年代
——兼述《易传》的解易体例和易学思想

"易传"有广义和狭义两种意义。广义的"易传"是解释《周易》的著作的通称，如《汉书·艺文志》中所记的《王氏易传》《韩氏易传》《杨氏易传》等，以及后来的《东坡易传》《伊川易传》等。狭义的"易传"则是指战国时期系统解释《周易》的著作，共七种十篇：《彖》上下、《象》上下、《文言》、《系辞》上下、《说卦》《序卦》《杂卦》。本书所讨论的，即是狭义上的"易传"。这十篇，汉人又称之为"十翼"，《易纬·乾坤凿度》："孔子……五十究《易》，作十翼，明也。"① 孔颖达《周易正义·卷首》曰：

> 其《彖》、《象》等《十翼》之辞，以为孔子所作，先儒更无异论，但数《十翼》亦有多家。既文王《易经》本分为上下二篇，则区域各别，《彖》、《象》释卦，亦当随《经》而分。故一家数《十翼》云：《上彖》一，《下彖》二，《上象》三，《下象》四，《上系》五，《下系》六，《文言》七，《说卦》八，《序卦》九，《杂卦》十。郑学之徒并同此说，故今亦依之。②

可见"十翼"的数法不尽相同，但其内容则是确定的，并没有什么差别。

一　前人关于《易传》著作年代的研究

关于《易传》的著作年代，历来有不同的说法。司马迁在《史记·

---

① ［日］安居香山、中村璋八：《纬书集成》，河北人民出版社1994年版，第118—119页。
② （唐）孔颖达：《周易正义》，北京大学出版社1999年标点本，第10页。

孔子世家》中认为《易传》乃孔子所作：

> 孔子晚而喜《易》，序《彖》《系》《象》《说卦》《文言》。读《易》，韦编三绝。曰："假我数年，若是，我于《易》则彬彬矣。"①

这个说法在古代社会长期居于统治地位，直到北宋欧阳修作《易童子问》，才开始怀疑《系辞》《文言》《说卦》《序卦》《杂卦》非孔子所作。南宋学者叶适，也认为除了《彖传》和《象传》外，《十翼》中的其他诸传皆非"《易》之正"：

> 乾《文言》详矣，学者玩《文言》而忘《彖》《象》，且《文言》与上下《系》《说卦》《序卦》之说嘐嘐焉，皆非《易》之正也。②

清代学者崔述进而认为《易传》皆非孔子所作，其于《洙泗考信录》曰：

> 若《易传》果皆为孔子所作，不应自冠以"子曰"字；即云后人所加，亦不应或加或不加也。孟子之于《春秋》也，尝屡言之，而无一言及于孔子传《易》之事；孔、孟相去甚近，孟子之表章孔子也不遗余力，不应不知，亦不应知之而不言也。由此观之，《易传》必非孔子所作，而亦未必一人所为；盖皆孔子之后通于《易》者为之，故其言繁而文；其冠以"子曰"字者，盖相传以为孔子之说而不必皆当日之言；其不冠以"子曰"字者，则其所自为说也。③

总之，《十翼》非孔子所作，已是当今学术界的主流意见。近人对《易传》的著作年代问题，主要有三种观点：一种是战国中前期说；一种是战国中后期说；一种是战国后期说。高亨先生持《易传》作于战国中

---

① （汉）司马迁：《史记》卷47，中华书局1982年点校本，第1937页。
② （南宋）叶适：《习学记言》卷1，中华书局1977年版，第1页。
③ （清）崔述：《崔东壁遗书》，上海古籍出版社1983年版，第310页。

前期的观点，认为《彖传》最早，《象传》作于《彖传》之后，《周易大传今注·卷首》：

> 《彖传》多有韵语，《象传》中之爻象传皆是韵语。我对此曾加以研究，知其韵字多超越先秦时期北方诗歌如《易经》卦爻辞及《诗经》等之藩篱，而与南方诗歌如《楚辞》中之屈宋赋及《老庄》书中之韵语之界畔相合。先秦时期，尚无韵书，作者行文押韵，皆根据其方言读法，出于自然，非由矫作，然则《彖传》《象传》之作者必皆是南方人。考《荀子·非十二子》篇、《儒效》篇、《非相》篇均以仲尼与子弓并称，誉为"圣人""大儒"。《史记·仲尼弟子列传》记孔丘传《易》于鲁人商瞿，瞿传楚人馯臂子弘，弘传江东人矫疵。《汉书·儒林传》子弘作子弓，矫疵作桥疵。《史记索隐》及《正义》均谓馯臂子弓即《荀子》书中的子弓。则《彖传》可能是馯臂子弓所作，《象传》可能是矫疵所作。①

张岱年先生在《论〈易大传〉的著作年代与哲学思想》一文中提出《易传》作于战国中后期的观点。他一方面论证了《礼记·乐记》、宋玉的《小言赋》《荀子·大略篇》等战国时代的文献有引用《系辞》《彖传》的地方。另一方面从战国时代思想发展的脉络入手，认为《庄子·天下篇》所载惠施《历物》之意十事的第三条"天与地卑，山与泽平"，当是《系辞上》"天尊地卑"的反命题；而《庄子·大宗师》中对"道"的评论是："在太极之先而不为高，在六极之下而不为深"，说明其不承认太极为最根本的概念，而把"道"凌驾于太极之上，这是对于《系辞》上"易有太极"之说的反命题。而"先有正命题，然后才会有反命题。这是思想发展的必然的程序"，从而得出如下结论：

> 《系辞》的基本部分是战国中期的作品，著作年代在老子以后，惠子庄子以前。《彖传》应在荀子以前。关于《文言》和《象传》，没有直接材料。《文言》与《系辞》相类，《象传》与《彖传》相类，应当是战国中后期的作品。从《象传》的内容看，可能较《彖

---

① 高亨：《周易大传今注》，齐鲁书社1998年版，第6页。

传》晚些。①

朱伯崑先生则持《易传》作于战国后期的观点,他说:

> 本书同意战国后期说,认为《彖》较早,其次为《象》,《系辞》出于《彖》、《象》之后。十翼基本上成于先秦,乃战国时期的著述。②

朱氏认为:《彖传》是受孟子学说的启发而写成的,可以定于战国中期以后,孟子和荀子之间。其理由有三条:其一,《彖传》的时中说是受孟子的影响发明的;其二,《彖传》在革卦和兑卦中提出的顺天应人说,当本于孟子;其三,《彖传》在解释大畜卦、颐卦和鼎卦时提出的养贤说,是本于孟子。③

二 《易传》著作年代再考辨

通过以上对几位学者观点的引述,可以看出《易传》基本上作于战国时期,非一人一时之作,这是没有什么疑问的。但在《易传》著作年代的分期上,在七种《易传》出现的先后顺序上,还存在着较大的分歧。笔者认为,考证《易传》的著作年代与先后顺序,既要重视外证,即与其他战国文献的比较研究,从而确定《易传》出现的大致时代;又要重视内证,即七种《易传》之间的比较研究。《易传》对《易经》的解释过程,既是一个不断发掘《易经》体系所蕴含的义理的过程,也是对《易经》象数化的认识与构建过程。《易传》对《易经》的这种象数化的构建,不是一蹴而就的,而是一个逐步发展的过程,其在解《易》体例、行文特色上也有着相互借鉴的地方。仔细分析《易传》各篇的同异之处,也有利于我们对《易传》形成年代的认识。内证与外证的结合,应当是我们研究《易传》先后年代的依据。循着这一思路研究下去,笔者的观

---

① 中国哲学编辑部:《中国哲学》第1辑,生活·读书·新知三联书店1979年版,第127页。
② 朱伯崑:《易学哲学史》第1卷,华夏出版社1995年版,第42页。
③ 同上书,第46页。

点是:《彖传》《小象传》《大象传》当为最早,三者当成书于战国前期;次之为《文言》《系辞》,二者当成书于战国中期;《说卦》《序卦》《杂卦》则基本上成书于战国中晚期。下面具体论述之。

(一)《彖传》《小象传》《大象传》当作于战国前期

《彖传》是专门对卦名和卦辞的解释,《小象传》是专门对爻辞的解释。对《易经》的研究,必然首先从探讨卦爻辞的特点和意义开始,然后才能展开六十四卦的排列顺序、一卦的总义、八卦所取的各种物象等一系列问题。后人囿于《象传》之名,将《小象传》和《大象传》放在一起、划归一类,并以之与《彖传》比较,这种分类是很不妥当的。李镜池已经指出:《彖传》与《小象传》相类,是注重卦爻之位的;而《大象传》则是提出卦之意义的。[①] 我们从解《易》体例、行文特色等因素考虑,应当将《彖传》《小象传》视为年代相近的解《易》著作。在七种《易传》中,《彖传》《小象传》当是最早成书的。世人囿于司马迁《史记》中孔子作《易传》以及孔子易学传承关系的记述,或将《易传》归为孔子作,或将《易传》归为孔子之后的儒家学者所作,实际上都是待商榷的。

笔者认为,就《彖传》《小象传》来说,其当出于世代传《易》的筮人史官之手,而不应将其视为儒家学者的文献。一是《彖传》《小象传》仍具有天下未分的王官之学的气象。如《乾·彖传》"首出庶物,万国咸宁",《坤·彖传》"坤厚载物,德合无疆",《屯·彖传》"天造草昧,宜建侯而不宁",《师·彖传》"能以众正""以此毒天下,而民从之",《履·彖传》"履帝位而不疚,光明也",《泰·彖传》"天地交而万物通也,上下交而其志同也",《豫·彖传》"圣人以顺动,则刑罚清而民服",《观·彖传》"中正以观天下",《贲·彖传》"观乎人文,以化成天下",《复·彖传》"复,其见天地之心乎",《颐·彖传》"天地养万物,圣人养贤以及万民",《坎·彖传》"王公设险以守其国",《离·彖传》"重明以丽乎正,乃化成天下",《咸·彖传》"天地感而万物化生,圣人感人心而天下和平",《恒·彖传》"圣人久于其道,而天下化成",《大壮·彖传》"正大,而天地之情可见矣",《家人·彖传》"正家,而天下定矣",《睽·彖传》"天地睽而其事同也",《益·彖传》"损上益下,民

---

① 李镜池:《周易探源》,中华书局1978年版,第401页。

说无疆",《姤·彖传》"刚遇中正,天下大行也",《革·彖传》"天地革而四时成,汤武革命,顺乎天而应乎人",《渐·彖传》"进以正,可以正邦也",《归妹·彖传》"归妹,天地之大义也;天地不交,而万物不兴;归妹,人之终始也",《丰·彖传》"宜照天下也",《节·彖传》"天地节而四时成。节以制度,不伤财,不害民",《中孚·彖传》"说而巽,孚乃化邦也"之语等,《彖传》作者在解释卦义的时候,几乎每卦都引申到圣王治天下之道上去,具有浓郁的王官之学的文化气象和史官文化特色。

二是《象传》《小象传》解《易》时,总要敷衍出卦爻辞,于此既可见二者的一致性,又说明其作者恪守解《易》体例,这体现了史官世代传《易》的特色。且其文中体现出较浓的天命意识,与儒家思想不太相合。如《谦·彖传》"鬼神害盈而福谦",《临·六二·小象》"'咸临,吉无不利',未顺命也",《观·彖传》"圣人以神道设教,而天下服矣",《无妄·彖传》"天命不祐,行矣哉",《萃·彖传》"'用大牲吉,利有攸往',顺天命也",《震·彖传》"'震惊百里',惊远惧迩也。出可以守宗庙社稷,以为祭主也",《损·六五·小象》"六五'元吉',自上祐也",《姤·九五·小象》"'有陨自天',志不舍命也",《困·九五·小象》"'利用祭祀',受福也"之语等。

三是《象传》《小象传》虽阐发卦爻辞的道德意义,但推其源头,并不是顺承孔子之教。我们知道,孔子的核心思想是"仁",但《象传》无一个"仁"字,而《小象传》"仁"字仅一见,《复·六二·小象》:"'休复'之'吉',以下仁也。"按《咸·彖传》曰"男下女",《屯·初九·小象》曰"以贵下贱","下仁"不可解,疑当为"下人",即下于人,六二下于初九。如果《象传》《小象传》是孔门《易》教,关于孔子"仁"的思想,岂可轻易放过?《象传》《小象传》中关于修身行事原则的阐发,与《左传》《周礼》的风格有一致性,此亦证明其当出自于世代传《易》的史官之手。

四是其所提出的解释《易经》卦爻辞的"爻位说",是《易经》象数学的重大发展,若没有长期的著占实践与经验总结,绝无提出的可能。前面已述,在春秋时期的易学研究与运用中,还没有产生以"初、二、三、四、五、上"与"九、六"组合表示爻题的观念,但由蔡墨所言"《乾》之《姤》、《乾》之《同人》、《乾》之《大有》"的顺序,可以看出春秋时人已有《易》卦爻画自下往上数的观念。随着人们对《易经》

六十四卦象数体系研究的深入，尤其是占筮中频繁出现的"卦变"现象，必然使人们的兴趣逐渐转移到对卦爻属性及其相互关系的探讨上来。我们无从知道是谁首先给卦爻标上爻题，但可推知爻题出现的大概时间，当在春秋战国之际。此一时期的天下政治和社会阶层发生着剧烈而迅猛的变动，上至天子诸侯，中至卿大夫士，下至黎民百姓，皆需要在不断转型的社会中与时俱进、端正心态、站对位置，以免被社会潮流所淘汰，并力求勇立潮头，在那个日新月异的时代大显身手。《彖》《小象》"爻位说"解《易》体例的提出，正是在易学领域内对这一时代思潮的回应。

《乾·彖》："大明终始，六位时成，时乘六龙以御天。"明确提出易卦的"六位说"，即视一卦之六画为六位，自下而上分别为初、二、三、四、五、上位。对于构成一卦之六爻，则于爻的自然属性之外又引申出爻的德性意义，阳爻称"刚"，阴爻称"柔"，从而形成了爻的"刚柔说"。古人很早就将"刚柔"视为人的两种德性或者处理问题的两种方法，如《尚书·洪范》曰：

  三德：一曰正直、二曰刚克、三曰柔克。平康正直，强弗友刚克，燮友柔克。沉潜刚克，高明柔克。[①]

道家创始人老子则格外推崇柔之道，《老子》曰：

  专气至柔，能婴儿乎？（十章）
  柔弱胜刚强。（三十六章）
  天下之至柔，驰骋天下之至坚。（四十三章）

一般情况下，人们推崇的是刚柔相济之道，如《国语·越语下》记载范蠡之言：

  古之善用兵者，因天地之常，与之俱行。后则用阴，先则用阳，

[①] 周秉钧：《尚书易解》，岳麓书社1984年版，第140页。

近则用柔，远则用刚。①

《彖》《小象》的作者将刚柔概念运用到对《易经》"爻"的定义上，以之来解释卦爻辞。《屯·彖》："屯，刚柔始交而难生。"朱熹《周易本义》："'始交'，谓震；'难生'，谓坎。"②是说乾之阳爻与坤之阴爻初次相交而得震卦，可见刚柔是指阳爻和阴爻。再如《师·彖》："刚中而应"，"刚"是指九二阳爻。又如《否·彖》："内阴而外阳，内柔而外刚"，《否》卦坤下乾上，《彖》以"内"指称下经卦，以"外"指称上经卦，"内柔"是指下经卦全是阴爻，"外刚"是指上经卦全是阳爻。《小象》言"刚柔"与《彖》一致，如《蒙·九二·小象》："'子克家'，刚柔接也"，"刚柔"指九二与初六。再如《豫·六五·小象》："'六五贞疾'，乘刚也"，六五所乘之"刚"为九四。又如《姤·初六·小象》："'系于金柅'，柔道牵也"，"柔"指初六。总之，《彖》《小象》凡言"刚柔"，皆是指阳爻阴爻。这既为解释《易经》开辟了新路，也体现了战国时期人文主义思想的跃升。

《乾·彖》："乾道变化，各正性命"，从自然的角度讲，是天道正万物之性命；从象数的角度讲，是乾卦正六爻之性命。故《乾·彖》可视为《彖》《小象》爻位说之总论。《彖》《小象》的爻位说，又可细分为"当位说""中位说""应位说""乘顺说""际遇说"等几种解《易》体例。兹作一说明：

"当位说"是辨析爻的性质与其所居位的性质是否相符的学说。按照一般的理解，以一卦六位的"初、三、五"奇位为阳位，"二、四、上"偶位为阴位。若刚（阳爻）处于奇位，柔（阴爻）处于偶位，则为"当位"；若柔（阴爻）处于奇位，或刚（阳爻）处于偶位，则不当位，又称"失位"。卦爻当位则吉，不当位则往往不吉。《彖》多用"当位说"解释卦名和卦爻辞。如《遁·彖》："'遁亨'，遁而亨也。刚当位而应，与时行也"，指刚爻居五位，当位且与六二阴爻相呼应。再如《噬嗑·彖》曰："柔得中而上行，虽不当位，'利用狱'也"，指柔爻居五位不当位。又如《归妹·彖》："'征凶'，位不当也"，是说《归妹》卦中间

---

① 徐元诰：《国语集解》，中华书局2002年版，第585页。
② （南宋）朱熹：《周易本义》，北京大学出版社1992年版，第89页。

四爻，九二以阳爻居阴位，六三以阴爻居阳位，九四以阳爻居阴位，六五以阴爻居阳位，处位皆不当。《小象》亦多用"当位说"解说爻辞。如《履·六三·小象》："'咥人'之'凶'，位不当也。"再如《履·九五·小象》："'夬履贞厉'，位正当也。"又如《否·六三·小象》："'包羞'，位不当也。"又如《旅·九四·小象》："'旅于处'，未得位也。"需要特别指出的是：关于"当位说"，王弼认为《易传》不论初位和上位当位与否。《周易略例》：

  案，《象》无初上得位失位之爻。又，《系辞》但论三五、二四同功异位，亦不及初上，何乎？唯《乾》上九《文言》云"贵而无位"；《需》上六云"虽不当位"。若以上为阴位邪？则《需》上六不得云不当位也；若以上为阳位邪？则《乾》上九不得云"贵而无位"也。阴阳处之，皆云非位，而初亦不说当位失位也。然则，初上者是事之终始，无阴阳定位也。故《乾》初谓之"潜"，过五谓之无位。未有处其位而云"潜"，上有位而云"无位"者也。历观众卦，尽亦如之。初上无阴阳定位，亦以明矣。①

  笔者认为，王弼的意见是对的。《象》《小象》无一言涉及初位之爻是否当位的问题；至于论上位之爻当位与否，仅见《需·上六·小象》"虽不当位，未大失也"一处，"虽不当位"之语，王弼已辨析其与"当位说"的解《易》体例不合，现在看此处实为衍文，当涉《噬嗑·象》《困·九四·小象》《未济·象》中的"虽不当位"之语而误。《象》《小象》对于初爻和上爻的解释体例，确如《系辞》所总结的："其初难知，其上易知，本末也。初辞拟之，卒成之终"，强调的是本末、终始的意义，而非辨析其当位不当位。至于《文言》论《乾》上九"贵而无位"，笔者认为其是从王朝政治的角度阐述上九无位，因为乾卦九五为至尊之位，上九之位"亢龙"势过其极，喻示虽为天子却无至尊之位的权势，故曰"无位"。如果从"当位说"的角度看，《文言》成书于《象》《小象》之后，其虽接受了"爻位说"，却对《象》《小象》不论初、上当位的原理没有深察，而认为乾上九是阳据阴位，失位，故"无位"。

---

① 楼宇烈：《王弼集校释》，中华书局1980年版，第613页。

"中位说"缘于古人的"尚中"观念，认为一卦的二、五位分别居于下经卦和上经卦的中间位置，从而具有特别重要的意义。一卦的卦义，往往决定于二位和五位的刚柔情况。如《履·彖》："刚中正，履帝位而不疚"，认为阳刚中正之德可以践履帝位。再如《观·彖》："中正以观天下"，指出《观》卦主旨是以中正的态度观察天下民政。据笔者统计，《彖》中涉及对中位的解释多达41处，可见《彖传》对一卦之中位非常重视。《小象》亦多用中位说解《易》，如《坤·六五·小象》："'黄裳元吉'，文在中也。"再如《比·九五·小象》："'显比'之'吉'，位正中也。舍逆取顺，'失前禽'也。'邑人不诫'，上使中也。"需要特别指出的是，《彖》《小象》在论述"中位"意义的同时，仍辨析其当位不当位，兹作一详细解说：

如果九二、六五，则不当位，只称"刚中""柔中"或"中"。如《旅·彖》："柔得中乎外，而顺乎刚"，六五不正位，故只言"柔得中"。再如《解·彖》："其来复吉，乃得中也"，《彖》以"来"指称下经卦，以"往"指称上经卦，"来"指明卦爻在下经卦坎，九二不正位，故只言"中"。又如《需·九二·小象》："'需于沙'，衍在中也。虽'小有言'，以吉终也"，《师·六五·小象》："'长子帅师'，以中行也。'弟子舆尸'，使不当也"，皆只言"中"。

如果是二、五位同是阴爻或阳爻，且不特指哪一爻，《彖》只称"柔中"或"刚中"，如《坎·彖》"乃以刚中也"、《大过·彖》"刚过而中"、《困·彖》"以刚中也"、《兑·彖》"刚中而柔外"、《中孚·彖》"柔在内而刚得中"，皆是九二不正位、九五正位，总而言之，不言"正"，只言"刚中"。再如《小过·彖》："柔得中，是以小事吉也"，六二正位，六五不正位，总而言之，不言"正"，只言"柔中"。

只有六二、九五，才能称"正中""正位"或"正当"。如《需·彖》"位乎天位，以正中也"、《履·彖》"刚中正，履帝位而不疚"，皆指九五正位。再如《离·彖》："柔丽乎中正"，专指六二正位。又如《益·彖》："利有攸往，中正有庆"，指六二、九五皆正位。

还有虽处位中正却只言"中"不言"正"，一共涉及《小象》三处文辞。《离·六二·小象》："'黄离，元吉'，得中道也"，不言"正"，或是《彖》已经指出了六二中正的缘故。另外两处是《谦·六二·小象》

"'鸣谦，贞吉'，中心得也"和《坎·九五·小象》"'坎不盈'，中未大也"，或是因为《谦》六二之柔正、《坎》九五之刚正，不言自明。

另外需要特别指出的两处是：一处是《大有·彖》：

"大有"，柔得尊位大中，而上下应之，曰"大有"。其德刚健而文明，应乎天而时行，是以"元亨"。

"柔得尊位"，是不是指《大有》六五正位？不是，只是表示柔爻占据上卦中位而已。若是表示得位为正位，《彖》一般会进一步说明，如：

《同人·彖》："'同人'，柔得位得中而应乎乾，曰'同人'……文明以健，中正而应，君子正也。"
《渐·彖》："进得位，往有功也。进以正，可以正邦也。其位，刚得中也。"

《同人·彖》为说明六二正位，于"得位得中"之后，又进一步指出其"中正"；《渐·彖》"进得位"指九五，后面又曰"进以正"，以指出其正位。

另一处是《未济·九二·小象》：

"九二贞吉"，中以行正也。

笔者认为，九二、六五不当位，此是《彖》《小象》之通例，故此处的"中以行正也"当作"以中行也"，"正"字或是受了《未济》九二爻辞之"贞"字的影响而误增，因为《小象》一般把"贞"解释为"正"。
在此赘述几句《文言》的"中位说"，《文言·乾》：

九二曰："见龙在田，利见大人"，何谓也？子曰："龙德而正中者也。"

《文言·坤》：

> 君子"黄"中通理，正位居体，美在其中，而畅于四支，发于事业，美之至也。

《乾》九二不正位，如何言"正中"？《坤》六五不正位，如何言"正位"？于此可见《文言》的作者虽接受了《彖》《小象》的"当位说"和"中位说"，但并没有真正理解其中的深刻含义，误认为只要中位皆是正位，而不知《彖》《小象》凡言"中正""正中"皆须爻位的阴阳意义与卦爻的刚柔意义一致。此亦《文言》较《彖》《小象》晚出之证。

"应位说"是指上下卦相对应的两个爻位（初与四、二与五、三与上），如果爻的性质刚柔相反，那么二者是相应的关系，吉利；反之，如果两爻都是阴爻或都是阳爻，则二者是不相应的关系，或称"敌应"，不吉。如《师·彖》："刚中而应，行险而顺，以此毒天下，而民从之，吉又何咎矣"，是说九二与六五相应。再如《同人·彖》："文明以健，中正而应，君子正也"，是说六二与九五相应。又如《恒·彖》："刚上而柔下，雷风相与，巽而动，刚柔皆应"，是说初六与九四、九二与六五、九三与上六皆相应。又如《未济·彖》："虽不当位，刚柔应也"，《未济》卦坎下离上，六爻皆不当位，但初与四爻、二与五爻、三与上爻，皆一阴爻与一阳爻相应，即"刚柔应"，《彖》认为结果是吉利的。可见"应位说"是"当位说"的补充与发展。

"乘顺说"是解释一卦中相邻两爻或数爻的上下关系的爻位说。"乘"有乘凌、凌驾、压制的意思，就《彖》《小象》对"乘"的解《易》体例使用情况来看，皆指上位阴爻乘凌下位阳爻。如《夬·彖》："'扬于王庭'，柔乘五刚也"，是指上六乘凌它之下的五个阳爻。再如《归妹·彖》："'征凶'，位不当也；'无攸利'，柔乘刚也"，是指六三凌驾于初九、九二之上。又如《屯·六二·小象》："六二之难，乘刚也。'十年乃字'，反常也"，是指六二凌驾于初九之上。又如《豫·六五·小象》："'六五贞疾'，乘刚也。'恒不死'，中未亡也"，是指六五凌驾于九四之上。又如《震·六二·小象》："'震来厉'，乘刚也"，是指六二凌驾于初九之上。又如《困·六三·小象》："'据于蒺藜'，乘刚也"，是指六三凌驾于九二之上。"顺"有顺从、顺承、服从的意思，就《彖》《小象》对"顺"的解《易》体例使用情况来看，皆指下位阴爻顺承上位阳爻。《坤·彖》开宗明义，指出阴爻当顺承阳爻：

> 至哉坤元，万物资生，乃顺承天。坤厚载物，德合无疆。含弘光大，品物咸亨。牝马地类，行地无疆，柔顺利贞。

故《彖》中凡言"柔顺刚""下顺"之语，皆指下位柔爻顺承上位刚爻。如《比·彖》："比，吉也；比，辅也，下顺从也"，是指初至四位阴爻皆顺承九五。再如《小过·彖》："有飞鸟之象焉，飞鸟遗之音，不宜上宜下大吉，上逆而下顺也"，"下顺"是指初六、六二皆顺承九三。又如《旅·彖》："柔得中乎外，而顺乎刚"，指六五顺承上九。又如《巽·彖》："重巽以申命，刚巽乎中正而志行，柔皆顺乎刚"，指初六顺承九二，六四顺承九五。《小象》更是多用"顺"字以表示下位阴爻与上位阳爻的关系。如《蒙·六五·小象》："童蒙之吉，顺以巽也"，《蒙·上九·小象》："利用御寇，上下顺也"，六五顺承上九之义甚明。再如《比·六四·小象》："外比于贤，以从上也"，《比·九五·小象》："舍逆取顺，失前禽也"，《需·六四·小象》："需于血，顺以听也"，指六四顺承九五。又如《颐·六五·小象》："居贞之吉，顺以从上也"，指六五顺从上九。又如《咸·六二·小象》："虽凶居吉，顺不害也"，指六二顺承九三。又如《明夷·六二·小象》："六二之吉，顺以则也"，指六二顺承九三。又如《家人·六二·小象》："六二之吉，顺以巽也"，《家人·六四·小象》："富家大吉，顺在位也"，指六二顺承九三、六四顺承九五。又如《涣·初六·小象》："初六之吉，顺也"，指初六顺承九二。可见，"乘顺说"体现了《彖》《小象》作者浓郁的"尊阳卑阴"思想。

"际遇说"亦是对相邻的属性不同的两个爻之间关系的解说。当阴爻与阳爻相邻，二者又不是明显的乘、顺关系时，则往往从"际"或"遇"的角度解释之。"际"指毗邻、交接，"遇"亦是相遇、相接之意，二者的意思差别不大。"际遇说"与"乘顺说"相比，前者不像后者那样有着鲜明的褒贬色彩，而只是对相邻两爻不同属性状况的一种提示，以引起人们的注意。如《姤·彖》："'姤'，遇也，柔遇刚也"，指初六与九二相遇。再如《睽·九二·小象》："'遇主于巷'，未失道也"，《睽·六三·小象》："'无初有终'，遇刚也。"崔觐注曰："遇者，不期而会。"① 可见《小象》所谓"遇主""遇刚"指九二与六三相遇。又如《解·初六·小象》："刚柔之际，义无咎也"，指初六与九二交接。又如《坎·六四·小象》："'樽酒簋贰'，刚柔际也"，指六四与九五交接。又如《蒙·九二·小象》："'子克家'，刚柔接也"，指九二与六三交接。又如《鼎·上九·小象》："'玉铉'在上，刚柔节也"，指六五与上九交接。又如《泰·九三·小象》："'无往不复'，天地际也"，指九三与六四交接。

以上是《彖》《小象》爻位说之大概，可见《彖》《小象》在解《易》思想与体例上有着强烈的一致性，故它们的作者或是同一个人，或是出于前后承继的易学世家或师徒。

再谈谈《大象》。通过陈述上下二体卦象的方式来解说一卦的卦名，并不是战国时期易学的中心问题，早在春秋时期人们就以卦象解释卦名，如史墨曰"雷乘乾曰《大壮》"。也就是说，《大象》作者创作的意图在于《大象》诸条的后半部分，即从卦象、卦名中引申出经验、道德、伦理和政治等方面的意义。如：

> 山下出泉，蒙；君子以果行育德。
> 火在天上，大有；君子以遏恶扬善，顺天休命。
> 天在山中，大畜；君子以多识前言往行，以畜其德。
> 山下有泽，咸；君子以虚受人。
> 雷风，恒；君子以立不易方。
> 山下有泽，损；君子以惩忿窒欲。

关于《大象》的价值趋向和学派性质，前人已经作了不少的探讨，基本上可以看作先秦儒家政治与伦理学说的教科书，可以说，《大象》是易学完全儒学化的一个产物。崔述在《洙泗考信录》中指出，《大象》有引用曾子之言的地方：

> 《论语》云："曾子曰：'君子思不出其位。'"今《象传》亦载此文。果《传》文在前与，记者固当见之，曾子虽尝述之，不得遂

---

① （清）李道平：《周易集解纂疏》，中华书局1994年版，第359页。

以为曾子所自言；而《传》之名言甚多，曾子亦未必独节此语而述之。然则是作《传》者往往旁采古人之言以足成之，但取有合卦义，不必皆自己出。既采曾子之语，必曾子以后之人之所为，非孔子所作也。①

刘大钧先生也指出《大象》有些地方显然是发挥曾子之言，如《益·大象》"君子以见善则迁，有过则改"，《震·大象》"君子以恐惧修省"，《蹇·大象》"君子以反身修德"，《咸·大象》"君子以虚受人"等处，与曾子在《论语》中表现出的自我省察的意识很一致。②

《大象》"恐惧修省"的意识，对《中庸》有所影响。如《中庸》："道也者，不可须臾离也，可离非道也。是故君子戒慎乎其所不睹，恐惊乎其所不闻。莫见乎隐，莫显乎微，故君子慎其独也。"《大过·大象》："泽灭木，大过；君子以独立不惧，遁世无闷。"《大象》"遁世无闷"的精神，对《中庸》《文言》也有影响。《中庸》："君子依乎中庸，遁世不见知而不悔。唯圣者能之。"《文言》："不易乎世，不成乎名，遁世无闷，不见是而无闷。乐则行之，忧则违之，确乎其不可拔，潜龙也。"

就《大象》与《彖》的关系来看，二者有不少文句相同，当是《彖》影响了《大象》，兹略作分析。

1.《坤·彖》：至哉坤"元"，万物资生，乃顺承天。坤厚载物，德合无疆。含弘光大，品物咸"亨"。"牝马"地类，行地无疆，柔顺"利贞"。"君子"攸行，"先迷"失道，"后"顺"得"常。"西南得朋"，乃与类行；"东北丧朋"，乃终有庆。"安贞"之"吉"，应地无疆。

《坤·大象》曰：地势坤。君子以厚德载物。

《彖》的作者由看到坤的生物之功，而盛赞坤的载物之德。《大象》的作者则由坤之德推及人之德，认为君子应该效法坤的"载物"之德。两者比较，当是《大象》参考了《彖》。

2.《师·彖传》曰："师"，众也。"贞"，正也。能以众正，可以王矣。刚中而应，行险而顺，以此毒天下，而民从之，"吉"又何咎矣。

---

① （清）崔述：《崔东壁遗书》，上海古籍出版社1983年版，第311页。
② 刘大钧：《周易概论》，齐鲁书社1988年版，第27页。

《师·大象传》曰：地中有水，《师》。君子以容民畜众。

"容民畜众"之意，很难由"地上有水"这一卦象引申出来，而《彖》恰恰从讲解卦辞上指出了《师》卦的"正众毒民"之意，两者比较，应该是《大象》进一步概括了《彖》的思想。

3.《比·彖》曰：《比》，"吉"也；《比》，辅也，下顺从也。"原筮元，永贞无咎"，以刚中也。"不宁方来"，上下应也。"后夫凶"，其道穷也。

《比·大象》曰：地上有水，《比》。先王以建万国，亲诸侯。

卦辞中有"不宁方来，后夫凶"之语，前人一般认为是讲禹杀防风氏的故事。《国语·鲁语》："昔禹致群神于会稽之山，防风氏后至，禹杀而戮之，其骨节专车。"① "不宁方来"，《彖》解释为"上下应也"，指周王盛德，使本来对周王朝不恭敬的诸侯国都来朝拜；"后夫凶"，《彖》解释为"其道穷也"，是讲诸侯国不亲附周王、不行"比"之道的后果。与《大象》相比，《彖》的解释更贴近古义。

4.《泰·彖》曰："泰，小往大来。吉，亨。"是天地交而万物通也，上下交而其志同也。内阳而外阴，内健而外顺，内君子而外小人，君子道长，小人道消也。

《泰·大象》曰：天地交，泰；后以财成天地之道，辅相天地之宜，以左右民。

《大象》曰"财成天地之道，辅相天地之宜"，就是《彖》"天地交而万物通"之意；《大象》曰"左右民"，就是《彖》"上下交而其志同，内阳而外阴，内健而外顺，内君子而外小人"之义。《彖》从史官《易》中传承而来，所论之义较《大象》更重卦象和卦义，《大象》则进一步概括了《彖》的内容。

5.《否·彖》曰："否之匪人，不利君子贞，大往小来。"是天地不交而万物不通也，上下不交而天下无邦也。内阴而外阳，内柔而外刚，内小人而外君子，小人道长，君子道消也。

《否·大象》曰：天地不交，否；君子以俭德辟难，不可荣以禄。

这一则，《大象》在卦象的解说上袭用了《彖》。仅就卦辞"不利君子贞"一语很难引申出《大象》"君子以俭德辟难，不可荣以禄"的思

---

① 徐元诰：《国语集解》，中华书局2002年版，第202页。

想；《彖》则结合卦辞对卦象进行分析，得出《否》卦乃是"天地不交而万物不通"之时，在人事上则是"上下不交而天下无邦"的政治混乱之时，就是"内小人而外君子，小人道长，君子道消"所指的小人在朝、君子在野之时。《大象》对卦义的概括也得之于《彖》。

6.《归妹·彖》曰："归妹"，天地之大义也。天地不交而万物不兴。《归妹》，人之终始也。说以动，所以归妹也。"征凶"，位不当也。"无攸利"，柔乘刚也。

《归妹·大象》曰：泽上有雷，《归妹》。君子以永终知敝。

《彖》首先指出《归妹》卦乃"人之终始"之意，并说明这一卦不吉利的原因。《大象》传承《彖》而发，得出"君子以永终知敝"之意。

7.《巽·彖》曰：重巽以申命。刚巽乎中正而志行。柔皆顺乎刚，是以"小亨，利有攸往，利见大人"。

《巽·大象》曰：随风，《巽》。君子以申命行事。

《彖》"重巽以申命"，《大象》则照搬为"君子以申命行事"。

8.《节·彖》曰："节，亨"。刚柔分而刚得中。"苦节，不可贞"，其道穷也。说以行险，当位以节，中正以通。天地节而四时成，节以制度，不伤财，不害民。

《节·大象》曰：泽上有水，《节》。君子以制数度，议德行。

《彖》由《节》卦首先联想到天地之"节"，认为"天地节而四时成"，继而联想到治理天下之节："节以制度，不伤财，不害民"。《大象》则本诸而言君子当"制数度"，并进一步推及于德行上。

总之，虽然是《大象》袭用了《彖》，但与《系辞》《文言》《说卦》《序卦》相比，《大象》应该是继《彖》《小象》之后最早出现的解释《易经》的著作，其成书年代当介于《论语》和《中庸》《文言》之间，大约在战国前期偏晚。当《大象》出现之后，原来只解说爻象的《象》，就被人们称为《小象》，以与之相区分。

(二)《文言》《系辞》当作于战国中期

上文已述，从《文言》对于爻位说的理解上看，其当成书于《彖》《小象》之后。我们再将《彖》与《文言》中的相似文句作一比较：

《乾·彖》："大哉乾'元'，万物资始，乃统天。云行雨施，品物流形。大明始终，六位时成，时乘六龙以御天。乾道变化，各正性命。保合太和，乃'利贞'。首出庶物，万国咸宁。"

《文言·乾》："乾'元'者，始而'亨'者也。'利贞'者，性情也。乾始能以美利利天下，不言所利，大矣哉！大哉乾乎！刚健中正，纯粹精也。六爻发挥，旁通情也。时乘六龙，以御天也。云行雨施，天下平也。"

二者比较，《文言》有袭用、拆分《彖》文句的痕迹。如将"大哉乾元"，拆分成"乾元者""大矣哉！大哉乾乎"；将"时乘六龙以御天"，拆成"时乘六龙，以御天也"；将"云行雨施，品物流形""万国咸宁"，改成"云行雨施，天下平也"，很明显，"品物流形"紧接"云行雨施"要顺畅、自然得多。另外，《彖》言"性命"，《文言》则言"性情"，"性情"一词的出现当晚于"性命"，并辅之以"精气"说释天，都可见《文言》的创作在《彖》之后。

另外，从《文言》的内容来看，它专门论述乾坤两卦卦爻辞的内容，特别是对于乾卦，三次反复陈述六爻的意义，亦可见其带有汇集众说的性质，这当是《彖》和《小象》流行以后的产物。

关于《系辞》，为什么说其著作年代要晚于《彖》和《小象》呢？这由《系辞》与《彖》《小象》解《易》体例的继承关系可以看出。《彖》是逐卦来解释卦义和卦辞的，《小象》是逐爻来解释爻辞的；而《系辞》则与它们不同，集中讨论了《周易》一书的性质、内容、作用诸方面的问题，是属于通论性质的著作。如果没有《彖》《小象》对《易经》所作的象数上的构建，《系辞》就成了无源之水、无本之木。下面从二者的继承与发挥两个方面具体论述之。

关于爻的"刚柔说"。《彖》《小象》认为阳爻是刚，阴爻是柔，直接用"刚柔"来解说卦爻辞。而《系辞》则进一步追寻"刚柔说"内蕴的哲理：

> 天尊地卑，乾坤定矣。卑高以陈，贵贱位矣。动静有常，刚柔断矣。方以类聚，物以群分，吉凶生矣。在天成象，在地成形，变化见矣。是故刚柔相摩，八卦相荡。

只有在人们熟练运用"刚柔说"解《易》之后，才会去论述"刚柔"说所蕴涵的义理。再如《系辞》：

> 刚柔相推，变在其中矣……刚柔者，立本者也。

这是进一步将"刚柔"作为《周易》的立卦之本，认为刚柔两爻的互相推移，才形成了《周易》的变易之道。如果没有《彖》《小象》大量运用"刚柔"观念解释卦爻辞，并构建了解《易》的体例，《系辞》谈何论述"刚柔"之道？

关于"爻位说"。《彖》《小象》将一卦六爻视为初、二、三、四、五、上六位，并提出了"当位说""中位说""应位说"等各种解《易》体例。尤其是《小象》，因其是专门对六十四卦六爻的解释，所以，除了特别推崇"当位说""中位说"，对初位、上位的卦辞特点也特别注意，对于卦爻六位的意义可谓阐发到了极致。《系辞》则一方面确立了六爻的概念，提出了六爻的意义所在，如《系辞》曰：

> 八卦成列，象在其中矣。因而重之，爻在其中矣。

这是说，只有在一个六画卦，各"画"才称得上"爻"。又曰：

> 《易》之为书也，广大悉备。有天道焉，有人道焉，有地道焉。兼三才而两之，故六。六者非它也，三材之道也。道有变动，故曰爻。爻有等，故曰物。物相杂，故曰文。文不当，故吉凶生焉。

这是进一步阐释了一卦六爻的哲理依据，认为其中蕴涵有天地人三才之道；并且进一步阐述了吉凶与爻位的关系，因爻位有等差，若事物的文理处置不当，就会产生吉凶不同的结果。很显然，这是对《彖》《小象》"爻位说"的深化。另一方面，《系辞》对卦爻六位意义的论述，也显然是本之于《彖》《小象》，如《系辞》曰：

> 《易》之为书也，原始要终，以为质也。六爻相杂，唯其时物也。其初难知，其上易知，本末也。初辞拟之，卒成之终。若夫杂物撰德，辩是与非，则非其中爻不备。噫！亦要存亡吉凶，则居可知矣。知者

观其象辞，则思过半矣。二与四同功而异位，其善不同，二多誉，四多惧，近也。柔之为道，不利远者。其要无咎，其用柔中也。三与五同功而异位，三多凶，五多功，贵贱之等也。其柔危，其刚胜耶？

若非《象》《小象》对爻辞的解释、分析在前，《系辞》恐怕很难对"初、二、三、四、五、上"六爻特点作出如此系统而准确的揭示。

关于《系辞》的写作年代，高亨持成书于孔子再传弟子公孙尼子之前的观点。依据是今本《礼记·乐记》中的一段文字，与《系辞》首段大体相同，当是公孙尼子在作《乐记》时，抄录了《系辞》。① 《乐记》的这段文字是：

天尊地卑，君臣定矣。卑高以陈，贵贱位矣。动静有常，小大殊矣。方以类聚，物以群分，则性命不同矣。在天成象，在地成形，如此，则礼者天地之别也。地气上齐，天气下降，阴阳相摩，天地相荡，鼓之以雷霆，奋之以风雨，动之以四时，煖之以日月，而百化兴焉。如此，则乐者天地之和也。化不时则不生，男女无辨则乱升，天地之情也。及夫礼乐之极乎天而蟠乎地，行乎阴阳而通乎鬼神，穷高极远而测深厚。乐著大始，而礼居成物。著不息者，天也，著不动者，地也。一动一静者，天地之间也。故圣人曰"礼乐云"。②

张岱年亦认为《乐记》引用了《系辞》的文句，但张氏非常谨慎地说：

《公孙尼子》的年代也难以确定，但总是战国时代的作品。《系辞》必在《公孙尼子》之前，是没有疑问的。③

张氏又从命题与反命题之间的逻辑关系的角度作了新的论证，认为

---

① 高亨：《周易大传今注》，齐鲁书社1979年版，第8页。
② 杨天宇：《礼记译注》，上海古籍出版社1997年版，第640—641页。
③ 张岱年：《论〈易大传〉的著作年代与哲学思想》，《中国哲学》第1辑，生活·读书·新知三联书店1979年版。

惠施《历物十事》中的"天与地卑"是《系辞》"天尊地卑"的反命题，《庄子·大宗师》中把"道"凌驾于太极之上，是《系辞》"易有太极"的反命题。命题在前，反命题在后。最后得出了《系辞》的年代当在老子之后，惠施、庄子之前。① 张氏的考证是比较可信的。

关于《系辞》著作年代的上限，我们可以将其与《中庸》一书的思想内容作一比较。近人由于疑古思潮的影响，多认为《中庸》是秦汉时期的作品，20世纪90年代湖北荆门郭店楚简的出土，证实了《中庸》出于子思。② 值得我们注意的是：《文言》《系辞》恰恰在很多地方与《中庸》一致。兹作一比较：

1. 《中庸》："君子依乎中庸，遁世不见知而不悔。唯圣者能之。"

《文言》："不易乎世，不成乎名，遁世无闷，不见是而无闷。乐则行之，忧则违之，确乎其不可拔，潜龙也。"

二者都提到了"遁世"。《中庸》发挥孔子"人不知而不愠"的君子之道，实有颂扬孔子圣者之意；《文言》则借对龙德的歌颂讲了君子所应该具有的旷达品质。二者比较，似是《文言》进一步阐发了《中庸》的思想。

2. 《中庸》："故君子之道：本诸身，征诸庶民，考诸三王而不缪，建诸天地而不悖，质诸鬼神而无疑，百世以俟圣人而不惑……仲尼祖述尧舜，宪章文武；上律天时，下袭水土。辟如天地之无不持载，无不覆帱；譬如四时之错行，如日月之代明。"

《文言》："夫大人者，与天地合其德，与日月合其明，与四时合其序，与鬼神合其吉凶。"

二者皆肯定"鬼神"。《中庸》肯定以孔子为代表的君子之道合"天地""鬼神""四时""日月"之德，《文言》则说《乾》卦之"大人"具备此四德。

3. 《中庸》："博学之，审问之，慎思之，明辨之，笃行之。"

《文言》："君子学以聚之，问以辨之，宽以居之，仁以行之。"

---

① 张岱年：《论〈易大传〉的著作年代与哲学思想》，《中国哲学》第1辑，生活·读书·新知三联书店1979年版。

② 李学勤：《先秦儒家著作的重大发现》，《中国哲学》第20辑，辽宁教育出版社1999年版。

《中庸》讲了"道问学"的五个环节，《文言》在袭用的时候将"问""辨"合而为一，但却漏掉了孔子颇为强调的"思"的环节。

4.《中庸》："庸德之行，庸言之谨，有所不足，不敢不勉。"

《文言》："庸言之信，庸行之谨，闲邪存其诚，善世而不伐，德博而化。"

《中庸》讲"庸言""庸德"，《文言》讲"庸言""庸行"，且《中庸》的中心思想在于"诚"，《文言》一并借用了过来。

5.《中庸》："鬼神之为德，其盛矣乎！视之而弗见，听之而弗闻，体物而不可遗。使天下之人齐明盛服，以承祭祀。洋洋乎如在其上，如在其左右。"

《系辞》："精气为物，游魂为变，故知鬼神之情状……此所以成变化而行鬼神也……人谋鬼谋，百姓与能。"

《中庸》出于崇尚祭祀的目的而言"鬼神"，《系辞》出于推崇易占的目的而言"鬼神"，《系辞》"鬼神"思想当来源于《中庸》。

6.《中庸》："礼仪三百，威仪三千，待其人而后行。故曰：苟不至德，至道不凝焉。"

《系辞》："既有典常，苟非其人，道不虚行。"

《中庸》所讲的"礼仪""威仪"，就是《系辞》所讲的"典常"，二者都认为这需要得人得道才能推行。

7.《中庸》："国有道，其言足以兴；国无道，其默足以容。"

《系辞》："君子之道，或出或处，或默或语。"

《中庸》分说国家有道、无道时君子或言、或默两种情况，《系辞》则将其合而为一。

8.《中庸》："子曰：回之为人也，择乎中庸，得一善，则拳拳服膺而弗失之矣。"

《系辞》："子曰：颜氏之子，其殆庶几乎！有不善未尝不知，知之未尝复行也。"

《中庸》是从颜回择善方面说的，《系辞》是从颜回去不善方面说的，二者在思想上是一致的。

由之可见，《文言》《系辞》的著作年代当介于子思、庄子之间，约当战国中期；在学派特色上则基本体现了儒家思想倾向。

(三)《说卦》《序卦》《杂卦》当作于战国晚期

下面探讨一下《说卦》的著作年代。张岱年指出：

> 按《说卦》首段云："和顺于道德而理于义，穷理尽性以至于命。"又云："将以顺性命之理。"这里使用了"道德"、"性命"等复合词，这类复合词不见于《孟子》及《庄子内篇》，而屡见于《庄子外篇》和《荀子》，应是战国后期的用语。所以，至少《说卦》的第一、二段应晚于《庄子内篇》，而与《庄子外篇》属于同一个时代，而不可能早于《系辞》的大部分章节。①

《说卦》的内容，明显可以分成三个部分：从开头到"故《易》六位而成章"为第一部分，论述了圣人作《易》的神妙过程和伟大意义。从"天地定位"到"然后能变化，既成万物也"为第二部分，构建了一个八卦与八方、四时相配的天道运行图式。从"乾，健也"到最后为第三部分，主要讲了八卦的德性及其所象征的各种形象。其中，第三部分当最为原始。我们在春秋时期的易说中，可以看出八卦取象的范围已经很广泛，分类也很细致，基本具备了《说卦》第三部分的雏形。《晋书·束晳传》：

> 初，太康二年，汲郡人不准盗发魏襄王墓，或言安釐王冢，得竹书数十车。……其《易经》二篇，与《周易》上下经同。《易繇阴阳卦》二篇，与《周易》略同，繇辞则异。《卦下易经》一篇，似《说卦》而异。②

《卦下易经》与《说卦》相似的部分可能是指其与《说卦》第三部分大致相同，《说卦》之所以称为"说卦"，就是因为其主要内容是对八卦所象征的事物和德性的解说。按魏襄王在位期间为公元前318—前296年，此时已接近战国晚期，《说卦》还没有最终写定。

---

① 刘大钧：《周易概论·序》，齐鲁书社1988年版。
② （唐）房玄龄等：《晋书》卷51，中华书局1974年点校本，第1432页。

20世纪70年代，湖南长沙马王堆汉墓出土了帛书《周易》和多种解《易》文献，其中被命名为《易之义》的一篇中有这样一段文字：

> ［昔者圣人之作《易》也，幽］赞于神明而生占也，参天两地而义数也，观变于阴阳而立卦也，发挥于［刚］柔而生爻也，和顺于道德而理于义也，穷理尽性以至于命［也。将以顺性命之］理也，是故位天之道曰阴与阳，位地之道曰柔与刚，位人之道曰仁与义，兼三财两之，六画而成卦。分阴分阳，迭用柔刚，故《易》六画而为章也。天地定位，山泽通气，火水相射，雷风相薄。八卦相错。数往者顺，知来者逆，故《易》达数也。①

有学者认为，这段居于《说卦》篇首的文字出现在帛书《易之义》篇，表明它原来与后面的部分并不是一个整体，只是后来有人作《说卦》的时候，才将它们合并在一起的，《易之义》的写作年代大概在汉初，那么《说卦》的最后定型，应在汉初以后。② 这种观点有商榷的必要。

帛书《易之义》与《说卦》相比，具有明显的摘抄性质。如果说《说卦》是在一定知识与文献的基础上再创造的结果，因而行文上显示出一定的系统性和完整性；而《易之义》则纯粹是对各种《易》说的一次原封不动的摘抄、汇集。如《易之义》第二章，以简练的语言解说了大概六十四卦的卦义，类似今本《杂卦》——当然《杂卦》在解释上更重视相对两卦的反对之义；第九、十、十一章与通行本《系辞下传》第五、六、七章大同小异，第十二章与通行本《系辞下传》第八章前半部分相似；第十三章引通行本《系辞下传》第八章的文字，且有三处都称"《易》曰"。这都证明了帛书《易之义》的完成，是从当时的各种《易传》中汇集起来的，从这一点上看，当是《易之义》抄袭了《说卦》。

《说卦》作者不吝笔墨，反复陈述八卦配四时、八方的图式，也有着一定的学术思想史的背景。战国中期以来，阴阳五行学说逐渐流行，成为一种普遍的社会思想，由《墨子·贵义》篇、《管子》的《四时》《五行》篇的记述来看，当时学者热衷于以阴阳五行学说来构建自然人生、

---

① 邓球柏：《帛书周易校释》，湖南出版社1996年版，第461—462页。
② 王博：《易传通论》，中国书店2003年版，第219页。

社会政治的图式。这种学术思想反映到易学上，表现为易学学者模仿五行学说的模式，又吸取了传统的八方风思想，构建了易卦的自然图式。所以，从学术思想史的角度看，《说卦》的成书，当在战国晚期。而帛书《周易》"天地定位"章，对八卦的次序进行了调整，目的在于重新确立八卦的卦位，并为帛书《周易》的八宫卦序建立理论依据，[1] 故帛书《易之义》乃是出于其易学思想的需要，摘抄了《说卦》的部分文字。

关于《序卦》，朱伯崑已经指出："其对卦名的解释，多处取《彖》《象》义，当出于《彖》《象》之后。《淮南子·缪称》曾引'《易》曰：剥之不可遂尽也，故受之以复。'此《传》在汉初前已经形成。"[2] 另外，《韩诗外传》卷八载孔子曰："《易》先《同人》，后《大有》，承之以《谦》，不亦可乎！"[3] 此亦可见《序卦》当成书于战国晚期。

关于《杂卦》，韩康伯注曰："杂卦者，杂糅众卦，错综其义，或以同相类，或以异相明也。"[4]《杂卦》取通行本《周易》在卦画上"非覆即反"的两卦为一组，虽仍以乾坤两卦为首，却打破了通行本的卦序，用一两个字或极简短的文句解释其卦义和相互关系。从篇名上，《杂卦》当写于《序卦》之后。

总之，《易传》对《易经》的解释过程，既是一个不断发掘《易经》所蕴含的义理的过程，也是一个对《易经》象数逐步构建的过程。深入比较《易传》各篇在解《易》体例及思想内容上的差异，再辅之与同期相关文献的比较研究，应当肯定：《彖》《小象》当最早成书，《大象》次之，《文言》《系辞》又次之，《说卦》《序卦》《杂卦》写定的年代最晚。

第三节　论"大衍筮法"

一　大衍之数当为五十

《周易》"大衍之数"的问题，历来是易学史上的疑难问题之一。因

---

[1] 李学勤：《马王堆帛书〈周易〉的卦序卦位》，载《中国哲学》第14辑，人民出版社1988年版。

[2] 朱伯崑：《易学哲学史》第1卷，华夏出版社1995年版，第53—54页。

[3] 许维遹：《韩诗外传集释》，中华书局1980年版，第301页。

[4] 楼宇烈：《王弼集校释》，中华书局1980年版，第586页。

为通行本的《系辞》除了说"大衍之数五十"之外，还提到"天地之数五十有五"，于是，有人认为"大衍之数"就是"天地之数"，"大衍之数"应该是五十五。如虞翻曰：

> 天二十五，地三十，故五十五，天地数见于此。故"大衍"易数，略其奇而言五十也。①

姚信、董遇曰：

> 天地之数五十有五者，其六以象六画之数，故减之而用四十九。②

陆秉曰：

> 当云"大衍之数五十有五"。盖天一地二，天三地四，天五地六，天七地八，天九地十，正五十有五。而用四十九者，除六虚之位也。古者卜筮，先布六虚之位，然后揲蓍而六爻焉。如京房、马季长、郑康成以至王弼，不悟其为脱文，而妄为之说，谓所赖者五十，殊无证据。③

金景芳先生认为：《系辞》曰："凡天地之数五十有五，此所以成变化而行鬼神也。"《周易》就是利用这五十五个数来推演的，它能"成变化而行鬼神"，故又名"大衍之数"。④ 陈恩林、郭守信也认为：

> "大衍之数"其实就是"天地之数"，是天地之数的另一种说法，"大衍之数五十"为"大衍之数五十有五"之误。所谓"大衍"就是大变，就是用天地五十五数推演天地变化，求数定爻定卦，方法

---

① （清）李道平：《周易集解纂疏》，中华书局1994年版，第583—584页。
② （唐）孔颖达：《周易正义》，北京大学出版社1999年版，第279页。
③ （宋）沈作喆：《寓简》卷1，文渊阁四库全书本。
④ 金景芳：《学易四种》，吉林文史出版社1987年版，第56页。

是用四十九数占筮,用六数充当六虚之位。①

可见,认为"大衍之数五十五"的主要论据是以六根蓍草象征"六虚"之位,以剩下的四十九根蓍草揲扐求卦。推原这种说法的最早出处,当是《易纬·乾坤凿度》:

> 天地合策数五十五:所用法古四十九,六而不用,驱之六虚。②

纬书中的"大衍之数"的说法不一,驳评错乱,本不足信。而此说是以"天地之数"来合"大衍之数"的,因为天地之数五十五并不具有"推演"的功能,必须去掉六根,才能用来占筮。"天地合策数"一语表明,天地之数恰恰不是大衍之数,否则何须待合之理?

其实,"布六虚之位"的说法仅仅是后人对《周易》筮法的一种新的猜测,从逻辑上讲与揲扐求卦的过程及画卦过程都是矛盾的。《系辞》有"变动不居,周流六虚"之语,但这"六虚"是指六爻之位,从画卦的过程来看,应在成卦之后。《汉书·律历志》曰:

> 径象乾律黄钟之一,而长象坤吕林钟之长。其数以《易》大衍之数五十,其用四十有九,成阳六爻,得周流六虚之象也。③

此亦可见"六虚"乃在《易》六爻成卦之后才有意义,是作为揲筮的结果出现的。《系辞》曰:"神无方而易无体。"先布六策以象六爻的说法与易之道殊为悖驳。

那么,认为"大衍之数五十"的学者又是怎样来解释的呢?兹看两汉时期易学家京房、马融、荀爽、郑玄等人的说法:

> 京房云:"五十者,谓十日、十二辰、二十八宿也,凡五十。其

---

① 陈恩林、郭守信:《关于〈周易〉"大衍之数"的问题》,《中国哲学史》1998年第3期。
② [日]安居香山、中村璋八:《纬书集成》,河北人民出版社1994年版,第92页。
③ (汉)班固:《汉书》卷21,中华书局1962年点校本,第956页。

一不用者，天之生气，将欲以虚来实，故用四十九焉。"马季长云："易有太极，谓北辰也。太极生两仪，两仪生日月，日月生四时，四时生五行，五行生十二月，十二月生二十四气。北辰居位不动，其余四十九转运而用也。"荀爽云："卦各有六爻，六八四十八，加乾、坤二用，凡五十。《乾》初九'潜龙勿用'，故用四十九也。"郑康成云："天地之数五十有五，以五行气通，凡五行减五，大衍又减一，故用四十九也。"①

京房以十日、十二辰、二十八宿之和解释大衍之数为什么是五十，是依据于对宇宙时空图式的理解。马融依据《系辞》中"大衍筮法"所蕴含的宇宙生成论，又与五行观念相结合，以"太极""两仪""日月""四时""五行""十二月""二十四气"之和构成大衍之数五十。很显然，京房、马融对大衍之数的理解，都是为了论证其与天道相合，突出其神圣性。其对大衍之数的说明，秉承了《系辞》的思路，但这并不是《系辞》本身的思想。荀爽对大衍之数五十的解释，则是出于凑数。筮数的确定，何能注意到《乾》初九的爻辞？此说太过牵强。相比较而言，郑玄的观点最值得重视，他认为：天一、地二、天三、地四、天五、地六、天七、地八、天九、地十所构成的天地之数五十五，从五行的角度分配五方的话，十个数字运行了两遍五行，因五行之气是相通的，故减去五行之位数五，所得出数字五十即是大衍之数。笔者在下文"论《河图》《洛书》"一节已述，《系辞》作者所引入的天地之数，实际上就是战国中期以来流行的以五行观念构建宇宙的图式，是为了说明大衍之数产生于天地之数，是对天地之数的模拟，由之突出大衍之数的神秘性和大衍筮法的神圣性。郑玄的解释当最贴近《系辞》作者的思想，但却不能证明大衍之数就是五十。

相比较之下，《汉书·律历志》中所述的"大衍之数五十"之说，值得我们注意，兹引用如下：

> 经元一以统始，《易》太极之首也。春秋二以目岁，《易》两仪之中也。于春每月书王，《易》三极之统也。于四时虽亡事必书时

---

① （唐）孔颖达：《周易正义》，北京大学出版社1999年标点本，第279页。

月，《易》四象之节也……

是故元始有象一也，春秋二也，三统三也，四时四也，合而为十，成五体。以五乘十，大衍之数也，而道据其一，其余四十九，所当用也，故著以为数。以象两两之，又以象三三之，又以象四四之，又归奇象闰十九及所据一加之，因以再扐两之，是为月法之实。如日法得一，则一月之日数也，而三辰之会交矣，是以能生吉凶。故《易》曰："天一地二，天三地四，天五地六，天七地八，天九地十。天数五，地数五，五位相得而各有合。天数二十有五，地数三十，凡天地之数五十有五，此所以成变化而行鬼神也。"并终数为十九，《易》穷则变，故为闰法。①

此处引文，与大衍之数的关系甚大。一方面，我们通过它可以知道通行本《周易》讲筮法的章节确实存在错简的情况。通行本《系辞》相关章节的排列顺序是：

大衍之数五十，其用四十有九。分而为二以象两，挂一以象三，揲之以四以象四时，归奇于扐以象闰，五岁再闰，故再扐而后挂。

天数五，地数五，五位相得而各有合。天数二十有五，地数三十，凡天地之数五十有五，此所以成变化而行鬼神也。

乾之策二百一十有六。坤之策百四十有四，凡三百有六十，当期之日。二篇之策，万有一千五百二十，当万物之数也。

是故，四营而成易，十有八变而成卦，八卦而小成。引而伸之，触类而长之，天下之能事毕矣。显道神德行，是故可与酬酢，可与佑神矣。（以上为《系辞上》第八章）

子曰："知变化之道者，其知神之所为乎？"……（以上为《系辞上》第九章）

天一地二，天三地四，天五地六，天七地八，天九地十。（以上为《系辞上》第十章首句）

将此与《汉书·律历志》的引文相比较，可以看出朱熹《周易本义》

---

① （汉）班固：《汉书》卷21，中华书局1962年点校本，第981—983页。

中将"天一地二,天三地四,天五地六,天七地八,天九地十"之句排在"天数五"之前的做法是正确的。但朱熹同时将"大衍之数"一节排在"凡天地之数五十有五,此所以成变化而行鬼神也"之后,则很有怀疑的必要。因为由《汉书·律历志》这一节借《易》讲律历的文字来看,作者先以"大衍之数"、后又借"天地之数"来讲闰法,与通行本《周易》的顺序一样。

另一方面,《汉书·律历志》的这段文字之所以重要,是因为它比较合理地诠释了大衍筮法每一步的操作依据,非常贴合《系辞》作者的原意。对于这段话,《汉书·律历志》认为"元始有象"之"一"就是太极;"二"就是两仪;"三"就是天地人三才,"四"就是四时。

将《汉书·律历志》中的这段文字与上引《系辞》大衍筮法的文字比较,就会发现:《系辞》的作者为了论证大衍筮法的神圣性,认为筮法上的每一个动作及蓍筮之数字皆与天地万物之道相应,从而赋予"大衍筮法"天道上的意义;《汉书·律历志》则为了说明律历皆有易道的根据,又借大衍筮法来说明历法,两者可谓殊途同归。并且,就《汉书·律历志》的阐释来看,其指出大衍之数五十,用以占筮的蓍数是四十九,不用以占筮的"一"数象征着万物之源——"道",也就是"太极",这也正是《系辞》本身的思想。《系辞》曰:

>是故《易》有太极,是生两仪。两仪生四象,四象生八卦。(《系辞上》第十一章)

这里再一次讲蓍占画卦的问题,又从宇宙生成论的角度进行了论证,可以说是对《系辞》前文所阐释的大衍筮法进行了概括,同时也明确指出了大衍筮法中的不用之"一"就是"太极"。这里需要注意的是:不用之"一"不是没有用处,而是不参与揲扐筮卦的过程。

在战国思想史上,太极是一个非常重要的概念,又称"太一""泰一"等。《庄子·大宗师》:

>在太极之先而不为高,在六合之下而不为深。[1]

---

[1] 王先谦:《庄子集解》,中华书局2012年版,第79页。

《吕氏春秋·大乐》：

> 万物所出，造于太一，化于阴阳。
> 太一出两仪，两仪出阴阳。阴阳变化，一上一下，合而成章。①

《礼记·礼运》：

> 是故礼必本于大一。分而为天地，转而为阴阳，变而为四时，列而为鬼神。②

特别是后二者所论述的"太一"，与《系辞》中的"太极"概念是一致的。徐兴无先生指出：

> 战国秦汉间的"太一"，严格地说来，既不完全代表"道"，或"太"，也不完全代表"一"，而是他们的综合。"太一"包含着宇宙本根（无）与万物之始（有）两重意蕴，在抽象与具体的世界中皆是主宰。③

可以说，在《系辞》作者的思想中，这个"太极"恰恰是由五十根蓍草中那根"不用之一"所表示的，它既是宇宙实有本体的象征，又是最高的"道"的代表。诚如王弼所论：

> 演天地之数，所赖者五十也。其用四十有九，则其一不用也。不用而用以之通，非数而数以之成，斯易之太极也。④

此说可谓最得《系辞》作者的本旨。

---

① 许维遹：《吕氏春秋集释》，中华书局2009年版，第108页。
② 杨天宇：《礼记译注》，上海古籍出版社1997年版，第382页。
③ 徐兴无：《谶纬文献与汉代文化构建》，中华书局2003年版，第50页。
④ 楼宇烈：《王弼集校释》，中华书局1980年版，第547—548页。

探讨"大衍之数"到底是五十还是五十五，到底是否存在脱文的现象，单纯地拘泥于后人的诸种说法不但于事无补，而且恰恰陷入了思维的迷宫之中。新出土的许多龟甲上的数字易卦也表明：《周易》的筮法实际上经历了相当大的变化与调整，单凭通行本《系辞》所记载的筮法完全画不出商周时期龟甲上的数字易卦。对于《周易》这一占筮系统而言，筮法成熟的标志是能推究出爻的老阳、老阴、少阳、少阴四种可能的情况，从而确定卦画及卦变。古人可能凭借着无数次的占筮经验逐步改进筮法，最终推导出了《系辞》中记载的这样一个精致的占筮模式。但对于《系辞》作者而言，他并不单纯从占筮的角度去讲筮法，而是企望在《系辞》中能对"大衍筮法"所蕴含的义理予以系统化的诠释。《系辞》实际上借对大衍筮法的记述与说明构建了易卦系统中的宇宙生成论：由太极而生两仪，生三才，生四象，生八卦……所以，如果我们依据于《系辞》这一文本，循着与《系辞》作者以义理的角度去诠释"大衍之数"的思路，就应肯定"大衍之数"是五十。

二 揲扐求卦之法

大衍筮法本质上是一个运用数字"4"的同余知识求得36、32、28、24之数，也就是求得9、8、7、6所代表的老阳、少阴、少阳、少阴四爻象的数学方法，其反映了古人的数学智慧，兹作一说明。

从50策中，先取出1策，以象征"太极"，摆在一边不用；以49策作为揲扐成卦之用（即"大衍之数五十，其用四十有九"）。其过程可分为如下四个步骤：

第一步：将49策任意分为上下两部分，以象征天地（此为第一营，即"分而为二以象两"）。

第二步：从上部分中取出1策，摆在上下两部分的中间，以象征天地人（此为第二营，即"挂一以象三"）。按：朱熹《周易本义·筮仪》以左右手分持49策，而从右手所持策中取1策；高亨《周易古经今注·周易筮法新考》则谓"取此一部分挂其一策"，并没有说明是哪一部分。从哪部分取这1策，有时候影响着占筮的结果。笔者认为当从上部（天）中取此1策，以与古代"天生神物"（《系辞》语）、"天命之谓性"（《中庸》语）、"天生之，地养之，人成之"（《春秋繁露》语）的传统观念一致。

第三步：将上部分之策，每4策为一组数之（此为第三营之半，即"揲之以四以象四时"）。数至最后，或余1策，或余2策，或余3策，或余4策，将所余之策取而夹之指间（此为第四营之半，即"归奇于扐以象闰"）。

将下部分之策，每4策为一组数之（此为第三营之半）。数至最后，或余1策，或余2策，或余3策，或余4策，将所余之策取而夹之指间（此为第四营之半，即"再扐"）。

第四步：将上下两次所夹在指间之策挂起来（即"后挂"）。则所挂之策或为4策、或为8策，其剩余上下两部分之策合在一起，或44策、或40策。

以上所述，为"十有八变而成卦"之"一变"。

"二变"则将剩余之策再照"一变"推演一遍，同样，所挂的策数或是4策、或是8策，则剩余之策或40策或36策、或32策。

"三变"则将"二变"后剩余之策又照"一变"推演一遍，同样，所挂的策数或是4策、或是8策，则剩余之策、或36策、或32策、或28策、或24策。余36策，9揲之数，是为九，为老阳，可变之阳爻；余32策，8揲之数，是为八，为少阴，不变之阴爻；余28策，7揲之数，是为七，为少阳，不变之阳爻；余24策，6揲之数，是为六，为老阴，可变之阴爻。

这样经过三变可得出一爻，经过十八变，则可得出一卦之六爻。需要注意的一个问题是：画卦爻时，当依照"初、二、三、四、五、上"的次序进行，不可错乱。关于占断之法，前面已述，在此就不重复了。

第四节　论"河图""洛书"

关于"河图""洛书"，宋代以来学者多有争论，但迄今无人能把它彻底说清楚。推崇者认为河图、洛书是华夏文明的源头，伏羲以之画八卦，大禹以之定九畴；反对者则认为以河图、洛书为画卦作《易》之本、中国文化源头的观点是牵强附会、无稽之谈。[①] 笔者不揣浅陋，也对河图、洛书谈点看法，以飨读者，并冀望就正于海内外方家通人。

---

① 郑万耕：《毛奇龄对河图洛书的驳斥》，《中国哲学史》2001年第4期。

一 "河图""洛书"的学术源流

关于"河图",今天所能见到的最古的文献是《尚书·顾命》:

> 越玉五重,陈宝、赤刀、大训、弘璧、琬琰,在西序。大玉、夷玉、天球、河图,在东序。①

这是记述了周成王死后,周康王举行即位大典时殿堂中陈列的器物,河图是其中之一。很明显,河图从它第一次在文献中出现时起,便具有帝王受命的色彩。

《尚书》之后,河图一词又出现在《论语·子罕》篇:

> 子曰:凤鸟不至,河不出图,吾已矣夫!②

由孔子的感叹,可知河图和凤鸟一样,被古人视为重要的祥瑞,是天命的象征。孔子虽然没有具体说河图是什么,但他把河图解释为黄河所出的图,从而也限定了后人对河图的解释范围。

孔子之后,《墨子·非攻下》也提到河图:

> 赤鸟衔珪,降周之岐社,曰:"天命周文王,伐殷有国。"泰颠来宾,河出绿图,地出乘黄。

据孙诒让《墨子间诂》考证,"绿"即"箓"③,那么箓图当是黄河中出现的象征天意的符命之图,也就是河图。《墨子》中的这段话,其中值得我们注意的有如下几点:第一,他也是从帝王受命的角度理解河图的。第二,墨子明确指出了河图出现的时间,就是周文王、武王伐纣之时。第三,墨子还叙述了文武翦商时出现的多种祥瑞,其中"赤鸟衔珪""河出绿图",即孔子所说的"凤鸟""河图";除此之外,又有"泰颠来

---

① 周秉钧:《尚书易解》,岳麓书社1984年版,第279—280页。
② (清)刘宝楠:《论语正义》,中华书局1990年版,第333页。
③ (清)孙诒让:《墨子间诂》,中华书局2001年版,第152页。

宾""地出乘黄"两种。其中，泰颠是商周之际的贤人，《尚书·君奭》篇周公旦依次叙述了成汤、太甲、太戊、祖乙、武丁等帝王受命时各有贤臣助之，直到文王受命时有虢叔、闳夭、散宜生、泰颠、南宫括等五位贤臣助之。如果说赤鸟象征天瑞、河图象征河瑞的话，那么，墨子当以泰颠为人瑞的象征；至于乘黄，即是黄马象征地瑞。《诗·郑风·大叔于田》："叔于田，乘乘黄。"如果我们从《尚书·君奭》《尚书·顾命》所透露出的周王朝乃秉承天命而立的文化氛围来看的话，周康王即位时殿堂中所立的器物，无疑都是商周之际周文王、武王所得到的宝物——天命之符；由之也说明了孔子感慨的历史对象，就是墨子所清楚说明的文武伐商之事。河图，就是周文王时黄河中出现的祥瑞。按照顾颉刚"层累地造成的中国古史"观，较之于以后诸说，无疑是孔子、墨子更接近历史的真相。

至战国中后期，于河图之外，又增添了洛书这一祥瑞。《管子·小匡》记载管仲答齐桓公"昔三代之受命者，其异于此乎"之问时曰：

> 夫凤凰之文，前德义，后日昌。昔人之受命者，龙龟假河出图，洛出书，地出乘黄。今三祥未见有者，虽曰受命，无乃失诸乎？[①]

孔墨关于河图，都认为是从黄河中出现的，但具体怎么出现的，并没有交代。《管子》则把这个问题说清楚了：既然"河图""洛书"都出自河流之中，按常理推断当然是生活在河流中的动物带上来的，这就是龙和龟。很明显，《管子》的这个说法，是为了强化天命祥瑞的观点，并且是受了凤鸟、黄马说法的启发。另外值得注意的是，《管子》中已把"河图""洛书"的出现时间，又往前推到了三代之远。

以上是先秦时期"河图""洛书"的几个说法，并没有与易卦发生联系，那么，为什么到了《系辞》中，"河图""洛书"突然成了易卦的本源了呢？

二 "河图""洛书"与易卦的学术渊源

《系辞》是一篇成书于战国晚期的阐述《易经》哲学思想与象数的通

[①] 黎翔凤：《管子校注》，中华书局2004年版，第426页。

论，在这篇文献中，易卦与"河图""洛书"有了密不可分的关系。《系辞》曰："河出图，洛出书，圣人则之。"《系辞》中关于"河图""洛书"的说法仅见于此，一直被人们理解为圣人（伏羲）效法"河图""洛书"创作了易卦，这其实很有问题。因为关于易卦的创立，《系辞》作者已经说得很清楚：

> 古者包羲氏之王天下也，仰则观象于天，俯则观法于地，观鸟兽之文，与地之宜，近取诸身，远取诸物，于是始作八卦，以通神明之德，以类万物之情。

可见《系辞》作者认为八卦的创制是一个观天、观地、观鸟兽、观人物的产物，与河图洛书实在没有关系。那么，"河出图，洛出书"，圣人从中学习了什么呢？为了了解这句话的真正含义，我们首先把相关的文句引用如下：

> 是故，易有太极，是生两仪，两仪生四象，四象生八卦，八卦定吉凶，吉凶生大业。
>
> 是故法象莫大乎天地；变通莫大乎四时；县象著明莫大乎日月；崇高莫大乎富贵；备物致用，立成器以为天下利，莫大乎圣人；探赜索隐，钩深致远，以定天下之吉凶，成天下之亹亹者，莫大乎蓍龟。
>
> 是故天生神物，圣人则之。天地变化，圣人效之。天垂象，见吉凶，圣人象之。河出图，洛出书，圣人则之。《易》有四象，所以示也；系辞焉，所在告也；定之以吉凶，所以断也。

上引文字，均在孔颖达《周易正义》和朱熹《周易本义》第十一章，为便于论述，分为三段。第一段讲了易以太极为本源的宇宙演化论，宇宙演化的过程，就是一个画卦的过程，而这个画卦的过程，又是一个占筮的过程，也就是《系辞》中讲的"大衍筮法"：

> 大衍之数五十，其用四十有九。分而为二以象两，挂一以象三，揲之以四以象四时，归奇于扐以象闰，故再扐而后挂。……是故，四营而成易，十有八变而成卦，八卦而小成。引而伸之，触类而长

之，天下之能事毕矣。

将二者进行比较，不难发现其共通性：都讲了天道，也都讲了筮法，认为筮法是对天道的完美模拟。所以第二段，《系辞》作者大力宣扬了蓍龟在占断吉凶事物方面的神性："探赜索隐，钩深致远，以定天下之吉凶，成天下之亹亹者，莫大乎蓍龟。"第三段的"神物"，还是指蓍龟，正因为蓍龟的神性，圣人以之卜筮。正是在卜筮吉凶的意义上，"河图""洛书"才成为圣人效法的对象，而最终是为了导出"《易》有四象"，也就是第一段说的"两仪生四象"，这四象从爻象和筮法的意义上说就是老阳、老阴、少阳、少阴和九、六、七、八四个数字。四象虽然不是易卦占筮的终结，但却是占筮中对爻象最终状态的确定。所以这一段的最后，还是回到了大衍筮法上。由之可以看出整个《系辞》第十一章主旨，实际仍是在讲占筮画卦的问题，为之寻找一种天道的证明，以突出《周易》占筮的神性。而"河图""洛书"的意义，则恰恰为大衍筮法提供了这种证明。从这个角度看，不难分析出易卦与"河图""洛书"结合的目的，就是为了证明大衍筮法的合理性。

那么，大衍筮法为什么需要"河图""洛书"的支持呢？我们知道，《系辞》作者对于《易经》的根本理解，是"易与天地准"这一思想。具有无比神性的"大衍筮法"，自然当体现天地之道，所以《系辞》在阐述大衍筮法的占筮过程中，将其与宇宙生成论、历法相配，以之证明大衍筮法是对天地之道的完美模拟。但其中仍有两个方面的数字需要天道的证明，一是大衍之数为什么是五十；二是最终成卦爻的数字为什么是九六七八？对于前者，《系辞》作者在论述大衍筮法之前，先叙述道：

> 天一地二，天三地四，天五地六，天七地八，天九地十。天数五，地数五，五位相得而各有合。天数二十有五，地数三十，凡天地之数，五十有五，此所以成变化而行鬼神也。

这是对一至十数进行了阴阳两种性质的分类，以奇数为天数，以偶数为地数。对于《系辞》的作者而言，为了论证大衍之数的神圣性，通过对一至十数字的相加，得出天地之数是五十五，而大衍之数是五十，以大衍之数比拟天地之数，似乎勉强解决了这个问题，但总不如叙述大衍筮法以卦配历完美。既然并不完美，我们仍不禁要问：天地之数为五十五的观念又是从何而来？另外对于"九、六、七、八"四象之数的论证，又如何从易卦之外寻找可以借鉴的资源？徐兴无先生在阐述战国秦汉间新天道与新占术时说：

> 在《逸周书·时训》、《管子·幼官》、《四时》、《五行》、《吕氏春秋·十二纪》、《礼记·月令》、《淮南子·天文》等战国秦汉间带有构建性思想的文献中，已经用阴阳五行的框架描述出一个囊括一切的世界图式，万物在这个图式中呈现出同构的色彩。①

这为我们考索今天所见到的"河图""洛书"造作的年代指明了方向。兹先看《管子·幼官》《幼官图》中对于世界图式的设计：

> 春……八举时节，君服青色，味酸味，听角声，治燥气，用八数。
> 夏……七举时节，君服赤色，味苦味，听羽声，治阳气，用七数。
> 秋……九和时节，君服白色，味辛味，听商声，治湿气，用九数。
> 冬……六行时节，君服黑色，味咸味，听徵声，治阴气，用六数。
> （中）……五和时节，君服黄色，味甘味，听宫声，治和气，用五数。②

可见，在《管子》的撰写年代，人们已经把数字进行了五行属性的分类，即水一、火二、木三、金四、土五，再加五则水六、火七、木八、金九、土十。《管子·幼官图》关于"中方副图"的论述，还有"动慎十号""饰习十器"之语。由之，我们可以看出，《管子》中构建的四时五行的世界图式，实际上就是以一至十数表达的数的图式，这个数的图式，就是后人称之为"河图"的数字图式。

---

① 徐兴无：《谶纬文献与汉代文化构建》，中华书局2003年版，第100页。
② 黎翔凤：《管子校注》，中华书局2004年版，第188—189、138、182、185、184页。

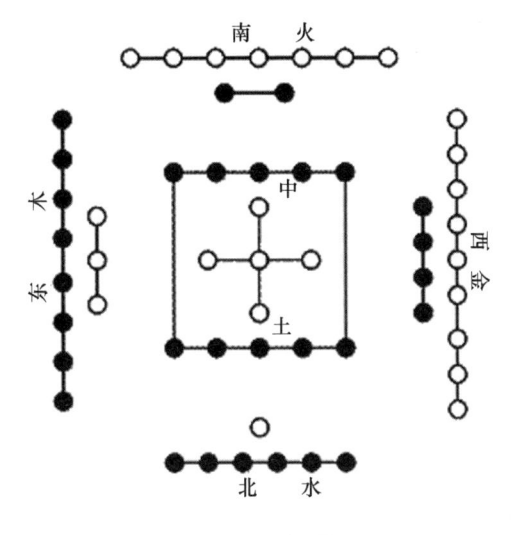

图 2—1　河图

　　《管子·幼官图》以数字表达的宇宙图式，被《吕氏春秋·十二纪》《礼记·月令》全盘借鉴了下来，可见战国秦汉间这种学说具有很大的影响力，其对《系辞》作者产生影响也是自然而然的。《幼官图》以"十数"囊括宇宙的图式，当是《系辞》以一至十为天地之数的原因所在。大衍筮法中以九、六、七、八为老阳、老阴、少阳、少阴四象，也与《幼官图》以八、七、九、六表达四时的意义相合。

　　那么，《幼官图》中的数字图式，战国时人是否将其视为"河图"呢？笔者认为这种可能性是很大的。学者指出，《幼官图》当作"《玄宫图》"，何如璋说：

> 旧注："幼者，始也。""始"字无义，疑"幼"本作"玄"，故《注》训为始，宋刻乃误为"幼"字耳。"官"宜作"宫"，以形近而误。本文有玄帝之命，又"玄宫"凡两见，《戒》篇"进二子于里宫"，亦讹作"官"。《庄子》"颛顼得之以处玄宫"，《艺文类聚》引《随巢子》"昔三苗大乱，天命夏禹于玄宫"，足证"幼官"为"玄宫"也。[①]

[①] 黎翔凤：《管子校注》，中华书局 2004 年版，第 133 页。

按：何氏认为"幼"当作"玄"，可从。唯"官"不必改为"宫"。《管子·幼官》：

> 非玄帝之命，毋有一日之师役……
> 以尔壤生物共玄官，请四辅，将以礼上帝……
> 立四义而毋议者，尚之于玄官，听于三公。①

可见，玄官即礼天之官。玄官图，就《管子》中所记述的内容来看，即礼天之官所掌有关天文、历法、行政的有数、有字、有画之图也。乃至有学者认为："《幼官图》是姜齐氏族的历法图，记载了十月历制度，《幼官》则是对它的解释说明文字。"② 玄官以生物献祭之上帝，则当主要指玄帝也。玄帝，即北方之帝颛顼，五行属水，可见玄官图，又与水有莫大的关系。前面已引，《管子·小匡》管仲曰"昔人之受命者，龙龟假河出图，洛出书"，"河图""洛书"皆与水有关，可见《管子》中的玄官图，应当就是河图——当然这种河图的造作，纯粹出于战国时期稷下道家的宇宙观念，而与《尚书》中所记载的河图没有任何关系。由之也可以解释：为什么《系辞》中两次讲大衍筮法，前一次讲天地之数以配大衍之数，后一次讲"河图""洛书"以配大衍之数？原因正在于河图中有天地之数。《系辞》作者为什么不直接将河图与天地之数等同起来呢？原因恐怕在于河图之有数、有字、有画，而不仅仅是数字。

以此思维再审视"洛书"，洛书是以一至九等九个数字的位置排列表达其对天道的理解。反映洛书中的数字图式的有《大戴礼记·明堂》中的九室说，朱伯崑指出："阴阳五行家的代表人物邹衍提出大九州说，明堂九室乃邹衍一派的学说。"③ 此外，还有《灵枢经·九宫八风》篇也反映着洛书中的数字图式。将九宫八风说与明堂九室说相比较的话，前者将天分为九宫，讲述了自然界八个时节的风与人体健康的关系；后者则

---

① 黎翔凤：《管子校注》，中华书局2004年版，第158—159页。
② 刘宁：《由上古历法推考〈管子〉之〈幼官〉与〈幼官图〉原貌》，《管子学刊》2013年第3期。
③ 朱伯崑：《易学哲学史》第1卷，华夏出版社1995年版，第174页。

是讲天子当随着一年八个时节的变化而选择九所不同方位和朝向的居室。很明显，九宫八风说为明堂九室说奠定了理论基础，其产生的时代要更早。笔者以为，洛书图式的得名，或与九宫八风说有着直接的关系，因为东南宫所标识的节气为立夏，宫名为"阴洛"；西北宫所标识的节气为立冬，宫名为"新洛"。[①] 阴洛就是洛阴，水之南为阴，洛水之南，故名之阴洛。水之北为阳，从阴阳的角度看，宫名可称"阳洛"，但因洛邑位居洛水之北，战国时已称洛阳，如果称"阳洛"的话，与之重复了，天域的划分与地域的划分会发生混淆，故不取。而"新洛"，因洛邑西周时又有"新大邑"这一名称，故以之称，亦是指洛水之北的意思。如此看来，九宫八风说的坐标点，就是先秦时期被人们认为天下中心的洛阳。而"阴洛""新洛"之名，或是这种图式称之为"洛书"的最大理由。

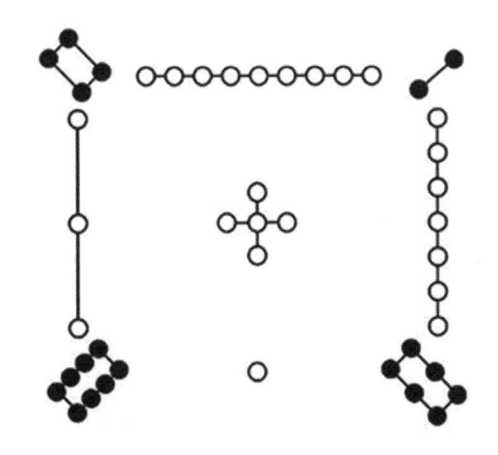

图 2—2　洛书的数字方位图

如果我们将河图与洛书进行比较的话，就会发现河图表达的宇宙图式比较简单一点，十个数字两两一组，反映的是四时五行的天道观；而洛书虽然比河图少了"十"这个数字，但九个数字分属四正四隅一中心，反映了四时八节五行九域的宇宙图式，较河图的图式要复杂得多。

以上阐述了在《系辞》创作的时代，以五十五数和以四十五数表达天道的图式，实际都已经产生了。就四十五数的图式来看，因其有"阴

[①] 田代华、刘更生：《灵枢经》，人民卫生出版社 2010 年版，第 154 页。

洛""新洛"之名，所以很可能已经被时人视为洛书；五十五数的图式，因其导源于《管子》的玄宫图，自然就被人们视为河图了。由五十五数之图式，既可论证大衍之数为五十，又可完美地论证四象之数为什么是九六七八。四十五数之图式，因其每一横线、竖线、对角线上的三个数之和皆为十五，汉代人指出其与四象之数、大衍之数皆有关系（见下文）。而"河图""洛书"之数之和除以二，又完美地契合了大衍之数五十，从而弥补了大衍之数与天地之数的差异问题。这也是为什么《系辞》在阐释了大衍之数后，又从画卦的角度讲了一遍占筮的过程，而"河图""洛书"，正是为《系辞》筮法提供了理论依据。此外，"河图""洛书"与《易经》结合的又一个因素，就是《管子》所述的"龙龟假河出图、洛出书"，蓍占与龟卜有着天然的联系，而龙则是《易经》乾卦的象征。龙为阳物，龟为阴物，"河图""洛书"又与《易经》阴阳相切合。在此还要赘述的一点是，《易传》时代的易学对于战国秦汉间宇宙图式的吸纳，是非常积极和及时的。如果说"河图""洛书"是借用来论证筮法的，那么《说卦》中的"帝出乎震"一章，则是易学受八风说影响而构建起来的易卦宇宙图式，这一图式与洛书中的图式，也是非常接近。

总之，被后人称为"河图""洛书"的数字图式，实际上是战国秦汉间阴阳五行学者在构建新天道与新占术的进程中所创立的，而附会上"河图""洛书"之名，以突出其神圣性。《系辞》作者在战国秦汉间构建新天道与新占术的学术思潮影响下，在"《易》与天地准"理论框架的指引下，为了论证大衍筮法完美体现了天地之道、四时之变，从而将易卦与"河图""洛书"结合，以凸显大衍筮法的神圣性和神秘色彩。但因为易卦毕竟有自己的象数体系，所以并没有与"河图""洛书"进行更深层次的结合；又因为《系辞》作者知道这类"河图""洛书"本身就是他们那个时代的产物，所以始终用比较隐晦的笔法来叙述"河图""洛书"，并没有明指五十五的天地之数就是河图之数，遂引起后人的无数猜想与争论。

三　汉代学者对"河图""洛书"的认识

汉代学者对"河图""洛书"的认识，反映在以下几个方面：

一是继承了自《尚书》《论语》《墨子》《管子》以来的帝王、圣人受命说，视"河图""洛书"为帝王、圣人秉承天命的祥瑞。徐兴无先生

指出:

> 接受《河图》、《洛书》的圣王除了黄帝时的仓颉和尧时的皋陶之外,都是统有天下的圣人或帝王。①

可以说,《纬书》中绝大部分关于"河图""洛书"的内容,是关于五帝、三代等帝王应天命得"河图""洛书"中所呈现的祥瑞的。

二是"河图""洛书"的传授方式和内容说法不一。如《河图·挺佐辅》:

> 黄帝告天老曰:"余昔梦两龙以白图授予。"天老曰:"河有河图,洛有龟书,天其授帝图乎?"帝乃斋往河洛,有大鱼溯流而泛白图,帝跪受……
> 天授元始建帝号,黄龙负图,鳞甲成字,从河中出,付黄帝。令侍臣写,以示天下。②

如《龙鱼河图》:

> 帝伐蚩尤,乃睡梦西王母遣道人,被玄狐之裘,以符授之曰:"太乙在前,天乙备后,河出符信,战则剋矣。"黄帝寤,思其符,不能悉宣,以告风后、力牧。曰:"此兵应也,战必自胜。"力牧与黄帝俱到盛水之侧,立坛,祭以太牢。有玄龟衔符出水中,置坛而去。黄帝再拜稽首,受符视之,乃梦所得符也。③

如《尚书中候》:

> 帝尧即政,荣光出河,休气四塞。龙马衔甲,赤文绿色。甲似

---

① 徐兴无:《谶纬文化与汉代文化构建》,中华书局2003年版,第271页。
② [日]安居香山、中村璋八:《纬书集成》,河北人民出版社1994年版,第1109页。
③ 同上书,第1150—1151页。

龟背，五色，有列星之分，斗政之度，帝王录纪，兴亡之数。①

如《洛书·灵准听》：

> 汤臂有四肘，在亳能修其德，东至于洛，观帝尧之坛，沉璧退立。黄鱼双跃，黑鸟随止于坛，化为黑玉，又有黑龟，并赤文成字，言："夏桀无道，汤当代之。"②

这说明《纬书》的创制者当是一个庞大的群体，其创制《纬书》的目的也不尽相同。

三是受《系辞》的影响，认为伏羲受河图的影响画八卦。如《龙鱼河图》：

> 伏羲氏王天下，有神龙负图出于黄河。法而效之，始画八卦，推阴阳之道，知吉凶所在，谓之河图。③

通过以上的分析，似乎很难证明汉人知五十五数之河图、四十五数之洛书。但笔者以为，这是由三个方面的原因造成的，一是"河图""洛书"从它产生的意义上看，本身就是一种符命说，正好迎合了两汉之际改朝换代的政治需求，故造作新的符命是其重点内容，而不会关心"河图""洛书"的原始内容；二是"河图""洛书"中的两种数字的图式皆已固定化，对于《纬书》制作者来说，这种固定化的数字并不一定适应新的符命；三是易学本身就是专门之学，《系辞》本身对"河图""洛书"之数也说得比较含蓄，易学之外的人士很难获知"河图""洛书"的秘密。

但仍有文献可以证明汉人其实对"河图""洛书"之图式是知道的。《易纬·河图数》：

---

① ［日］安居香山、中村璋八：《纬书集成》，河北人民出版社1994年版，第402页。
② 同上书，第1258页。
③ 同上书，第1149页。

一与六共宗，二与七同道，三与八为朋，四与九为期，五与十同宗。东方、南方生长之地，故其为少阳，八为少阴。西方、北方成熟之方，故九为老阳，六为老阴。①

其中"一与六共宗，二与七同道，三与八为朋，四与九为期，五与十同宗"一句，又见于扬雄《太玄图》，文字大同小异，但论述的图式有差异，难以辨别孰先孰后，当皆是两汉之际的产物。此处《易纬·河图数》所说的图式，正是《管子·幼官图》的图式，也即是河图的图式。此外，《易纬·河图数》：

龟取生数，一三五七九。筮取成数，二四六八十。②

说的仍是"河图"之数。推原汉代假托"河图""洛书"之名进行符命的造作，则关于"河图""洛书"之数，必当有人研究。但两汉时期的《纬书》在后来流传的过程中大都散佚了，否则关于"河图""洛书"之数的记载，应该能见到更多。

再说洛书。《易纬·乾凿度卷上》：

阳动而进，阴动而退，故阳以七，阴以八为象，易一阴一阳，合而为十五，之谓道。阳变七之九，阴变八之六，亦合于十五，则象变之数若之一也。五音六律七变，由此作焉。故大衍之数五十，所以成变化而行鬼神也。③

《易纬·乾凿度卷下》：

阳动而进，阴动而退，故阳以七，阴以八为象，易一阴一阳，合而为十五，之谓道。阳变七之九，阴变八之六，亦合于十五，则象变之数若一。（阳动而进，变七之九，象其气之息也。阴动而退，

---

① ［日］安居香山、中村璋八：《纬书集成》，河北人民出版社1994年版，第330页。
② 同上。
③ 同上书，第13—14页。

变八之六，象其气之消也。①）故太一取其数，以行九宫，四正四维，皆合于十五。五音六律七宿，由此作焉。……大衍之数必五十，以成变化而行鬼神也。②

这两处文字，所讲的内容是一件事，就是太一行九宫图，是五音六律七宿③——大衍之数的根源，其论证方式正是四正四维三个数之和都是十五，与四象之数之变相合，与大衍之数五十相谐。就汉代接受"河图""洛书"为易卦之源的思想来看，能够作为大衍之数之源的，当然只有洛书了。此外还有《春秋·考异邮》：

阳立于五，极于九，五九四十五日，且变以阴合阳。故八卦主八风，距同各四十五日。艮为条风，震为明庶风，巽为清明风，离为景风，坤为凉风，兑为阊阖风，乾为不周风，坎为广莫风。④

其构建的九宫八风八卦的图式，即是《灵枢经·九宫八风》中的图式在汉代的流传，也是本源于洛书。

可见，尽管两汉时期"河图""洛书"说主要为造作符命、改朝换代服务，但已经有以五十五数为河图、以四十五数为洛书的说法；就易学本身来看，学者仍执着于"河图""洛书"之数对大衍之数的证明。乃至扬雄在模拟《周易》作《太玄》时，从弥合"河图""洛书"之数的角度，提出了数字为五十的宇宙新图式，以之与《易经》大衍之数相统一，并作为《太玄》产生的根源。《太玄数》：

三八为木，为东方，为春……四九为金，为西方，为秋……二七为火，为南方，为夏……一六为水，为北方，为冬……五五为土，为中央，为四维。⑤

---

① 按，此处当为郑玄注误入正文。
② [日]安居香山、中村璋八：《纬书集成》，河北人民出版社1994年版，第31—34页。
③ 《易纬·乾凿度卷下》："十日者，五音也；辰十二者，六律也；星二十八者，七宿也，凡五十，所以大阂物而出之者。"
④ [日]安居香山、中村璋八：《纬书集成》，河北人民出版社1994年版，第786页。
⑤ 郑万耕：《太玄校释》，中华书局2014年版，第287—289页。

对于中央土行之数，从《管子·幼官图》以来一直以"五""十"与之相配，扬雄却以"五""五"之数配之，这或与其以一至九构建《太玄》八十一首的体系有关，但其根本的目的，则是为了解决西汉易学一直未论证完美的大衍之数五十的问题。

四 "河图""洛书"的学术史意义

总之，"河图"作为商周之际出现的一种祥瑞说，其本质就是一种"君权神授"的天命思想。当春秋战国之际，面对礼崩乐坏、天下无道的社会局面，孔子对河不出图的哀叹、墨子对河图的期盼，无不蕴含着他们对再造王道政治的期盼；战国中后期，面对着天下逐渐由分而合的大势，稷下道家中的管子学派在撰集管仲治国理政学说的过程中，吸收了当时天文历法、四时五行学说的成果，构建了全新的宇宙图式，以一至十为内容的数字图式，是其重要内容之一。就《管子》中对河图、洛书的记述来看，或即以之为河图。洛书图式的构建，就《大戴礼记·明堂》《灵枢经·九宫八风》篇的记载来看，也当在战国中晚期，而洛书中一至九个数为内容的数字图式的天道意义，与河图完全不同。战国时期构建的两种数字化的宇宙图式，《系辞》作者出于论证大衍之数和筮法神圣性的目的，将其视为"河图""洛书"并引入了易学的体系，这由《系辞》中两次对大衍筮法的说明可以证明。关于汉代学者"河图""洛书"的认识，就《纬书》记载的情况来看，主要利用"河图""洛书"的帝王受命说，为两汉之际改朝换代的政治服务；但《纬书》中仍保留了五十五数为河图之说以及四十五数为洛书之说，并继续以之论证大衍之数为五十。直到扬雄模拟《周易》创作《太玄》，以直接改易中央土行之数的方式构建了五十之数的宇宙图式，才实现了与大衍之数五十的完全相合。

"河图""洛书"，虽不是易卦之源，但其对于《易经》之数的构建，乃至宋代出现的易学图书学派，无疑都具有积极的意义。

第三章

西汉易学研究(上)

第一节　论战国秦汉间易学思想的演进

一　作为融筮法和思想于一体的《易经》

研究易学首先面临一个对《易经》性质的认识问题。通过对《周易》史前学和《易经》成书过程分析，可以看出《易经》的形成，一方面是筮法进一步发展的要求，是周人神道设教的产物；另一方面也是周人有意识地总结其人生智慧与历史经验的结晶。就筮法的因素看，《易经》的价值在于一套卦爻符号体系以及由此产生的"象"与"数"的观念，在《易经》形成之后三千年的历史长河中，人们孜孜不倦于易学象数的探讨、诠释与重新构建，从而形成了一部内容丰富的易象数学史。就思想的角度看，《易经》是在商周政权交替与天命思想转变这一背景下出现的，《易经》本身记录着周人对诸多历史事件的评价与认识，记录着周人判断事情吉凶的方式方法，反映了周人对自然、社会、人生的种种认识。所以，对于《易经》思想的认识，一方面要放到商周之际的特定的政治、思想的背景中去，通过与《尚书》《诗经》等同时代文献的比较考察来获得；另一方面又要立足于《易经》本身，即通过对卦爻辞的思想分析来获得。成书于战国时期的《易传》、西汉末期出现的《易纬》，无不是沿着这个思路来分析的。如《系辞》首先肯定了文王与《易》的关系，认为《易经》的出现，是文王处在忧患意识下的产物，并指出文王之德，着重体现在九个卦中。《易纬·乾凿度》则说："垂皇策者牺，卦道演德者文，成命者孔。"[1] 着重指出了文王演《易》的贡献，乃是从修德的角

---

[1] （唐）孔颖达：《周易正义·卷首》，北京大学出版社1999年标点本，第9页。

度来推阐《易》道。对于《易经》作筮法与思想两方面的分析，有助于我们对《易经》的本质作出辩证的认识与判断。出于周人神道设教的需要，《易经》在形式上无疑披着一件迷信与巫术的外衣，但是，《易经》卦爻辞中所跃动的德性意识，又在很大程度上闪耀着周人理性与人文主义的光芒。

二　孔子儒学的礼乐文化背景

从《左传》《国语》记载的有关《周易》的材料来看，春秋时期，人们有着两种截然不同的使用倾向：在巫祝史官的手中，《易经》是卜筮之书，人们通过算卦来预测事件的成败与人生的命运；在贵族政治家的眼中，《易经》是一部经验与哲理的典籍，人们通过诠释《易经》卦爻辞所蕴涵的义理来评价政治、军事与人生活动。春秋末期的孔子，其对《易经》的认识，可能也经历了一个由不重视到重视的过程。孔子的时代，《易经》的流传已经很广，作为一个西周文化的热爱者与整理者，孔子早年不可能不知道《易》，但孔子曰："加我数年，五十以学《易》，可以无大过矣。"（《论语·述而》）分明表现了他老年对《易经》认识太晚的遗憾心情，而孔子认为《易》的作用就是教导人们行为没有大的过失，这是从义理的角度来认识、看待《易经》一书的性质的。从孔子老年才认识到《易经》义理的一面来看，可见其早年是把《易》当作了卜筮之书而不予过多注意的。子曰："南人有言曰：'人而无恒，不可以作巫医。'善夫！""不恒其德，或承之羞。"子曰："不占而已矣。"（《论语·子路》）这也是反映了孔子不是从卜筮的角度看《易经》，而是注重《易经》卦爻辞所蕴含的道德意义。

孔子与《易》的关系到底有多深，一个焦点问题就是《易传》是否出自孔子之手。这个问题，经宋欧阳修、叶适、清崔述的质疑以及古史辨派顾颉刚、李镜池和高亨、朱伯崑的考证，基本上否定了汉人"孔子作《十翼》"的说法。笔者认为，《易传》中标明"子曰"的话，可能与孔子有一定的关系，但这在《易传》的思想中并不占有主体的地位，《易传》的思想体系，是孔子儒学的一次大发展。孔子儒学的产生有一个坚实基础或者说是背景，就是西周以来所构建的礼乐文化。虽然我们说春秋时期是一个"礼坏乐崩""天下无道"的时代，但这是一个缓慢发生的过程，这一点，正如崔大华所说：

这个时代最显著的社会特征，是政治统治权力从周王室向诸侯公室再向家大夫的下移过程。但是，这种政治权力的转移，与夏商、殷周之际的"汤武革命"那种急剧的暴力形式不同，它是通过较缓慢的、和平的对原来权力界定及其它行为规范——"礼"的"僭越"来实现的。①

至少在孔子的时代，这种礼乐文化的土壤还是存在的。孔子儒学是一个"礼"（秩序）与"仁"（道德）二元统一的思想体系，在孔子的思想中，"礼"既是有"道"政治的象征，所谓"天下有道，则礼乐征伐自天子出；天下无道，则礼乐征伐自诸侯出"；又是做人的基础，所谓"不知礼，无以立也"（《论语·季氏》）。对于后者，在更深的一层意义上，礼是人们成就"仁"的一种当然的根源与力量。子曰："克己复礼为仁。一日克己复礼，天下归仁焉。为仁由己，而由人乎哉？"（《论语·颜渊》）只要遵循了"礼"，"仁"自然就达到了。在孔子的思想中，作为有着深沉历史积淀的"礼"代表的是一种天道人伦应当的秩序，是不需要再加以论证的。而"礼"和"仁"两个范畴有着共同的精神，则体现了传统与现实、存在与理性的统一，诚如成中英所说：

孔子学说的方法论既没有柏拉图的辩证，也没有康德的先验推演，更不同于西方哲学传统中任何一种本体论的、本体—神学的、现象学的或逻辑—数学的方法。但是在孔子关于理性和存在的开放系统中，我们能看到所有这些方法的要素，究其原因，正是因为理性与存在不论在形式上还是在内容上都从一开始就没有被分开。②

这"没有被分开"的一点，表现在孔子对礼乐文化制度的毫不质疑的接受与肯定上。"礼"和"仁"在孔子儒学中表现为一种实践的理性，二者都落实于孔子对作为理想人格的象征——"君子"的培养上，也必须依赖于"君子"才能表现出"礼"和"仁"的深沉内涵与精神。

---

① 崔大华：《儒学引论》，人民出版社2001年版，第17—18页。
② 成中英：《合内外之道——儒家哲学论》，中国社会科学出版社2001年版，第32页。

三 《易传》《中庸》对天人关系论的构建

降至战国，当礼乐文化的土壤和氛围随着新旧贵族集团更替的完成和急剧的社会变革而荡然无存，原来以西周礼乐文化为统一的局面被诸子百家学说争鸣的局面所代替，儒家的学说面临着严重的质疑与挑战。儒家讲仁义礼智，老子则曰："夫礼者，忠信之薄，而乱之首。"（《老子·三十八章》）"绝仁去义，民复孝慈。"（《老子·十九章》）儒家教育人要多识前言往行，而老子曰："前识者，道之华而愚之始。"（《老子·三十八章》）儒家讲"君君、臣臣、父父、子子"，（《论语·颜渊》）"尊尊、亲亲"，认为人有等差的社会是合理的；《墨子》则大谈"兼爱"，认为消灭血缘与等级差别才是实现全人类幸福的必由之路……为了解答当时对儒家学说的种种质疑，为了抗击各种针对儒家思想的批判，儒学就必须为其以强调人伦道德、等级秩序为核心的学说给予理论的依据。儒学理论的新构建，就战国中期的思想史来看，是沿着两条理路进行的，一条是孟子的"由心到性"内向性论证方式，从而构建了儒家的性善论；一条是《中庸》《易传》的"由天到性"的外向性论证方式，通过对"天""地"德性的体察而找寻人性的依据。《中庸》曰：

> 天命之谓性，率性之谓道，修道之谓教。

将人性的来源，归之于儒家学说中最为坚实的一个宇宙本体——天。人之性就是天在生人的时候就将"命"给了人，所以人之性也就是天之性，从而开启了儒家对以天为本体的宇宙论的哲学思考与构建。《中庸》曰：

> 君子之道，造端乎夫妇，及其至也，察乎天地。
> 今夫天，斯昭昭之多，及其无穷也，日月星辰系焉，万物覆焉。今夫地，一撮土之多，及其广厚，载华岳而不重，振河海而不泄，万物载焉。

这是认为君子之道，当体察天地，并指出了"天覆""地载"的德性。君子之道德，就是应当与天地所昭显的品质相配：

> 故至诚无息。不息则久，久则征，征则悠远，悠远则博厚，博厚则高明。博厚，所以载物也；高明，所以覆物也；悠久，所以成物也。博厚配地，高明配天，悠久无疆。

儒家之诚朴雄伟的人格气度，由《中庸》之"知天""赞天""验天"而构建了起来：

> 唯天下至诚，为能尽其性；能尽其性，则能尽人之性；能尽人之性，则能尽物之性；能尽物之性，则可以赞天地之化育；可以赞天地之化育，则可以与天地参矣。

《中庸》由对天命、人性的阐释而构建了儒家新的天人学，其特色在于：由天命而至人性，由人之"诚"性而达天命，"天"的客观权威与"人"的主观努力实现了和谐的统一。

《易传》较《中庸》相比，其在为儒家人性论提供依据的时候，同样是人性、道德、秩序的依据归于天，但其淡化了儒家天"命"的一面，而更含有道家自然之天的意味。如《乾·彖传》曰：

> 大哉乾"元"，万物资始，乃统天。云行雨施，品物流形。大明终始，六位时成，时乘六龙以御天。乾道变化，各正性命。保合太和，乃"利贞"。首出庶物，万国咸宁。

再如《系辞》开篇即曰：

> 天尊地卑，乾坤定矣。卑高以陈，贵贱位矣。动静有常，刚柔断矣。方以类聚，物以群分，吉凶生矣。在天成象，在地成形，变化见矣。

《中庸》言"天命"，《系辞》易之以"乾元"；《中庸》体察到天覆地载之德性，而认为人性之"诚"当配天地；《易传》看到了天尊地卑、山高泽低，认为这是男尊女卑、君尊臣卑的原因所在，从而肯定了等级社会人有尊卑贵贱之分；《中庸》认为君子之道当"建诸天地而不悖"，《易传》则认为乾坤"易简"之德囊括所有天下之理。《中庸》着重从传统的天命观上汲取了营养，而《易传》则巧妙地融合了道家的智慧。二者在"由天到性"的外向性指路上是一致的。

总之，以《中庸》《易传》为代表的儒家思想，在为儒家人性论提供依据和构建儒学本体宇宙论的过程中，将人性与天地的意义有机地系统地结合了起来，实际上在孔子儒学之外开辟了一片新的天空，这就是天人关系学。天与人之间的奥妙联系、有机的自然观，遂在人们的头脑中得以形成，如《文言》曰：

> 同声相应，同气相求；水流湿，火就燥；云从龙，风从虎；圣人作而万物睹；本乎天者亲上，本乎地者亲下，则各从其类也。

《大象传》则是运用类比的方式将天地万物对人德行的意义的启示作了推导，如"天行健，君子以自强不息"，"地势坤，君子以厚德载物"。作者由天地自然的德性和万物的现象，推察人应该具备的德性、人应该处事的方式。成书于战国晚期的《说卦》，则试图在天、地、人一体思想的支配下，在易卦的体系内构建新的天道观。如《说卦》曰：

> 昔者圣人之作《易》也，将以顺性命之理。是以立天之道曰阴与阳，立地之道曰柔与刚，立人之道曰仁与义。兼三才而两之，故《易》六画而成卦。分阴分阳，迭用柔刚，故《易》六位而成章。

乃至在宇宙图式的构建上，《说卦》亦初现端倪：

> 帝出乎震，齐乎巽，相见乎离，致役乎坤，说言乎兑，战乎乾，劳乎坎，成言乎艮。万物出乎震，震，东方也。齐乎巽，巽，东南也；齐也者，言万物之絜齐也。离也者，明也，万物皆相见，南方之卦也，圣人南面而听天下，向明而治，盖取诸此也。坤也者，地也，万物皆致养焉，故曰：致役乎坤。兑，正秋也，万物之所说也，故曰：说言乎兑。战乎乾，乾，西北之卦也，言阴阳相薄也。坎者，水也，正北方之卦也，劳卦也，万物之所归也，故曰：劳乎坎。艮，

东北之卦也。万物之所成终而成始也，故曰：成言乎艮。

以八卦配八方，将天道运转的过程，表达为八卦轮转的过程，而又展现出与五行相结合的趋势。此外，由《说卦》中对于八卦卦义的总结、卦象的汇集，说明单纯的以卦爻辞和卦象解释《易经》的易学，已经走到了尽头，必须在天人关系学这一时代思潮的指引下，进一步融合阴阳、五行的思想，并吸收当时的天文、律历的最新成果，完成易学新天道和新占术的构建。

四　董仲舒对天人感应新天道的构建

如果将儒学的这种"由天到性"的思考方式发展到极致，从而认为天地的点滴变化都昭示着人事的意义，而人的德性与行事也影响着天地的运行，则必然导致天人感应的目的论的产生。董仲舒对西汉新儒学的构建，正是沿着《易传》《中庸》的思维模式向前发展的，其以阴阳五行为工具构建了天人感应的目的论。范文澜指出：

> 《易经》的阴阳学与战国以来盛行的阴阳五行学，融合成为董仲舒的春秋公羊学。[1]

我们看一下董仲舒思想中认为的人伦道德与王道政治的依据在哪里。《春秋繁露·观德》曰：

> 天地者，万物之本也，先祖之所出也。广大无极，其德昭明。历年众多，永久无疆。天出至明，众知类也，其伏无不炤也。地出至晦，星日为明不敢暗，君臣夫妇之道取之，此大礼之终也。[2]

《春秋繁露·基义》曰：

> 是故仁义制度之数，尽取之天。天为君而覆露之，地为臣而持

---

[1] 范文澜：《中国通史简编》修订本第二编，人民出版社1964年版，第113页。
[2] 苏舆：《春秋繁露义证》，中华书局1992年版，第269—270页。

载之；阳为夫而生之，阴为妇而助之；春为父而生之，夏为子而养之，秋为死而棺之，冬为痛而丧之。王道之三纲，可求于天。①

《中庸》讲人性本之于天命，以人性之诚配高明之天、博厚之地；《系辞》继之以"一阴一阳之谓道，继之者善也，成之者性也"，将天离析为"阴阳"，从而赋予了人性更加生动的意义，并以"阳为君""阴为民"，以天为君道、地为臣道。我们略作比较即可看出，董仲舒对人伦制度依据的论证方式，与《中庸》《系辞》如出一辙。

董仲舒的宇宙观，是以"天元"为本原的宇宙论。董氏曰：

> 臣谨案《春秋》谓一元之意，一者万物之所从始也，元者辞之所谓大也。谓一为元者，视大始而欲正本也。②（《汉书·董仲舒传》）
>
> 是以《春秋》变一谓之元，元犹原也，其义以随天地之终始也。……故元者为万物之本，而人之元在焉。③（《春秋繁露·重政》）

对于董仲舒所谓的"元"，冯友兰一方面根据何休的注，认为"元"就是"气"；另一方面认为"元"可能是"天"。④ 王永祥认为："'元'首先是'始'或'大始'意；其次，作为'始'，它又具有'原'、'本'意。……董著中之'元'，即是从非哲学本体论意义上的本原义。……但他本身并不具有实体性。"⑤ 上述两种说法，从不同的角度辨析了董仲舒思想中"元"的概念，接近董氏思想的实际。可以说，董氏思想中的"元"即"天元"，也即是宇宙最初之"元气"，其立论实乃受了《易传》思想的影响。《乾·彖》：

> 大哉乾"元"，万物资始，乃统天。云行雨施，品物流形。大明终始，六位时成，时乘六龙以御天。乾道变化，各正性命。保合太

---

① 苏舆：《春秋繁露义证》，中华书局1992年版，第351页。
② （汉）班固：《汉书》卷56，中华书局1962年点校本，第2502页。
③ 苏舆：《春秋繁露义证》，中华书局1992年版，第147页。
④ 冯友兰：《中国哲学史新编》（中卷），人民出版社1998年版，第74页。
⑤ 王永祥：《董仲舒评传》，南京大学出版社1995年版，第93页。

和,乃"利贞"。首出庶物,万国咸宁。

《坤·彖》:

> 至哉坤"元",万物资生,乃顺承天。坤厚载物,德合无疆。含弘光大,品物咸亨。

《乾·彖》以乾"元"为万物之本,以元来统天,以天来正人性命,以安万国。董氏之说,仅仅是将"乾元"置换为"天元"而已。董氏认为"天元"就是宇宙的本原,也是人性的来源、社会等级制度的依据。在这个基础上,董氏一方面进行了细致的天人关系学的构建;另一方面进行了机械的天人政治学的比附。

对于天人关系学的构建,在此还要赘述一下《中庸》和《系辞》。《中庸》首倡"天命之谓性","天"是未分的,故性也是未分的,但《中庸》中以"诚"说性,认为"唯天下至诚,为能尽其性;能尽其性,则能尽人之性",又说"性之德也,合外内之道也",实是倾向于性善论。《系辞》的贡献,在于提出了"阴阳为道、继善成性"之说,以"阴""阳"二端代"天",阴阳之道,承之则善,成之则性。按:如果《系辞》再进一步区分阴阳之质性的话,可以直指人性"善恶并"的观点,但《系辞》作者于此戛然而止,从而思辨地完成了人性的来源和本质问题。董仲舒则循着《中庸》《系辞》的思想进一步推究,并在一定程度上流入庸俗化的领域。董仲舒认为,人有性与情两端,情虽然也可以归为性,但如果要分析人性的话,还是应该将性与情分开说,性善而情恶,而这一依据恰恰在于由一阴一阳所构成的天道。董氏说:

> 身之名,取诸天。天两有阴阳之施,身亦两有贪仁之性。天有阴禁,身有情欲栣,与天道一也。是以阴之行不得干春夏,而月之魄常厌于日光,乍全乍伤。天之禁阴如此,安得不损其欲而辍其情以应天?[1](《春秋繁露·深察名号》)

---

[1] 苏舆:《春秋繁露义证》,中华书局1992年版,第296页。

> 天地之所生，谓之性情。性情相与为一瞑，情亦性也。谓性已善，奈其情何？故圣人莫谓性善，累其名也。身之有性情也，若天之有阴阳也。言人之质而无其情，犹言天之阳而无其阴也。①（《春秋繁露·深察名号》）

人体之构成与官能，遂由天而可得完美之解释；人生之行事，亦当谨慎循其天理，"天人相副"的观念由之而生。董氏说：

> 人有三百六十节，偶天之数也。形体骨肉，偶地之厚也。上有耳目聪明，日月之象也。体有空窍理脉，川谷之象也。心有哀乐喜怒，神气之类也。……天地之符，阴阳之副，常设于身，身犹天也，数与之相参，故命与之相连也。②（《春秋繁露·人副天数》）

> 天有阴阳，人亦有阴阳。天地之阴气起，而人之阴气应之而起，人之阴气起，而天地之阴气亦宜应之而起，其道一也。③（《春秋繁露·同类相动》）

由之推演国家政治，亦当以人法天，谨循天道而行，《春秋繁露·四时之副》：

> 天之道，春暖以生，夏暑以养，秋清以杀，冬寒以藏。暖暑清寒，异气而同功，皆天之所以成岁也。圣人副天之所行以为政，故以庆副暖而当春，以赏副暑而当夏，以罚副清而当秋，以刑副寒而当冬。庆赏罚刑，异事而同功，皆王者之所以成德也。④

"天之任阳不任阴"（《春秋繁露义证·天道无二》）⑤，故人君当任德不任刑。如果人君能施王道、行德政，则祥瑞出、符命现；反之，如果人君行暴政、残百姓，则怪孽出、灾异生。董氏说：

---

① 苏舆：《春秋繁露义证》，中华书局1992年版，第298—299页。
② 同上书，第354—356页。
③ 同上书，第360页。
④ 同上书，第353页。
⑤ 同上书，第345页。

> 凡灾异之本，尽生于国家之失。国家之失乃始萌芽，而天出灾害以谴告之，谴告之而不知变，乃见怪异以惊骇之，惊骇之尚不知畏恐，其殃咎乃至。以此见天意之仁而不欲陷人也。①（《春秋繁露·必仁且智》）

董仲舒的天人政治学，既为"皇权天授"的专制制度提供了天道上的依据，又在客观上起到了抑制皇权过分膨胀的作用，确实产生了"屈民以申君""屈君以申天"的效果。可以说，先秦儒学发展到董仲舒的阶段，发生了很大的变异，一个重要的表现就是由《中庸》《系辞》所建立起来的朴素的天人关系论发展到附会而僵化的天人感应的目的论。贺海鹏先生指出：

> 董仲舒的思想学说以《春秋》"公羊学"为骨干，广泛汲取了《周易》及《易传》的天人合一、天地人为一体思想和推天道以明人事的整体思维方式，将《周易》的阴阳观念以及先秦阴阳家的"阴阳五行"学说结合起来，并利用当时天文、历数、物候等自然科学的新成果，构造出了一套以"天人感应"为核心的神学目的论体系，他的思想又深刻地影响了后世"易学"。②

董氏虽然构建起了天人感应的神学目的论的框架，并尝试提出一些占验天道之法，但囿于"春秋学"的理论体系，尚不足以建立起与新天道相对应的、系统而完备的新占术，所以在这方面董氏的影响并不大。《春秋繁露·五行变救》：

> 五行变至，当救之以德，施之天下，则咎除。不救以德，不出三年，天当雨石。……火有变，冬温夏寒。此王者不明，善者不赏，恶者不绌，不肖在位，贤者伏匿，则寒暑失序，而民疾疫。救之者，

---

① 苏舆：《春秋繁露义证》，中华书局1992年版，第259页。
② 贺海鹏：《试析西汉易学的政治化特征》，《殷都学刊》2005年第2期。

举贤良，赏有功，封有德。①

可见董氏在天人感应的"道"与"术"的构建上，还是侧重于宏观理论的层面。既然天与人是可以相互感应、感知的，人应当效法天道，遵循天的意志；那么，当天道出现了问题，人的意志和活动同样能影响到天，从而使天道回归到人所希望的状态中去。对于后者，董氏也尝试提出一些以人感天之法，《春秋繁露·止雨》：

> 二十一年八月甲申，朔。丙午，江都相仲舒告内史中尉：阴雨太久，恐伤五谷，趣止雨。止雨之礼，废阴起阳。书十七县，八十离乡，及都官吏千石以下，夫妇在官者，咸遣妇归。女子不得至市，市无诣井，盖之，勿令泄。鼓用牲于社。祝之曰："雨以太多，五谷不和，敬进肥牲，以请社灵，社灵幸为止雨，除民所苦，无使阴灭阳。阴灭阳，不顺于天。天意常在于利民，愿止雨。敢告。"鼓用牲于社，皆壹以辛亥之日，书到即起，县社令长，若丞尉官长，各城邑社啬夫，里吏正里人皆出，至于社下，铺而罢，三日而止。未至三日，天晴亦止。

可见董氏的天人感应之法，无非是阴阳以类相感。此外董氏的求雨之法、救日食之法等，亦呈现出简单的、机械的阴阳相感的思维特征，且如止雨之法一样，有着浓重的巫术、迷信的色彩。这也说明，仅仅在"春秋学"的范围内，无法构建起与西汉大一统的天道观、政治观相匹配的占验体系。但他所构建的"天人感应"的目的论，却深刻影响了西汉《周易》经学的走向。

五 西汉易学对"天人感应"新占术的构建

比较一下"五经"内容的侧重及其在西汉的发展状况，就会发现，这一使命非易学不能完成。《春秋》公羊学至董仲舒达到顶峰，而后没有什么发展；就《尚书》学来看，夏侯胜师从夏侯始昌学习《尚书》及《洪范五行传》，说灾异，又拜蕳卿为师，后为《尚书》学博士，但就其

---

① 苏舆：《春秋繁露义证》，中华书局1992年版，第385页。

所进谏言来看，不过是本之《洪范传》"皇之不极，厥罚常阴，时则下人有伐上者"①之语；《诗经》发展到纬书阶段才有"四始""五际"之说；礼学方面，汉儒所努力的是恢复古代明堂的制度。易学最初就是推演天道、预测吉凶的方术，有着一套比较成熟的象数手段；自战国以来，又在阴阳变易思想指导下建立起完备的义理体系。这使易学较其他四门经学更容易吸收新思想、建立新体系。并且，就历史来看，秦始皇焚书坑儒，却不禁卜筮之书，无疑为民间易学朝着数术化的方向发展留下了一定的空间。

西汉易学的发展，可以说自始至终贯穿着对数术之学的吸收与改造的活动。尽管西汉中前期的易学著述现存的很少，我们仍可以通过《汉书》的记载看出易学逐步走向数术化的端倪。较孟喜稍早的汉宣帝重臣魏相，《汉书·魏相传》记载他"数表采《易阴阳》及《明堂》、《月令》奏之"②，构建了一个以八卦配四时、五方（五行）的模式。魏相袭用《易阴阳》等民间易学数术的意义在于其传递出了一个信号，要在易学的领域内完成对天人感应之"术"的构建，实现易学占验天道、预测灾异的功能，就必须从民间易学及数术之学中汲取营养，这说明了易学与数术之学的融合已经成为当时的一种趋势。所以说，《易阴阳》之类的书籍在西汉中期勃然出现并流行，不是一件偶然的事情。易学大家孟喜，亦是得益于《易家候阴阳灾变书》等数术易学，从而奠定了西汉卦气易学的基石。

孟喜之后，《汉书·儒林传》中记载焦延寿"尝从孟喜问《易》"③。关于焦延寿的易学特色，《汉书·京房传》提及其易学"以候司先知奸邪，盗贼不得发。……其说长于灾变，分六十四卦，更直日用事，以风雨寒温为候，各有占验"④。可见焦延寿易学继承了孟喜易学所构建的占验体系，并付诸社会政治的实践之中。焦延寿之后，京房继续沿着官方易学对民间易术的吸纳、改造、整合的发展轨迹，把人们对自然变化的知识以及汉代的政治秩序，纳入易学的研究之中，并由之创立了卦序八

---

① （汉）班固：《汉书》卷75，中华书局1962年点校本，第3155页。
② 同上书，第3139页。
③ （汉）班固：《汉书》卷88，中华书局1962年点校本，第3601页。
④ 同上书，第3160页。

宫说、卦爻纳干支说、卦爻五行说以及卦气说等，从而形成了天、地、人、鬼相统一的象数系统。其目的是使易学成为占验天道的真正工具，为建立清明的政治秩序发挥指导作用，从而最终构建起自孔子以来历代儒家学者理想中的圣王政治。京氏的努力，完成了董仲舒没有构建完毕的"天人感应"体系的另一面——天人感应目的论下的占验体系，在易卦的体系内实现了新天道与新占术的完美统一。虽然京房以身殉道，但以京氏易学为代表的天人感应的占验体系自此成为汉人推演天道的最高权威，从来没有被两汉人怀疑过，这也深刻地影响了此后的经学史发展，奠定了《易》为"五经"之首的经学发展格局。

第二节　论贾谊易学

贾谊是西汉前期重要的思想家、政论家，也是一位博通古今的儒学大师。他所倡导的仁以爱民、礼以尊君、法以专制的政治思想，对于中国古代"大一统"政治体制的构建，发挥了积极的作用，产生了深远的影响。从贾谊的学术思想来看，其虽不以易学为中心，却对易学有着一定的造诣。《史记·日者列传》记载："宋忠为中大夫，贾谊为博士，同日俱出洗沐，相从论议，诵《易》先王圣人之道术，究遍人情，相视而叹。贾谊曰：'吾闻古之圣人，不居朝廷，必在卜医之中。今吾已见三公九卿朝士大夫，皆可知矣。试之卜数以观采。'"[1] 可见贾谊对于《周易》，实有着浓厚的兴趣。徐复观指出："《新书》中引用《诗》与《易》，皆妥帖而不泛。《礼篇》释《诗》的《驺虞》，释《易》之'亢龙''潜龙'，皆可存古义。"[2] 关于贾谊易学的研究，张涛先生有首倡之功，其在《秦汉易学思想研究》一书中专门就贾谊的易学思想与成就进行了分析和总结，着重阐释了《周易》的变易思想、忧患意识、中正太和的观念和重德精神对于贾谊思想与政治实践的影响，并从易学思想史的角度指出了贾谊易学在汉代正统官方易学构建进程中的意义。[3] 此外，

---

[1] （汉）司马迁：《史记》卷127，中华书局1982年点校本，第3215—3216页。
[2] 徐复观：《两汉思想史》第2卷，华东师范大学出版社2001年版，第76页。
[3] 张涛：《秦汉易学思想研究》，中华书局2005年版，第52—58页。

于梁在其硕士学位论文《汉初易学初探》中，亦曾论及贾谊易学。① 笔者不揣浅陋，兹在各位前贤研究的基础上，就贾谊易学作一初步的探讨，以充实汉初易学研究的内容。不妥之处，敬请方家教正。

一 贾谊易学的渊源分析

贾谊虽是一位儒学大师，却兼综诸子百家之学，道家、法家、纵横家和杂家等思想，在贾谊奏疏或论著中都有着一定的体现。从贾谊《新书》中主要反映其哲学思想的《道术》《六术》《道德说》等篇来看，其以道家本源论、本体论为依据，构建了以"道、德、性、神、明、命"为内容的"六理"说，并以之统贯"六法""六行""六艺""六律""六亲""六美"等，从而搭建起了贾谊儒道相融的哲学思想的框架。② 而关于贾谊构建"六理"说的资源借鉴，庞朴、李学勤等学者指出，贾谊当参考了马王堆帛书《五行》篇、郭店竹简《五行》《六德》等篇。③ 如此看来，贾谊的学术思想，当有着浓厚的楚地儒学的渊源。按照《汉书·贾谊传》的记载，贾谊于汉文帝四年—七年（前176—前173年）被外放为长沙王太傅，在长沙待了三年之久。大概正是在这段时间里，贾谊系统接受了楚地学术的熏陶，并初步形成了他的哲学思想。

就贾谊易学的渊源来看，其与楚地易学也是有着较深的关系。《新书·容经》：

> 龙也者，人主之辟也。亢龙往而不返，故《易》曰"有悔"。悔者，凶也。潜龙入而不能出，故曰"勿用"。勿用者，不可也。龙之神也，其惟兹龙乎？能与细细，能与巨巨，能与高高，能与下下。吾故曰：龙变无常，能幽能章。故圣人者，在小不宝，在大不窕；狎而不能作，习而不能顺；姚不愲，卒不妄；饶裕不赢，迫不自丧；

---

① 于梁：《汉初易学初探》，硕士学位论文，曲阜师范大学，2012年，第32—37页。
② 潘铭基：《论贾谊"用六"思想之渊源——兼论〈六术〉〈道德说〉之成篇年代》，《诸子学刊》第14辑，第161—183页。
③ 庞朴：《帛书五行篇研究》，齐鲁书社1980年版，第13—14页；李学勤：《郭店楚简〈六德〉的文献学意义》，载武汉大学中国文化研究院编《郭店楚简国际学术研讨会论文集》，湖北人民出版社2000年版，第17—21页。

明是审非,察中居宜。此之谓有威仪。①

《容经》篇的这段易说,依次解释了《乾》卦"上九""初九"和"九五"的爻辞,与《彖》《象》《文言》对《乾》卦爻辞的解释有明显的不同。这段易说的一个突出的特点,就是强调龙为帝王之喻、变化之极、圣者之象、威仪之容,具有神秘无比的神性。这种关于"龙"的描述,不见于通行本《易传》,在马王堆帛书《易传》中却能找到相近之处。帛书《二三子问》:

> 二三子问曰:易屡称于龙,龙之德何如?孔子曰:龙大矣。龙形迁,假宾于帝,见神圣之德也。高尚行乎星辰日月而不眺,能阳也。下纶穷深渊之渊而不沬,能阴也。上则风雨奉之,下纶则有天下之□,□乎深渊,则鱼蛟先后之,水流之物莫不随从。陵处,则雷神养之,风雨避向,鸟守弗干。曰:龙大矣。龙既能云变,有能蛇变,有能鱼变,飞鸟正虫,唯所欲化,而不失本形,神能之至也。□□□□□□□□□□焉有弗能察也。知者不能察其变,辩者不能察其美,至巧不能象其文。明目弗能察视也,□□焉,化巨虫,神贵之容也,天下之贵物也。曰:龙大矣。龙之驯德也,曰称□□□其易□□□□,爵之曰君子。戒事敬命,精白柔和,而不讳贤,爵之曰夫子。或大或小,其方一也。至周□也,而名之曰君子,兼黄常近之矣,尊威精白坚强,行之不可挠也,不习近之矣。②

《二三子问》中的这段易说,也是依次描述了"龙"为天子之喻、神圣之德、变化之极、神能之至、尊威之仪,在阐述思路和用词上与《容经》的易说有着很强的一致性。由之,我们可以推断贾谊的易学渊源,当与马王堆帛书易学派有着紧密的关系。

贾谊易学深受楚地易学的影响,从贾谊的人生经历来看,也是合情合理的。前面已述,贾谊为博士时就对易学占卜有兴趣,并曾为此拜访专门以卜筮为业的黄老学者司马季主,与他进行过学术讨论,并完全折

---

① 阎振益、钟夏:《新书校注》,中华书局2000年版,第230页。
② 连劭名:《帛书周易疏证》,中华书局2012年版,第203—207页。

服于对方。按《史记·日者列传》对司马季主的记载："夫司马季主者，楚贤大夫，游学长安，通《易经》，术黄帝、老子，博闻远见。"① 可知司马季主是楚地人，他的易学自然是楚地易学。贾谊是否跟司马季主学习过易学，或未可知，但贾谊由之对楚地易学产生兴趣却是很自然的，而贬谪长沙期间，正好为他学习楚地易学创造了条件。

二 贾谊《新书》引《易》分析

（一）《易》之书：德与占的统一

贾谊对《书》《诗》《易》《春秋》《礼》《乐》六部经典分别下过定义，于此我们可以看出贾谊对《周易》一书性质的理解。《新书·道德说》：

> 《书》者，著德之理于竹帛而陈之令人观焉，以著所从事，故曰"《书》者，此之著者也"。《诗》者，志德之理而明其指，令人缘之以自成也，故曰"《诗》者，此之志者也"。《易》者，察人之循德之理与弗循而占其吉凶，故曰"《易》者，此之占者也"。《春秋》者，守往事之合德之理与不合而纪其成败，以为来事师法，故曰"《春秋》者，此之纪者也"。《礼》者，体德理而为之节文，成人事，故曰"《礼》者，此之体者也"。《乐》者，《书》《诗》《易》《春秋》《礼》五者之道备，则合于德矣。合则欢然大乐矣，故曰"《乐》者，此之乐者也"。②

贾谊说"《易》者，察人之循德之理与弗循而占其吉凶"之语，就是认为《易》是"德"与"占"相统一之书。按照一般的理解，《论语·子路》中记载孔子对《周易》恒卦九三爻辞"不恒其德，或承之羞"的评论是"不占而已"，说明孔子并不认同《周易》占筮的功能。马王堆帛书《易传》的出土，使我们更加全面地看到了孔子易学的面貌。帛书《要》：

---

① （汉）司马迁：《史记》卷127，中华书局1982年点校本，第3221页。
② 阎振益、钟夏：《新书校注》，中华书局2000年版，第327—328页。

> 子赣曰：夫子亦信其筮乎？子曰：吾百占而七十当，唯周梁山之占也，亦必从其多者而已矣。子曰：《易》，我后其祝卜矣，我观其德义耳也。幽赞而达乎数，明数而达乎德，有仁［守］者而义行之耳。赞而不达于数，则其为之巫。数而不达于德，则其为之史。史巫之筮，向之而未也，始之而非也。后世之士疑丘者，或以易乎？吾求其德而已。吾与史筮同涂而殊归者也。君子德行焉求福，故祭祀而寡也。仁义焉求吉，故卜筮而希也。祝巫卜筮其后乎？①

可见，孔子对于《周易》，首要之义是"观其德义"，孔子也并不排斥占卜，他自谓"百占而七十当"；但孔子说得很清楚，他是通过"占"而达乎"数"，通过明"数"而达乎"德"，占是为了验德、求德，以此指导人生更好的实践与生活。林忠军先生指出："为改变《周易》文本性质，孔子确立见仁见知的解释学原则，提出了'后亓卜筮、观亓德义'易学解释方法，以此出发，由对于卜筮的解释转向德性的解释，最终实现了以德行求福和以仁义求吉的易学解释目标。"② 从帛书《要》篇孔子的这段易说来看，贾谊对《周易》性质"察人之循德之理与弗循而占其吉凶"的理解，正是秉承了帛书易学派的易学观点。

（二）《易》之理：天与人的统一

前面已述，贾谊认为《周易》一书，是用以考察人对于"德之理"是否遵循并由之得到吉凶祸福的结果。"德"是什么？按照贾谊的理解，"德"相当于《老子》中的"有"。《新书·道德说》曰："诸生者，皆生于德之所生"，又曰："六理、六美，德之所以生阴阳、天地、人与万物也。"③ 阴阳、天地、人与万物，皆在德之中，而贾谊所谓的六理"道、德、性、神、明、命"是其共同的尺度。正是从这种思想出发，贾谊认为，《易》之理，体现了天与人的统一，人当法天而行。《新书·容经》：

> 古之为路舆也，盖圆以象天，二十八橑以象列宿，轸方以象地，

---

① 连劭名：《帛书周易疏证》，中华书局2012年版，第409页。
② 林忠军：《从帛书〈易传〉看孔子易学解释及其转向》，《北京大学学报》（哲学社会科学版）2007年第3期。
③ 阎振益、钟夏：《新书校注》，中华书局2000年版，第324—325页。

三十辐以象月。故仰则观天文，俯则察地理，前视则睹鸾和之声，侧视则听四时之运。此舆教之道也。①

贾谊的这段话，当受到《系辞》的影响：

> 古者包牺氏之王天下也，仰则观象于天，俯则观法于地，观鸟兽之文，与地之宜，近取诸身，远取诸物，于是始作八卦，以通神明之德，以类万物之情。②

《系辞》作者认为易卦的创制，是观察、取法天地之象、万物之情的结果。贾谊承着《系辞》的思路，认为路舆的创制，也是取法天地之象的结果，并由之形成了"舆教之道"。《新书·胎教》：

> 《易》曰："正其本而万物理，失之毫厘，差以千里。"故君子慎始。《春秋》之元，《诗》之《关雎》，《礼》之《冠》《婚》，《易》之《乾》《坤》，皆慎始敬终云尔。③

《胎教》篇所引用的易说，也见于《礼记·经解》："《易》曰：'君子慎始。差若毫厘，缪以千里。'"④ 当是战国秦汉间出现的易说。这里，贾谊引用当时流行的《易说》，并以《周易》六十四卦以乾坤两卦为首说明君子慎始之理。最能体现贾谊天人合一的易学思想的，当属其对于"悬弧"之礼的解说，《新书·胎教》：

> 为王太子悬弧之礼义。东方之弧以梧，梧者，东方之草，春木也；其牲以鸡，鸡者，东方之牲也。南方之弧以柳，柳者，南方之草，夏木也；其牲以狗，狗者，南方之牲也。中央之弧以桑，桑者，中央之木也；其牲以牛，牛者，中央之牲也。西方之弧以棘，棘者，

---

① 阎振益、钟夏：《新书校注》，中华书局2000年版，第230页。
② 黄寿祺、张善文：《周易译注》，上海古籍出版社1989年版，第572页。
③ 阎振益、钟夏：《新书校注》，中华书局2000年版，第390页。
④ 杨天宇：《礼记译注》，上海古籍出版社1997年版，第853页。

西方之草也，秋木也；其牲以羊，羊者，西方之牲也。北方之弧以枣，枣者，北方之草，冬木也；其牲以彘，彘者，北方之牲也。五弧五分矢，东方射东方，南方射南方，中央高射，西方射西方，北方射北方，皆三射。其四弧具，其余各二分矢，悬诸国四通门之左；中央之弧亦具，余二分矢，悬诸社稷门之左。①

"悬弧"是先秦两汉的一种风俗，家中生男，则于门左挂弓一张，后因此称生男为悬弧。《胎教》篇所述的是王太子的悬弧之礼，于东、南、中、西、北五方祭以五种不同的牲畜，以五种不同木质的弧各射三矢，每张弧配余下二矢悬诸四方城门和社稷门，以示王天下之意。王太子的悬弧之礼，不见于他书的记载，或是贾谊采撷数术之书撰写而成。其中值得注意的是贾谊以五行思想为基础构建的自然图式：

东：梧、鸡；南：柳、狗；中：桑、牛；西：棘、羊；北：枣、彘。

五牲与五方相配之说，不见于先秦其他文献，但在形成于战国中后期的《易传》中可以找到依据。按《说卦》"帝出乎震"章，东、南、西、北四方所配之卦分别是震、离、兑、坎四卦，《说卦》曰："坎为豕"，"兑为羊"，是北方、西方所配之畜，可以在《说卦》中找到直接的依据；中央在五行上配土，《说卦》曰"地也，万物皆致养焉，故曰致役乎坤"，又曰"坤为牛"，是中央所配之畜，也与《说卦》的八卦取象相合。唯以鸡配东方、狗配南方，与《说卦》八卦方位说不符，《说卦》曰"巽为鸡""艮为狗"，二者的方位分别是东南和东北。如何解释这种不符？笔者认为，这当是战国秦汉间易学与其他方术相融合的一种尝试。就"悬弧"之礼所用作牺牲的五种动物来说，皆属于古代六牲，《周礼·地官·牧人》："掌牧六牲，而阜蕃其物，以共祭祀之牲牷。"（郑玄注："六牲谓牛、马、羊、豕、犬、鸡。"）② 按《说卦》"乾为马""乾为天"，故在五方与六牲的搭配上，可以将马排除出来，那么问题就转化为

---

① 王洲明、徐超：《贾谊集校注》，人民文学出版社1996年版，第390—391页。
② （唐）贾公彦：《周礼注疏》，北京大学出版社1999年标点本，第321页。

五牲与五方如何相配，其中牛、羊、豕三牲在《说卦》中都有明确的方位归属，那么就只需考虑鸡犬与东、南方的匹配问题。按照古代"鸡司晨"的风俗，晨为白昼之起点，日出东方，这与"帝出乎震"的始点意义是相合的，故以鸡配东方。对于犬而言，它的功能之一是为人警戒、守卫，按《说卦》"离为目""为戈兵"，故离卦也有警戒、战斗之义，这大概是以犬配南方的原因所在。

总之，贾谊在撰述王太子的悬弧之礼时，很明显运用了易学的象数学说，其目的是为了说明，对于王太子的抚养、教育，当与天地之道完全一致。这从一个侧面说明：自从《说卦》构建起八卦时位说的宇宙框架之后，以易卦为框架与其他数术相融合，构建以表达易学天道观为目的的宇宙图式之路便开启了。刘大钧先生指出："卦气"说渊源久远，"古人经过'仰观''俯察'，对天地万物随节气变化的规律有了认识之后建构了易学的象数义理合一模式，象数含蕴着义理，义理脱胎于象数，这是易学乃至易学哲学的独特学术理路与特殊阐述方式。"① 贾谊《胎教》中所述的悬弧之礼，堪为卦气说早期运用的一个范例。

(三) 《易》之术：智与圣的统一

贾谊特别重视"道术"，《新书》中专门有《道术》篇以阐述"道"与"术"：

> 道者所道接物也，其本者谓之虚，其末者谓之术。虚者，言其精微也，平素而无设诸也；术也者，所从制物也，动静之数也。凡此皆道也……术者，接物之队。凡权重者心谨于事，令行者必谨于言，则过败鲜矣。此术之接物之道也者。其为原无屈，其应变无极，故圣人尊之。②

可见，就贾谊的思想来说，讲求明道而尚术。他深受战国时期《易传》或《易说》的影响，认为"术"，对于人主圣君来讲就是治理天下之道术，对于智者贤才来说就是修身行事之道术。《易》之术，体现了一种智或圣的法则。如"同类相感"之术，《文言》曰：

---

① 刘大钧：《"卦气"溯源》，《中国社会科学》2000 年第 5 期。
② 阎振益、钟夏：《新书校注》，中华书局 2000 年版，第 302—303 页。

子曰："同声相应，同气相求；水流湿，火就燥；云从龙，风从虎；圣人作而万物睹；本乎天者亲上，本乎地者亲下，则各从其类也。"①

贾谊对此有明显的借鉴，《新书·胎教》：

文王请除炮烙之刑而殷民徙，汤去张网者之三面而二垂至，越王不颓旧冢而吴人服，以其所为顺于人也。故同声则处异而相应，意和则未见而相亲，贤者立于本朝，而天下之士相率而趋之。②

此处所言"同声相应""意和相亲"，天下人以类相感、相察之术，明显是受了《说卦》感应理论的影响。文中后面还叙述了管仲同声于鲍叔牙，以证明贤者同声于贤者；叙述了姜太公同声于微子、比干，以证明圣人同声于圣人，可见，贾谊认为《易》之术，既体现了智，又体现了圣，是智与圣的统一。《新书·春秋》：

故爱出者爱反，福往者福来。《易》曰："鸣鹤在阴，其子和之。"其此之谓乎！故曰："天子有道，守在四夷；诸侯有道，守在四邻。"③

此外还引用了《中孚·九二》爻辞，以说明同类相感之理。

再如"慎言慎行"的处世观。《系辞》强调君子要慎言行，曰：

言行，君子之枢机。枢机之发，荣辱之主也；言行，君子之所以动天地也，可不慎乎？④

---

① 黄寿祺、张善文：《周易译注》，上海古籍出版社1989年版，第15页。
② 阎振益、钟夏：《新书校注》，中华书局2000年版，第392页。
③ 同上书，第248页。
④ 黄寿祺、张善文：《周易译注》，上海古籍出版社1989年版，第543页。

这对贾谊也有很深的影响,《新书·大政上》:

> 夫一出而不可反者,言也;一见而不可得掩者,行也。故夫言与行者,知愚之表也,贤不肖之别也。是以智者慎言慎行,以为身福;愚者易言易行,以为身灾。故君子言必可行也,然后言之;行必可言也,然后行之。呜呼!戒之哉!戒之哉!行之者在身,命之者在人,此福灾之本也。①

贾谊的"智者慎言慎行,以为身福;愚者易言易行,以为身灾"之语,不正是对《系辞》"言行,荣辱之主也"的诠释吗?《易》之术,正是智者当选择的立身行事的法则。

再如"慎微慎积"的立身行事法则。《系辞下传》强调君子要谨小慎微,警惕平常之所"积":

> 善不积不足以成名,恶不积不足以灭身。小人以小善为无益而弗为也,以小恶为无伤而弗去也,故恶积而不可掩,罪大而不可解。②

贾谊《新书》中有《审微》篇,对《系辞》的思想有所发挥:

> 善不可谓小而无益,不善不可谓小而无伤。非以小善为一足以利天下,小不善为一足以乱国家也。当夫轻始而傲微,则其流而令于大乱,是故子民者谨焉。③

他将"小善""小恶"上升到治国理民的高度。关于"积"的思想,贾谊更是有着深刻的认识,《汉书·贾谊传》载贾谊奏疏曰:

> 安者非一日之安也,危者非一日之危也,皆以积渐然,不可不

---

① 阎振益、钟夏:《新书校注》,中华书局2000年版,第340页。
② 黄寿祺、张善文:《周易译注》,上海古籍出版社1989年版,第582页。
③ 阎振益、钟夏:《新书校注》,中华书局2000年版,第73页。

察也。人主之所积，在其取舍。以礼义治之者，积礼义；以刑罚治之者，积刑罚。①

贾谊提出，天下的安危治平与否，是一个平时"积渐"的结果，积礼义得礼义之天下，积刑罚则得刑罚之天下。

三 贾谊易学的时代意义

贾谊虽不以易学闻名于世，易学在贾谊的学术思想中所占的分量也并不大，但却是不可或缺的。贾谊易学的时代意义，可以从以下两个方面予以简略的总结：

第一，从易学史的角度看，《新书》中所引《易说》，或不见于《易传》，或与《易传》有一定的差异，这说明西汉初年流行着多种解《易》的文献，成书于战国时期的《易传》七种十篇在易学的范围内还没有取得绝对权威的地位，这也从一个侧面说明了当时比较自由的学术氛围。另外，就贾谊易学对宇宙图式的构建来看，说明卦气思想及其学说，有着相当悠久的历史渊源。

第二，从经学史的角度看，贾谊数次称引六艺（指"六经"），皆以《书》《诗》《易》《春秋》《礼》《乐》为序，这与战国晚期《庄子》中以《诗》《书》《礼》《乐》《易》《春秋》为序的六经顺序明显不同。联系《新书·道德说》中对六艺的定义来看，它体现了贾谊六艺依次为"著德"→"志德"→"察德"→"守德"→"体德"→"乐德"的经学教化观，由之也与贾谊《新书·六术》篇以"仁、义、礼、智、圣、乐"为人之"六行"的观念相合。贾谊《新书》中的六艺之序，反映了西汉初年人们对易学功用和地位的新认识。

第三节 论魏相易学

魏相是活跃于汉武帝后期和昭帝、宣帝时期的政治家。就《汉书·魏相传》的记载来看，其从政之路与易学有着密切关系；而其奏疏中关于易学的阐述，又鲜明体现着西汉中后期的易学特点及发展走向。今人

---

① （汉）班固：《汉书》卷48，中华书局1962年点校本，第2253页。

就魏相易学的主要内容及其思想等进行了比较深入的研究。连劭名先生指出，魏相易学反映了西汉中期"《易经》与阴阳数术相结合"① 的易学思潮。文平先生认为魏相易学开"卦气说"之先声。② 冯鹏先生认为西汉《周易》经学的阴阳灾异化转向肇始于魏相易学。③ 但其中仍有一些问题待解决，如魏相易学师承何人？又是怎样对阴阳数术进行吸收与整合的？反映了西汉卦气易学怎样的演进理路？兹就上述问题作一粗浅的探讨，不当之处，敬请方家教正。

一　魏相易学的渊源考略

关于魏相的易学渊源，《汉书·魏相传》曰："相明《易经》，有师法。"④ 可知魏相易学是有"师法"的，但《汉书》并没有说他师从何人。汉代经学传承极其重视"师法"，为什么说魏相易学有"师法"却又不说其师从何人？这不能不令人生疑。弄清楚魏相易学的师承，对于了解西汉中后期的易学走向，无疑有着积极的意义。《汉书·魏相传》于魏相早期的经历记述曰：

> 魏相字弱翁，济阴定陶人也，徙平陵。少学《易》，为郡卒史。举贤良，以对策高第，为茂陵令。⑤

笔者认为，《汉书》"少学《易》，为郡卒史"一句，透露了魏相是通过经学考试走上仕途的，我们或可循此线索揭开其易学师承何人。首先解释一下什么是"卒史"，李迎春先生说："卒史一职起源于战国，在秦汉时期，是包括中央列卿和地方郡守、都尉等二千石左右级别官员的高级史类属吏，以处理文书、协理长官为主要职责。"⑥ 关于汉代卒史一

---

① 连劭名：《〈汉书·魏相传〉与西汉易学》，《周易研究》2000 年第 4 期。
② 文平：《魏相易学政治思想论略》，张涛：《周易文化研究》第 6 辑，社会科学文献出版社 2014 年版，第 89—96 页。
③ 冯鹏：《西汉〈周易〉经学的阴阳灾异化转向》，《中州学刊》2016 年第 4 期。
④ （汉）班固：《汉书》卷 74，中华书局 1962 年点校本，第 3133 页。
⑤ 同上书，第 3137 页。
⑥ 李迎春：《论卒史一职的性质、来源与级别》，田澍、张德芳：《简牍学研究》第 6 辑，甘肃人民出版社 2016 年版，第 133—151 页。

职的取得途径，杨天宇先生指出，其有三个途径："经考试而录用"，"长吏所辟除"，"输钱谷以获其官"。①"经考试而录用"的方式成为郡卒史，是西汉公孙弘为丞相时实施的一项奖掖经学士子的制度。《汉书·儒林传》记载元朔五年（前124年）六月丞相公孙弘上汉武帝疏：

> 为博士官置弟子五十人，复其身。太常择民年十八以上仪状端正者，补博士弟子。郡国县官有好文学，敬长上，肃政教，顺乡里，出入不悖，所闻，令相长丞上属所二千石。二千石谨察可者，常与计偕，诣太常，得受业如弟子。一岁皆辄课，能通一艺以上，补文学掌故缺；其高第可以为郎中，太常籍奏。即有秀才异等，辄以名闻。其不事学若下材，及不能通一艺，辄罢之，而请诸能称者。臣谨案诏书律令下者，明天人分际，通古今之谊，文章尔雅，训辞深厚，恩施甚美。小吏浅闻，弗能究宣，亡以明布谕下。以治礼掌故以文学礼义为官，迁留滞。请选择其秩比二百石以上及吏百石通一艺以上补左右内史、大行卒史，比百石以下补郡太守卒史，皆各二人，边郡一人。先用诵多者，不足，择掌故以补中二千石属，文学掌故补郡属，备员。请著功令。它如律令。②

学者指出：汉武帝元朔五年置博士弟子员，标志着太学的创立，是我国古代创立正式大学的纪元。③ 这为魏相走上仕途创造了条件。缘于"博士官置弟子"的制度，魏相在年满十八岁后通过郡县选拔，"诣太常，得受业如弟子"；赴太常学《易》一年后，通过了"设科射策"《易经》科的考试，以"通一艺"而得以"补文学掌故缺"，也就是"一岁皆辄课，能通一艺以上，补文学掌故缺"；又以文学掌故的资格成为年秩百石的郡卒史，也就是《汉书》中常常出现的"文学卒史"——这也与《汉书·韩延寿传》"时魏相以文学对策"④的记载相符。关于魏相的生活年代，按《汉书·魏相传》的记载，其当生于汉武帝中后期，活跃于汉昭、

---

① 杨天宇：《谈汉代的卒史》，《新乡师范高等专科学校学报》2003年第1期。
② （汉）班固：《汉书》卷88，中华书局1962年点校本，第3594页。
③ 毛礼锐：《汉代太学考略》，《北京师范大学学报》（社会科学）1962年第4期。
④ （汉）班固：《汉书》卷76，中华书局1962年点校本，第3210页。

宣帝时。我们由"少学易，为郡卒史"之语，可见魏相的少年早成；又考知魏相于汉昭帝始元元年（公元前86年）通过举贤良对策为茂陵令，①假设魏相十年间从郡卒史到茂陵令，则其生年在公元前115年左右，其入太常学《易》的时间在公元前95年左右。

那么，教授魏相的易学博士是谁呢？西汉第一位《周易》经学博士当是杨何。《汉书·百官公卿表》：

> 武帝建元五年初置《五经》博士。②

《史记·儒林列传》：

> 何以《易》，元光元年征，官至中大夫。③

《汉书·儒林传》亦曰：

> 同授淄川杨何，字叔元，元光中征为太中大夫。④

汉武帝建元五年为公元前136年，元光元年为公元前134年，前后相距仅两年，故可推知杨何以《易》征，当是被征为《易经》博士。《汉书·儒林传赞》：

> 自武帝立《五经》博士，开弟子员，设科射策，劝以官禄，讫于元始，百有余年，传业者浸盛，支叶蕃滋，一经说至百余万言，大师众至千余人，盖禄利之路然也。初，《书》唯有欧阳，《礼》后，《易》杨，《春秋》公羊而已。⑤

班固的"《易》杨"之语，也印证了自汉武帝置《五经》博士起，

---

① 黑琨：《魏相考论》，《山东社会科学》2004年第8期。
② （汉）班固：《汉书》卷19，中华书局1962年点校本，第726页。
③ （汉）司马迁：《史记》卷121，中华书局1982年点校本，第3127页。
④ （汉）班固：《汉书》卷88，中华书局1962年点校本，第3597—3598页。
⑤ 同上书，第3620—3621页。

第一位易学博士是杨何。由之可见，王国维《汉魏博士考》曰："《易》之有博士，始于田王孙，在武帝时。"① 这一观点是值得商榷的。杨何是否是魏相的易学师傅呢？尚需进一步考证。《史记·仲尼弟子列传》：

> 何元朔中以治《易》为汉中大夫。②

杨何于元朔年间由太中大夫升迁为中大夫。西汉大夫官职中以中大夫最为显要，杨何大约以此官职致仕。汉武帝元朔年号一共用了6年（公元前128—前123年），而为博士置弟子员的奏疏始于元朔五年，此时距杨何为易学博士，已经整整10年之久。另外，《史记》记载司马迁的父亲司马谈（卒于公元前110年）"受《易》于杨何"，按常理推断，杨何的年龄当至少年长司马谈20—30岁，故杨何升迁为中大夫时，年岁已老，当未必在太常教授博士弟子。故魏相在太常学习时的易学老师，当是《汉书·儒林传》中明确记载为易学博士的田王孙。

田王孙是易学名师，魏相是汉宣帝重臣，为什么《汉书》不明说魏相易学师承田王孙？原因当在于魏相"如弟子"的身份，一个"如"字，道出了这类学生不在博士弟子之列。故魏相虽然师从田王孙，但不能算是田王孙的嫡传弟子。这当是《汉书》说魏相易学有师法而不说师承何人，说魏相"表采《易阴阳》及《明堂月令》"③入其易学而不说他有违师法的原因所在。

二　魏相易学的主要内容

关于魏相易学，集中见于其上汉宣帝疏中，《汉书·魏相传》曰：

> 又数表采《易阴阳》及《明堂月令》奏之，曰：臣相幸得备员，奉职不修，不能宣广教化。阴阳未和，灾害未息，咎在臣等。臣闻《易》曰："天地以顺动，故日月不过，四时不忒；圣王以顺动，故

---

① 王国维：《汉魏博士考》，谢维扬：《王国维全集》第8卷，浙江教育出版社2010年版，第108页。
② （汉）司马迁：《史记》卷67，中华书局1982年点校本，第2211页。
③ （汉）班固：《汉书》卷74，中华书局1962年点校本，第3139页。

刑罚清而民服。"天地变化，必由阴阳，阴阳之分，以日为纪。日冬夏至，则八风之序立，万物之性成，各有常职，不得相干。东方之神太昊，乘震执规司春；南方之神炎帝，乘离执衡司夏；西方之神少昊，乘兑执矩司秋；北方之神颛顼，乘坎执权司冬；中央之神黄帝，乘坤、艮执绳司下土。兹五帝所司，各有时也。东方之卦不可以治西方，南方之卦不可以治北方。春兴兑治则饥，秋兴震治则华，冬兴离治则泄，夏兴坎治则雹。明王谨于尊天，慎于养人，故立羲和之官以乘四时，节授民事。君动静以道，奉顺阴阳，则日月光明，风雨时节，寒暑调和。三者得叙，则灾害不生，五谷熟，丝麻遂，草木茂，鸟兽蕃，民不夭疾，衣食有余。若是，则君尊民说，上下亡怨，政教不违，礼让可兴。夫风雨不时，则伤农桑；农桑伤，则民饥寒；饥寒在身，则亡廉耻，寇贼奸宄所繇生也。臣愚以为阴阳者，王事之本，群生之命，自古贤圣未有不繇者也。天子之义，必纯取法天地，而观于先圣。①

魏相在奏疏中引用了《易阴阳》《明堂月令》两种文献，班固用了"表采"一词以说明之，颜师古注曰："表为标明之。采，撮取也。"② 颜氏之注当得班固的本意，也就是说，魏相在奏疏中标明了引用某书的内容，但不是原文照搬，而是撮取其大意。关于《明堂月令》，郑玄曰：

> 名曰《月令》者，以其记十二月政之所行也，本《吕氏春秋·十二月纪》之首章也，以礼家好事抄合之，后人因题之名曰《礼记》。言周公所作，其中官名时事多不合周法。此于《别录》属《明堂阴阳记》。③

按《汉书·艺文志》载有"《明堂阴阳》三十三篇（班固自注：古明堂之遗事）""《明堂阴阳说》五篇"，④ 今本《礼记·月令》篇，当隶

---

① （汉）班固：《汉书》卷74，中华书局1962年点校本，第3139页。
② 同上书，第3140页。
③ （唐）孔颖达：《礼记正义》卷14，北京大学出版社1999年标点本，第438页。
④ （汉）班固：《汉书》卷30，中华书局1962年点校本，第1709页。

属于二者之一。就魏相奏疏与《礼记·月令》比较来看，从"东方之神太昊"至"夏兴坎治则雹"一节中关于五行与四时相配的论述，当是撮取了《礼记·月令》的内容。此外，《吕氏春秋·十二纪》和《淮南子·天文》篇中亦有类似的表述。就《月令》与《十二纪》的比较来看，笔者赞同杨宽先生的观点，即"《月令》一篇，当早有成说，吕不韦宾客乃割裂十二月以为《十二纪》之首章耳"[①]，"《月令》当是战国后期阴阳五行家为即将出现之统一王朝所制定行政月历，分月记述气候与生物、农作物之生长发展变化，相应制定有关保护、管理生产之各种政策措施，并规定天子每月应办之大事"[②]。魏相不说其表采《吕氏春秋·十二纪》，而是说其表采《明堂月令》，本身已经说明了《明堂月令》成书更早，有着更古老的渊源。另外，就《月令》与《淮南子·天文》篇的比较来看，后者增加了五帝所执司天的"规""矩""权""衡""绳"等工具的表述，《淮南子·天文》曰：

何谓五星？东方，木也，其帝太皞，其佐句芒，执规而治春。其神为岁星，其兽苍龙，其音角，其日甲乙。南方，火也，其帝炎帝，其佐朱明，执衡而治夏。其神为荧惑，其兽朱鸟，其音徵，其日丙丁。中央，土也，其帝黄帝，其佐后土，执绳而制四方。其神为镇星，其兽黄龙，其音宫，其日戊己。西方，金也，其帝少昊，其佐蓐收，执矩而治秋。其神为太白，其兽白虎，其音商，其日庚辛。北方，水也，其帝颛顼，其佐玄冥，执权而治冬。其神为辰星，其兽玄武，其音羽，其日壬癸。[③]

魏相在奏疏中所述五帝的司天工具与《淮南子·天文》篇相同，可见其还参考了《淮南子》一书。

关于《易阴阳》，此书早已亡佚。但班固既说"表采"，又将此书名置于《明堂阴阳》之前，说明魏相奏疏重点引用的是《易阴阳》。就

[①] 杨宽：《月令考》，原载《齐鲁学报》1941 年第 2 期，增补后收入《杨宽古史论文选集》，上海人民出版社 2003 年版，第 494 页。
[②] 同上书，第 503 页。
[③] 何宁：《淮南子集释》，中华书局 1998 年版，第 183—188 页。

《易阴阳》的书名来看，其主旨当是阐述天地阴阳消长之道；魏相奏疏中引用《豫·彖》之后的几句话："天地变化，必由阴阳，阴阳之分，以日为纪。日冬夏至，则八风之序立，万物之性成，各有常职，不得相干"，阐述的正是天地阴阳之道，当出自《易阴阳》。另外，奏疏中五帝分别在不同的时位乘坎、离、震、兑、坤、巽六个易卦司天的模式，是魏相阐述天地阴阳之道的重要内容，亦当与《易阴阳》有关。就魏相奏疏的内容来看，其表采《易阴阳》《明堂月令》等文献，目的是在《说卦》八卦方位说的基础上，构建以八卦配八风、融四时五行于一炉的易学天道运行图式。下面作一具体的分析：

（一）魏相以八卦配八风的目的是以易卦准拟实际的历法

此处需要辨析的问题是：魏相奏疏中只出现了坎、离、震、兑、坤、艮六个经卦，为何说是八卦？笔者认为：《说卦》是成书于战国晚期的重要解《易》文献，作为一个"明《易经》，有师法"的学者，魏相不可能不知道《说卦》的八卦方位说。他既然以坎、离、震、兑配四方正位，那么以乾、坤、巽、艮四卦配四维，是不言而喻的事。有人或许会说：魏相曰"中央之神黄帝，乘坤、艮执绳司下土"，坤、艮之位是在中央，六卦之位不是正好与五行搭配完整吗？魏相固然是以六个经卦配五行，但这并不是说坤、艮之位在中央，由魏相所述黄帝所执的司天工具"绳"可知，坤、艮是居于四维之位的。《淮南子·天文》："子午、卯酉为二绳，丑寅、辰巳、未申、戌亥为四钩。"① 可见绳、钩的天文意义是指十二支中相对的两支相连为绳、钩，魏相在五帝司天的工具上借用了《淮南子》中的说法，故尽管绳、钩在干支的对应上有差异，但其表达相对两支相连为绳的意义是不变的，坤、艮当分居西南、东北之位。此外，比较魏相奏疏与《淮南子·天文》"中央，土也，其帝黄帝，其佐后土，执绳而制四方"② 之语，就会发现二者在天道构建的指向性上并不一致。《淮南子》是一个五帝与东南西北中的构架，故于中央之黄帝曰"制四方"；但魏相奏疏中的天道观是一个八卦配八风的构架，故于中央之黄帝曰"司下土"。由东、南、西、北和"下土"，可见其未表述的还有一个"上天"，如此方构成六合，而这正是为奏疏中未出现的乾、巽两卦准备

---

① 刘文典：《淮南鸿烈集解》，中华书局1989年版，第96页。
② 同上书，第89页。

的，乾为天，巽为风，二者分处西北和东南维。

魏相以八卦与八风相配，是对《说卦》八卦方位说的重大发展。就学术史发展的脉络来看，《说卦》的八卦方位说，是在春秋时期的八风说、特别是战国中后期的历法八节说影响下构建起来的。早在殷商时期已出现四方风的概念①，八风概念则是继四方风之后出现的，《左传·隐公五年》："夫舞，所以节八音而行八风。"②《国语·周语下》："声以和乐，律以平声……如是而铸之金，磨之石，系之丝木，越之匏竹，节之鼓而行之，以遂八风。"③可见春秋初年，人们已有了八风的概念。《吕氏春秋·有始览》中明确记载了"八风"说："何谓八风？东北曰炎风，东方曰滔风，东南曰熏风，南方曰巨风，西南曰凄风，西方曰飂风，西北曰厉风，北方曰寒风。"④ 在《礼记·月令》《吕氏春秋·十二纪》等篇，对于"冬至""夏至""春分""秋分""立春""立夏""立秋""立冬"等八个节气作了明确记载，并提出了天子随一年四季的变化轮流居于明堂九室说，说明战国后期八风说已经取得了天文历法上的依据。《说卦》中的八卦方位说，虽然表达了易卦体系下一年八个时位依次循环的天道，但其也存在着不足之处：其一，其模拟八风、八节却没有明确与之结合起来，只是粗疏地完成了八卦在一岁周期运行的构建；其二，其没有赋予八卦按时位运行的阴阳意义，更没有指出阴阳始点在八卦上的意义；其三，尽管八卦方位说有与五行结合的思想倾向，但同样是不明显的。在此基础上审视魏相奏疏中关于八风的阐述，就会发现其开创性的意义之所在：第一，魏相认为：天道最大的表征是八风，正是由于八风对于天道秩序的规范，才使得"万物之性成"。第二，魏相于八节之中特别重视冬至和夏至，是因为冬至是阳气发生的始点，夏至是阴气发生的始点，从而为易卦天道的运行模式，赋予了阴阳二气始点与终点的意义。第三，魏相在阐述阴阳消长的天道时，明确提出了"以日为纪"的观点，即天道阴阳的刻度是以日为时间单位，可见魏相以八卦配八风，是一种以卦配历的设计。

---

① 胡厚宣：《释殷代求年于四方和四方风的祭祀》，《复旦学报》（人文科学版）1956年第1期。
② 杨伯峻：《春秋左传注》，中华书局1990年版，第46页。
③ 徐元诰：《国语集解》，中华书局2002年版，第111页。
④ 许维遹：《吕氏春秋集释》，中华书局2009年版，第280—281页。

仅从笔者上述三点意见，似乎还不能完全印证魏相以卦配历的设计，下面结合《灵枢经》① 中的《九宫八风》篇略作阐述。《九宫八风》篇首有图如下：

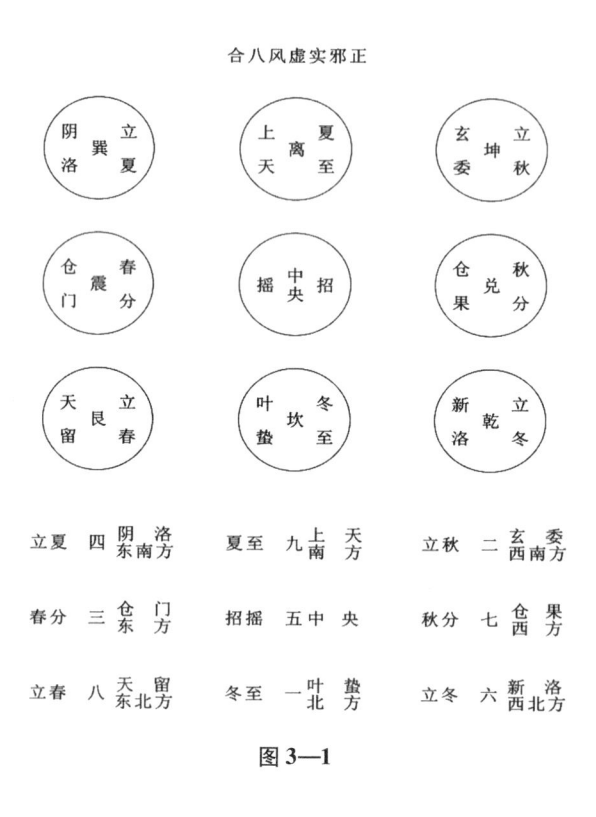

合八风虚实邪正

阴洛 巽 立夏	上天 离 夏至	玄委 坤 立秋
仓门 震 春分	摇 中央 招	仓果 兑 秋分
天留 艮 立春	叶蛰 坎 冬至	新洛 乾 立冬

立夏	四	阴洛东南方	夏至	九	上天南方	立秋	二	玄委西南方
春分	三	仓门东方	招摇	五	中央	秋分	七	仓果西方
立春	八	天留东北方	冬至	一	叶蛰北方	立冬	六	新洛西北方

图 3—1

兹摘引相关文字如下：

> 太一常以冬至之日，居叶蛰之宫四十六日，明日居天留四十六日，明日居仓门四十六日，明日居阴洛四十五日，明日居天宫四十六日，明日居玄委四十六日，明日居仓果四十六日，明日居新洛四十五日，明日复居叶蛰之宫，曰冬至矣。太一日游，以冬至之日居叶蛰之宫，数所在日，从一处至九日，复反于一。太一移日，天必

---

① 《灵枢经》共八十一篇，与《素问》合称《黄帝内经》。关于《黄帝内经》的成书年代，学者有成书于春秋战国、成书于西汉时期等不同的意见。

应之以风雨，以其日风雨则吉，岁美民安少病矣。先之则多雨，后之则多汗。太一在冬至之日有变，占在君；太一在春分之日有变，占在相；太一在中宫之日有变，占在吏；太一在秋分之日有变，占在将；太一在夏至之日有变，占在百姓。①

关于《九宫八风》篇的成书年代，1977年双古堆汉墓（墓主为西汉汝阴侯夏侯灶，其卒年为汉文帝十五年，即公元前165年）出土的漆器"太乙九宫占盘"为其提供了证明。"太乙九宫占盘"上的文字内容与《九宫八风》篇比较，它们叙述太一按八节巡行八宫的路线及日数是一致的，② 式盘上"一君"（正北）、"九百姓"（正南）、"三相"（正东）、"七将"（正西）、"五吏"（中央）的天人四时五行感应模式及以"二"对"八"、"四"对"六"为四隅的八风构架模式，与《九宫八风》篇不但在内容上，而且在图式上完全一致。所以考古专家说："这个盘的刻划实为《灵枢经·九宫八风篇》的图解……为《灵枢经》成书于秦汉之前提供了有力的根据。"③ 殷涤非先生指出，"太乙九宫占盘"反映了真实的汉初历法，他说："颛顼历以己巳立春为起算日，则文帝七年立春为'丁未'，上推到冬至正好是'辛酉'。所以'七年辛酉日中冬至'中的'七年'，就是文帝七年（前173年），高祖、惠帝、吕后七年的冬至，都不是辛酉。……一年的时间为 $365\frac{1}{4}$ 日，四年而积一千四百六十一日。《淮南子·天文》说：'四岁而积千四百六十一日而复合故舍'。"④ 殷氏的考证，说明了《九宫八风》篇太一巡行八节的天道构建，是依据于当时最新的天文历法成果。由之，我们也就明白了魏相以八卦配八风，重视冬至、夏至在八风之序上的阴阳始点意义和"以日为纪"的原因所在，

---

① 河北医学院：《灵枢经校释》，人民卫生出版社1982年版，第373—383页。
② 其中只有式盘上的"秋分仓果四十五日"与《九宫八风》篇中"明日居仓果四十六日"在时间上差一日，这是因为式盘上有把一日四等分的刻度，故一年 $365\frac{1}{4}$ 日中的 $\frac{1}{4}$ 日可以用式盘刻度表示；而《九宫八风》篇则将这 $\frac{1}{4}$ 日作为一日，加在了秋分仓果上，这样西北立冬、东南立夏二维各占四十五日，以之为轴的两边三节各四十六日，更呈现出天道的严整性。由于太乙九宫占盘的出土，知《九宫八风》篇在占验的时候，是作为四十五日计算的。
③ 王襄天、韩自强：《阜阳双古堆西汉汝阴侯墓发掘简报》，《文物》1978年第8期。
④ 殷涤非：《西汉汝阴侯墓出土的占盘和天文仪器》，《考古》1978年第5期。

实是因为其以八卦配八风的设计，是准拟实际历法一年周期的。① 而此一时期易学与数术之学的融合，于此可见一斑。

（二）魏相易学以六卦配五帝是为了纳入西汉的最高崇拜太一

前面已述，魏相以六卦配五帝，从五行上说是完整的，从八卦上说是不完整的。而魏相奏疏中没有出现的乾、巽两卦，并不与五帝相配，当是与西汉郊祀的最高崇拜——太一神相配。为什么这么说呢？我们还是从魏相借鉴《淮南子·天文》篇五帝的司天工具说起，该篇以太皞、炎帝、少昊、颛顼四帝分主东、南、西、北四方，却又说黄帝"执绳而制四方"，此"四方"是指什么方位呢？当是指四隅（四维），如此，方不与其他四帝司天的方位相冲突。另外，在上引这段文字后，《淮南子·天文》还曰："甲乙寅卯，木也。丙丁巳午，火也。戊己四季，土也。庚辛申酉，金也。壬癸亥子，水也。"② "戊己四季"，是说与土行相配的天干戊己与地支丑、辰、未、戌四支组合，这四支所处的天道方位正好分别在东北、东南、西南、西北四维之位。就是说土行主宰四季的最后一个月。可见土行（黄帝）制四维的模式在汉初已经成熟。但魏相却只取坤（未位）、艮（丑位）两维与黄帝相配，说明其对乾（戌位）、巽（辰位）两维是另有安排的。按照古代以东、南、西、北、上、下为六合的宇宙观，与"下土"对应的概念是"上天"，所以在魏相易学的构架中，当以乾、巽之位为上天之位，而其主宰之神当比五帝高贵，故只能是太一。

魏相的这种宇宙图式的构建，可以通过考察西汉时期的国家祭祀得到印证。西汉前期的郊祀以五帝为主神，汉武帝元光二年，在方士的推动下，顺应当时的"大一统"思想，"太一"神跃升为郊祀的最高神，五帝反而成为太一之佐。《史记·封禅书》：

> 亳人谬忌奏祠太一方，曰："天神贵者太一，太一佐曰五帝。古者天子以春秋祭太一东南郊，用一太牢，七日，为坛开八通之鬼

---

① 尽管汉武帝时期颁行了《太初历》，《太初历》将一日分为八十一分，但其在数值上与之前施行的四分历《颛顼历》相差甚微，并无本质区别。

② 刘文典：《淮南鸿烈集解》，中华书局1989年版，第124页。

道。"于是天子令太祝立其祠长安东南郊，常奉祠如忌方。①

泰畤坛的形制与太一祭仪，由《史记·封禅书》的记载亦可见一斑：

> 令祠官宽舒等具太一祠坛，祠坛放薄忌太一坛，坛三垓。五帝坛环居其下，各如其方，黄帝西南，除八通鬼道。②

由"五帝坛环居其下，各如其方，黄帝西南，除八通鬼道"之语，可见太一坛的形制体现了汉人四时、五行、八方（八风）等思想观念。就黄帝所处的方位来看，其位于西南，从八通鬼道上看，西南与东北相通，这与魏相"中央之神黄帝，乘坤、艮执绳司下土"之义相合。汉宣帝时期，在"太一"为最高天神已经成为一种普遍观念、太一祭仪已成定式的情况下，③魏相将其引入易学的天道观和宇宙论，实是一件顺理成章的事。

通过以上的分析，可见魏相易学的主要内容，是构成了一个以当时历法为依据，以太一祭礼为模型，熔太一、五帝信仰于一炉，以八卦配四时、五行、八风，涵盖天地上下四方的天人感应的宇宙图式，而以八卦配历，是其核心思想，也是魏相易学的创新之处。

（三）《易阴阳》与《九宫八风》篇在阐述天道阴阳上当有一定的联系

上文已述，就魏相奏疏的主要内容来看，其在《九宫八风》篇有着思想上的一致性。但魏相"表采"的主要文献却是《易阴阳》，对之应该如何理解？只能说明《易阴阳》与《九宫八风》篇有着密切的联系。这不外乎有两种关系：《易阴阳》袭用了《九宫八风》篇；《九宫八风》篇袭用了《易阴阳》。笔者认为，当是《易阴阳》袭用了《九宫八风》篇。因为就《九宫八风》篇的"合八风虚实邪正"图来看，九宫图及各宫之名当是原有的，各宫之名从正北开始依次是叶蛰、天留、仓门、阴洛、上天、玄委、仓果、新洛，直至中央的招摇宫，与"太乙九宫占盘"完全一致，其在天文上的意义是招摇星一年间轮转指向圆周的天道。《礼

---

① （汉）司马迁：《史记》卷28，中华书局1982年点校本，第1386页。
② 同上书，第1394页。
③ 田天：《西汉太一祭祀研究》，《史学月刊》2014年第4期。

记·曲礼上》:"行,前朱雀而后玄武,左青龙而右白虎,招摇在上,急缮其怒。"郑玄注:"招摇星在北斗杓端,主指者。"孔颖达疏:"招摇,北斗七星也。北斗居四方宿之中,以斗末从十二月建而指之,则四方宿不差。"① 太一为北极星神,北斗七星的勺头永远对着北极星,故九宫八风的天道图式,是至尊天神太一运转北斗作圆周运动的模拟表述。但是,八卦的卦名当不是此图原有的,理由有二:一是《九宫八风》篇中的正文内容根本未涉及卦名、卦象或八卦方位,整个《灵枢经》中的其他各篇中连八卦卦名,甚至乾、坤都未曾出现过;二是《淮南子·天文》中有着内容基本相同的八风说,如果《九宫八风》篇中已经标明以八卦配八风,为何不见其引用?关于八卦与九宫结合的年代下限,李学勤先生曾予以考索,他认为,《史记·律书》一般认为是褚少孙补作,补记的时间是在汉宣帝、元帝时,这是《律书》年代的下限,书中八风与《淮南子》同,而云"凉风居西南维,主地",坤为地,可见当时八卦与九宫的结合已经成立。② 笔者再为李氏之说作一补证,《律书》曰:"清明风居东南维,主风,吹万物而西之。"③ 八风皆风也,为何独于清明风曰"主风"?当是因为东南为巽位,巽为风。另外,《律书》曰:"律历,天所以通五行八正之气,天所以成孰万物也。"④ 八正之气,即是八方风。可见在褚少孙补《史记》的年代,八风之说已成为天道的表征和律历的依据。那么,八卦与九宫八风的结合,当发生在《淮南子》成书之后、魏相之前,故为魏相所本。这也恰好说明了,魏相所表采的以八卦配八风的图式当出自《易阴阳》。

三 魏相易学的历史意义

魏相以"少学易""明易经"而走上了西汉政治的舞台,《周易》经学在他辅佐汉宣帝治国理政的过程中发挥了重要的指导作用。就西汉中期以后的经学格局来看,易学在经世致用上无疑发挥着越来越重要的学术价值,究其原因:从国家政策上看,与汉武帝于建元五年罢

---

① (清)朱彬:《礼记训纂》卷1,中华书局1996年版,第41页。
② 李学勤:《〈九宫八风〉及九宫式盘》,李学勤:《古文献丛论》,上海远东出版社1996年版,第242页。
③ (汉)司马迁:《史记》卷25,中华书局1982年点校本,第1246页。
④ 同上书,第1243页。

黜百家、专立《五经》博士有着直接的关系；从时代思潮上看，与董仲舒天人感应的神学目的论的建立有着密切的关系；从《周易》经学本身的发展来看，与易卦体系下的阴阳灾异化的天道观及占筮体系的构建有着必然的联系。正是因为易卦爻符号体系的兼容性、开放性，使得其有利于与四时、五行、八风、律历、干支等其他数术相融合，通过卦爻等手段构建起精准的天道象征体系，从而形成了西汉特有的卦气易学。

如果上文之考证成立，魏相的易学老师也是田王孙，和孟喜系出同门，那么正是田王孙的两个弟子，在西汉卦气易学的构建上发挥了奠基的作用。就魏相而言，他凭借的易学秘籍是《易阴阳》；就孟喜而言，他凭借的易学秘籍是《易家候阴阳灾变书》。《易阴阳》和《易家候阴阳灾变书》当然是两种不同的易学文献，却又有内在的关联：以阴阳为本的天道观，是《易阴阳》和《易家候阴阳灾变书》两种文献共同的理论内核，二者创制的目的都是为了构建易学体系下的天道观和占验术。《易阴阳》是对八风节气的袭用，在以卦配历上反映的是《颛顼历》；《易家候阴阳灾变书》则是吸收了二十四节气和七十二候的历法成果，在以卦配历上反映的是《太初历》，但"以日为纪"的天道刻度是贯穿二书的共同理念。两种易学秘籍当都出自田王孙之手，魏相是以少学易的聪颖，博得了田王孙的赏识，田王孙将其前期的著作《易阴阳》传授给了他；《易家候阴阳灾变书》当是田王孙在《易阴阳》基础上的进一步构建与完善，最终传授给他最得意的博士弟子孟喜。从这个角度看，魏相和孟喜都不是改师法，而是弘扬了自田何、丁宽至田王孙一系的易学，使卦气易学迅速成为《周易》经学的时代主流。

第四节　论孟喜易学

西汉中后期易学的发展，贯穿着对数术之学的吸收与改造的活动。孟喜作为博士弟子、西汉官方易学的传承者，却不惜背着"改师法"的责难，在天人感应的神学目的论的指引下，通过对数术之学的吸收与整合，在易卦的体系内构建了占验天道的新模式。孟喜易学的构建过程，折射了西汉官方易学数术化的艰难进程。兹略作阐释，以说明孟喜易学的内容及其历史地位。

一　孟喜易学的师承关系

《汉书·儒林传》曰：

> 自鲁商瞿子木受《易》孔子，以授鲁桥庇子庸。子庸授江东馯臂子弓，子弓授燕周丑子家，子家授东武孙虞子乘，子乘授齐田何子装。及秦禁学，《易》为卜筮之书，独不禁，故传受者不绝也。汉兴，田何以齐田徙杜陵，号杜田生，授东武王同子中、洛阳周王孙、丁宽、齐服生，皆著《易传》数篇。同授淄川杨何，字叔元，元光中征为太中大夫。齐即墨成，至城阳相。广川孟但，为太子门大夫。鲁周霸、莒衡胡、临淄主父偃，皆以《易》至大官。要言《易》者本之田何。

> 丁宽字子襄，梁人也。初，梁项生从田何受《易》，时宽为项生从者，读《易》精敏，材过项生，遂事何。学成，何谢宽。宽东归，何谓门人曰："《易》以东矣。"宽至洛阳，复从周王孙受古义，号《周氏传》。景帝时，宽为梁孝王将军距吴楚，号丁将军，作《易说》三万言，训故举大谊而已，今《小章句》是也。宽授同郡砀田王孙。王孙授施雠、孟喜、梁丘贺。繇是《易》有施、孟、梁丘之学。[①]

关于易学的传承关系，由孔子→商瞿子木→馯臂子弓→周丑子家→孙虞子乘→田何→丁宽→田王孙→孟喜，可见孟喜为孔子易学第九代传人，是西汉易学宗师田何的第四代传人。

在此不能不提及易学发展的关键人物丁宽。由丁宽"作《易说》三万言，训故举大谊而已，今《小章句》是也"之句，可知其易学是不讲阴阳灾变的，只是精于解释篇章字句、阐释卦爻大意。这种解释《易经》的方式，与形成于战国中后期的《彖》《象》《文言》《系辞》等解释《易经》的风格相近，所以在丁宽学《易》成之后辞别田何时，田何会说"《易》以东矣"之语，实是因为其深得《易传》易学之精髓。但这并不是丁宽易学的全部，因为丁宽作为田何最得意的弟子，竟然没有满足于田何易学，而是又向他的师兄周王孙学习易学，并且号称"《周氏传》"，可见丁宽对

[①] （汉）班固：《汉书》卷88，中华书局1962年点校本，第3597—3598页。

之是非常看重的，这其中透露着什么意味呢？非常遗憾的是《周氏传》没有片言只语流传下来，我们无从一窥究竟，但由"古义"一词，说明周王孙的易学，还有孔子易学之外的另一个源头，当是秦汉时期的民间非儒学的易学流派。那么，孟喜所说的田王孙单独传授给他的《易家候阴阳灾变书》，其源头会不会就是丁宽从周王孙易学那里得到的"古义"之内容呢？笔者认为这种可能性是很大的。由于丁宽所处的时代，汉人虽重视天人感应关系，但天人感应理论体系并没有构建起来；田王孙作为汉武帝中后期人，虽然董仲舒天人感应的神学目的论已经成为官方的统治思想，并且五经各家也纷纷热衷于占验天道之数术的构建，但囿于他官方《周易》经学博士的身份，不能公开阐释古义，所以将其传授给他最得意的弟子孟喜。

关于孟喜的事迹，《汉书·儒林传》：

> 孟卿以《礼经》多，《春秋》烦杂，乃使喜从田王孙受《易》。喜好自称誉，得《易家候阴阳灾变书》，诈言师田生且死时枕喜膝，独传喜，诸儒以此耀之。同门梁丘贺疏通证明之，曰："田生绝于施雠手中，时喜归东海，安得此事？"又蜀人赵宾好小数书，后为《易》，饰《易》文，以为"箕子明夷，阴阳气亡箕子；箕子者，万物方荄兹也。"宾持论巧慧，《易》家不能难，皆曰："非古法也。"云受孟喜，喜为名之。后宾死，莫能持其说。喜因不肯仞，以此不见信。喜举孝廉为郎，曲台署长，病免，为丞相掾。博士缺，众人荐喜。上闻喜改师法，遂不用喜。喜授同郡白光少子、沛翟牧子兄，皆为博士。繇是有翟、孟、白之学。①

> 至孝宣世，复立《大小夏侯尚书》，《大小戴礼》，施、孟、梁丘《易》，《谷梁春秋》。至元帝世，复立《京氏易》。②

可见，孟喜易学不同于同门施雠、梁丘贺易学，正是《易家候阴阳灾变书》，从而使他构建起了汉代卦气易学的框架，也使他当时就受到了位高权重的同门师弟梁丘贺的嫉妒，因之背上了"改师法"的不良名声。对于老师单独向孟喜传《易》一事，尽管是孟喜自我夸耀，但未必不是

---

① （汉）班固：《汉书》卷88，中华书局1962年点校本，第3599页。
② 同上书，第3621页。

事实。由"博士缺，众人荐喜"，可见孟喜易学堪为田王孙一系易学的代表，也间接说明了"众人"对于梁丘贺批评孟喜"改师法"之说并不认可。孟喜易学堪称是应运而生的产物，就其时代背景看，自汉武帝接受了董仲舒《天人三策》的理论，天人感应的神学目的论正式成为西汉王朝的官方思想体系之后，充分发挥易学的占验功能，构建起与新天道相适应的占筮体系，就成为一个非常迫切的历史任务了。

二 孟喜卦气易学的主要内容

关于孟喜的易学著作，《汉书·艺文志》著录了三种："《孟喜京房十一篇》《灾异孟氏京房六十六篇》《章句施、孟、梁丘氏各二篇》",[①] 可惜已失传，唯唐一行和尚的《开元大衍历》中，还保存了他的一些易说：

> 十二月卦出于《孟氏章句》，其说《易》本于气，而后以人事明之。京氏又以卦爻配期之日，坎、离、震、兑，其用事自分至之首，皆得八十分日之七十三；颐、晋、井、大畜，皆五日十四分；余皆六日七分。止于占灾眚与吉凶善败之事，至于观阴阳之变，则错乱而不明。自《乾象历》以降，皆因京氏。惟《天保历》依《易通统轨图》，自入十有二节、五卦、初爻，相次用事，及上爻而与中气偕终，非京氏本旨及《七略》所传。按郎顗所传，卦皆六日七分，不以初爻相次用事，齐历谬矣。又京氏减七十三分，为四正之候，其说不经，欲附会《纬》文"七日来复"而已。
>
> 夫阳精道消，静而无迹，不过极其正数，至七而通矣。七者，阳之正也，安在益其小余，令七日而后雷动地中乎？当据孟氏，自冬至初，中孚用事，一月之策，九六七八，是为三十。而卦以地六，候以天五，五六相乘，消息一变，十有二变而岁复初。坎、震、离、兑，二十四气，次主一爻，其初则二至、二分也。坎以阴包阳，故自北正，微阳动于下，升而未达，极于二月，凝涸之气消，坎运终焉。春分出于震，始据万物之元，为主于内，则群阴化而从之，极于南正，而丰大之变穷，震功究焉。离以阳包阴，故自南正，微阴生于地下，积而未章，至于八月，文明之质衰，离运终焉。仲秋阴形于兑，始循万物

[①]（汉）班固：《汉书》卷88，中华书局1962年点校本，第1703—1704页。

之末，为主于内，群阳降而承之，极于北正，而天泽之施穷，兑功究焉。故阳七之静始于坎，阳九之动始于震，阴八之静始于离，阴六之动始于兑。故四象之变，皆兼六爻，而中节之应备矣。《易》爻当日，十有二中，直全卦之初；十有二节，直全卦之中。《齐历》又以节在贞，气在悔，非是。①

在《开元大衍历》中，一行还本之于孟喜易学制一卦气图②，录之如下：

表3—1　　　　　　　　　　孟喜易学卦气表

常气	月中节四正卦	初候	次候	末候	始卦	中卦	终卦
冬至	十一月中 坎初六	蚯蚓结	麋角解	水泉动	公 中孚	辟 复	侯 屯内
小寒	十二月节 坎九二	雁北乡	鹊始巢	野鸡始鸲	侯 屯外	大夫 谦	卿 睽
大寒	十二月中 坎六三	鸡始乳	鸷鸟厉疾	水泽腹坚	公 升	辟 临	侯 小过内
立春	正月节 坎六四	东风解冻	蛰虫始振	鱼上冰	侯 小过外	大夫 蒙	卿 益
雨水	正月中 坎九五	獭祭鱼	鸿雁来	草木萌动	公 渐	辟 泰	侯 需内
惊蛰	二月节 坎上六	桃始华	仓庚鸣	鹰化为鸠	侯 需外	大夫 随	卿 晋
春分	二月中 震初六	玄鸟至	雷乃发声	始电	公 解	辟 大壮	侯 豫内
清明	三月节 震六二	桐始华	田鼠化为鴽	虹始见	侯 豫外	大夫 讼	卿 蛊
谷雨	三月中 震六三	萍始生	鸣鸠拂其羽	戴胜降于桑	公 革	辟 夬	侯 旅内

---

① （宋）欧阳修、宋祁：《新唐书》卷27，中华书局1975年点校本，第598—599页。
② 同上书，第640—642页。

续表

常气	月中节四正卦	初候	次候	末候	始卦	中卦	终卦
立夏	四月节 震九四	蝼蝈鸣	蚯蚓出	王瓜生	侯 旅外	大夫 师	卿 比
小满	四月中 震六五	苦菜秀	靡草死	小暑至	公 小畜	辟 乾	侯 大有内
芒种	五月节 震上六	螳螂生	鵙始鸣	反舌无声	侯 大有外	大夫 家人	卿 井
夏至	五月中 离初九	鹿角解	蜩始鸣	半夏生	公 咸	辟 姤	侯 鼎内
小暑	六月节 离六二	温风至	蟋蟀居壁	鹰乃学习	侯 鼎外	大夫 丰	卿 涣
大暑	六月中 离九三	腐草化为萤	土润溽暑	大雨时行	公 履	辟 遁	侯 恒内
立秋	七月节 离九四	凉风至	白露降	寒蝉鸣	侯 恒外	大夫 节	卿 同人
处暑	七月中 离六五	鹰祭鸟	天地始肃	禾乃登	公 损	辟 否	侯 巽内
白露	八月节 离上九	鸿雁来	玄鸟归	群鸟养羞	侯 巽外	大夫 萃	卿 大畜
秋分	八月中 兑初九	雷乃收声	蛰虫培户	水始涸	公 贲	辟 观	侯 归妹内
寒露	九月节 兑九二	鸿雁来宾	雀入大水为蛤	菊有黄华	侯 归妹外	大夫 无妄	卿 明夷
霜降	九月中 兑六三	豺乃祭兽	草木黄落	蛰虫咸俯	公 困	辟 剥	侯 艮内
立冬	十月节 兑九四	水始冰	地始冻	野鸡入水为蜃	侯 艮外	大夫 既济	卿 噬嗑
小雪	十月中 兑九五	虹藏不见	天气上腾地气下降	闭塞而成冬	公 大过	辟 坤	侯 未济内
大雪	十一月节 兑上六	鹖鸟不鸣	虎始交	荔挺生	侯 未济外	大夫 蹇	卿 颐

对于这个卦气图，一行解释说：

> 各因中节命之，得初候。加天中之策，得次候。又加，得末候。因中气命之，得公卦用事。以地中之策累加之，得次卦，若以贞悔之策加候卦，得十有二节之初外卦用事。因四立命之，得春木、夏火、秋金、冬水用事。以贞悔之策减季月中气，得土王用事。①

关于孟喜的卦气易学，需要介绍和阐释的有如下几点：

一是以"坎、离、震、兑"为主宰北、南、东、西四个方位的卦，即四正卦，以之主宰一年春夏秋冬、二十四节气的变化。此说本于《说卦》"帝出乎震"章，而又有所发展。《说卦》"帝出乎震"章以八卦与八方相配，以八卦的循环运转来模拟一年的天道转换，是受了八方、八风、八节观念的影响。战国末期成书的《吕氏春秋》"十二月纪"中，就有了立春、春分、立夏、夏至、立秋、秋分、立冬、冬至等八个节气名称。这八个节气，标示出季节的转换，清楚地划分出一年的四季八节。可见《说卦》"帝出乎震"章，正是当时天文成果的反映。关于二十四节气，秦汉年间已基本确立。成书于战国末期的《黄帝内经》《鹖冠子》等文献都有这方面的记载。《黄帝内经·素问·六节藏象论》载岐伯之言：

> 五日谓之候，三候谓之气，六气谓之时，四时谓之岁，而各从其主治焉。②

《鹖冠子·王鈇》：

> 天始于元，地始于朔，四时始于历。故家、里用提，扁长用旬，乡师用节，县啬夫用月，郡大夫用气、分所至，柱国用六律。里五日报扁，扁十日报乡，乡十五日报县，县三十日报郡，郡四十五日报柱国，柱国六十日以闻天子。天子七十二日遣使，勉有功，罚不

---

① （宋）欧阳修、宋祁：《新唐书》卷28，中华书局1975年点校本，第639—640页。
② 张志聪：《黄帝内经集注》，浙江古籍出版社2002年版，第72页。

如，此所以与天地总。①

《淮南子·天文》中第一次完整地记载了二十四节气的运行体系：

> 两维之间，九十一度十六分度之五而升，日行一度，十五日为一节，以生二十四时之变。斗指子则冬至，音比黄钟。加十五日指癸则小寒，音比应钟。加十五日指丑是大寒，音比无射。加十五日指报德之维，则越阴在地，故曰距日冬至四十六日而立春，阳气冻解，音比南吕。加十五日指寅则雨水，音比夷则。加十五日指甲则雷惊蛰，音比林钟。加十五日指卯中绳，故曰春分则雷行，音比蕤宾。加十五日指乙则清明风至，音比仲吕。加十五日指辰则谷雨，音比姑洗。加十五日指常羊之维则春分尽，故曰有四十六日而立夏，大风济，者比夹钟。加十五日指巳则小满，音比太蔟。加十五日指丙则芒种，音比大吕。加十五日指午则阳气极，故曰有四十六日而夏至，音比黄钟。加十五日指丁则小暑，音比大吕。加十五日指未则大暑，音比太蔟。加十五日指背阳之维则夏分尽，故曰有四十六日而立秋，凉风至，音比夹钟。加十五日指申则处暑，音比姑洗。加十五日指庚则白露降，音比仲吕。加十五日指西中绳，故曰秋分雷戒，蛰虫北乡，音比蕤宾。加十五日指辛则寒露，音比林钟。加十五日指戌则霜降，音比夷则。加十五日指蹄通之维则秋分尽，故曰有四十六日而立冬，草木毕死，音比南吕。加十五日指亥则小雪，音比无射。加十五日指壬则大雪，音比应钟。加十五日指子，故曰阳生于子，阴生于午。阳生于子，故十一月日冬至，鹊始加巢，人气钟首。②

至公元前104年，由邓平、落下闳、唐都等制定的《太初历》，正式把二十四节气订于历法，明确了二十四节气的天文位置。可见，孟喜的卦气图把当时最先进的天文历法成果纳入了易卦的体系，赋予了坎、离、震、兑四卦卦象、二十四爻象全新的阴阳消长的意义，将天道一年四季、

---

① 黄怀信：《鹖冠子集注汇校》，中华书局2004年版，第188—191页。
② 何宁：《淮南子集释》，中华书局1998年版，第213—216页。

二十四节气循环往复的过程，解释为四正卦、二十四爻在阴阳上交替运转的过程，从而更加精致、系统地构建起了易学天道观，更好地表达了《易传》"易与天地准"的理念。

二是关于孟喜易学中卦与候相配的问题，即六十卦与七十二候的搭配问题，这也是孟喜卦气说的核心内容。所谓"卦气"，就是以卦候天气（道）阴阳消长的意思。孟喜作为汉代卦气易学的奠基者，其理论创新在于以卦候十二月、以卦候二十四节气、以卦候七十二候，从而在易卦的系统内构建了标识天道阴阳消长的越来越精微的体系。我国古代高度发达的天文历法，为孟喜卦气易学的构建创造了条件。早在孔子之前就出现的历书《夏小正》，按夏代十二个月的顺序记述了每个月的星象、气象、物象以及所应从事的农事和政事。至于《逸周书·时训解》则以五日为候，三候为气，记载了一年二十四节气、七十二候的天象、物象变化，并阐释了相关的人事意义。其"五日一候，三候一气"的说法与《黄帝内经·素问》的说法相合，尽管我们无法确定《逸周书·时训解》写成的具体年代，但其反映了秦汉间人们的天文历法知识则是毋庸置疑的。一年七十二候较一年二十四节气，反映了更精微的天道变化，自然成为孟喜构建卦气易学考虑的重点内容。

孟喜以坎、离、震、兑四正卦二十四爻主二十四节气，还剩六十卦如何与七十二候相配呢？这是孟喜需要琢磨的地方，因为从卦数上看，还少了十二卦。由一行和尚所记孟喜易学及所画卦气图，可知孟喜独辟蹊径创立了"十二月卦说"，并且赋予十二月卦以人事的意义。关于后者，孟喜也有可供借鉴的思想资源，《周易·大象》认为《易经》六十四卦皆是讲述"先王""后""上""大人""君子"等统治阶层之行事，而《礼记·月令》《吕氏春秋·十二纪》则对孟喜有着直接的影响：

立春之日，天子亲率三公九卿诸侯大夫以迎春于东郊。①

天子、三公、九卿、诸侯、大夫，正好是五个人事的等级，于是分六十卦为辟（天子）、公、侯、卿、大夫五组。十二辟卦为：复、临、

---

① 许维遹：《吕氏春秋集释》，中华书局2009年版，第8页。

泰、大壮、夬、乾、姤、遯、否、观、剥、坤，十二公卦为：中孚、升、渐、解、革、小畜、咸、履、损、贲、困、大过，十二卿卦是：睽、益、晋、蛊、比、井、涣、同人、大畜、明夷、噬嗑、颐，十二侯卦是：屯、小过、需、豫、旅、大有、鼎、恒、巽、归妹、艮、未济，十二大夫卦是：谦、蒙、随、讼、师、家人、丰、节、萃、无妄、既济、蹇。这样与七十二候相配，还差十二卦，又再使用一遍十二侯卦补之，而以候中气的侯卦为内，以候节气的侯卦为外。这样，其以十二公卦为候中气的始卦，以十二辟卦为候中气的中卦，以十二侯（内）为候中气的终卦，以十二侯（外）为候中节的始卦，以十二大夫卦为候中节的中卦，以十二卿卦为候中节的终卦。如此，在形式上完成了"候"与"卦"之间的搭配。

那么，为什么孟喜易学会有以侯卦两次与七十二候相配的设计呢？笔者以为，这或与秦汉时的封侯制度有关，秦汉时的爵位有二十个等级，其中第十九级为关内侯，第二十级为彻侯（后避汉武帝刘彻讳，改彻侯为列侯）。兹看如淳对《汉书·高后纪》"八年春，封中谒者张释卿为列侯。诸中官、宦者令丞皆赐爵关内侯，食邑"文句的注解："列侯出关就国，关内侯但爵耳。其有加异者，与之关内之邑，食其租税。"[①] 可见关内侯居关内，无封国；列侯则居关外，就封国。以上只是西汉时期两种侯爵之大致的情形，但对于孟喜以十二侯卦配七十二候来说，则完全可以提供一种清晰的理据：就是大体依照关内、关外两种封侯制度，分十二侯卦为内外两类与七十二候相配。如此看来，孟喜易学又紧紧与西汉的政治结合在一起，十二侯卦内与十二侯卦外在政治指向意义上是完全不同的。

三是十二月辟卦说。十二月辟卦说是孟喜在将六十卦与十二月相配的过程中一个天才的设计。十二个公卦、卿卦、侯卦、大夫卦皆有与十二月相配的意义，但唯独十二月辟卦说从卦象看更富有阴阳消长的规律与意义。"辟"指君主、天子，辟卦就是君卦，即以十二天子卦配十二月。早在孟喜之前，人们即以律合历，《淮南子·天文》中有以十二律分主十二月的搭配方法：

---

① （汉）班固：《汉书》卷3，中华书局1962年点校本，第100页。

表3—2

十二律	月份（地支）	十二律	月份（地支）
黄钟	十一月（子）	蕤宾	五月（午）
大吕	十二月（丑）	林钟	六月（未）
太族	正月（寅）	夷则	七月（申）
夹钟	二月（卯）	南吕	八月（酉）
姑洗	三月（辰）	亡射	九月（戌）
中吕	四月（巳）	应钟	十月（亥）

这种搭配，可以说是在气本论基础上，以阴阳二气消长理论解释律历的产物，《淮南子·天文》：

> 日冬至则斗北中绳，阴气极，阳气萌，故曰冬至为德。日夏至则斗南中绳，阳气极，阴气萌，故曰夏至为刑。[1]

这当给孟喜以启发，促使其进行了以十二卦配十二月的构建：

表3—3

卦名/卦形	月份（地支）	卦名/卦形	月份（地支）
复	十一月（子）	姤	五月（午）
临	十二月（丑）	遁	六月（未）
泰	正月（寅）	否	七月（申）
大壮	二月（卯）	观	八月（酉）
夬	三月（辰）	剥	九月（戌）
乾	四月（巳）	坤	十月（亥）

孟喜以复卦为阳气生长的始点，与子月相配，亦是渊源有自：从卦爻象上看，一阳生于五阴之下，象征阳气初生，故《大象》即以之为冬至之卦："雷在地中，复。先王以至日闭关，商旅不行，后不省方。"按

---

[1] 何宁：《淮南子集释》，中华书局1998年版，第208页。

照《易纬·乾凿度》说"易气从下生"的理论①，每一阳爻的增加，表示天地阳气的增长，至乾卦，六爻皆阳，则表示阳气极盛。阳极生阴，姤卦卦爻象为一阴生于五阳之下，以之象征阴气生长的始点，故以之配午月。相应的，每一阴爻的增加，表示天地阴气的增长，至坤卦，六爻皆阴，表示阴气极盛。这样，由复到坤十二卦周而复始的卦爻象之变，表达了"十有二变而岁复初"的天地循环之道。由于"复、临、泰、大壮、夬、乾"六卦，表达的是阳息阴消，故又称"息卦"；"姤、遁、否、观、剥、坤"六卦，表达的是阴息阳消，故又称"消卦"，十二月卦，人们又称之为"十二消息卦"。为什么以十二月卦与"辟"相配呢？这源于古代以天子、国君的事迹作为纲领，以编年的体例，依照年月的顺序记录国家大事的史学传统，即以帝王配天的思想。

四是以卦值日的卦历设计。按照一行的"当据孟氏，自冬至初，中孚用事，一月之策，九六七八，是为三十。而卦以地六，候以天五，五六相乘，消息一变，十有二变而岁复初"的叙述，可见孟喜进行以卦配候的设计，最终的目的是实现六十卦所值日长为一岁，以与历法相统一，如此方实现以卦配历的天道建构。"卦以地六"之"六"，指的是六日，当然这是一个约数，实际值的六日七分。在此需要辨析的是：就孟喜卦气图的整个建构来看，其吸纳了二十四节气在内，就历法上自然准拟的是《太初历》；但《太初历》是八十一分历，一年的日长为 $365\frac{385}{1539}$ 日，就一行的记述来看，孟喜、京房采用的是八十分历，即《颛顼历》，颛顼历一年的日长是 $365\frac{1}{4}$ 日，360 日配六十卦，每卦值六日，剩余 $5\frac{1}{4}$ 日，按八十分历计算的话，一共是四百二十分，再分配给六十卦的话，每卦值七分，二者合计，六十卦每卦值日六日七分，如此可见，孟喜、京房的卦气图，在与一年时长相配上，实际配的皆是《颛顼历》——出现这种情况，一方面是因为《太初历》一年日长的约值也是 365.25 日，与《颛顼历》相差甚微；另一方面八十分历恰好可以被六十卦等分，二者可以实现完美的契合。于此可见，孟喜在以卦配历的设计上，实际上是出于不同的需要，兼准了《太初历》《颛顼历》的。如此可见，在卦与候之

---

① 林忠军：《〈易纬〉导读》，齐鲁书社 2002 年版，第 82 页。

间的搭配上，虽然在形式上实现了整齐划一，但因五卦配六候，实际上始卦、中卦、终卦在所值的日数上是有差异的。按照一行的解释，因"天中之策五""地中之策六""贞悔之策三"①，则公、辟、大夫、卿卦值六日有余，而候卦内、外各值三日有余。

五是卦气图中的五行说。按一行"因四立命之，得春木、夏火、秋金、冬水用事。以贞悔之策减季月中气，得土王用事"的说法，卦气图还体现了易卦与五行相配的理论。按《吕氏春秋·十二纪》《礼记·月令》皆以甲乙配东方春木，丙丁配南方夏火，戊己配中央土，庚辛配西方秋金，壬癸配北方冬水，但土行仅具有虚位的意义，其运行的时间并没有明确。直到《淮南子·天文》提出了"土王四季"说，才对一年土行中的时间有了明确的界定：

甲乙寅卯木也，丙丁巳午火也，戊己四季土也，庚申辛酉金也，壬癸亥子水也。②

即将十二支与十二月相配，寅为孟春，卯为仲春，辰为季春；巳为孟夏，午为仲夏，未为季夏；申为孟秋，酉为仲秋，戌为季秋；亥为孟冬，子为仲冬，丑为季冬。按一年三百六十天计算的话，五行金木水火土各占七十二天；而分别取四个季月的后十八天配土行的时间，这样土功在一年四季都得运行，故谓之"土王四季"。这一说法，在《黄帝内经·素问·太阴阳明论》篇也有记载：

帝曰：脾不主时何也？岐伯曰：脾者土也，治中央，常以四时长四藏，各十八日寄治，不得独主于时也。③

可知秦汉间土旺四季说已经非常流行了。在孟喜卦气图中，五行所主的时间又体现在二十四节气中，木、火、金、土四行各主五个节气；土行所主的节气则是三月气谷雨、六月气大暑、九月气霜降、十二月气

---

① （宋）欧阳修、宋祁：《新唐书》卷28，中华书局1975年版，第639页。
② 何宁：《淮南子集释》，中华书局1998年版，第277页。
③ 张志聪：《黄帝内经集注》，浙江古籍出版社2002年版，第227页。

大寒，在时间上则是以四气为中轴而以策数进行调整，以满足土行一年所主的时日。如此看来，孟喜的卦气易学，又把形成于秦汉间"五行主岁"的学说吸纳了进来。

三 孟喜卦气易学的学术史意义

孟喜的卦气易学，是在"《易》与天地准"思想的指导下，运用"阴阳变易"的法则，将六十四卦与四方、四时、五行、十二月、二十四节气、七十二候，乃至与天子、公、侯、卿、大夫等国家上层统治者相配，以卦爻象解说天地一年节气的变化规律乃至国家政治的理想模式，从而在易卦的体系内构建起了天人感应的新天道与新占术，并使二者在形式上达到了完美的统一。周立升指出：

> 卦气说是汉易的理论支柱，也是汉易之价值所在。西汉中期是卦气说的创制时期，易学家在对当时易学、哲学和天文历法所取得的成果进行总结与整合之后，极力寻找易学与宇宙论和天文历法的结合点，并以此为基础建构适合当时社会需要的卦气理论。①

可以说，孟喜卦气易学的构建，既极大扩容了《周易》的占筮系统，又极大提升了易学的地位和影响，使原本为卜筮之书的《周易》，一跃成为占验天道最精微、最权威的经典，从而深刻影响了西汉中后期的皇权政治。

---

① 周立升：《京房象数易学探微》，刘大钧《象数易学研究》第 3 辑，巴蜀书社 2003 年版，第 60 页。

第四章

西汉易学研究(下)

第一节　论京房易学

京房，字君明，本姓李，因其通晓音律，推律自定为京氏。京房生于汉昭帝元凤四年（公元前77年），死于汉元帝建昭二年（公元前37年），东郡顿丘（今河南清丰西南）人。曾从梁人焦延寿学《易》，焦氏易学"长于灾变，分六十四卦更直日用事，以风雨寒温为候：各有占验。房用之尤精。"[1] 焦延寿尝言："得我道以亡身者，必京生也。"[2] 汉元帝初元四年（公元前45年），33岁的京房以孝廉为郎官，数上疏言灾异，所言屡中，深为汉元帝所宠信。京房有见于奸臣专政、吏治腐败的局面，屡屡上疏，以阴阳灾异之变来指喻社会人事，抨击政治的黑暗与弊端。他尝提出"考功课吏法"，以图整治西汉晚期吏治的腐败；又多次向汉元帝弹劾宦官石显、弘恭等权臣，受到他们的嫉恨，而被排挤出朝廷。在京房离开朝廷一月之余，石显诬告京房"非谤政治，归恶天子，诖误诸侯王"[3]，京房被腰斩弃市，死时仅41岁。京房虽然在同朝廷佞臣的斗争中不幸失败，其整顿吏治、革新政治的愿望没有实现，但他的学说和实践，为西汉晚期政治、思想史写下了浓重的一笔。

京氏易学的产生背景，有三点值得我们注意：一是董仲舒构建的"天人感应"的目的论成为西汉儒学的指导思想，这一思想也大大影响了京房；二是以孟喜、焦延寿开其先声的西汉卦气易学，与当时的律历学

---

[1] （汉）班固：《汉书》卷75，中华书局1962年点校本，第3160页。
[2] 同上。
[3] 同上书，第3167页。

相结合，大大扩展了易学的内容，激励了京房对易学体系的再构建；三是民间流行的数术之学，特别是关于易学的数术之学。无论是魏相的《易阴阳》、孟喜的《易家候阴阳灾变书》、蜀人赵宾的新易说，还是焦延寿的隐士之说，都有一个共同的来源，就是民间易学。京房易学的思想，当在一定程度上汲取了民间易学的营养。

京氏易学，是一个博大精深的理论体系。京房创立了八宫卦序说、世应说和飞伏说、卦爻纳干支说、卦爻五行说等易学新说，构建起"天、地、人、鬼"相统一的象数系统，以实现天道观与占术的完美统一，从而使易学成为占验天道的实用工具，为建立良好的政治秩序发挥了指导作用。关于京房易学，前人已经作了非常全面、深刻的研究，比较著名的有徐昂的《京氏易传笺》、卢央的《京房评传》、郭彧的《京氏易源流》等著作。下面对京氏易学的内容予以介绍。

一　八宫卦序说

京氏易学的特色之一，在于对《周易》六十四卦的卦序予以重新编排，创立了八宫卦序说。即以八经卦的重卦为"八宫"，其顺序依次是乾、震、坎、艮、坤、巽、离、兑。以乾、坤两卦为父母卦，分别按长、中、少的顺序统领三男三女。每一宫卦，又分别统领七个卦，这七个卦，分别称所在宫的一世、二世、三世、四世、五世、游魂、归魂卦，每宫的八卦之间，在象数上呈现出一定的变化规律：一世卦由本宫卦的初爻变而得；二世卦由一世卦的二爻变而得；三世卦由二世卦的三爻变而得；四世卦由三世卦的四爻变而得；五世卦由四世卦的五爻变而得；游魂卦由五世卦的四爻变而得；归魂卦由游魂卦的下体三爻皆变而得。这样，《周易》六十四卦在《京氏易传》中，就呈现出八卦卦序的排列图式，如表4—1：

表4—1　　　　　　　　京房易学八宫卦序表

八宫 世系	乾	震	坎	艮	坤	巽	离	兑
一世	姤	豫	节	贲	复	小畜	旅	困
二世	遁	解	屯	大畜	临	家人	鼎	萃
三世	否	恒	既济	损	泰	益	未济	咸

续表

八宫 世系	乾	震	坎	艮	坤	巽	离	兑
四世	观	升	革	睽	大壮	无妄	蒙	蹇
五世	剥	井	丰	履	夬	噬嗑	涣	谦
游魂	晋	大过	明夷	中孚	需	颐	讼	小过
归魂	大有	随	师	渐	比	蛊	同人	归妹

《京氏易传》中的八宫卦序，是对《周易》六十四卦卦序排列的一种新探索，亦有着一定的理论依据。

首先，从《周易》的形成过程来看，先有了八卦，在八卦的推衍之下，才有了六十四卦。《系辞》曰："是故《易》有太极，是生两仪，两仪生四象，四象生八卦，八卦定吉凶，吉凶生大业。"又曰："八卦成列，象在其中矣。因而重之，爻在其中矣。刚柔相推，变在其中矣。"又曰："古者包牺氏之王天下也，仰则观象于天，俯则观法于地，观鸟兽之文与地之宜，近取诸身，远取诸物，于是始作八卦，以通神明之德，以类万物之情。"既然是先有了八卦，后有了六十四卦，故以八纯卦自身相重而得的六爻卦统领其他"杂卦"也是顺理成章的。

其次，京房以乾、坤为父母卦，各按照长、中、少的顺序统率三男和三女的做法，本于《说卦》。《说卦》曰："乾，天也，故称乎父；坤，地也，故称乎母。震一索而得男，故谓之长男。巽一索而得女，故谓之长女。坎再索而得男。故谓之中男。离谓之中男。离再索而得女，故谓之中女。艮三索而得男，故谓之少男。兑三索而得女，故谓之少女。"故《京氏易传》八宫以"乾、震、坎、艮、坤、巽、离、兑"排列，亦有着一定的逻辑顺序。

最后，京房继承并发展了《易传》天地人三才之道的思想，作为八宫统领六十四卦的理论依据。《京氏易传》卷下曰："孔子云：《易》有四易，一世二世为地易，三世四世为人易，五世六世为天易，游魂归魂为鬼易。"这个"四易"之说，是对先秦《易传》"易有天地人三才之道"思想的一种继承与发展。《说卦》曰："昔者圣人之作《易》也，幽赞于神明而生蓍，参天两地而倚数，观变于阴阳而立卦，发挥于刚柔而生爻，和顺于道德而理于义，穷理尽性以至于命。昔者圣人之作《易》

也，将以顺性命之理。是以立天之道曰阴与阳，立地之道曰柔与刚，立人之道曰仁与义。兼三才而两之，故《易》六画而成卦。分阴分阳，迭用柔刚，故《易》六位而成章。"可见先秦易说中，一卦设六位乃是圣人对《易》纳三才之道的一种考虑，故初、二爻位为地道，三、四爻位为人道，五、上爻位为天道。但这样一来，每宫只能纳六卦，并不能将六十四卦都纳完，于是，京房又提出了"游魂归魂为鬼易"的说法。"鬼易"概念的提出，与当时人们认为宇宙间不但有天地万物，还有鬼神的思想是一致的；而"游魂""归魂"的概念，在《彖传》《系辞》中亦可以找到一定的踪迹，《谦·彖传》曰："天道亏盈而益谦，地道变盈而流谦，鬼神害盈而福谦，人道恶盈而好谦。"《系辞》曰："精气为物，游魂为变，是故知鬼神之情状。"于是，京房认为：易卦不但体现了天地人三才之道，还体现了鬼神之道。

通过以上的分析，可以看出京房通过创建八宫卦序而表现的易学思想是：以乾坤为《易》之门户，分八纯重卦为八类基本卦，每一宫中所纳的八卦又鲜明地体现了天、地、人、鬼"四易"之道，从而将六十四卦构建成了一个非常严密的易学图式，以此来表达他的易学观。

每宫中天、地、人、鬼"四易"的更迭，是京房八宫卦序说最富有创造性的地方。就当前出土的文献资料来看，京房在构建八宫卦序的时候，手头可能有两种现成的卦序资源，一是通行本卦序；二是帛书《周易》的卦序。通行本卦序"非覆即反"的象数特点人们都熟知，在此就不赘述了；帛书《周易》卦序与《京氏易传》卦序有一致的地方，也是按照八宫方式排列的，故在此稍作阐述。

帛书《周易》八宫的始卦分别是"乾、艮、坎、震、坤、兑、离、巽"的自重卦，而其分别统领的其余七卦与京氏易学在意义上完全不同。邢文说：

> 帛书《周易》六十四卦可以分为八组，每组以上卦相同为准。上卦的顺序是：乾、艮、坎、震、坤、兑、离、巽。每组中，先取与上卦相同之卦为下卦，然后取此卦以外的其余七卦为下卦，其下卦相应的顺序是：乾、坤、艮、兑、坎、离、震、巽。①

---

① 邢文：《帛书周易研究》，人民出版社1997年版，第69页。

这样，帛书《周易》的卦序，我们可以用下表示之：

表4—2　　　　　　　帛书《周易》八宫卦序表

上卦＼下卦	乾	艮	坎	震	坤	兑	离	巽
	乾	艮	坎	震	坤	兑	离	巽
乾		大畜	需	大壮	泰	夬	大有	小畜
坤	否	剥	比	豫		萃	晋	观
艮	遯		蹇	小过	谦	咸	旅	渐
兑	履	损	节	归妹	临		睽	中孚
坎	讼	蒙		解	师	困	未济	涣
离	同人	贲	既济	丰	明夷	革		家人
震	无妄	颐	屯		复	随	噬嗑	益
巽	姤	蛊	井	恒	升		大过	鼎

对于帛书《周易》的卦序，李学勤认为其依据是帛书《易之义》中的一段话："天地定位，山泽通气，火水相射，雷风相薄。"

他说：帛书的"火水"大约是误导，把它纠正过来，再改用卦名写出，便成为：

　　震　坎　艮　乾

　　巽　离　兑　坤

帛书六十四卦实分为八组，每组以上卦现同为准。上卦的次第是乾、艮、坎、震、坤、兑、离、巽，即横读上图，先读上行，再读下行。下卦的次第是先取与上卦同者，然后以乾、坤、艮、兑、坎、离、震、巽为序，这也是横读上图，不过是合读两行。①

李学勤由之认为：

---

① 李学勤：《马王堆帛书〈周易〉的卦序卦位》，《中国哲学》第14辑，人民出版社1988年版，第17页。

《说卦》"天地定位"和"帝出乎震"两章有不同的来源。"天地定位"和它前面两章本来是和今《系辞》的大部分结合在一起的，很可能比其后面各章写成较早。……这样，我们对宋以来所谓先天卦位和后天卦位，都需要重新评价。①

　　按李氏之说，是先天卦位较后天卦位为早。但笔者认为，《帛书》八卦的方位问题，应当是一个相当后起的问题，应是先出现了"帝出乎震"一节的卦位——后天卦位，然后才出现了如李氏所分析的《帛书》"乾南坤北"的卦位——先天卦位。也就是说，先天卦位和后天卦位的名称与它们实际出现的次序正好颠倒了。为什么这么说呢？从《说卦》"帝出乎震"所搭配八卦方位来看，其意图似乎是仿照当时流行的五行学说，来构建易卦的自然图式。

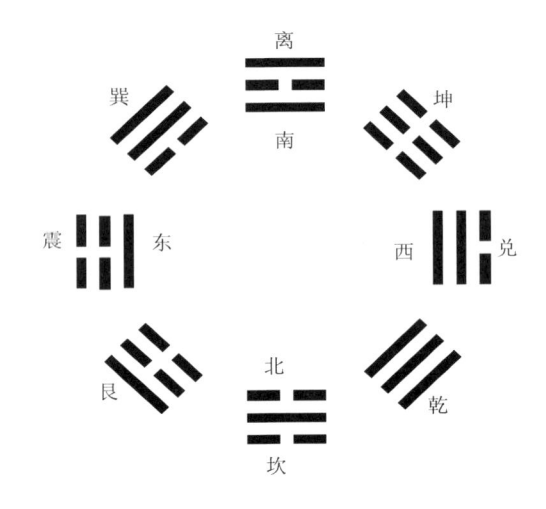

图4—1　后天八卦方位图

　　战国中期流行的五行学说，是以木居东方、火居南方、金居西方、水居北方，土居中央或火、金之间的，《说卦》以八卦配八方的举动，当是对五行学说的一种模仿。而震为木居东方，离为火居南方，兑为金居

---

① 李学勤：《马王堆帛书〈周易〉的卦序卦位》，《中国哲学》第14辑，人民出版社1988年版，第25—26页。

西方,坎为水居北方,坤为土居火、金之间,此又与当时流行的五行图式如出一辙。以八卦配四时、方位的思想,不会产生太早,当在战国中后期五行学说流行之后。所以,我们可以说:"帝出乎震"一节,是《周易》卦位问题的源头。而"后天卦位"的这种搭配模式,在当时有着经典的依据,也符合人们经验的实际。高明说:

> 坤卦卦辞云:西南得朋,东北丧朋:西南坤位,故云得朋,东北反之,故云丧朋。蹇卦卦辞云:利西南,不利东北。西南坤位,地也;东北艮位,山也。以蹇难之平地则难解,以蹇难之山岳则道穷。解卦卦辞亦云:利西南。蹇难既解,物情舒缓,自以平地为利也。升卦卦辞云:南征吉。南方离位,离为明,升而适离明之地则吉也。卦辞之涉及方位者,虽仅数卦,然均与《说卦传》合。可见《说卦传》言方位之象,亦非无所本。①

对于《说卦》的这种安排,王博也认为:

> 除了合乎五行学说外,还合乎古人的一些说法。如《左传·襄公十八年》记董叔曰:"天道多在西北",《淮南子·天文训》和新发现的楚简《太一生水》中,都提到天不满于西北,因此有日月星辰皆向西北运动的现象;《说卦》以乾居西北,应该是有这样的背景,而坤居西南,与该卦卦辞中"西南得朋,东北丧朋"之语正合,这样来说"天地定位",比先天八卦的说法更有依据。②

细绎帛书《周易》"天地定位"章对八卦顺序的这种调整,有为《帛书》六十四卦卦序提供理论支撑的意图。从学术史的角度看,帛书《周易》对八卦卦位的这种调整,也是易学发展的一个必然。原因在于:尽管《说卦》依据当时的五行思想搭建起了易卦的自然模式,甚至还贯穿了一定的阴阳消长思想,并有着一定的经典与认识上的依据,但这个图式从易学本身来看不是很理想:其将乾卦置于西北,坤卦置于西南,

---

① 高明:《易象探源》,黄沛荣:《易学论著选集》,台湾长安出版社1985年版。
② 王博:《易传通论》,中国书店2003年版,第231页。

二者皆不居四方的正位，这不但体现不出乾坤为易卦之蕴的思想，也与人们头脑中的"天尊地卑"的观念不符。如果说帛书《易传》确实存在先天八卦图式的话，可能就是基于以上的考虑，但也只能基于推测，而不能确定。

图4—2　先天八卦方位图

与帛书《周易》以八经卦为单位，两两按照一定顺序组合而构成一宫八卦、八宫而形成六十四卦的方式不同，《京氏易传》在易有天地人鬼"四易"思想的指导下，以爻变为单位，将阴阳二气消长理论推阐到了极致。比如乾宫八卦：乾→姤→遁→否→观→剥→晋→大有，体现了阳极生阴，阴一世比一世盛大，最终盛大到极点而又逐渐返归于阳的完整过程。《京氏易传》曰：

　　《乾》："阳实阴虚，明暗之象，阴阳可知。……阳极阴生，降入姤卦。"[1]
　　《姤》："姤，遇也，《易》曰'阴遇阳'。……阴不能制于阳，附于金柅，易之柔道牵也。……阳荡阴，降入遁。"

---

[1] 郭彧以"降入姤卦"为陆绩注，从《京氏易传》义例上看，当为《京氏易传》原文。见郭彧《〈京氏易传〉导读》，齐鲁书社2002年版。本书所引《京氏易传》除特别标注外，皆引此本。

《遁》:"阳荡阴遁。……山在天下为遁,阴来阳退也。……阳消阴长,无专于败。……积阳为天,积阴为地。山所地高峻,逼通于天。是阴长阳消,降入否。"

《否》:"内象阴长。……天地清浊,阴薄阳消,天地盈虚,与时消息。……上九云'否极则倾,何可长也',阴长降入观。"

《观》:"内象阴道已成。……虽大观在上,而阴道浸长。地上见巽,积阴凝盛,降入于剥。"

《剥》:"柔长刚减,天地盈虚。……春夏始生,天气盛大;秋冬严杀,天气消灭。故当剥道已成,阴盛不可逆。阳息阴专,升降六爻,反为游魂,荡入晋。"

《晋》:"阴阳返复,进退不居。精粹气纯,是为游魂。……天地运转,气在其中矣。乾道变化,万物通矣。六爻交通,至于六卦阴阳,相资相返,相克相生。至于游魂复归本位为大有,故曰'火在天上,大有',为归魂卦。"

《大有》:"卦复本宫曰大有。……阴阳交错,万物通焉。阴退阳伏,返本也。乾象分荡八卦入大有终也。乾生三男,次入震宫八卦。"

虽然《乾》卦从爻象上看六爻纯阳,但京房认为,阳本身即蕴涵着阴,阳为实象,阴处虚象,当阳气达到极点的时候,必然向对立面转化。《易》卦气从下生,故乾宫八卦自初爻起姤、遁、否、观、剥五世依次更迭,充分体现了阴阳二气消长之道。对于五世卦向游魂、归魂卦的转变之理,宋代张行成曰:

(乾宫)若上九变,遂成纯坤,无复乾性矣。乾之世爻上九不变,九返于四而成离,则明出地上,阳道复行,故游魂为晋,归魂于大有,则乾体复于下矣。(坤宫)若上六变,遂成纯乾,无复坤性矣。坤之世爻上六不变,返于四而成坎,则云上于天,阴道复行,故游魂之卦为需,归魂于比,则坤体复于下矣,自比又七变焉,而坤体复纯也。①

张氏的解释符合京房的易学思想。游魂卦之变,不能继续变上爻,

---

① (宋)张行成:《元包数总义》卷1,文渊阁四库全书本。

否则剥变为坤，就脱离乾宫了；而六世卦向游魂卦转变又象征着阴极生阳、物极则反的道理，故变六世卦上经卦之初爻，以示剥卦的阴气消到尽头，阳气始息。所以到了归魂卦，则下经卦全变，象征阳气壮大，回归于乾道上来。可以说，京房易学八宫卦序的本质是"爻变"法，以爻之变，搭建起了六十四卦之间的联系，从而以之象征天地阴阳变化之道。

另外，在对阴阳二气运动的描述上，京房也发明了不少说法："虚""实""极""生""积""消""长""薄""息""专""升""降""荡""返复""进退""相资""相返""相克""相生"等，揭示了阴阳二气相互影响、互为条件、对立统一的关系。

二 世应说和飞伏说

京房构建了八宫卦序，以之表达了阴阳消息的天道观，是为了"推天道而明人事"，从而为国家政治提供借鉴。故在此基础上，京房又提出了八宫卦之间的世应说和飞伏说。

兹先说一下"世应说"。京房借鉴并发挥了孟喜以"辟、公、侯、卿、大夫"与易卦相配的思想，将社会阶层等级融入易卦，使之与一卦六爻之位相配。卦有六位：初、二、三、四、五、上，京房将元士配初爻，大夫配二爻，三公配三爻，诸侯配四爻，天子配五爻，宗庙配上爻。京房的这一思想，保留在《易纬·乾凿度》中：

> 初为元士，二为大夫，三为公，四为诸侯，五为天子，上为宗庙。凡此六者，阴阳所以进退，君臣所以升降，万人所以为象则也。故阴阳有盛衰，人道有得失。圣人因其象，随其变，为之设卦。方盛则托吉，将衰则寄凶。阴阳不正，皆为失位，其应实而有之，皆失义。善虽微细，必见吉端；恶虽纤芥，必有悔吝。所以极天地之变，尽万物之情，明王事也。①

一卦六位配置妥当了，怎么看社会上的哪种力量在发挥主导作用呢？这就要看该卦在其所处宫中的世系。即：一世卦就以初爻为主，元士在社会上发挥主要作用，京房称"元士居世"；二世卦就以二爻为主，大夫

---

① 林忠军：《〈易纬〉导读》，齐鲁书社2002年版，第87页。

发挥主要作用，京房称"大夫居世"；三世卦就以三爻为主，三公发挥主要作用，京房称"三公临世"；四世卦就以四爻为主，诸侯发挥主要作用，京房称"诸侯临世"；五世卦就以五爻为主，天子发挥主要作用，京房称"天子治世"；本宫卦就以上爻为主，宗庙发挥主要作用，京房称"宗庙治世"；游魂卦与四世卦同；归魂卦与三世卦同。如《京氏易传·解》："成卦之义在于九二。与坎为飞伏。立大夫于世为人，而六五降应，委权命于庶品。"解卦为震宫二世卦，九二爻即为主爻，大夫居世，天子将权力交给大夫。所以《京氏易传·姤》指出："定吉凶，只取一爻之象。"即是强调了一卦之世爻在占验吉凶上的主导地位。但也有变例的情况，如《京氏易传·豫》："世立元士为地易，奉九四为正。……豫以阳适阴为内顺，成卦之义在于九四一爻。"豫卦为震宫一世卦，本应以初六的意义为主，但京房将成卦之义归为初六所呼应的九四爻，这是把世爻、应爻之间阴阳关系的意义考虑了进去。

京房认为，一卦之六爻，实即是社会上六种政治力量的反应，世爻在卦中起主导地位，但还要看它与其他爻的关系情况，这就产生了"应爻"的概念。早在战国时期的《易传》中，已经产生了一卦六爻的初爻与四爻、二爻与五爻、三爻与六爻阴阳呼应的观念。京房继承了《易传》的这种思想，认为占断人事的吉凶，还要看与世爻所对应之爻。如《京氏易传·剥》："天子治世，反应大夫。"剥卦为乾宫五世卦，故以六五天子爻为世爻，六二大夫爻为应爻。《京氏易传·晋》："诸侯居世，反应元士。"晋卦为乾宫游魂卦，九四诸侯爻为世爻，下应初六元士爻。《京氏易传·大有》："三公临世，应上九为宗庙。"大有卦为乾宫归魂卦，世爻与三世卦同，故以上九宗庙爻为应。《易纬·乾凿度》曰：

> 物有始、有壮、有究，故三画而成乾，乾坤相并俱生，物有阴阳，因而重之，故六画而成卦。三画以下为地，四画以上为天。易气从下生，动于地之下，则应于天之下；动于地之中，则应于天之中；动于地之上，则应于天之上。初以四，二以五，三以上，此之谓应。[①]

[①] 林忠军：《〈易纬〉导读》，齐鲁书社2002年版，第82页。

当是对京房易学"世应说"的总结。需要指出的是：京氏论世应，是不管世爻与应爻在阴阳属性上是否存在着呼应关系的，此与先秦时期的阴阳应位观点不同。如《京氏易传·大畜》："九二大夫应世，应六五为至尊，阴阳相应，以柔居尊，为畜之主。"九二、六五本身即是阴阳相应的。《京氏易传·睽》："诸侯立九四为世，初九元士为应。"九四、初九都是阳爻，此是阳爻之间的呼应。《京氏易传·丰》："阴处至尊为世，大夫见应。君臣相暗，世则可知。臣强君弱，为乱世之始。"六五、六二都是阴爻，此是阴爻之间的呼应。这样，京氏就扩大了爻位相应的意义，从而能够更灵活地解释社会政治力量的消长关系。如对于上面的丰卦而言，以为丰卦世爻六二、应爻六五皆为阴爻，六五以阴居尊位为"弱君"，六二为阴暗之佞臣，故为"强臣"，故认为此时的政治局面处于"君臣相暗"的状态。再如《京氏易传·解》："成卦之义在于九二。与坎为飞伏。立大夫于世为人，而六五降应，委权命于庶品。"九二大夫为世爻，六五天子屈尊为应爻，故京氏认为这是"委权命于庶品"。再如《京氏易传·履》："九五得位为世身，九二大夫合应象。"九五阳刚天子为世爻，九二阳刚大夫为应爻，君明臣直，二者为"合应"之象。

下面说一下"飞伏说"。宋代朱震曰：

> 伏爻何也，曰京房所传飞伏也。乾坤、坎离、震巽、艮兑相伏者也。见者为飞，不可见者为伏。飞方来也，伏既往也。《说卦》巽"其究为躁"，卦例飞伏也。太史公《律书》曰："冬至一阴下藏，一阳上舒。"此论复卦初爻之伏巽也。①

朱震解释飞伏说比较得简略。就京氏易学飞伏说的理论依据而言，其立足于阴阳二气变易学说，认为天地间一切的事物和现象，都是阴阳二气消长的结果，阴阳二气互为条件、互为因果，相互转化。如《京氏易传·乾》曰："六位纯阳，阴象其中。阳为君，阴为臣；阳为民，阴为事。阳实阴虚，明暗之象，阴阳可知。"《京氏易传·坤》曰："阴中有阳，气积万象，故曰阴中阳。"《京氏易传·晋》曰："六爻交通，至于六

---

① （宋）朱震：《汉上易传》卷1，文渊阁四库全书本。

卦阴阳，相资相返，相克相生。"可以说，京氏的飞伏说就是对立统一规律形象化的诠释。就卦象而言，乾坤、坎离、震巽、艮兑八卦两两之间何以为"相伏"？就是因为彼此都互为相反之卦。朱震指出了京氏的飞伏说包含着"卦之飞伏"与"爻之飞伏"两种情况。实际上，"爻之飞伏"只是"卦之飞伏"的进一步具体化，以便为占筮提供更加精确的情况分析。关于京氏飞伏说，前人已经作了非常细致的研究，徐昂将京房易学的飞伏情况归结为四种义例：

> 八宫中阴阳相对者互为飞伏。如乾坤相互、震巽相互、坎离相互、艮兑相互。此一例也。
> 八宫所化生之卦，自一世至五世，前三卦与内卦飞伏，后二卦与外卦飞伏，如乾宫一世姤卦飞伏在内巽，二世遁卦飞伏在内艮，三世否卦飞伏在内坤，四世观卦飞伏在外巽，五世剥卦飞伏在外艮。此又一例也。
> 游魂卦由五世外卦魂复于第四爻，归魂卦由游魂内卦魂返于第三爻，各与为飞伏。如乾宫游魂晋卦九四，由五世剥卦外艮六四爻变来，与艮为飞伏。归魂大有卦九三，由游魂晋卦内坤六三变来，与坤为飞伏。此第三例也。
> 八宫所辖诸卦世位所当之爻，各与本宫为飞伏。如姤卦隶乾宫第一世，世位在初六爻，与乾宫初九爻为飞伏。遁卦隶乾宫第二世，世位在六二爻，与乾宫九二爻为飞伏。此第四例也。就形式理论分析，自有区别；而究其本原，固相同而无或异也。①

京氏易学的飞伏说，可能是在受孟喜、焦延寿等人卦气说的影响下提出来的。所谓的卦气理论，实际上就是阴阳二气说的一种数术化的产物。按照卦气理论，阳气极盛的时候，阴气已开始伏藏在其中；阴气极盛的时候，阳气已开始萌芽于其中。《易经》作者已有此思想的萌芽，如《坤·上六》："龙战于野，其血玄黄。"龙本为阳物，按上六为阴气极盛之时，阴气极盛则必然返下，与阳气交接，故其爻象为阴阳相战之象。《京氏易传·小畜》曰："夏至起纯阴，阳爻位伏

---

① 徐昂：《京氏易传笺》卷3，民国三十三年铅印本。

藏；冬至阳爻动，阴气凝地。阴阳升降，以柔为刚。"这里阴阳二气的一"起"一"伏"、一"动"一"凝"的说法，就是京氏飞伏说的理论依据。

如果说京氏易学的世应说，发展了春秋战国以来的爻位说；那么，京氏易学的飞伏说，则是对易卦爻变理论的拓展，其对于易学的意义而言，即使人们更加注意研究爻位之间的关系，又更加注重卦与卦之间意义上的联系。并且京房又将社会阶层等级比附爻位，从而赋予《周易》易卦占筮系统更多的意义。

三 卦爻纳干支说

干支纪元法是我国先民的一项古老而重要的发明，据说上古天皇氏时代已发明干支历。即把十天干和十二地支分别组合起来，共配成六十组，以之表示年、月、日的次序，周而复始，循环使用。在战国秦汉时期新天道与新占术构建的思潮推动下，干支学也在不断与其他方术或思想观念相结合，体现了数术融合的趋势。前文已引述，早在墨子的生活年代，已出现五行与天干的搭配模式。《管子·五行》篇认为国家的行政管理，应当按照五行相生的顺序，将一年分为"甲子木行御""丙子火行御""戊子土行御""庚子金行御"和"壬子水行御"五个阶段，分别以相应的方式进行管理。[①] 说明干支与五行的结合更加紧密。

秦汉以来，在"大一统"观念的影响下，阴阳五行学说进一步合流，人们以天干、地支与五方、五行相配，以表达更为复杂的天道观，《淮南子·天文》提出了"土王四季"说：

> 甲乙寅卯木也，丙丁巳午火也，戊己四季土也，庚申辛酉金也，壬癸亥子水也。[②]

即，将十二支与十二月相配，寅为孟春，卯为仲春，辰为季春；巳为孟夏，午为仲夏，未为季夏；申为孟秋，酉为仲秋，戌为季秋；

[①] 黎翔凤：《管子校注》，中华书局2004年版，第869—878页。
[②] 刘文典：《淮南鸿烈集解》，中华书局1989年版，第124页。

亥为孟冬，子为仲冬，丑为季冬，分别取四个季月的后十八天配土行的时间，这样土功在一年四季都得运行，故谓之"土王四季"。如果我们再将干支按照奇偶、阴阳的属性分开，与五行搭配，其搭配关系如下表所示：

表4—3　　　　　　　　干支阴阳五行对照表

天干		地支		五行
阳	阴	阳	阴	
甲	乙	寅	卯	木
丙	丁	午	巳	火
戊	己	辰、戌	丑、未	土
庚	辛	申	酉	金
壬	癸	子	亥	水

以上人们关于干支阴阳五行学说的构建，为京房易学提供了借鉴；而孟喜易学的以"坎离震兑"四正卦二十四爻主二十四节气，以一卦主六日七分（暗合一爻主一日）的理论和实践，又为京房卦爻纳干支（又称"纳甲"）学说的设计提供了直接的灵感。

（一）卦纳干

《京氏易传》卷下曰：

> 分天地乾坤之象，益之以甲乙壬癸，（陆绩注："乾坤二分，天地阴阳之本，故分甲乙、壬癸，阴阳之始终。"）震巽之象配庚辛，（陆绩注："庚阳入震，辛阴入巽。"）坎离之象配戊己（陆绩注："戊阳入坎，己阴入离。"）艮兑之象配丙丁。（陆绩注："丙阳入艮，丁阴入兑。"）八卦分阴阳，六位配五行，光明四通，变易立节。天地若不变易，不能通气。五行迭终，四时更废。变动不居，周流六虚。上下无常，刚柔相易，不可以为典要，惟变所适。

按照陆绩的注，可以得出京房易学八卦纳十干的模式：

表4—4　　　　　　　　　京房易学卦纳干表

	乾	甲、壬
阳卦配阳干	震	庚
	坎	戊
	艮	丙
阴卦配阴干	坤	乙、癸
	巽	辛
	离	己
	兑	丁

可见其搭配的基本原则是阳卦纳阳支，阴卦纳阴支。这里有两个问题需要我们注意：

一是周易经卦有八而天干有十，如何处理二者对应关系的难题？京房的处理是在把八卦和十天干分为阴阳二类的基础上，将天干的首两位甲乙和末两位壬癸分别与乾坤相配，按照陆绩"乾坤二分，天地阴阳之本，故分甲乙、壬癸，阴阳之始终"的解释，此举的意义是体现了阴阳二气在十干上的一个有始有终的变动过程。陆绩的解释，揭示了京氏易学在八卦纳十干问题上试图构建的哲学理论，是符合京氏原意的。

二是八宫卦中六子的顺序，京房是按照长、中、少的顺序排列的；而其在纳干的时候，却是按照由少至长的顺序，这样搭配的依据是什么呢？关于京房以卦爻纳干支的意图，卢央指出：

> 京房要建构的是一个具有客观性而且是可操作的系统，因此要将干支五行系统地引入其八宫卦体系中。他以为干支五行与天地宇宙情况更加相符，而且对事物的解释和对吉凶的推测有一种内在的机制，不依赖于个人对卦爻辞或卦象的主观的看法。如果干支五行机制得以顺利地纳入八宫卦中，那么就建构了全新的易学体系。[1]

笔者认为，京房之所以将六子卦按照由少至长的顺序纳入干，当是出于对八卦、天干所象征的阴阳意义的考虑。我们看"坎、离"二卦，

---

[1] 卢央：《京房评传》，南京大学出版社1998年版，第125页。

六子卦中，坎离发挥着尤其重要的意义。《京氏易传》卷下曰：

> 孔子曰，阳三阴四，位之正也。三者东方之数，东方日之所出，又圆者径一开三也。四者西方之数，西方日之所入，又方者径一而取四也。言日月终天之道，故易卦六十四分上下，象阴阳也。奇偶之数，取之于乾坤。乾坤者阴阳之根本，坎离者阴阳之性命。

可以看出，京房将坎离二卦提高到了"阴阳之性命"的哲学高度，天地之道，正是坎离之象——日月不停运动的结果。这一点，京房有着《说卦》"坎为月""离为日"说法的支持；另外，我们由虞翻对《系辞》"六虚"的解释可以得到证实：

> 六虚，六位也。日月周流，终则复始，故周流六虚。谓甲子之旬，辰巳为虚。坎戊为月，离己为日，入在中宫，其处空虚，故称六虚。五甲如次者也。①

《三国志·虞翻传》裴松之注引《翻别传》曰：

> 翻初立《易注》，奏上曰："臣闻六经之始，莫大阴阳，是以伏羲仰天悬象，而建八卦，观变动六爻为六十四，以通神明，以类万物。臣高祖父故零陵太守光，少治孟氏《易》，曾祖父故平舆令成，缵述其业，至臣祖父凤为之最密。臣亡考故日南太守歆，受本于凤，最有旧书，世传其业，至臣五世。前人通讲，多玩章句，虽有秘说，于经疏阔。臣生遇世乱，长于军旅，习经于枹鼓之间，讲论于戎马之上，蒙先师之说，依经立注。"②

可知虞翻家学恰是孟喜易学，而京房自认为其师焦延寿的易学就是来自孟氏，刘歆作《七略》，已经将孟喜、京房的书著录在一起，故虞翻易学，实本于孟喜、京房易学一系，我们可以从虞翻易学去推解京氏易

---

① （清）李道平：《周易集解纂疏》，中华书局1994年版，第666页。
② （晋）陈寿：《三国志》卷57，中华书局1959年点校本，1322页。

学。由之可知《京氏易传》所说的"光明四通,变易立节……五行迭终,四时更废。变动不居,周流六虚",实是讲了一个日月(阴阳)周流天道的模式。

虞翻对"六虚"的解释,从干支学上讲,实是一个"六甲孤虚法"的问题,裴骃《史记集解·龟策列传》对之解释曰:

  甲乙谓之日,子丑谓之辰。六甲孤虚法:甲子旬中无戌亥,戌亥即为孤,辰巳即为虚;甲戌旬中无申酉,申酉为孤,寅卯即为虚。甲申旬中无午未,午未为孤,子丑即为虚。甲午旬中无辰巳,辰巳为孤,戌亥即为虚。甲辰旬中无寅卯,寅卯为孤,申酉即为虚。甲寅旬中无子丑,子丑为孤,午未即为虚。①

为了便于理解,兹通过六十甲子表来说明:

表4—5   六甲孤虚表

旬次					虚	虚				孤
1	甲子	乙丑	丙寅	丁卯	戊辰	己巳	庚午	辛未	壬申	癸酉	戌亥
2	甲戌	乙亥	丙子	丁丑	戊寅	己卯	庚辰	辛巳	壬午	癸未	申酉
3	甲申	乙酉	丙戌	丁亥	戊子	己丑	庚寅	辛卯	壬辰	癸巳	午未
4	甲午	乙未	丙申	丁酉	戊戌	己亥	庚子	辛丑	壬寅	癸卯	辰巳
5	甲辰	乙巳	丙午	丁未	戊申	己酉	庚戌	辛亥	壬子	癸丑	寅卯
6	甲寅	乙卯	丙辰	丁巳	戊午	己未	庚申	辛酉	壬戌	癸亥	子丑

由表4—5可以看出,戊、己二干,总是处在每一旬的中间位置,也就是处在虚辰的位置上,这象征着日月周流着天空的"六虚",将其与"坎离"相配,坎离作为"阴阳之性命",便取得了干支学上的依据。按《汉书·艺文志》"数术略"有"风后孤虚二十卷",可见京房这种搭配方式,当是汲取了前人的研究成果。

京房以"戊己"与"坎离"相搭配,或许还考虑了西汉时"戊己"所代表的五行意义。"戊己"五行配土,西汉时人认为"土王四

---

① (汉)司马迁:《史记》卷128,中华书局1982年点校本,第3237—3238页。

季",土功在一年四季都得运行。这样,其以坎离作为"阴阳之性命",其"变动不居,周流六虚"的过程,也可视作土居中央空辰,以制四时的过程。

从实际操作上看,对于六子卦而言,无论是按照由少至长,还是按照由长至少的顺序搭配剩余的六天干,坎离所搭配的总是戊己。但将坎离提升到"阴阳之性命"的哲学高度,将日月视为"终天之道",便可以更为细致地以八卦构建出天道的运行模式:所谓日月的终天之道,其路径上是以"坎离"所代表的阴阳二气周流其他六经卦爻位的过程;表现在月相上,是以"乾坤震巽艮兑""六经"卦象表达月相阴晴圆缺等不同阴阳变化状态的过程。在《说卦》中,震为长男,从阴阳的意义上看,它代表阳气刚刚自坤体下方萌生出来;另外,这种卦象,恰恰与自西方升起的由新月发展而来的峨眉月之月相所表达的阴阳状态相一致。由震卦所标示的峨眉月的月相发展下去,则是半月(上弦月),以兑卦卦象标示,显现了阳气的进一步增强、阴气的进一步消解;另外,兑卦卦象与上弦月的月相所表达的阴阳状态相一致。由兑卦所标示的月相发展下去,则为乾卦所标示的满月月相。巽虽为长女,从阴阳的意义上看,它代表阴气刚刚从乾体下方萌生出来;另外,这种卦象,恰恰与由满月发展而来的凸月的月相所表达的阴阳状态相一致。由巽卦所标示的月相发展下去,则是半月(下弦月),以艮卦卦象标示,显示了阴气进一步增强、阳气进一步消解;另外,艮卦卦象与下弦月的月相所表达的阴阳状态相一致。再进一步发展下去,阴气进一步盛大,于是出现新月的月相,与之相应的,则是坤卦全阴的卦象,按照先秦两汉时上南下北的画图习惯制图如下(为了形象表示出坎离周天运行的模式,将巽卦相配的月相置于东北方,实际上从北半球的观星视角来看,它在天空的位置与震卦所配的月相位置相同):

正是京房作了以卦象模拟月相的考虑,于是,在考虑震巽、艮兑四卦与"丙丁""庚辛"如何搭配时,从卦象所代表的阴阳强弱状态的角度上看,震巽虽为长男长女,但因所代表的阴阳状态较弱,故与六干中最后二干相配;而艮兑虽为少男少女,但因所代表的阴阳状态较强,故与六干中最前的二干相配。而乾坤两卦分纳甲乙,代表了阴阳二气最盈满的状态。从先秦两汉时人们所信奉的干支学的知识上看,庚辛处于西方的位置,丙丁处于南方的位置,这样,以震巽配庚辛、艮兑配丙丁,与

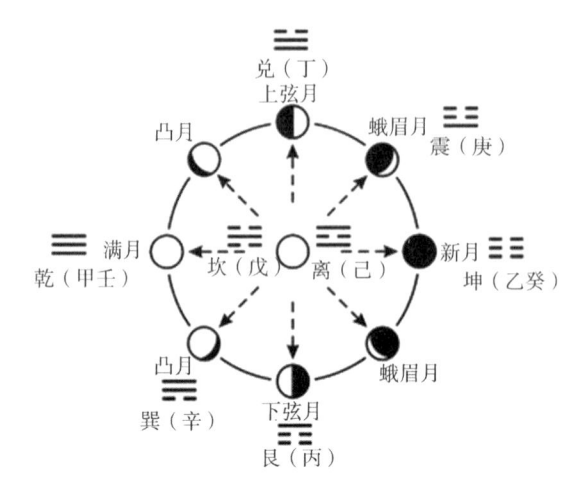

图 4—3　八卦月相图

当时流行的干支五行、五方观念大体一致。

只有沿着上述的解析思路，才能读透文章开头所引《京氏易传》的那段话：以乾坤之象配甲乙壬癸，以震巽之象配庚辛，以坎离之象配戊己，以艮兑之象配丙丁，处处点明是以"卦象"来配十干，原因就在于京房充分作了如何将卦象与月相搭配一致的考虑。

辨析清楚京氏易学卦纳干的问题，有两方面的深刻意义：一是可以更清楚地认识京房在将八卦与十干相配时，以当时盛行的阴阳二气消长学说为依据，以卦象模拟月相，充分吸收了当时的干支五行学说，尝试构建一个全新的易学体系；二是以之比较东汉末年魏伯阳在《周易参同契》中构建的"月体纳甲说"：

> 复卦建始萌，长子继父体，因母立兆基，消息应钟律，升降据斗枢。三日出为爽，震庚受西方。八日兑受丁，上弦平如绳。十五乾体就，盛满甲东方。蟾蜍与兔魄，日月气双明。蟾蜍视卦节，兔者吐生光。七八道已讫，屈折低下降。十六转受统，巽辛见平明。艮直于丙南，下弦二十三。坤乙三十日，东方丧其明。节尽相禅与，继体复生龙。壬癸配甲乙，乾坤括始终。七八数十五，九六亦相应。

四者合三十，阳气索灭藏。①

可以看出，《周易参同契》中月体纳甲的模式，完全取之于京房易学。

(二) 爻纳支

关于京房是通过怎样的方式将十二地支纳入八卦之中，目前主要的观点是"隔八生律法"。按照卢央的解释：以律起于黄钟子位，当乾之初九，历丑寅卯辰巳午未八位，得律中林钟，当坤之初六。又从未位起，历未申酉戌亥子丑寅，得律中太簇，当乾之九二。依此类推，求得黄钟、太簇、姑洗、蕤宾、夷则、无射六阳律，分别对应子位乾初九、寅位乾九二、辰位乾九三、午位乾九四、申位乾九五、戌位乾上九。而六吕之生，则由坤初六起于未，律中林钟，按照"天左旋，地右动"的原则，当右旋，与六阳律相反方向运转。由未起，历未午巳辰卯寅丑子八位，得黄钟乾之初九，再右旋历子亥戌酉申未午巳，在巳位得坤六二爻，应配仲吕律。依此类推得出林钟、仲吕、夹钟、大吕、应钟、南吕六吕，分别对应未为坤初六、巳位坤六二、卯位坤九三、丑位坤六四、亥位坤六五、酉位坤上六。②

关于卢央以"隔八生律"解释京房纳支的说法，苏永利提出了三点质疑：隔八生律法不能完全解释八卦纳支的起始点；隔八生律与京房纳支的顺序不同；隔八生律法很难真正揭示京房纳支的思想本质。③ 说明京房易学中的纳支问题还需要进一步的研究。笔者在此也谈一点肤浅的看法。

首先，"隔八生律"不是一种真正的生律方法。先秦两汉时期的生律法只有一种，就是"三分损益法"。《管子·地员》篇记载说：

> 凡将起五音，凡首，先主一而三之，四开以合九九，以是生黄钟小素之首以成宫。三分而益之以一，为百有八，为徵。不无有，三分而去其乘，适足以是生商。有三分而复于其所，以是成羽。有

---

① （唐）彭晓：《周易参同契古注集成》，上海古籍出版社1990年版，第9—10页。
② 卢央：《京房评传》，南京大学出版社1998年版，第128页。
③ 苏永利：《疑"隔八生律法"释京房纳支》，《江汉论坛》2003年第5期。

三分去其乘，适足以是成角。①

这种计算方法是先益后损；另一种"三分损益法"是先损后益，据《史记·律书》记载：

> 律数九九八十一以为宫，三分去一五十四以为徵，三分益一七十二以为商，三分去一四十八以为羽，三分益一六十四以为角。②

"三分损益法"由最初计算各音的弦长，发展到求出十二律的管长，从而确定了十二律，其具体步骤在《吕氏春秋·音律》篇有完整的记载：

> 黄钟生林钟，林钟生太簇，太簇生南吕，南吕生姑洗，姑洗生应钟，应钟生蕤宾，蕤宾生大吕，大吕生夷则，夷则生夹钟，夹钟生无射，无射生仲吕。三分所生，益之一分以上升，三分所生，去其一分以下生。黄钟、大吕、太簇、夹钟、姑洗、仲吕、蕤宾为上，林钟、夷则、南吕、无射、应钟为下。③

按照古代所认定的黄钟律管的长度为九寸来计算，可以求得其余十一律律管的长度（见表4—6）：

表4—6　　　　　三分损益法求十二律管长表

生律次序	律名	各律管长与黄钟律管长之比	各律管长	各管管长次序
1	黄钟	1	9.00	1
2	林钟	2/3	6.00	8
3	太簇	8/9	8.00	3
4	南吕	16/27	5.33	10
5	姑洗	64/81	7.11	5

---

① 黎翔凤：《管子校注》，中华书局2004年版，第1080页。
② （汉）司马迁：《史记》卷25，中华书局1982年点校本，第1249页。
③ 陈奇猷：《吕氏春秋校释》，学林出版社1984年版，第324—325页。

续表

生律次序	律名	各律管长与黄钟律管长之比	各律管长	各管管长次序
6	应钟	128/243	4.74	12
7	蕤宾	512/729	6.32	7
8	大吕	2048/2189	8.42	2
9	夷则	4096/6561	5.62	9
10	夹钟	16384/19683	7.49	4
11	无射	32768/59049	4.99	11
12	仲吕	131072/177147	6.66	6

可以看出：黄钟下生林钟，若按管由长至短的顺序往下数，黄钟、大吕、太簇、夹钟、姑洗、仲吕、蕤宾、林钟共是八个；林钟上生太簇，按管由短至长的顺序往上数，林钟、夷则、南吕、无射、应钟、黄钟、大吕、太簇也是八个，余皆如此。所以，古人又有"隔八相生"之说。但很清楚的一点是：隔八相生并不真的是一种生律法，而仅仅是"三分损益法"在管长上的表现形式。由于律管的长短直接决定着音高的次序，在按音高次序排布的旋宫变调的实际音乐操作上，每两个相生律之间差八位的关系则更加明显（见图4—4）。

其次，京房易学中乾坤卦爻纳支依据了音律上的旋宫理论。按照西汉时期盛行的十二辟卦论的说法，阳气起于复卦子月，阴气起于姤卦午月，京房自己也说："建子阳生，建午阴生，吉凶明矣""阴从午，阳从子，子午分行。"而京房确立乾坤纳支的起点分别是子未，原因在于京房将十二支纳入八卦之中，并不是单纯考虑了十二支所表达的阴阳二气消长理论，还兼为考虑了与十二支结合在一起的十二音律的意义。西汉时期，人们普遍认为十二支与十二律之间有着密不可分的关系，《淮南子·天文》曰：

> 正月指寅，十二月指丑，一岁而匝，终而复始。指寅，则万物螾螾也，律受太簇。太簇者，簇而未出也。指卯，卯则茂茂然，律受夹钟……指亥，亥者，阂也，律受应钟。应钟者，应其钟也。指子，子者，兹也，律受黄钟。黄钟者，钟已黄也。指丑，丑者，纽

也，律受大吕。大吕者，旅旅而去也。①

十二律吕按照阴阳的属性分为六律和六吕，早在春秋时期人们的观念中已经产生了。相应的，十二支也因之分为六阴支和六阳支、由《京氏易传》纳支的实践来看，京房采用了阳卦纳阳支、阴卦纳阴支的方法。按照这样的纳支原则，必然要考虑与十二支紧密联系的十二律吕的阴阳特性。黄钟之数为九，当易爻之老阳，为六阳律之首；林钟之数为六，当易爻之老阴，为六阴律之首，这自然成为乾坤两卦纳支的起点。故《汉书·律历志》曰：

> 五声之本，生于黄钟之律。九寸为宫，或损或益，以定商、角、征、羽。九六相生，阴阳之应也。②

十二律的生成，在数上表现为黄钟、林钟九六之数相生，在气上表现为阴阳相应。

在汲取了十二律辰的思想资源，以黄钟子位为乾卦纳支的起点，以林钟未位为坤卦纳支的起点之后，便需进而思考整个乾坤两卦十二爻位的纳支问题。既然京房采取了以阳卦纳阳支，阴卦纳阴支的方式，则需考虑的问题是该采取怎样的顺序使六律辰、六吕辰与乾坤两卦爻相配。

京房作为西汉时颇有造诣的音律学家，对于秦汉时音律上旋宫求调的各种式法自然十分清楚，《后汉书·律历上》引京房遗文曰：

> 夫十二律之变至于六十，犹八卦之变至于六十四也。宓牺作《易》，纪阳气之初，以为律法。建日冬至之声，以黄钟为宫，太蔟为商，姑洗为角，林钟为徵，南吕为羽，应钟为变宫，蕤宾为变徵，此声气之元，五音之正也。故各统一日。其余以次运行，当日者各自为宫，而商徵以类从焉。《礼运篇》曰"五声、六律、十二管还相为宫"，此之谓也。以六十律分期之日，黄钟自冬至始，及冬至而

---

① 刘文典：《淮南鸿烈集解》，中华书局1989年版，第110—111页。
② （汉）班固：《汉书》卷21，中华书局1962年点校本，第958页。

复，阴阳寒燠风雨之占生焉。①

这段话，清楚地道出了京房在卦爻纳支上采用了音律上旋宫求调的理论：以宫、商、角、徵、羽、变宫、变徵七音为声盘，以十二律（管）为律盘，首先以黄钟为宫音，依次旋转。今列出按照由音高次序排布的和按照生律次序排布的两种旋宫变调图（见图4—4，各图中标有七声的盘为声盘，各图外围标有十二律的盘为律盘），按照我国秦汉时的旋宫理论，每种式盘都有"左旋"与"右旋"两种方式，左旋体现了我国古代宫调体系中的"宫音"系统，右旋体现了古代宫调系统中的"调声"系统。② 音律上的左旋与右旋的两种旋宫方式，自然容易与先秦两汉时学者普遍的观念——"天左旋，地右动"的天地之道联系起来。于是，京房在考虑乾卦六爻的纳支次序时，采取了声盘左旋的方式，依次求得黄钟、太簇、姑洗、蕤宾、夷则、无射六阳律，分纳入乾初至上爻；在考虑坤卦六爻的纳支次序时，采取声盘右旋的方式，依次求得林钟、仲吕、夹钟、大吕、应钟、南吕六阴律，分纳入坤初至上爻。

按音高次序旋宫变调图　　　　　按生律次序旋宫变调图

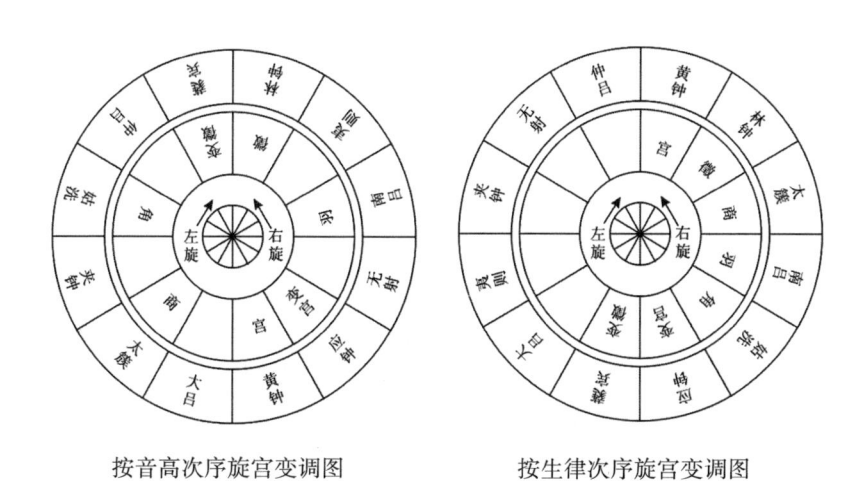

图4—4　五音十二律旋宫变调图

---

① （南朝·宋）范晔：《后汉书》，中华书局1965年点校本，第3000页。
② 陈应时：《一种体系 两个系统——论中国传统音乐理论中的"宫调"》，《中国音乐学》2002年第4期。

关于爻辰说，人们一般认为《易纬·乾凿度》首开其端，实际上，爻辰说的创立者当属京房。据上文所引，《淮南子·天文》已经将十二律与十二辰结合了起来，构成了一岁之实；京房以律为本，将乾坤十二爻纳十二支，从而构成了十二律、十二爻、十二辰三者合一的体系。而《乾凿度》中讲述爻辰说的那段文字，当系抄录于京氏的论述：

> 阳唱而阴和，男行而女随。天道左旋，地道右迁，二卦十二爻而期一岁。乾，阳也；坤，阴也；并治而交错行。乾贞于十一月子，左行，阳时六。坤贞于六月未，右行，阴时六。以奉顺成其岁。①

这段文字，我们对照旋宫律盘来读的话，其意义甚为明了，因为它不是依据十二辟卦中各月份在阴阳消长上的意义，而是完全建立在由十二律决定的十二支在阴阳消长上的意义。有人认为此处坤爻右行的路线是未、酉、亥、丑、卯、巳，② 失之细查。

最后，京房关于六子卦爻纳支的卦气考虑。实际上，如果我们将八卦纳干支结合起来考虑的话，京房既然采用了阳卦纳阳干、阴卦纳阴干的方式，则必须将乾、震、坎、艮四阳卦之爻全纳阳支，坤、巽、离、兑四阴卦之爻全纳阴支，只有这样，才能在八卦四十八爻之中将六十甲子完全吸纳进来，因为如果我们将十干十二支按阴阳属性分类的话，就会发现六十甲子在搭配上都是阳干阳支，阴干阴支，这完全是一个技术上的问题。

震、坎、艮三卦为阳卦，当与乾卦一样全纳阳支；巽、离、兑三卦为阴卦，当与坤卦一样全纳阴支。京房按照音律上"旋宫"的方法，推出了乾坤两卦的纳支顺序，这就为六子卦各六爻的纳支顺序确定了依据。但问题的关键是：如何推定六子卦纳支的起始点？这里，京房当作了两个方面的考虑：一是依据《说卦》乾坤生"六子卦"的顺序，即以震卦初爻为起始点；二是以"乾坤为阴阳之根本"，即以乾坤为体，六子卦为用。震卦为乾初九之气与坤相交而成，于是在纳支上同样纳"子"，于是震卦自下而上六爻纳支为：子、寅、辰、午、申、戌。按照京房的观点，

---

① 林忠军：《〈易纬〉导读》，齐鲁书社2002年版，第95—96页。
② 朱伯崑：《易学哲学史》第1卷，华夏出版社1994年版，第183页。

阴阳相对的两卦十二爻纳十二支以值一岁，巽卦该如何纳支？《乾凿度》中论述"屯、蒙"二卦的卦气说，实可作为一个最好的注脚：

> 乾，阳也；坤，阴也；并治而交错行。乾贞于十一月子，左行，阳时六。坤贞于六月未，右行，阴时六。以奉顺成其岁。岁终次从于屯、蒙，屯、蒙主岁。屯为阳贞于十二月丑，其爻左行，以间时而治六辰。蒙为阴，贞于正月寅，其爻右行，亦间时而治六辰。岁终则从其次卦，阳卦以其辰为贞，其爻左行，间辰而治六辰。阴卦与阳卦同位者，退一辰以为贞，其爻右行，间辰而治六辰。①

上文已述，《乾凿度》中的关于乾坤两卦爻行十二支的路线，当本之于京房易学，此处以《周易》通行本卦序相邻两卦的十二爻值十二辰的思想，亦当本之京房。《乾凿度》以屯（阳卦）初爻纳十二月丑左行，则蒙（阴卦）初爻纳一月寅右行，阴卦总是后于阳卦一辰而行。京房既然以十一月子为震卦纳支起点，作为与之阴阳相对的巽卦，当以十二月丑为纳支起点，因其为阴卦，其爻当"右行"，即"右旋"，这样，巽卦自下而上六爻依次纳支为：丑、亥、酉、未、巳、卯。相应的，坎卦自下而上六爻依次纳支为：寅、辰、午、申、戌、子；离卦自下而上六爻分纳卯、丑、亥、酉、未、巳；艮卦自下而上六爻分纳辰、午、申、戌、子、寅；兑卦六爻自下而上分纳巳、卯、丑、亥、酉、未。可见，京房在关于六子卦的纳支问题上，同样本之于音律上的旋宫法则，而又充分作了以相对两卦十二爻轮值十二支的卦气理论的考虑。

关于京氏的八卦纳干支学说，唐代李淳风在《己巳占·论五音六属》中作过总结，② 兹录之如下，供读者参考：

> 乾主甲子壬午。（甲为阳日之始，壬为阳日之终。子为阳辰之初，午为阳辰之中。乾初在子，则乾四在午。言乾为阳，故主阳日；乾主阳，故四阳辰。内主子，外主午，内为始，外为终，终始阴

---

① 林忠军：《〈易纬〉导读》，齐鲁书社2002年版，第96页。
② （唐）李淳风：《乙巳占》卷十，光绪二年吴兴陆氏十万卷楼刻本。引文中括号内文字当为李淳风自注。

阳也。)

坤主乙未癸丑。(乙为阴日之始,癸为阴日之终,丑为阴辰之初,未为阴辰之中。坤初在未,则坤四在丑每言坤为阴,故主阴日辰,内主未,外主丑。)

震主庚子庚午。(震为长九,主甲。对于庚,以父授男,乾初子,故主庚子,与父同也。)

巽主辛丑辛未。(巽为长女,坤初主乙,乙对于辛,故巽主辛,以母授女,故主五未也。)

坎主戊寅戊申。(戊为中男,故主之辰在中之干,与中也。)

离主己卯己酉。(离为中女,故主中干中辰。)

艮主丙辰丙戌。(艮方少男乾上,主壬对丙,故主丙辰丙戌,是第五配之。)

兑主丁巳丁亥。(兑为少女对丁,故主丁巳丁,坤上主癸亥,是第六故配之。)

以上是说了八卦纳干支。对于其他五十六卦纳干支,京房则考虑得相对简单,卢央说:

> 任取一卦,视其内外卦之纯卦,各爻之干支可由八卦纳甲图求得。[①]

比如震宫随卦,《京氏易传》云:"计都从位降庚辰。"随卦下经卦为震,上经卦为巽,则六爻所纳干支依次是庚子、庚寅、庚辰(取自震卦下经卦),辛未、辛巳、辛卯(取自巽卦上经卦)。随卦为震宫归魂卦,以六三为世爻,纳庚辰。再如坎宫屯卦,《京氏易传》云:"虚宿从位降庚寅。"屯卦下经卦为震,上经卦为坎,则六爻所纳干支依次是庚子、庚寅、庚辰(取自震卦下经卦),戊申、戊戌、戊子(取自坎卦上经卦)。屯卦为震宫二世卦,以六二为世爻,纳庚寅。这样,京房就构建起了六十四卦卦爻纳干支的体系,而干支本身就是一种可以容纳若干意义的符号,从而极大地扩充了易学所涵盖的内容。

[①] 卢央:《京房评传》,南京大学出版社1998年版,第131页。

四　卦爻五行说

京房将天干地支引入《周易》卦爻系统，其目的之一是将当时流行的五行学说纳入易学系统当中，通过探索宇宙间万事万物生克制化的关系，以更好地推天道以明人事。关于五行关系的研究，一直是战国秦汉时期学术的重要问题之一。《淮南子·天文》曰：

> 水生木，木生火，火生土，土生金，金生水。子生母曰义，母生子曰保，子母相得曰专，母胜子曰制，子胜母曰困。以胜击杀，胜而无报。以专从事，而有功。以义行理，名立而不堕。以保畜养，万物蕃昌。以困举事，破灭死亡。……数从甲子始，子母相求，所合之处为合。十日十二辰，周六十日，凡八合。合于岁前则死亡，合于岁后则无殃。①

将五行之间的关系，划分为"义""保""专""制""困"五种，并与干支相结合，以之推求吉凶。这自然为京房易学构建卦爻五行说，提供了借鉴。

卦爻纳五行可分为卦纳五行和爻纳五行。在卦纳五行方面，京氏首先规定了八纯卦的五行属性：乾、兑为金，坤、艮为土，震、巽为木，坎为水，离为火。京氏的这种搭配，应当是参考了《说卦》。《说卦》已含有将五行学说融入八卦的意味，如其曰："乾为金""坤为地""震为雷，为苍筤竹，其于稼也为反生"；"巽为木""坎为水""离为火""艮为山""兑为泽，为刚卤"。可见《说卦》通过对八卦取象的规定，已基本上将各自的五行属性确立了下来。另外，从《说卦》中八卦与四时八方的搭配图式来看，也可以看出作者可能考虑了八卦的五行属性，即以木配震、巽，火配离，土配坤、艮，金配兑、乾，水配坎。京房确立了八纯卦的五行属性之后，又规定八宫卦的其他七卦都与本宫卦的五行属性相同，这样，就将六十四卦的五行属性确定了下来。

在爻纳五行方面，因京房已经完成了六十四卦的卦爻纳干支的配置，这样在确立一卦六爻的五行属性时，只要赋予十二支的五行属性就可以

---

① 刘文典：《淮南鸿烈集解》，中华书局1989年版，第124—125页。

了，而后者在《淮南子》的时代已有固定的搭配模式（上文已述）。这样，八卦六位纳五行的图式可如下表示：

表4—7　　　　　　　　京房易学八卦纳五行表

八卦 爻位	乾 （金）	震 （木）	坎 （水）	艮 （土）	坤 （土）	巽 （木）	离 （火）	兑 （金）
上爻	土	土	水	木	金	木	火	土
五爻	金	金	土	水	水	火	土	金
四爻	火	火	金	土	土	土	金	水
三爻	土	土	火	金	木	金	水	土
二爻	木	木	木	火	火	水	土	木
初爻	水	水	土	土	土	土	木	火

由之，《京氏易传》在八宫卦的系统之中又构建了六十四卦的卦爻五行的体系，从而极大丰富了易学的内容。京房在此基础上，提出了若干种解《易》的学说。

1. 卦爻六亲说。京氏认为，卦爻象的吉凶，在某种程度上是可以通过卦与六爻的五行关系推演出来的，由此创立了"六亲"说。《京氏易传·卷下》："八卦鬼为系爻，财为制爻，天地为义爻，（陆绩注：'天地即父母也。'）福德为宝爻，（陆绩注：'福德即子孙也。'）同气为专爻。（陆绩注：'兄弟爻也。'）"兹以《京氏易传·乾》为例作一说明：

　　水配位为福德，木入金乡居宝贝，土临内象为父母，火来四上嫌相敌，金入金乡木渐微，宗庙上建戌亥乾本位。

初九纳甲子，于其五行属性而言看支不看干，故为水，与乾卦金的关系而言为"金生水"，为福德之爻，故陆绩注："甲子水，是乾之子孙。"九二纳甲寅，与乾卦的关系而言为"金克木"，财为制爻，故陆绩注："甲寅木，是乾之财。"九三纳甲辰，与乾卦的关系而言为"土生金"，为义爻，故陆绩注："甲辰土，是乾之父母。"九四纳壬午，与乾卦的关系而言为"火克金"，为系爻，故陆绩注："壬午火，是乾之官鬼。"九五纳壬申，与乾卦的关系而言为同气之爻，二金相加以伐木，木行运势必逐渐微弱，故陆绩注："壬申金同位，伤木。"上九纳壬戌为土，为乾卦之世爻，又乾卦处于四方八隅的方位上当戌亥之位，土生金，故京房认为这是乾卦回到了自己生长之本位，故陆绩注："戌亥乾之位。"

京房在卦爻五行的体系内建立了"六亲说"，有着非常重要的理论意义和占筮意义。就其理论意义来说，"卦爻六亲说"是孟喜易学"十二月卦说"构建的天人政治学说的发展。孟喜将"辟""公""卿""侯""大夫"等社会统治阶层纳入易卦的体系，只是建构了天人感应目的论下的社会政治秩序的部分，古代宗法社会的特征是"家国同构"，除了"尊尊"，还要"亲亲"，血缘关系更是人们所注重的。京房的"卦爻六亲说"，将在社会生活中发挥重要作用的家庭、宗族纳入其中，从而补充了孟喜易学中尚没有论及的一面，在易卦的体系内构建起了完整的天人感应学说。从占筮的意义来说，京房的"卦爻六亲说"将占筮的群体、占筮的内容由国家政治的层面扩大到社会群体和家庭关系的层面，国家的灾异祥瑞、个人的吉凶休咎，皆统一于新天道指导下的占术体系，从而为占筮的结果和意义，提供了更多的参照和指向。

2. 二体五行关系说。《周易》中一别卦是由上下二经卦构成的，故《易传》在以卦象说《易》时，特别重视二经卦卦象及其德性意义之间的相互关系。如《泰·象传》曰："内阳而外阴、内健而外顺、内君子而外小人，君子道长，小人道消也。"《师·大象传》曰："地中有水，师；君子以容民畜众。"《谦·大象传》曰："地中有山，谦；君子以裒多益寡，称物平施。"京房在将五行说纳入八卦之后，也非常重视一卦上下二体间的五行关系，并以之说《易》。兹举《京氏易传》若干例以说明：

《姤》："金木互体……木入金为始，（陆绩注：'金纳木也。'）阴不能制于阳，附于金柅，《易》之柔道牵也。"
按：姤卦巽下乾上，故曰"金木互体"；姤又为乾宫一世卦，故曰"木入金为始"。

《遁》："金土见象……土入金为缓，积阳为天，积阴为地。"
按：遁卦艮下乾上，故"金土见象"；遁卦为乾宫二世卦，故亦曰"土入金为缓"。

《晋》："金方以火土运用事……六爻交通，至于六卦阴阳，相资相生，相克相生。"

按：晋卦坤下离上，又晋为乾宫游魂卦，五行为金，三者关系为土生金而火克金，故曰"金方以火土运用事"。

《随》："金木交刑，水火相敌，休废于时，吉凶生焉。"

按：随卦为震宫归魂卦，震下兑上，金克木，故曰"金木交刑"。

《节》："阴阳进退，金水交运。……金上见水，本位相资，二气交争，失节则嗟。"

按：节卦兑下坎上，故曰"金上见水"；而节又为坎宫一世卦，金生水，滋养本位，故曰"本位相资"。

《革》："上金下火，金积水而为器，火变生而为熟禀气于阴阳，革之于物，物亦化焉。"

按：革卦离下兑上，火克金，生变熟而为革。

《贲》："火土分象……土火木分阴阳，相应为敌体。"

按：贲卦离下艮上，按五行相生应当为火生土，而京房认为二者是分象，并采用互体的说法，强调了木在其中将土火分阴阳，认为火土为"敌体"，这是从二经卦阴阳的属性上考虑的，更是由于贲卦为艮宫一世卦，土多火弱，不能胜土，故二者关系只能"相敌"。

《大畜》："金土相资，阳进阴止，积雨润下，畜道光明。"

按：大畜卦乾下艮上，土生金，金生水，故曰"积雨润下"。

《无妄》："上金下木，二象相冲，阴阳升降。"

按：无妄卦卦象为震下乾上，当为金克木，但无妄卦当巽宫四世卦，木盛金少，故只能曰"二象相冲"。

《未济》："水火二相，坎离相纳，受性本异，立位见隔，睽于上下，吉凶生也。受刑见害，气不合也。"

按：未济卦坎下离上，水性润下，火性炎上，故曰"睽于上下"；水火相敌而气不合，故曰"受刑见害。"

京氏六十四卦论二体五行关系的还有很多，篇幅所限，不再举例。总之，京房通过对一卦上下二体五行关系的分析，弥补了"六亲说"不重视卦象的缺陷，对于解释易卦象与辞的关系乃至易理的拓展，都是有益的。

3. 八卦休王说。西汉时期，五行学说受到了学者前所未有的重视与研究。除了上文所引的《淮南子·天文》中的五行相生说，《淮南子·地形》还有五行相克说："木胜土，土胜水，水胜火，火胜金，金胜木。"① 儒学大师董仲舒又对五行相生、相克两大系统予以研究，得出了"比相生而间相胜也"② 的结论。这种学说，应用在解释朝代更替上，就是"五德终始说"，认为世间的政治变革，是土、木、金、火、水五行依次运转的结果，这当然是一种历史循环论。后来人们进一步认为：当五行之一行主运的时候，其他四行并不是寂然不动，而是根据与主运之间的不同关系，各自处于不同的状态，这就是"五行休王说"。实际上，"五行休王说"只是对五行循环论一种更为精致的构想而已。《淮南子·地形》：

木壮，水老，火生，金囚，土死。火壮，木老，土生，水囚，金死。土壮，火老，金生，木囚，水死。金壮，土老，水生，火囚，木死。水壮，金老，木生，土囚，火死。③

弄清了五行之间互为生、壮、老、囚、死的关系，再参照上文的五行与四季、十二月、十二支的搭配图表，方能理解《淮南子·天文》中下列说法的意义：

---

① 刘文典：《淮南鸿烈集解》，中华书局1989年版，第146页。
② 苏舆：《春秋繁露义证》，中华书局1992年版，第362页。
③ 刘文典：《淮南鸿烈集解》，中华书局1989年版，第146页。

木生于亥，壮于卯，死于未，三辰皆木也。火生于寅，壮于午，死于戌，三辰皆火也。土生于午，壮于戌，死于寅，三辰皆土也。金生于巳，壮于酉，死于丑，三辰皆金也。水生于申，壮于子，死于辰，三辰皆水也。故五旺生一，壮五，终九。①

京房的五行休王说，与《淮南子》的说法是一致的。《京氏易传·卷下》曰：

寅中有生火，亥中有生木，巳中有生金，申中有生水，丑中有死金，戌中有死火，未中有死木，辰中有死水，土兼于中。

京房易学的"八卦休王说"就是在五行休王说基础上的创新。按照五行相生或者相克的关系，可以把五行组成两个循环的系统；而按照《说卦》中的关于八卦配四时八方的说法，也可以组成一个循环的系统。这是当时这就面临一个十二支与八卦相配的问题。按照京房在《乾》卦"宗庙上建戌亥乾本位"的说法，可见其采用的是以坎离震兑四正卦各对应一个支辰，而乾坤巽艮四隅卦对应两个支辰的方式。坎离震兑主"二至二分"，乾坤艮巽主"四立"，于是可得八卦纳气模式，见下图：

图4—5 京房易学八卦纳气图

---

① 刘文典：《淮南鸿烈集解》，中华书局1989年版，第146页。

第四章 西汉易学研究（下）

京房的八卦休王说，《初学记》《太平御览》《艺文类聚》等类书中保存了少量佚文：

> 夏至，离王，景风用事，人君当爵有德，封有功。
> 立秋，坤王，凉风用事。
> 立冬，乾王，不周风用事。人君当兴边兵，治城郭。①

可见京房的这一理论，同样是用来推天道以明人事。隋代肖吉《五行大义·论相生》中所载的"八卦休王"说，当是京房之遗说，兹引之于下，以便读者更好地理解京房的易学思想：

> 立春：艮王、震相、巽胎、离没、坤死、兑囚、乾废、坎休；
> 春分：震王、巽相、离胎、坤没、兑死、乾囚、坎废、艮休；
> 立夏：巽王、离相、坤胎、兑没、乾死、坎囚、艮废、震休；
> 夏至：离王、坤相、兑胎、乾没、坎死、艮囚、震废、巽休；
> 立秋：坤王、兑相、乾胎、坎没、艮死、震囚、巽废、离休；
> 秋分：兑王、乾相、坎胎、艮没、震死、巽囚、离废、坤休；
> 立冬：乾王、坎相、艮胎、震没、巽死、离囚、坤废、兑休；
> 冬至：坎王、艮相、震胎、巽没、离死、坤囚、兑废、乾休。②

京氏的这一体系，较五行休王说在理论上有新的发展：其一，将八卦与律历、节气搭配得更加细致、和谐；其二，能够更加细致地反映出事物所处的不同状态，从而在诠释卦象吉凶方面增强了理论性；其三，更加符合阴阳二气的消长理论。当然，其最重要的意义是将八卦、五行两大系统合而为一，从而为易学开辟了一片更广阔的天地。诚如卢央先生所评价的：

> 京房的八卦休王说，使八卦系统与五行系统连接起来，开阔了

---

① 郭彧：《〈京氏易传〉导读》，齐鲁书社2002年版，第254页。
② （隋）肖吉：《五行大义》卷3，续修《四库全书》本。

易学的思路，也使得易学的发展面临新的情况。①

《京氏易传·卷下》曰："于六十四卦，遇王则吉，废则凶，冲则破，刑则败，死则危，生则荣。考其义理，其可通乎。"可见京房认为其八卦休王说，还是有着义理上的依据的。

第二节　论《太玄》

一　扬雄准《周易》作《太玄》的学术思想背景考察

扬雄是西汉末期的大儒，堪称一位百科全书式的学者。《汉书·扬雄传》总结扬雄一生的成就时曰：

> 实好古而乐道，其意欲求文章成名于后世，以为经莫大于《易》，故作《太玄》；传莫大于《论语》，作《法言》；史篇莫善于《仓颉》，作《训纂》；箴莫善于《虞箴》，作《州箴》；赋莫深于《离骚》，反而广之；辞莫丽于相如，作四赋：声斟酌其本，相与放依而驰骋云。②

在扬雄的诸多著作中，饱受非议的是《太玄》。其自《太玄》撰成那一天起，便受到时人的批评与讥刺。扬雄好友刘歆对他曰：

> 空自苦！今学者有禄利，然尚不能明《易》，又如《玄》何？吾恐后人用覆酱瓿也。③

刘歆的话虽是善意的讽刺，但却一针见血地指出了在以经学为利禄之进阶的形势下，扬雄苦心创作的《太玄》是不会有人研读的。当时还有学者认为扬雄作《太玄》是一种离经叛道的行为：

---

① 卢央：《京房评传》，南京大学出版社1998年版，第136页。
② （汉）班固：《汉书》卷87，中华书局1962年点校本，第3583页。
③ 同上书，第3585页。

> 诸儒或讥以为雄非圣人而作经，犹春秋吴楚之君僭号称王，盖诛绝之罪也。①

清初王夫之评论《太玄》曰：

> 乃其尤倍者，则莫剧于《玄》焉。其所仰观，《四分历》粗率之天文也。其所俯察，王莽所置方、州、部、家之地理也。进退以为鬼神，而不知神短而鬼长。寒暑以为生死，而不知冬生而夏杀。方有定而定神于其方，体有限而限《易》以其体。则亦王莽学周公之故智，新美雄而雄美新，固其宜矣。②

王氏之论，对扬雄准《周易》而作《太玄》给予了贬斥，认为《太玄》与易道相去甚远，似可进一步讨论；但他指出了《太玄》的创作与当时历法改进及王莽改制有关系，则是颇为精辟的。

那么，扬雄模拟《太玄》创作《太玄》的更多原因是什么呢？

第一，是扬雄思想中强烈的成名成圣意识。《汉书·扬雄传》评价扬雄"实好古而乐道，其意欲求文章成名于后世"，这是指出了他的"成名"思想。实际上，扬雄思想更突出的是他的"成圣"思想，其最看重的《太玄》《法言》都是效法圣王、圣人而作，扬雄认为：只有圣人之书才能经得起时间、空间的考验，传播久远。《法言·问神》：

> 言不能达其心，书不能达其言，难矣哉！惟圣人得言之解，得书之体。白日以照之，江河以涤之，灏灏乎其莫之御也！面相之，辞相适，捈中心之所欲，通诸人之嘿嘿者，莫如言。弥纶天下之事，记久明远，著古昔之㖞㖞，传千里之忞忞者，莫如书。③

所以，当有人质疑扬雄：圣人孔子都自谦"述而不作"，你怎么敢"作"《太玄》呢？扬雄直言不讳地承认自己的意图就是拟经而"作"。

---

① （汉）班固：《汉书》卷87，中华书局1962年点校本，第3585页。
② 陈玉森、陈献猷：《周易外传镜诠》，中华书局2000年版，第696—697页。
③ 汪荣宝：《法言义疏》，中华书局1987年版，第159—160页。

《法言·问神》：

> 或曰："述而不作，《玄》何以作？"曰："其事则述，其书则作。"①

第二，扬雄个人的学术经历使他形成了"经学损益观"，即他没有把经学当成是一个僵化不变的体系，而是认为经学所表达的"道"当随着社会的变化而与时俱进。《汉书·扬雄传》记载：

> 雄少而好学，不为章句，训诂通而已，博览无所不见。②

扬雄"不为章句"而尚"博通"的学术风格，使他的学术不受西汉谨严的"师法""家法"的影响，从而对于经学发展有着更贴近历史实际的理解。《法言·问神》：

> 或曰："经可损益与？"曰："《易》始八卦，而文王六十四，其益可知也。《诗》、《书》、《礼》、《春秋》，或因或作，而成于仲尼，其益可知也。故夫道非天然，应时而造者，损益可知也。"③

扬雄的"道非天然，应时而造"的观点，在当时可以说是一个极具震撼力的口号。我们知道，西汉董仲舒提出了一个非常著名的观点：

> 道之大原出于天，天不变，道亦不变。是以禹继舜，舜继尧，三圣相受而守一道，亡救弊之政也，故不言其所损益也。④

"天不变，道亦不变"的经学实质，就是要把学者的思想限定在六经的框架内而不准有任何的逾越。而扬雄则从经典的形成过程考察，发现

---

① 汪荣宝：《法言义疏》，中华书局1987年版，第164页。
② （汉）班固：《汉书》卷87，中华书局1962年点校本，第3514页。
③ 汪荣宝：《法言义疏》，中华书局1987年版，第144页。
④ （汉）班固：《汉书》卷56，中华书局1962年点校本，第2518—2519页。

原来五经也不是一成不变的，而是经历了一个不断损益的过程。就《周易》来说，扬雄认为伏羲开始造了八卦，这种易道在他的时代已经够用了；到了文王的时候，仅凭八卦的道就不够了，于是文王将八卦增益为六十四卦；到了孔子的时代，孔子又作《彖》《象》等，将《易》之道进一步发扬光大了。正因为扬雄看到了每一个历史时期，都有它独特的道来与时世相应，故经学也应当是处在一个不断发展而又不断损益的过程。扬雄的经学损益观无疑是有着积极的进步意义的，这也是扬雄敢于"拟经"的勇气与胆识之所在。

第三，扬雄在"拟经"中选择模拟《周易》，不仅是因为"经莫大于《易》"，更是因为易学是西汉时期占验天道最完备、最权威的工具。从西汉经学发展的情况来看，董仲舒通过阐发《春秋公羊传》中的阴阳学说和《尚书·洪范》中的五行学说，构建了为"大一统"政治服务的、以阴阳五行为主干的、天人感应的神学目的论，从而上升为西汉官方新的天道观。而《易学》则凭借其独有的符号体系使之成为最富有变革性、最能吸纳各种占术的经学。由汉初田何一家传授，到王同、周王孙、丁宽、齐服生四家分立——这时已经出现了周王孙的《周易》古义学；再到汉宣帝时期孟喜的卦气易学，汲取了当时天文学上的成果，以阴阳二气消长学说为理论基础，将六十四卦巧妙地与一年四季、十二月、二十四节气、七十二候相配，构成了一个完整的易卦解释天地自然变化的图式；再到汉元帝时期京房易学，创立了八宫卦说，以阴阳二气消长说系统地诠释了八宫卦的内在机理与六十四卦首尾相荡的原因，又创造了以卦爻纳干支、五行、五星的模式以及建候、起算理论等，将当时在天文、历法上所取得的最新成就，一并纳入易学的范围中来，建立了一个以易卦预测宇宙运行、天地变化、人事吉凶的庞大图式，从而实践了《系辞》"易与天地准"的思想，使易学成为"推天道以明人事，察人事以预天道"的实用工具。所以，京氏易学不仅仅是汉代易学发展成就的典型代表，也是汉代经学发展成就的最高体现。而扬雄对于《易》的模拟，并不仅是对于《周易》经传的模仿，更是对孟、京易学的模仿。

第四，扬雄模拟《周易》作《太玄》也与其天文学的爱好有关。桓谭《新论》曰：

  扬子云好天文，问之于洛下黄阆以浑天之说，阆曰："我少能作其事，但随尺寸法度，殊不晓达其意。后稍稍益愈，到今七十，乃甫适知已，又老且死矣。"①

在创作《太玄》之前，扬雄已有在天文学上为世人"立法"的宏图大志。《新论》还记载了扬雄与桓谭辩论"浑天"与"盖天"的事情：

> 通人扬子云，因众儒之说天，以天为如盖转，常左旋，日月星辰随而东西，乃图画形体行度，参以四时历数昏明昼夜，欲为世人立纪律，以垂法后嗣。余难之曰："春秋昼夜欲等平，旦日出于卯，正东方；暮日入于西，正西方。今以天下之占视之；此乃人之卯酉，非天卯酉。天之卯酉，当北斗极，北斗极天枢；枢天轴也，犹盖有保斗矣。盖虽转而保斗不移，天亦转周匝，斗极常在，知为天之中也。仰视之，又在北，不正在人上，而春秋分时，日出入乃在斗南。如盖转，则北道远，南道近，彼昼夜漏刻之数，何从等乎？"子云无以解也。后与子云奏事待报，坐白虎殿廊庑下，以寒故，背日曝背。有顷，日光去背，不复曝焉，因以示子云曰："天即盖转而日西行，其光影当照此廊下而稍东耳，无乃是反应浑天家法焉。"子云立坏其所作，则儒家以为天左转非也。②

扬雄最初所持的天说体系是盖天说，他对盖天说深有研究，并且已经图画形体，参以历数，"欲为世人立纪律，以垂法后嗣"，可见扬雄早已有为后世立一个可循可法的"天道"的想法。后来在与桓谭就盖天、浑天问题的辩论中，扬雄认识到了自己所持的盖天说经不起实践的检验，于是马上将所作的盖天说著作毁掉了。他还专门作《难盖天八事》批驳了盖天之说，在他作《法言》时，还对浑天说赞誉有加：

> 或问"浑天"。曰："落下闳营之，鲜于妄人度之，耿中丞象之，

---

① 朱谦之：《新辑本桓谭新论》，中华书局2009年版，第28页。
② 同上书，第29—30页。

第四章 西汉易学研究（下）

几乎！几乎！莫之能违也。"①

扬雄正是在浑天说的理论上而开始创作《太玄》的，《汉书·扬雄传》介绍扬雄作《太玄》时说：

> 而大潭思浑天，参摹而四分之，极于八十一。旁则三摹九据，极之七百二十九赞，亦自然之道也。故观《易》者，见其卦而名之；观《玄》者，数其画而定之。《玄》首四重者，非卦也，数也。其用自天元推一昼一夜阴阳数度律历之纪，九九大运，与天终始。故《玄》三方、九州、二十七部、八十一家、二百四十三表、七百二十九赞，分为三卷，曰一二三，与《泰初历》相应，亦有颛顼之历焉。②

可见，扬雄以浑天说为指导，"自天元推一昼一夜阴阳数度律历之纪"，在《太玄》构建起了"数度律历"与"方州部家"相统一的宇宙时空图式，"玄"既是"道"，还是"术"；既涵"易"，又包"历"。"与《泰初历》相应"，是因为扬雄"参摹而四分之，极于八十一"的太玄构建，与《泰初历》将一日分为八十一分有相通之处。"亦有颛顼之历焉"，是因为《颛顼历》设定的一个回归年的长度是三百六十五又四分之一日，而《太玄》81首中的729赞，每赞值半日，共三百六十四又二分之一日，再加上踦嬴2赞，以踦赞当四分之一日，以嬴赞当二分之一日，正合《颛顼历》一年的长度。而《泰初历》因采用的一日八十一分，一日与《太玄》2赞无法对应，所以《太玄》在历法上，实际准的是《颛顼历》，而颛顼历是一种四分历，这也是王夫之为什么贬斥《太玄》所本的是"四分历粗率之天文也"。

可以说，扬雄冀望与圣人比肩的强烈愿望、博通的学术风格、天文律历学的喜好和西汉易学在占验天道人事上的优势，是促使他构建道与术相统一的哲学体系的深层原因。

---

① 汪荣宝：《法言义疏》，中华书局1987年版，第320页。
② （汉）班固：《汉书》卷87，中华书局1962年点校本，第3575页。

二 《太玄》对《周易》的模拟探析

《太玄》在创作上，既是对《周易》经传的模拟，又是对孟喜、京房卦气易学的模拟，这是毫无疑问的。而对二者模拟的意义是不同的：模拟《周易》经传是"本"，模拟孟、京易学是"用"。

先看《太玄》对《周易》经传的模仿。从形式上看，《周易》有"易"，《太玄》有"玄"；《周易》有六十四卦，各卦皆有卦符，《太玄》有八十一首，各首皆有首符；《周易》一卦有六爻，各有爻辞，《太玄》一首有九赞，各有赞辞。就模拟《易传》来看，《易传》有七种十篇解释《易经》，《太玄》有《首》《冲》《错》《测》《攡》《莹》《数》《文》《掜》《图》《告》十一篇诠释玄体。并且二者之间存在着鲜明的对应关系：《周易》有解释爻辞的《小象传》，《太玄》有解释赞辞的《玄测》；《周易》有《文言》，《太玄》有《玄文》；《周易》有《系辞》通论易理，《太玄》有《玄攡》《玄莹》《玄掜》《玄图》《玄告》阐释玄道；《周易》有《说卦》记述八卦所象之事物，《太玄》有《玄数》讲解数字所象之事物；《周易》有《序卦》阐释六十四卦卦序之理，《太玄》有《玄冲》叙述八十一首相对之序；《周易》有《杂卦》不依卦序说明各卦的错综关系，《太玄》有《玄错》亦不依卦序说明各首的错综关系。

从内容上看，《太玄》的首名与《周易》的卦名有着对应关系。《太玄》首名的构拟，或是采用同义词代替的方式。如：《周》首与《复》卦，《增》首与《益》卦，《争》首与《讼》卦，《减》首与《损》卦等；或是汲取了《彖传》《象传》等对《周易》卦名及其意义的诠释成果。如：《交》首模拟《泰》卦，首名取自《泰·彖传》："'泰，小往大来，吉亨'，则是天地交而万物通也，上下交而其志同也。"《遇》首模拟《姤》卦，首名取自《姤·彖传》："姤，遇也，柔遇刚也。"《穷》首模拟《困》卦，首名取自《困·彖传》："'有言不信'，尚口乃穷也。"《亲》首模拟《比》卦，首名取自《比·大象传》："先王以建万国，亲诸侯。"《强》首模拟《乾》卦，首名取自《乾·大象传》："天行健，君子以自强不息。"《驯》首模拟《坤》卦，首名取自《坤·初六·小象传》："'履霜'，阴始凝也。驯致其道，至'坚冰'也。"可见，《太玄》首名的拟定，是对《易传》解《易》成果的一次继承。此外，《太玄》赞辞在撰写上与所模拟之卦亦多有相通之处。如《上》首模拟《升》卦，

《上·次五》:"鸣鹤升自深泽,阶天不悆",《上·次六》:"升于堂,颠衣到裳,廷人不庆",《上·次七》:"升于颠台,或拄之材",《上·次八》:"升于高危,或斧之梯",多条赞辞皆言"升"。再如《众》首模拟《师》卦,《众·次二》:"兵无刃,师无陈,麟或宾之,温",《众·次七》:"旌旗絓罗,干鈹蛾蛾,师孕喧之,哭且且买",两次言及"师"。《太玄》在首名、赞辞的撰写上对易卦的模拟,是我们弄清楚八十一首与六十四卦对应关系的主要依据。

与《周易》经传相比,《太玄》唯独没有模拟的是《周易》的卦辞和《大象传》。扬雄没有模拟卦辞,是因为《太玄》不是起源于占筮的实际活动,且按照《太玄》的占筮体系,卦辞在占筮中不发挥作用。《太玄》没有模拟《大象传》,是因为扬雄的《太玄》首形体系,不是象的体系,而纯粹是数的表示,不具有《周易》六十四卦那样强烈的卦象意义。可以说:扬雄通过对《周易》经传的全方位模拟,系统构建并阐释了其以"玄"为本体的天道观和占筮体系。

再看《太玄》对孟、京易学的模拟。这主要体现在"玄"的宇宙图式的构建上,即以八十一首准拟孟、京易学卦气值日次序,仿照卦气图构建了以"玄"为本体的方、州、部、家与日、星、节、候相统一的宇宙图式,[①] 从而使《太玄》也成为西汉天人感应的神学目的论笼罩之下的"推天道以明人事"的工具。

在扬雄模拟《周易》作《太玄》的问题上,有一个细节问题需要注意,就是《太玄》八十一首与《周易》六十四卦是否是一种完全对应的关系。之所以会出现这样的疑问,是因为在孟喜的卦气图中,作为四正卦的《坎》《离》《震》《兑》,不参与实际值日,而以其他六十卦值一年三百六十五又四分之一日,即每卦值六日七分。《太玄》的八十一首次序,不是按照通行本《周易》排序,而是按照卦气图中次序排列的。鉴于此,学术界一种观点认为:八十一首准拟的不是六十四卦,而是除了《坎》《离》《震》《兑》之外的六十卦。如郑万耕先生说:

> 范注以《应》首准《离》卦,似有只明其表之嫌。扬雄模仿

[①] 郑万耕《太玄校释》转录自元胡一桂《周易启蒙翼传外篇》中的《太玄拟卦日星节候图》及《太玄方州部家八十一首图》等,中华书局2014年版,第388—404页。

《周易》作《太玄》，其首以孟喜、京房及《易纬稽览图》卦气值日次序为本，而孟、京和《易纬》以《坎》、《离》、《震》、《兑》为四正卦，其二十四爻分主二十四节气，不再参与其余六十卦分主六日七分（计三百六十五日又四分日之一）之"用事"。范注不明于此，仅以应首赞辞有与离卦相交通处而附会，当不足取。①

笔者认为，这有商榷的必要，《太玄》八十一首应是准拟了《周易》六十四卦，而不是六十卦。

第一，从扬雄模拟《周易》作《太玄》的整个行为来看，《太玄》对《周易》是一种完全模拟，而不是部分模拟。《周易》六十四卦是一个完整体系，脱离了任何一卦，《周易》无论在"象""数"还是"理""占"上，都是残缺的，况且《坎》《离》《震》《兑》还都是《周易》中的经卦，不是杂卦。《太玄》八十一首如果不是对六十四卦的模拟，就等于认为《坎》《离》《震》《兑》四卦在《周易》体系中是多余的、无益于易理的，这本身说不通。

第二，就《太玄》现存的注本来看，亦是认为玄首与易卦是一种完全对应的关系。现存最早的注本范望《太玄注》，即认为八十一首准拟的是六十四卦。范注中亦基本按照卦气图中的卦序来解读《太玄》各首，而以第四十一《应》首准《离》卦、第六十二《疑》首准《震》卦、第六十四《沈》首准《兑》卦、第八十《勤》首准《坎》卦。范注在玄首与易卦的对应上的错误是显而易见的，但范望是魏晋时由吴入晋的学者，他的《太玄解赞》吸收了三国时宋衷、陆绩的注《玄》成果，其时上距扬雄创作《太玄》的时代未远，而陆绩又是孟喜、京房易学的研究大家，范望以八十一首对应六十四卦的意见亦值得我们重视。古代注释《太玄》最有分量的当属北宋司马光的《太玄集注》，他将范望注本中玄首与易卦对应的讹误，作了彻底的修正。其以《太玄》第一首《中》、二十一首《释》、四十一首《应》、六十一首《饰》分别准易卦《中孚》《解》《咸》《贲》四卦之外，兼准《坎》《离》《震》《兑》四卦。对于《中》首，司马光曰："冬至气应，阳气始生，兼准《坎》。所以然者，《易》以八卦重为六十四卦，因爻象而定名，分坎离震兑直二十四气，其余六

---

① 郑万耕：《太玄校释》，中华书局2014年版，第124页。

十卦，每卦直六日七分。《玄》以一二三错布于方州部家，而成八十一首，每首直四日有半，起于冬至，终于大雪，准《易》卦气直日之叙而命其名。或以两首准一卦者，犹闰月之正四时也。坎离震兑在卦气之外，故因中应释饰附分至之位而准之。扬子本以《颛顼》及《太初》历作《太玄》，故日躔宿度气应斗建不皆与今治历者相应。"对于《释》首，司马光曰："春分气应，故兼准《震》。"对于《应》首，司马光曰："夏至气应，故兼准《离》。"对于《饰》首，司马光曰："秋分气应，故兼准兑。兑为口舌，故《饰》多言。"司马光的观点值得重视。

第三，从西汉卦气易学的发展脉络来看，孟喜易学仅是打开了卦气易学的大门，其卦气图是一个初步的天气、物候与人君政治的比附，而京房易学则通过引入干支、五行等手段，方使易卦体系成为一个无所不包的宇宙体系。所以扬雄在《太玄数》中就"玄"的体系的扩展来看，所使用的手段与京房易学如出一辙。《太玄数》曰：

> 三八为木，为东方，为春，日甲乙，辰寅卯，声角，色青，味酸，臭膻，形诎信，生火，胜土，时生，藏脾，侟志，性仁，情喜，事貌，用恭，揭肃，征旱，帝太昊，神勾芒，星从其位……四九为金，为西方，为秋，日庚辛，辰申酉，声商，色白，味辛，臭腥，形革，生水，胜木，时杀，藏肝，侟魄，性谊，情怒，事言，用从，揭义，征雨，帝少昊，神蓐收，星从其位……二七为火，为南方，为夏，日丙丁，辰巳午，声徵，色赤，味苦，臭焦，形上，生土，胜金，时养，藏肺，侟魂，性礼，情乐，事视，用明，揭晳，征热，帝炎帝，神祝融，星从其位……一六为水，为北方，为冬，日壬癸，辰子亥，声羽，色黑，味咸，臭朽，形下，生木，胜火，时藏，藏肾，侟精，性智，情悲，事听，用聪，揭谋，征寒，帝颛顼，神玄冥，星从其位……五五为土，为中央，为四维，日戊己，辰辰戌丑未，声宫，色黄，味甘，臭芳，形殖，生金，胜水，时该，藏心，侟神，性信，情恐惧，事思，用睿，揭圣，征风，帝黄帝，神后土，星从其位……五行用事者王，王所生相，故王废，胜王囚，王所胜死。①

---

① （宋）司马光：《太玄集注》，中华书局1998年版，第195—200页。

扬雄的这种以数字纳干支、五行的做法以及五行的"王相废囚死"之说,当是受到了京房易学的直接影响。而对于孟喜卦气图,京房在继承的基础上亦作了修正,笔者认为这个修正对于扬雄《太玄》的创作恰恰有着重要的影响。唐代僧人一行《卦议》曰:

> 十二月卦出于《孟氏章句》,其说易本于气,而后以人事明之。京氏又以卦爻配期之日。坎、离、震、兑,其用事自分至之首,皆得八十分日之七十三;颐、晋、井、大畜,皆五日十四分;余皆六日七分。止于占灾眚与吉凶善败之事,至于观阴阳之变,则错乱而不明。自乾象历以降,皆因京氏。惟天保历依易通统轨图,自八十有二节五卦初爻相次用事,及上爻而与中气偕终,非京氏本旨。及《七略》所传,按郎顗所传卦皆六日七分,不以初爻相次用事,齐历谬矣。又京氏减七十三分,为四正之候,其说不经,欲附会《纬》文"七日来复"而已。夫阳精道消静而无迹,不过极其正数,至七而通矣。七者,阳之正也,安在益其小余,令七日而后雷动地中乎。①

可见,京房对于卦气图最大的改造,是将《坎》《离》《震》《兑》四正卦纳入了实际的值日中去,具体的值日时点为二至二分之首,时长为八十分日之七十三——差八十分之七满一日,故可视为大约一日。如此,《坎》《离》《震》《兑》四正卦在卦气图中所体现的则是:《坎》与《中孚》共值冬至起之初候,《震》与《解》共值春分起之初候,《离》与《咸》共值夏至起之初候,《兑》与《贲》共值秋分起之初候。京房易学的这种设计,将六十四卦都纳入一年三百六十五又四分之一日的值日系统之中,这是对孟喜六十卦值日理论的一种完善;且《坎》《离》《震》《兑》四正卦只值所在方位的"二至二分"之日,不再统主二十四节气,从卦气图的构建上看更为合理。扬雄在模拟孟、京卦气易学以首准卦时,则不能不考虑传统卦气易学中以《坎》《离》《震》《兑》主"二至二分"的意义,以一首兼准二卦,就是顺理成章的事了——既解决

---

① (宋)欧阳修、宋祁:《新唐书》卷27,中华书局1975年点校本,第598—599页。

了八十一首与六十四卦的完整对应问题，又完美模拟了孟、京卦气易学。

第四，从《太玄》的《中》《释》《应》《饰》四首的赞辞来看，扬雄确实是在将其分别准拟《中孚》《解》《咸》《贲》四卦的同时，又作了兼准《坎》《离》《震》《兑》四卦的设计。兹详细分析如下，先看《中》首：

中：阳气潜萌于黄宫，信无不在乎中。初一：昆仑旁薄，幽。次二：神战于玄，其陈阴阳。次三：龙出于中，首尾信，可以为中庸。次四：庳虚无因，大受性命，否。次五：日正于天，利用其辰作主。次六：月阙其抟，不如开明于西。次七：酋酋，火魁颐，水包贞。次八：黄不黄，覆秋常。上九：颠灵气形反。

"中"准"中孚"，这是显而易见的，《中孚》卦义喻心中诚信，故"中"首曰"信无不在乎中"，《中·次三》又曰"首尾信，可以为中庸"。在文辞的对应上，《中孚·六四》曰"月几望，马匹亡，无咎"，《中·次六》曰："月阙其抟，不如开明于西"，前者讲月将满月，后者讲月圆而转缺，对应的关系十分明显。

为什么说《中》兼准《坎》呢？一是《坎》卦的卦义也是讲"信"，《坎》卦辞曰"习坎，有孚，维心亨，行有尚。"二是《坎》卦象外阴内阳，阳为阴所包，孟喜卦气图曰"坎以阴包阳，故自北正"，《中》首曰"阳气潜萌于黄宫"，《太玄图》以"中"首位正北，二者相合。三是《太玄》以《中》准《坎》，除了与京房卦气易学相应，更重要的在于其宇宙论的意义。一方面，扬雄在《中》首的文辞中表达其宇宙论，如《中·初一》"昆仑旁薄"，指"玄"体浑沦为一，即《老子》"道生一"之意；《中·次二》"神战于玄，其陈阴阳"，指宇宙阴阳二分，即《老子》"一生二"之意；《中·次三》"龙出于中，首尾信，可以为中庸"，龙为天地生物之最大最贵者，亦喻圣人，即《老子》"二生三"之意；《中·次四》"庳虚无因，大受性命"，指事物以各种各样的方式禀受天命而生，即《乾》卦"乾道变化，各正性命"之意，亦即《老子》"三生万物"之意。可见《中》首的文辞，实是对"玄"体与用的摹写。《中·次七》曰"火魁颐，水包贞"，大致意思是火养万物，水包裹万物，而"水包贞"一句更值得推究。因为从《太玄》八十一首的依次展开来看，恰恰是从五行中的水行开始的。

"玄"所生第一首为"中"，即"自天元推一昼一夜阴阳数度律历之纪"之"天元"生"一"，"一"在五行的意义上属水，而《坎》卦的基本卦象是水，在宇宙生成论的意义上与之相协，这也是"中孚"卦所不能代替的。如此，则水所包之"贞"，是否即是《乾》"元亨利贞"之"贞元"，或者说"天元"？结合传世文献与出土文献来看，这也是有可能的，战国时期郭店竹简有《太一生水》篇，认为"太一生水，水反辅太一，是以成天……太一藏于水，行于时"。①起于西汉哀平之际的《纬书》，又再现并具体化了这种思想：

>《春秋·文曜钩》："中宫大帝，其尊北极星，含元出气，流精生一也。"②
>《春秋·元命苞》："水之为言演也，阴化淖濡，流施潜行也。故其立字两人交一，以中出者为水，一者，数之始，两人譬男女，言阴阳交物以一起也。"③
>《春秋·元命苞》："水者，天地之包幕，五行之始焉；万物之所由生，元气之腠液也。"④

如此看来，扬雄以之为宇宙本根的"太玄"，是对战国中后期以来出现的宇宙最高范畴"太一"的继承，其在实体上的表现或是秦汉以来人们的信仰对象——北极星。

再看《释》首：

>释：阳气和震，圜煦释物，咸税其枯，而解其甲。初一：动而无名，酋。次二：动于响景。次三：风动雷兴，从其高崇。次四：动之丘陵，失泽朋。次五：和释之脂，四国之夷。次六：震于庭，丧其和贞。次七：震震不侮，濯漱其詢。次八：震于利，颠仆死。

---

① 李零：《郭店竹简校读记》，北京大学出版社2002年版，第32页。
② ［日］安居香山、中村璋八：《纬书集成》，河北人民出版社1994年版，第662页。
③ 同上书，第631页。
④ 同上书，第598页。

上九：今狱后谷，终说桎梏。

《释》首"阳气和震，圜煦释物，咸税其枯，而解其甲"一句中已点出《周易》两个卦名：《震》卦和《解》卦。《释》首准《解》卦，《周易·象传》曰："天地解而雷雨作，雷雨作而百果草木皆甲坼。"因为《解》卦卦象为坎下震上，所以本身含有《震》卦"震动"之意，会对判断《释》首是否准《震》卦形成困扰；但比较二者的文辞，就会发现《释》首是对《震》卦的模拟。一是《释》首初一、次二、次三、次四、次六、次七、次八等文辞要么言"动"、要么言"震"，可谓全首主要取《震》卦"震动"之义。二是《释》首在文辞上模拟《震》卦卦辞非常明显，如《震·六二》曰"震来厉，亿丧贝，跻于九陵"，《释·次四》则曰"动之丘陵，失泽朋"，"丘陵"与"九陵"、"朋"与"贝"相通；《震·六五》曰"震往来厉，意无丧，有事"，《释·次六》则曰"震于庭，丧其和贞"，一曰有丧，一曰无丧；再如《释·次七》"震震不悔"，震震，形容雷声来了人惊惧貌，显然是模拟《震》卦卦辞"震来虩虩"之意。另外，《释》首"震于"的句式，当是模拟《震·上六》"震不于其躬，于其邻"一句。

再看《应》首：

> 应：阳气极于上，阴信萌乎下，上下相应。初一：六干罗如，五枝离如。次二：上历施之，下律和之，非则否。次三：一纵一横，天纲罠罠。次四：援我罘罝，绯罗于野，至。次五：龙翰于天，贞栗其鳞。次六：炽承于天，冰萌于地。次七：日强其衰，应蕃贞。次八：极阳征阴，不移日而应。上九：元离之极，君子应以大稷。

《应》首准《咸》卦，取《咸》少男少女上下感应之义。《应》首又准《离》卦。《离》卦的基本卦义为附离、依附，《应·初一》曰"六干罗如，五枝离如"，意思是枝依附于干，正取《离》卦依附之义。《离》卦的基本卦象是"日"，《应·上九》曰"元离之极，君子应以大稷"，郑万耕说："稷，与昃通。此句意谓：日明之极，极则必昃，势不可止，君子应时，与之消息，故曰应以大晸。《易象传》：'日昃之离，何可久也。'①而"元离"一词，则出自《离·六二》"黄离，元吉"。由这两处"离"字，可见《应》首准拟《离》卦甚明。《离》卦又象网罟，《系辞》曰："作结绳而为网罟，以佃以渔，盖取诸《离》。"而《应·次三》曰"一旋从一横，天网罠罠"，《应·次四》曰"援我罘罝，绲罗于野，至"，二者皆言"网罟"，当取义于《离》卦。此外，《说卦》曰"离为《乾》卦"，以日附离于天之故，故于《应·次五》曰"龙翰于天"，《应·次六》曰"炽承于天"。

最后看《饰》首：

> 饰：阴白阳黑，分行厥职，出入有饰。初一：言不言，不以言。次二：无质饰，先文后失服。次三：吐黄舌，拑黄茟，利见哲人。次四：利舌哇哇，商儿之真。次五：下言如水，实以天牝。次六：言无追如，抑亦飞如，大人震风。次七：不丁言时，微于辞，见上疑。次八：蛁鸣喁喁，血出其口。次九：白舌于于，屈于根，君子否信。

《饰》首准《贲》卦，《周易·序卦》曰："贲者，饰也。"《饰》首又准《兑》卦。按《说卦》"兑，说也""兑为口""兑为口舌"，可见"口、舌、言、说"是其基本卦义，《饰》首通篇讲了各种情形的言说，正是因为其模拟了《兑》卦。

总之，通过以上的分析，可见司马光的观点是正确的，扬雄在《中》《释》《应》《饰》四首准拟易卦上，是分别兼准了《坎》《震》《离》《兑》四卦的，《太玄》在卦气图式的构建上，当是借鉴了京房将六十四卦全部纳入一年三百六十五又四分之一日值日的图式。这样处理，也解决了八十一首与六十四卦的完全对应的问题。此外，还有一个需要辨析的问题，就是《永》首的准易卦问题，晋范望曰："亦象《恒》卦，此合在《常》首之后，今且据旧本不易也。"② 今人多取此说。但就扬雄《太玄》的叙述来看："《差》过也，而《常》谷。《童》寡有，而《度》无乏。《增》始昌，

---

① 郑万耕：《太玄校释》，中华书局2014年版，第126页。
② （晋）范望：《太玄注》，文渊阁四库全书本。

而《永》极长。"① 说明《常》《度》《永》三首的次序不乱，故"永"就字面意义上看虽近于"恒"，但《永》首准的却是卦气图中的《同人》卦，若准《恒》卦，则会导致整个以首配历的错乱。《太玄》八十一首与《周易》六十四卦的对应关系，见下表：

表4—8　　　　　　《玄》首与《易》卦对应表

首序	玄首	易卦	首序	玄首	易卦	首序	玄首	易卦
1	中	坎	28	更	革	55	减	损
1	中	中孚	28	更	革	55	减	损
2	周	复	29	断	夬	56	唫	否
3	礥	屯	30	毅	夬	57	守	否
4	闲	屯	31	装	旅	58	翕	巽
5	少	谦	32	众	师	59	聚	萃
6	戾	睽	33	密	比	60	积	大畜
7	上	升	34	亲	比	61	饰	兑
8	干	升	34	亲	比	61	饰	贲
9	狩	临	35	敛	小畜	62	疑	贲
10	羡	小过	36	彊	乾	63	视	观
11	差	小过	37	睟	乾	64	沈	观
12	童	蒙	38	盛	大有	65	内	归妹
13	增	益	39	居	家人	66	去	无妄
14	锐	渐	40	法	井	67	晦	明夷
15	达	泰	41	应	离	68	瞢	明夷
16	交	泰	41	应	咸	68	瞢	明夷
17	奕	需	42	迎	咸	69	穷	困
18	傒	需	43	遇	姤	70	割	剥
19	从	随	44	灶	鼎	71	止	艮
20	进	晋	45	大	丰	72	坚	艮
21	释	震	46	廓	涣	73	成	既济
21	释	解	47	文	涣	74	致	噬嗑

---

① （宋）司马光：《太玄集注》，中华书局1998年版，第179页。

续表

首序	玄首	易卦	首序	玄首	易卦	首序	玄首	易卦
22	格	大壮	48	礼	履	75	失	大过
23	夷	豫	49	逃	遁	76	剧	
24	乐		50	唐		77	驯	坤
25	争	讼	51	常	恒	78	将	未济
26	务	蛊	52	度	节	79	难	蹇
			53	永	同人	80	勤	
27	事		54	昆		81	养	颐

三 《太玄》的筮法和天道观略论

徐兴无先生指出："汉代象数易学正是在继《易传》之后，对《周易》所作的进一步改造，其重点在于改造筮法，使《周易》在推测新天道的神道设教中，发挥出实际的效用。"① 考察西汉易学的发展轨迹，可见当时的易学家在"天人感应的神学目的论"思想的指导下，热衷于改造易学筮法，逐步把易学打造成占验天道的工具。汉宣帝时魏相易学，已注重采用《易阴阳》等民间易学数术书，构建了一个以八卦配四时、五方、五行的模式。与魏相同时的孟喜易学，则从并不属于官方易学范畴的《易家候阴阳灾变书》等书中汲取营养，完成了以六十四卦配四季、十二月、二十四节气等易学卦气图式。继之而起的易学家京房，则创建了八宫卦序的易卦图式，将阴阳、五行学说和卦爻纳支、建候、积算等思想一并融入其中，从而构成了一个庞大而严整的占筮体系。魏、孟、京等人的这些易学创见，都可以说是《易传》"易与天地准"思想的体现。孟、京以后，西汉末期易学走向有着两个显著的特点，一是继续沿着孟、京易学筮法推进，热衷于对各种易学筮法的整合与再创造；二是因之汉易筮法较先秦《周易》筮法的转换，人们对以《易传》为代表的秦汉间的天道观，又作了一定的改造和创新。这两个特点，在扬雄的著作《太玄》中都有所体现。本文即对《太玄》的筮法和天道观予以浅论。

---

① 徐兴无：《谶纬文献与汉代文化构建》，中华书局 2003 年版，第 108 页。

（一）《太玄》的筮法

战国时期《周易》是依据"大衍筮法"而进行占筮的，《系辞》曰："大衍之数五十，其用四十有九。分而为二以象两，挂一以象三，揲之以四以象四时，归奇于扐以象闰。五岁再闰，故再扐而后挂。"① 应当说，《周易》的"大衍筮法"是古代数学的一个杰作，它巧妙地运用了同余知识，将最后的筮数定在了36（老阳九）、32（少阴八）、28（少阳七）、24（老阴六）四个数字上，从而于筮数中将《周易》六十四卦阴阳的变化完全表达了出来。扬雄在《太玄》中的一个杰作，就是仿照"大衍筮法"而构建了《太玄》的"筮法"。扬雄《玄数》曰：

> 三十有六而策视焉。天以三分，终于六成，故十有八策。天不施，地不成，因而倍之，地则虚三以扐天十八也。别一以挂于左手之小指，中分其余，以三搜之，并余于艻，一艻之后而数其余，七为一，八为二，九为三，六算而策道穷也。②

对于《太玄》中构拟的筮法，前人曾有错误的说法，王涯在《说玄·揲法》中曰："数欲尽时，至十以下，得七为一画，余八为二画，余九为三画。"③

其实，《玄数》中所说的"七为一，八为二，九为三"，应当是"七堆（3）为一，八堆（3）为二，九堆（3）为三"的意思。可以说，扬雄所构建的《太玄》筮法，巧妙地运用了两次同余知识。兹具体阐释占筮步骤如下：

别一：将1策挂于左手的小指。

中分：将剩下的32策随意分为两部分。

三搜：将两部分蓍草以3数之。这样可能出现两种结果：一种情况是两部分蓍草各余1策，如这两部分蓍草分为1策和31策这种情况时；一种情况是一部分蓍草余2策，另一部分蓍草余3策，如这两部分蓍草分为2策和30策这种情况时。这是第一次归余。

---

① （唐）孔颖达：《周易正义》，北京大学出版社1999年标点本，第279—280页。
② （宋）司马光：《太玄集注》，中华书局1998年版，第193—194页。
③ 同上书，第138页。

并余：将所余蓍草放到一起。这样剩下的蓍草数目可能是30策，也可能是27策。

中分：将所余蓍草（27或30）随意分为两部分。

三搜：将这两部分蓍草以3数之。当所余蓍草为30策时，将其中分，以3数之，可能会出现两种结果：余3策，如分为1策和29策；余6策，如分为3策和27策。当余3策时，还剩下27策，为9堆（3）；当余6策时，还剩下24策，为8堆（3）。当所余蓍草为37策时，将其中分，以三数之，可能会出现两种结果：余3策，如分为1策和26策；余6策，如分为3策和24策。当余3策时，还剩下24策，为8堆（3）；当余6策时，还剩下21策，为7堆（3）。这是第二次归余。这样，最后的结果只有三种可能性，剩下27、24、21策，换个说法也就是9堆、8堆、7堆。7堆为－；8堆为－－；9堆为－－－。其实，我们可以说"大衍筮法"是以36为9堆4；32为8堆4；28为7堆4；24为6堆4；只不过以《周易》为占筮的时代离我们太远，今人已经很少用它来占筮吉凶了，故扬雄说"七为一，八为二，九为三"反而成为难解的了。

因为以3数之，最后剩下的堆数一目了然，故扬雄没有将它作为"六算"中的一环。这样，经过上面的六个步骤后，就可以确定一首的"一位"，经过四次测算后，就可以确定一首了。

这里需要探讨的一个问题是：《周易》揲芳求卦时，爻画是自下而上，如《易纬》说的"易气从下生"；《太玄》揲芳求首时，首画应当自下而上确定，还是应当自上而下确定？这个问题，司马光认为："天以六成，故六算而策道穷，则数极而象定也。得方求州，得州求部，得部求家，是谓'散幽于三重而立家'。凡四筮。"① 这是认为揲芳求首时当自上而下依次画定。我们的意见是：扬雄在哲学上是持"太玄"生"三方"、"三方生九州"、"九州"生"二十七部"、"二十七部"生"八十一家"的思维进路，但在揲芳求"玄"时，则是持由家而推部、由部而推州、由州而推方、由方而推玄的思维进路。理由是：尽管《太玄》体系没有《周易》那样鲜明的爻位系统，《太玄》也没有如《易传》那样强调爻位，但《太玄》每首的九条赞辞，也是按照自初而上的顺序讲的；从《太玄》八十一首的顺序上看，其首画也是从最下画开始变化的。从

---

① （宋）司马光：《太玄集注》，中华书局1998年版，第194页。

这两个依据上讲，《太玄》占筮时，是先确定家位，然后依次推定部、州、方。扬雄在《玄数》中有这样一段话，似可作为依据，他说："极一为二，极二为三，极三为推，推三为赢赞；赞赢入表，表赢入家，家赢入部，部赢入州，州赢入方，方赢则玄。"① 可见，在揲芳推算时，正是沿着家、部、州、方的次序来的。

我们知道，先秦时用《周易》占断，主要采用卦变理论和卦象关系。由于《周易》筮法能够占出老阳、老阴、少阳、少阴四象，故占筮时便于判断如何取占辞；而《周易》六十四卦每卦又有上下二体之象，八纯卦的意义又很丰富，故也便于从卦象关系上占断吉凶。而《太玄》则恰恰不具备《周易》的上述两种功能：《太玄》中"象"的意味很轻微；《太玄》筮法又并不能反映首变。所以，扬雄的《太玄》占筮体系必然另辟蹊径，扬雄在《玄数》中说："休则逢阳，星、时、数、辞从；咎则逢阴，星、时、数、辞违。"又曰："一从二从三从，是谓大休。一从二从三违，始中休终咎。一从二违三违，始休中终咎。一违二从三从，始咎中终休。一违二从三违，始中咎终休。一违二违三违，是谓大咎。占有四：或星、或时、或数、或辞。旦则用经，夕则用纬，观始中，决从终。"② 看似复杂，实则对占断之法做了机械化的处理。

将《太玄》筮法与《周易》"大衍筮法"相比较，可以看出《太玄》筮法的特色在于：

第一，扬雄将首的阴阳属性、赞的昼夜属性、位的经纬属性，都作了预先的规定，也就是说，《太玄》八十一首、七百二十九赞位在"太玄"图式中有着固定的位置与性质，可见《太玄》的意义首先是表达了扬雄思想中的宇宙图式，占筮只不过是建立这种宇宙图式上的活动，这样就必然导致了占筮活动可以通过选择占筮的时间而获得截然不同的吉凶结果，这在很大程度上失去了占筮活动的神秘性——这也是《太玄》创立后，并没有在以后两千多年的占筮活动中得以流行的主要原因。而在《周易》筮法中，卦爻的阴阳属性不是预先规定的，而是随着占断结果的不同而改变，从而更强烈地显示了六十四卦乃是一个阴阳转换、生生不息的系统，而《周易》"阴阳不测之谓神"的意义就自然体现了

---

① （宋）司马光：《太玄集注》，中华书局1998年版，第194页。
② 同上。

出来。

第二，扬雄在占辞的取择上，创立了参看三条赞辞的方法。这三条赞辞，如果我们从赞位的角度看，蕴涵了考察事物发展由始到盛到终整个过程的意味，从而使占筮的结果富有一定的辩证法色彩。

但《太玄》占筮方法较《周易》相比，显然是呆板了、僵化了，这主要是由于扬雄对"首""位"的"预先规定"而造成的，但扬雄采用这种"预先规定"的手段而搭起"太玄"构架的做法，其目的只是为了更方便地在其中填塞更多的内容。为了使自己的"太玄"体系与孟、京易学图式相媲美，甚至是超过他们，扬雄的这种"预先设定"的活动还有更大的步骤，他在《玄数》中说：

> 三八为木，为东方，为春，日甲乙，辰寅卯，声角，色青，味酸，臭膻，形诎信，生火，胜土，时生，藏脾，侪志，性仁，情喜，事貌，用恭，掫肃，征旱，帝太昊，神勾芒，星从其位。类为鳞，为雷，为鼓，为恢声，为新，为躁，为户，为㯱，为嗣，为承，为叶，为绪，为赦，为解，为多子，为出，为予，为竹，为草，为果，为实，为鱼，为疏器，为规，为田，为木工，为矛，为青怪，为魷，为狂……五行用事者王，王所生相，故王废，胜王囚，王所胜死。[①]

这里的"三八""四九""二七""一六""五五"都是指《太玄》赞位，扬雄让它们分纳五行、五方、四季、十天干、十二支、五音、五色、五味、五时、五形、五脏、五性、五情、五事、五帝、五神等，并赋予了赞位"象"的意义，通过上述手段，构建了一个庞大而严密的"玄"的图式。

可见，扬雄《太玄》的这一宇宙图式，是自《说卦》《吕氏春秋》《淮南子》、孟喜京房易学以来所有宇宙图式的一次大总结、大整合，是先秦西汉学术史发展的必然产物。所以说，尽管扬雄这种设计是在抛开原来的易卦体系而另起炉灶的情况下完成的，但这种搭配还是以当时的易学成果为依据的，有着深厚的学术思想积淀在其中。

可见，与京房的卦爻纳干支、五行的易学相比，《太玄》的特色在于

[①] （宋）司马光：《太玄集注》，中华书局1998年版，第195—200页。

直接已规定每首1—9赞位所纳的五行与干支,从而大大简化了京氏易学的烦琐的推求步骤。扬雄的这种以数字纳五行、干支的思想,既体现了他对先秦以来的学术思想的继承,也显示了作为一名好学深思的儒学大师的非凡创造力。

(二)《太玄》的天道观

西汉儒家哲学,热衷于宇宙图式的构建。董仲舒把"天"当作宇宙万物的本原,他在叙述天的结构时说:

> 天有十端,十端而止已。天为一端,地为一端,阴为一端,阳为一端,火为一端,金为一端,木为一端,水为一端,土为一端,人为一端,凡十端而毕,天之数也。①

可见,董仲舒的宇宙图式,是一个以"十端"为模式的混杂图式,他一方面认为天为万物之祖,一方面又将天与阴阳、五行、人并列,这就缺乏严格意义上的逻辑性了。这种情况说明了:在董仲舒的思想中,不是很注重"天"在宇宙发生学上的意义,以天为十端之首,主要是为了构建其以阴阳五行为骨架的宇宙模式。这种构建宇宙图式的风气表现在易学上,孟喜受《易家候阴阳灾变书》的启发,吸收了当时社会在天文、历法方面取得的成就,创造了六十四卦气图,以求更准确细致地模拟与推演天道。京房又推而广之,将五行学说系统地融入易卦中,从而创立了"卦爻纳干支五行"的庞大宇宙图式与占验体系。

沿着西汉儒家学者热衷于构建天道图式的理路审视《太玄》中所构建的以"玄"为本的天道观,其意义就自然显露出来了。扬雄创作《太玄》的主旨,是在孟、京易学的基础上,构建其知识系统范围内的理想宇宙图式,故"玄"首先具有宇宙构成论的意义。就《太玄》对玄体结构的说明和扬雄所构建的"玄图"来看,扬雄思想中的宇宙结构是:以玄为本,玄统三方,三方统九州(天),九州统二十七部,二十七部统八十一家,八十一首统七百二十九赞,七百二十九赞又各统其日、星、节候、五行等。扬雄的这个图式,既是对天体运行模式的一种设想,也是对社会结构与自然规律的一种模拟,可见"玄"具有涵盖天地人三道的

---

① 苏舆:《春秋繁露义证》,中华书局1992年版,第216—217页。

功能。王青指出："'玄'均可以理解为《太玄》这个图式，是自然、社会排列、构造的原则，是事物发生、发展的规律。而这个原则、规律是广大悉备、无所不包的。"①

然而，扬雄提出"玄"的范畴的更重要的意义在于，其尝试着为儒学提供一种富有思辨色彩的宇宙本体论。桓谭说："扬雄作《玄》书，以为玄者，天也，道也……伏羲氏谓之易，老子谓之道，孔子谓之元，而扬雄谓之玄。"② 尽管"玄"这一概念并不是来自儒学本身，而是汲取了老子的思想。《老子》曰：

> 无名，天地始；有名，万物母。常无，欲观其妙；常有，欲观其徼。此两者同出而异名，同谓之玄，玄之又玄，众妙之门。③

可见，"玄"在老子哲学中，乃是对超经验、超现象的"道"的玄奥性质的一种描述或规定，它在很大程度上，富有老子"道"的意味，故《老子》书中有"玄牝""玄览""玄德""玄同""玄通"等多种说法。对于少时就学习道家学说的扬雄来说，他创作《太玄》哲学体系时从《老子》中获得灵感也是自然的。正因为如此，扬雄在"玄"这一本体的构建上处处参考了老子对"道"的界定。如《玄攡》曰：

> 玄者，幽攡万类而不见形者也，资陶虚无而生乎规，关神明而定摹，通天古今以开类，攡措阴阳而发气，一判一合，天地备矣。④
> 夫玄晦其位而冥其畛，深其阜而眇其根，攗其功而幽其所以然也。⑤

可见，扬雄哲学体系中的"玄"，从"有"上说却"幽攡万类而不见形"，从"无"上说却"资陶虚无而生乎规"，可以说是老子思想中"有"与"无"两个范畴的有机统一。《玄攡》曰：

---

① 王青：《扬雄评传》，南京大学出版社2000年版，第139页。
② （清）严可均：《全上古三代秦汉三国六朝文》，中华书局1958年版，第551页。
③ 朱谦之：《老子校释》，中华书局1984年版，第5—7页。
④ （宋）司马光：《太玄集注》，中华书局1998年版，第184页。
⑤ 同上书，第185页。

> 仰而视之在乎上，俯而窥之在乎下，企而望之在乎前，弃而忘之在乎后。欲违则不能，默而得其所者，玄也。①
>
> 阳知阳而不知阴，阴知阴而不知阳，知阴知阳、知阳知阴、知止知行、知晦知明，其惟玄乎。②

《玄图》曰：

> 夫玄也者，天道也，地道也，人道也。③

可见，"玄"作为宇宙万物本根，又有着内在的规定性：第一，"玄"是最高的"道"的体现；第二，"玄"贯穿事物发展的全过程；第三，"玄"是宇宙万物统一的基础。这些都体现了扬雄有着浓厚的构建宇宙本体论的倾向。从学术思想史的角度看，扬雄对于以"玄"作为宇宙本体的种种努力，自然有着积极的意义，但是要将其深化下去，进而落实到人生的层面上去，却缺乏思想的资源。这是因为，扬雄的时代，正是阴阳五行学说走向鼎盛的时代，阴阳五行学说的本质是借辨析物理以推阐天道，扬雄的《太玄》体系，其目的仍在于构建一种更符合物理、更方便推阐天道的宇宙之论，扬雄《太玄》思想的核心，仍是阴阳五行学说，故《太玄》本质上仍是汉儒传统中的以阴阳五行说为特征的象数学的宇宙观。

扬雄对于《太玄》的创作，虽然是通过对《周易》的模拟实现的，但它毕竟从根本上脱离了《周易》的窠臼，无论是在天道观的构建，还是在筮法的发明上，都较传统易学有着很大的不同，从一个侧面反映了西汉时人对于天道自然的新认识，这种学术创新精神是值得肯定的。但与《周易》思想、与筮法相比，《太玄》的天道观及其占筮模式，体现了很多道家思想的表征，这也导致了《太玄》在当时不能获得主流知识界的肯定与传播，《汉书·扬雄传》曰："自雄之没至今四十余年，其《法

---

① （宋）司马光：《太玄集注》，中华书局1998年版，第186页。
② 同上。
③ 同上书，第212页。

言》大行，而《玄》终不显。"① 卢央说："扬雄模仿《易》的建构来建构其《太玄》的模式，但却力图摆脱《易》的系统的特征；京房虽然变革了易学的固有建构，但他却拘泥于易学系统的传统特征，他的立说总是注意有经或传的根据。扬雄建构的是贯通天人的自然哲学象数系统，而京房只是企图改造《周易》系统，使之能适应当时人类已经取得的知识和视野。"② 指出了二者在筮法与天道构建上"同归而殊途"的特点。

四　《太玄》的易学史意义

汤用彤在评论扬雄《太玄》时指出："亦此所谓天道，虽颇排斥神仙图谶之说，而仍不免本于天人感应之义，由物象之盛衰，明人事之隆污。稽察自然之理，符之于政事法度。其所游心，未超象数。其所研求，常在乎吉凶。"③ 汤氏之论甚为精辟，受时代思潮的局限，扬雄在模拟《周易》经传，尤其是模拟孟京卦气易学创作《太玄》的学术实践中，自然深受西汉天人感应的神学目的论的影响。其所构建的，是一个涵盖天、地、人的时空合一的宇宙图式，在这个图式中，自然变化与人事吉凶，通过一系列象数的手段而耦合在一起。这粗略看来，自然不脱孟京易学的窠臼，但若进一步探究，就会发现扬雄《太玄》在易学史上有着非同一般的意义。

首先，《太玄》以《易》而非《易》的形式终结卦气易学，使易学重新回归到《周易》经传本身。

《太玄》虽属准"《易》"而作，但毕竟是抛开六十四卦爻象的体系另起炉灶，所以不属于传统易学的系统，与孟、京易学也是神合而貌离。而正是《太玄》这种"《易》而非《易》"的形式，使其在"以玄为体、阴阳为用"天道观的表达上、天人合一的宇宙图式的构建上以及各种数术的融合上，较孟、京易学在六十四卦的框架内吸纳各种数术以构建其天人感应的占验工具，要合理得多、简易得多、完美得多，从而也就杜绝了学者在《周易》六十四卦的框架内，进一步构建、补充或完善卦气易学的可能，使易学研究又回归到对《周易》经传和传统象数的意义发

---

① （汉）班固：《汉书》卷87，中华书局1962年点校本，第3585页。
② 卢央：《京房评传》，南京大学出版社1998年版，第421页。
③ 汤用彤：《魏晋玄学论稿》，上海古籍出版社2001年版，第43页。

掘上。东汉时期官方学派的孟京易学衰微，而作为民间学派的费氏古文易学兴盛起来，一些著名经学家陈元、郑众、马融、荀爽都学习和传授费氏学，易学遂在对《周易》经传的诠释中发展起来。这种学术的转向，不能不归功于《太玄》。正是在这个意义上，《太玄》堪称西汉卦气易学的集大成之作，又意味着汉代卦气易学的终结。

其次，《太玄》高扬易学的道德指向，使道德重新成为人们修身处事和价值评判的依据。

《周易》虽起源于占筮活动，但从其成书之日起，即透露着强烈的道德意识和人文精神。形成于战国时期的《易传》，更是通过对《周易》卦德的阐述，使《周易》从迷信中解放出来，成为人们立德、修身和处世的人生教科书。但就西汉官方易学的代表——孟、京易学来看，其重在构建"天人合一"的宇宙占验图式，使易学成为"推天道以明人事"的工具，这就使"自然之变"及其"推究之术"成为易学考察的重点，而《周易》与生俱来的道德思想，则被忽视了，不再成为阐述的中心。故《京氏易传》中满篇皆是"阴阳""刚柔""动静""升降""进退""消息""飞伏""得失""往来"等，而不言"道德"。

《太玄》虽然在卦气易学上模拟了孟、京易学，但其思想旨归，却在于"道德"二字——这当是扬雄创作《太玄》用力之所在，也是扬雄易学，乃至整个学术思想的根本。《玄搞》："嘖以牙者童其角，挥以翼者两其足，无角无翼，材以道德。"扬雄认为：人与鸟兽的区别，在于人有道德，此是直接继承了孟子的人性论思想，所以在《太玄》八十一首首辞和首测的撰写上，赋予了强烈的道德评判意识。扬雄认为，君子小人之辨，在于其是否以道德为行事的标准，而君子要以德服人。如《强·次五》曰："君子强梁以德，小人强梁以力"；《礥·次四》曰："拔我不德，以力不克。测曰：拔我不德，力不堪也"。道德是决定人生、事业成败的根本因素，积德者昌盛，而失德者衰亡。如《傒·次二》曰："冥德傒天，昌。测曰：冥德之傒，昌将日也"；《失·次二》曰："蓺德灵微，失。测曰：蓺德之失，不知畏微也"；《剧·次三》曰："酒作失德，鬼睒其室。测曰：酒作失德，不能将也"；《去·次七》曰："去其德贞，三死不令。测曰：去其德贞，终死丑也"。对于统治者而言，要以德治国，有德则可长久，无德则不可长久。如《常·次三》曰："日常其得，三岁不食。测曰：日常其德，君道也"；《更·上九》曰："不终其德，三岁见代。测曰：不终之仪，不可久长也"。因为人之所以为人的根本在于人有道德，所以扬雄特别重视儒家"格物""自省""慎独""慎微"等道德修养的工夫。如《格·次二》曰："格内恶，幽贞。测曰：格内恶，幽贞妙也"；《差·初一》曰："微失自攻，端。测曰：微失自攻，人未知也"；《周·次三》曰："出我入我，吉凶之魁。测曰：出我入我，不可不惧也"。《太玄》首辞和首测中还有很多以道德评判是非、吉凶、祸福、成败的论述，就不一一阐述了。

最后，《太玄》弘扬易学的简易之道，使易学率先从西汉烦琐的经学中走了出来。

自武帝立五经博士以来，西汉官方经学逐渐形成恪守"师法""家法"的传统，各经各家博士所作的经学章句被弟子奉为圭臬，不能更改或违背，这就逐渐使学者走上了抱残守缺又烦琐冗杂的学术路途。班固《汉书·艺文志》在总结章句之学带给儒学的危害时说：

> 后世经传既已乖离，博学者又不思多闻阙疑之义，而务碎义逃难，便辞巧说，破坏形体。说五字之文至于二三万言，后进弥以驰逐。故幼童而守一艺，白首而后能言。安其所习，毁所不见，终以自蔽，此学者之大患也。①

对于易学而言，汉初"训诂举大谊"为特色的治学方法早已不复存在，《周易》自身特有的卦爻符号系统以及占验功能使之成为吸纳一切数术的工具，西汉官方易学逐渐走上了烦琐、庞杂和神秘主义的学术歧途。在《法言》中，针对当时日益烦琐的章句经学，扬雄号召人们向着孔子的原始儒学回归，号召学者走简易经学之路。《法言·寡见》曰：

> 或问："司马子长有言，曰五经不如老子之约也，当年不能极其变，终身不能究其业。"曰："若是则周公惑，孔子贼。古者之学耕且养，三年通一经。今之学也，非独为之华藻也，又从而绣其鞶帨，恶在老不老也。"或曰："学者之说可约邪？"曰："可约解科。"②

---

① （汉）班固：《汉书》卷30，中华书局1962年点校本，第1723页。
② 汪荣宝：《法言义疏》，中华书局1987年版，第222页。

"可约解科",可谓是扬雄改造官方烦琐经学的主张和方法,而这又集中体现在其模拟《周易》创作《太玄》的学术实践上。就扬雄之前的易学发展态势来看,以孟喜、京房为代表的卦气易学在西汉经学阴阳灾异化的学术思潮的推动下逐渐走向极端,我们通过京房的《京氏易传》一书可以看出,京氏将干支、律历、建候、积算、五行、星占、风角等各种数术一并纳入了易卦体系,企图构建一个占验天地人的系统体系。这种努力,固然在易学理论的探索上有其积极的一面,但却使一贯有简易之义的易学不但难于被学者理解和掌握,还因各种数术之间存在相互矛盾的地方而难于达到统一。这也说明了易学在烦琐经学之路上走到了尽头。扬雄《太玄》通过对《周易》经传的模拟,所用的手段是正是"训诂举大谊",通过训诂的手段以"首"名代"卦"名,诠释了易卦的基本意义;通过撰写首辞,赋予了易卦新的时代精神和哲学意义。扬雄《太玄》虽亦模拟了孟、京易学,但其以数为本、以数为先、以数明理、以数统象的学术思想和实践,以一种虽机械却简单的方式构建了一个完美的宇宙图式。扬雄万物统一于数的创举,虽别出心裁,深究起来,仍有着易学象数的渊源;而其更深刻的意义,在于向学术界宣告了汉易吸纳易外数术构建宇宙论的破产,终结了后人继续探究的可能,从而启发人们向先秦易学回归,走简易易学之路。

第三节 论《易纬》

关于《易纬》的研究,清儒张惠言著《易纬略义》,对《易纬》的思想与占术作了系统的整理与论述,是清代研究《易纬》的重要著作。朱伯崑先生在其《易学哲学史》中专门阐述了《易纬》的哲学思想及其象数之学。[①] 徐兴无先生在其《〈易纬〉的文本和源流研究》一文中,全面考察了谶纬文献中《易纬》的文献面貌,并从战国秦汉间新天道与新占术建构的角度阐述了《易纬》改造旧筮法、构建新天道的实践过程,指出了《易纬》中儒学天道观的创建及其对中国文化的影响。[②] 林忠军先

[①] 朱伯崑:《易学哲学史》第1卷,华夏出版社1995年版,第159—197页。
[②] 徐兴无:《〈易纬〉的文本和源流研究》,《中国古籍研究》第1卷,上海古籍出版社1996年版,第259—302页。

生著有《〈易纬〉导读》一书，对《易纬》中的易学问题进行了辨析。兹将《易纬》的思想内容，略作阐述。

一 《易纬》对《周易》经传的新认识

《易纬》对《周易》经传的诸多问题，有着更深层次的思考与认识。其精华的观点主要有"易之三义说"、以气为本的应位说、卦变合阴阳之道、大衍数五十之构成、《周易》卦序之根由、"四太"的宇宙生成论以及对"易数"的阐述等，对当今的易学研究仍有一定启发意义。兹略述如下。

（一）《易》之三义说

《乾凿度·卷上》：

> 孔子曰："易者，易也，变易也，不易也，管三成为道德苞钥。"易者，言其德也，通情无门，藏神无内也。光明四通，伩易立节，天地烂明，日月星辰布设，八卦错序，律历调列，五纬顺轨，四时和，粟孳结。四渎通情，优游信洁，根著浮流，气更相实，虚无感动，清净炤哲，移物致耀，至诚专密，不烦不挠、淡泊不失，此其易也。
>
> 变易也者，其气也。天地不变，不能通气，五行迭终，四时更废；君臣取象，变节相和，能消者息，必专者败。君臣不变，不能成朝。纣行酷虐，天地反。文王下吕，九尾见。夫妇不变，不能成家。妲己擅宠，殷以之破。太任顺季，享国七百。此其变易也。
>
> 不易也者，其位也。天在上，地在下，君南面，臣北面，父坐子伏，此其不易也。故易者，天地之道也，乾坤之德，万物之宝。至哉易！一元以为元纪。①

《乾凿度》"易之三义"说的提出，是对《系辞》"易道"思想的继承。《系辞》开篇曰：

> 天尊地卑，乾坤定矣。卑高以陈，贵贱位矣。

---

① ［日］安居香山、中村璋八：《纬书集成》，河北人民出版社1994年版，第3—5页。

是讲了"易道"不易之义。继之曰：

> 动静有常，刚柔断矣。方以类聚，物以群分，吉凶生矣。在天成象，在地成形，变化见矣。是故刚柔相摩，八卦相荡，鼓之以雷霆，润之以风雨。日月运行，一寒一暑。乾道成男，坤道成女。

是述《周易》的变易之理。最后曰：

> 乾知太始，坤作成物。乾以易知，坤以简能。易则易知，简则易从。易知则有亲，易从则有功。有亲则可久，有功则可大。可久则贤人之德，可大则贤人之业。易简而天下之理得矣。天下之理得，而成位乎其中矣。

则是赞叹《周易》的简易之功。可见，《系辞》中已经蕴含了易有三义的思想。但《乾凿度》的"易之三义"说，又较《系辞》深刻得多。

首先，《乾凿度》将"易之德"，置于第一义。在这一部分中，看似也讲"简易"之道，如"不烦不挠，淡泊不失"之句，但这很明显不是《乾凿度》所要阐述的重点，此句与上文"通情无门，藏神无内""气更相实，虚无感动"所阐发的，是"易"作为宇宙之本根的意义，认为天地万物之生成以及宇宙所有秩序之规定，皆是"易"的德性展现。林忠军先生说：

> 《易纬》的易之义第一种"易"是宇宙本原，这种宇宙本原的"易"是一种"通情无门、藏神无内"德性，它可以生成天地万物，具有寂然无为、不烦不挠，淡泊不失的特点，这个"易"就是老子的"道"或"无"。[1]

笔者赞同林先生从宇宙本原的意义上解释"易者易也"的观点。《乾凿度》的这种以"易"为宇宙本原的构建方式，显然是对道家宇宙论的

---

[1] 林忠军：《试析郑玄易学天道观》，《中国哲学史》2002年第4期。

一种模仿，兹将《淮南子·原道》中对"道"的论述与《乾凿度》对"易"的论述作一对比：

> 夫道者，覆天载地，廓四方，柝八极，高不可际，深不可测，包裹天地，禀授无形。原流泉浡，冲而徐盈，混混滑滑，浊而徐清。故植之而塞于天地，横之而弥于四海，施之无穷而无所朝夕，舒之幎于六合，卷之不盈于一握。约而能张，幽而能明，弱而能强，柔而能刚。横四维而含阴阳，纮宇宙而章三光。甚淖而㵞，甚纤而微，山以之高，渊以之深，兽以之走，鸟以之飞，日月以之明，星历以之行，麟以之游，凤以之翔。①

可见，《乾凿度》中的"易"，与《淮南子》中的"道"，有着一致性。崔大华说：

> 自《易传》开始，儒家的自然观就再也没有摆脱掉道家的影响。但是，道家的具有实在性的宇宙根源（不是宇宙或万物最基本的构成要素）或宇宙总体的"道"的观念，始终没有被儒家接受，这是儒家与道家自然观上的差别的一个最重要的划界标准。②

崔氏认为儒家哲学中没有作为宇宙根源或总体的"道"的概念，但《乾凿度》中的"易"，显然已经具有了宇宙本原的意义。另外，必须要申明的一点是，尽管《乾凿度》在阐述"易"作为宇宙本原的意义上借鉴了道家"道"的概念，但其与《老子》《淮南子》中"道"的意义有所不同。如果说道家的"道"，更多的是一种思辨的阐释；《乾凿度》中的"易"，则是建立在西汉卦气易学天道观和占验体系实践的基础上，是以"易"真正为宇宙之道、天地万物的表达形式的，认为其一切客观的存在秩序皆是易之德性的自然展开，故更富有本体论的色彩。

其次，关于变易之"易"，《乾凿度》提出了天地统一于气的观念，认为变化的根源在于气的流转，四季的交替、五行的轮替，都是气的运

---

① 刘文典：《淮南鸿烈集解》，中华书局1989年版，第1—2页。
② 崔大华：《儒学引论》，人民出版社2001年版，第269—270页。

动的表现形式，这较《系辞》的思想要深刻得多。

最后是不易之"易"，以天上地下的自然秩序，论证君为臣纲、父为子纲的社会等级关系。值得注意的是，西汉董仲舒构建了三纲五常的道德教化学说，但《乾凿度》将夫妇之道置于变易之"易"的范畴，并没有与其他两纲放在一起叙述，说明其更注重夫妇所代表的阴阳变易之道。

总之，《乾凿度》的"易之三义"说，虽是接着《系辞》而论，但较《系辞》的思想有很大的不同。"易"的本原意义被置于首位，然后才是变易之义，由变易之义的展开，才是不易之义，从而使这一学说具有更多的宇宙生成论的色彩。

(二) 以气为本的应位说

《乾凿度·卷上》：

> 乾坤相并俱生，物有阴阳，因而重之，故六画而成卦。三画已下为地，四画已上为天，物感以动，类相应也。易气从下生。动于地之下，则应于天之下；动于地之中，则应于天之中；动于地之上，则应于天之上。初以四，二以五，三以上，此之谓应。①

《易传》解释《易经》的方式之一，就是借助卦爻之位的象数手段。如《象传》提出了"当位说""应位说""失位说"等。但《易传》时代的"应位"说，是指处在"初、四""二、五""三、上"三组爻位上阴爻与阳爻的呼应关系，而《易纬》则将卦之六爻位看作是一气贯通的体系，以下三位为地、上三位为天，以天地间的感应关系，来阐述卦之六位的呼应关系，而不论爻的阴阳属性。可见，《易纬》一方面以当时流行的感应论思想作为"应位"说的理论依据，一方面又把《易传》阴阳呼应的意义抹去了。这种处理方式，与《京氏易传》以人事比附爻位的做法有一定的关系，因为在京房易学里，把一卦六位赋予了"元士""大夫""三公""诸侯""天子""宗庙"人事上的意义，从而淡化了卦位上阴阳爻的属性意义。

(三) 卦变合阴阳之道

《乾凿度·卷上》：

---

① ［日］安居香山、中村璋八：《纬书集成》，河北人民出版社1994年版，第13页。

> 阳动而进，阴动而退。故阳以七，阴以八为象。易，一阴一阳，合而为十五，之谓道。阳变七之九，阴变八之六，亦合于十五，则象变之数，若之一也。①

成书于先秦时期的《易传》七种十篇，提出了《周易》象数方面的许多义例，并解释了《易经》中的很多问题，但唯独对《周易》爻题称九、六而以七、八为占的问题没有给予解释。或许，这个问题在先秦学者看来是一个约定俗成的问题，也可能《系辞》的作者并不注重大衍筮法在占筮上的意义，而偏重于易道哲理上的构建。而《易纬》作者却将其作为一个哲学问题来看待，并发掘出了其中所蕴含的象数意义。对于这段话，郑玄注曰：

> 阳动而进，变七之九，象其气应也。阴动而退，变八之六，象其气消也。象者，爻之不变动者。五，象天数奇也。十，象地之数偶也。合天地之数，乃谓之道。②

"六""九"分别代表阴、阳二气达到了各自的极点，所谓"物极则反"，阴阳属性将变。而"八""七"代表阴、阳二气处于一个相对稳定的阶段，故《易纬》作者认为这是易以七、八为占的哲理所在。并发现：二者无论怎样变化，皆合于十五——阴阳之道。这可以说是《易纬》在阴阳二气消长理论下解释卦变的一个成果。

（四）大衍数五十之构成

《乾凿度·卷上》：

> 五音、六律、七变，由此作焉。故"大衍之数五十"，"所以成变化而行鬼神也"。日十干者，五音也。辰十二者，六律也。星二十八者，七宿也。凡五十，所以大阂物而出之者也。③

---

① ［日］安居香山、中村璋八：《纬书集成》，河北人民出版社1994年版，第13—14页。
② 同上书，第13页。
③ 同上书，第14页。

《易纬》的这个说法，当本于京房，京房曰：

　　五十者，谓十日、十二辰、二十八宿也，凡五十。其一不用者，天之生气，将欲以虚来实，故用四十九焉。①

《系辞》中，只是说"大衍之数五十，其用四十有九"，但大衍之数为什么是"五十"，《系辞》作者并没有给以理由。比较京房和《易纬》的说法，就会发现《易纬》在凑数上显得更精致一些。京房对大衍之数予以了实体化的解构，而又认为"其一不用""以虚来实"，这在逻辑上就显得矛盾了。而《易纬》以大衍之数五十为万物之源，说法虽然显得笼统，但却巧妙地避开了京房以不用之"一"表达"以虚来实"的矛盾。

（五）《周易》卦序之根由

《乾凿度·卷上》：

　　孔子曰：阳三阴四，位之正也。故易卦六十四，分而为上下，象阴阳也。夫阳道纯而奇，故上篇三十，所以象阳也。阴道不纯而偶，故下篇三十四，所以法阴也。乾坤者，阴阳之根本，万物之祖宗也，为上篇始者，尊之也。离为日，坎为月，日月之道，阴阳之经，所以终始万物，故以坎离为终。咸恒者，男女之始，夫妇之道也，人道之兴，必由夫妇，所以奉承祖宗，为天地主也，故为下篇始者，贵之也。既济、未济为最终者，所以明戒慎而存王道。孔子曰：泰者，天地交通，阴阳用事，长养万物也。否者，天地不交通，阴阳不用事，止万物之长也。上经象阳，故以乾为首，坤为次，先泰而后否。损者，阴用事，泽损山而万物损也，下损以事其上。益者，阳用事，而雷风益万物也，上自损以益下。下经以法阴，故以咸为始，恒为次，先损而后益，各顺其类也。②

按《京氏易传·卷下》曰：

---

① （唐）孔颖达：《周易正义》，北京大学出版社1999年标点本，第279页。
② ［日］安居香山、中村璋八：《纬书集成》，河北人民出版社1994年版，第15—16页。

> 孔子曰：阳三阴四，位之正也。三者东方之数，东方日之所出，又圆者径一而开三也。四者西方之数，西方日之所入，又方者径一而取四也。言日月终天之道。故易卦六十四，分上下，象阴阳也。奇偶之数，取之于乾坤。乾坤者阴阳之根本；坎离者阴阳之性命。①

《易纬》成书于京房之后，《乾凿度》中的这段关于《周易》卦序的易说，当本之于京房，但较京房的论述更为完善。从象数的角度看，《乾凿度》作者从《周易》六十四卦中选取了乾、坤、泰、否、坎、离、咸、恒、损、益、既济、未济十二卦进行了论述，其以乾、坤为阴阳之根本，以坎、离为阴阳之经，对这四卦的卦象最为重视，其经卦卦象分别出现了四次；而震、巽、艮、兑四卦经卦的卦象则只出现了两次。作者认为这十二卦的轮转，体现了天地万物阴阳消长之规律；从义理的角度看，作者认为这十二卦体现了天地之道、万物之道、夫妇之道和治国之道，从而将易卦的象数与义理高度融合起来，在一定程度上弥补了《序卦》对于卦序象数意义阐释的不足，进一步丰富了通行本《周易》卦序的意蕴。

（六）"四太"的宇宙生成论

《乾凿度·卷下》曰：

> 文王因阴阳，定消息，立乾坤，以统天地也。夫有形生于无形，乾坤安从生？故曰：有太易，有太初，有太始，有太素也。太易者，未见气也。太初者，气之始也。太始者，形之始也。太素者，质之始也。气形质具而未离，故曰浑沦。浑沦者，言万物相浑沦而未相离。视之不见，听之不闻，循之不得，故曰易也。易无形埒。易变而为一，一变而为七，七变而为九。九者，气变之究也，乃复变而为一。一者，形变之始。清轻者上为天，浊重者下为地。物有始，有壮，有究，故三画而成乾。乾坤相并俱生，物有阴阳，因而重之，故六画而成卦。②

---

① 郭彧：《〈京氏易传〉导读》，齐鲁书社2002年版，第132页。
② ［日］安居香山、中村璋八：《纬书集成》，河北人民出版社1994年版，第28—31页。

成书于战国时期的《系辞》，提出了"易有太极，是生两仪，两仪生四象，四象生八卦"的卦画生成模式，构建起了儒家话语体系下的宇宙生成论。《乾凿度》中的这段文字，是对《系辞》"易有太极"的宇宙生成论的进一步阐释与构建。《乾凿度》亦是以宇宙生成论讲八卦的产生问题，其在宇宙生成阶段的划分上，使用了"太易""太初""太始""太素"四个概念，简称"四太"的宇宙学说，朱伯崑指出：

> 四阶段，实际上是两大阶段：一是太易即气未产生的阶段，即下文所说"视之不见，听之不闻，循之不得，故曰易也"。"易"指太易。一是气质具备的阶段，即"太始"、"太初"、"太素"三者混而未分，所谓"气形质具而未离，故曰浑沦"。此"浑沦"的阶段，就是太极。从太易到太极，是一个演变的过程。①

从易学思想史的发展脉络来看，《乾凿度》的"四太"学说，是为了解决"易从无入有"的问题。在战国秦汉间的思想中，"太极"概念的哲学意义是一个"有"的本体。以《易传》为代表的儒家宇宙生成论思想，尽管较老子的道家学说晚出许多，但在关于宇宙论的哲学思辨上，还没有达到老子思想的高度，《老子》第一章曰："无名，天地始；有名，万物母。常无，欲观其妙；常有，欲观其徼。"认为天地万物的生成，经历了一个从"无"到"有"的阶段。西汉易学家在构建其新易学的时候，开始尝试着将老子"无中生有"的宇宙生成论纳入易学的体系中来。如京房在解释"大衍之数"的不用之"一"时说："其一不用者，天之生气，将欲以虚来实，故用四十九焉。"② 不以"一"为"太极"，而是将其虚化，这就使大衍筮法含有一定的从无入有的意味。而《乾凿度》的作者在提出卦画的产生问题时，提问的方式也很巧妙："夫有形生于无形，则乾坤安从生？"可见，作者是在接受道家"从无入有"宇宙观的基础上，来论证有形的乾坤（卦画）是如何从无形中产生出来的问题，以此从理论上解决"易从无入有"的问题。

《乾凿度》在论证"易从无入有"这一过程时，借用了道家一些概念

---

① 朱伯崑：《易学哲学史》第1卷，华夏出版社1995年版，第166页。
② （唐）孔颖达：《周易正义》，北京大学出版社1999年标点本，第279页。

的提法，如"太初""太素""浑沦"等，出自《庄子》《淮南子》等道家书中；而作者论证这一学说的巧妙之处是在"易"之上创立了"太易"概念，将其超越道家"太初""太始""太素"诸概念而作为宇宙的本根，这就使这一宇宙生成论虽然有大量汲取道家思想的地方，但却保持住了儒学的本色。"太易"是宇宙"无"的阶段；"太初""太始""太素"分别是宇宙"有"的"气""形""质"三个阶段，又与乾坤三画成一经卦结合起来，从而又为易卦的产生，披上了宇宙生成论的外衣，圆满地解决了"易从无入有"的问题。故《乾坤凿度·卷下》曰："易起无，从无入有，形及于变而象，象而后数。"直接指出易卦的形成是一个从无入有的过程。

（七）对易数的阐述

《易纬》作者持"象成数生"的观点，认为有象而后有数，曰："易起无，从无入有，有理若形，形及于变而象，象而后数。"并对《周易》所涉及的天地、卦爻之数等作了系统的解说。《乾坤凿度·卷上》曰：

  天数：一，九，二十五，三万九千七百五十五。
  地数：二，六，三十，八万六千四百二十。
  卦数：三千八百四，又位大二十二万八千二十四卦数。
  爻数：三百八十四，通二万二千八百二十四。
  衍天地合和数：天地合一二得三，合九六，合二十五及三十。
  乾策：二百一十六，一策三十六，策满六千九百一十二。
  坤策：一百四十四，一策二十四，策满四千六百八。
  八策：万一千五百二十。
  日力月力：日八百四千八万八千九百七十六分，月一千五百八十七万九千八百八十四十小分。
  八象大尽数：二百二十八万二千四百，九百八十七分。
  生天数：天本一而立，一为数源，地配生六，成天地之数，合而成$_{木}$性。天三地八$_{木}$，天七地二$_{火}$，天五地十$_{土}$，天九地四$_{金}$。运五行，先水，次木，生火，次土及金。
  天地合策数五十五：所用法古四十九，六而不用，驱之六虚。①

---

① ［日］安居香山、中村璋八：《纬书集成》，河北人民出版社1994年版，第87—92页。

《周易》有"理""数""象""占"四方面的内容，《易纬》对卦爻策数等的计算，从"数"的角度扩大了《周易》的体系，它既是出于汉人在以卦配历上数字计算的需要，又为《易纬》容纳、改造当时的各种"日术"准备了条件。

《易纬》中提出的易学问题还有很多，这里就不多举例了。总之，《易纬》继《易传》之后，对易学的诸多问题作了更加深入的探讨和解释，其中的一些见解，直到今天仍有着积极的学术意义。

二 《易纬》的"爻辰说"略论

《易纬·乾凿度》通过对易卦筮数的推衍，提出了"卦当岁、爻当辰、析当日"易卦配律历的理论体系，并构建了六十四卦卦爻主三十二岁的爻辰模式。《易纬》的爻辰说，体现了其对孟喜卦气易学和京房卦爻纳干支易学的继承、糅合与改造，具有独特的思想价值。兹略作阐释，以飨读者。

（一）《乾凿度》关于易卦配律历的理论

《乾凿度·卷下》曰：

> 八卦之生物也，画六爻之移气，周而从卦。八卦数二十四，以生阴阳，衍之皆合之于度量。阳析九，阴析六，阴阳之析，各百九十二，以四时乘之，八而周，三十二而大周，三百八十四爻，万一千五百二十析也。故卦当岁，爻当月，析当日。……故六十四卦，三百八十四爻，戒各有所系焉。故阳唱而阴和，男行而女随。天道左旋，地道右迁，二卦十二爻，而期一岁。
>
> 乾，阳也；坤，阴也；并治而交错行。乾贞于十一月子，左行，阳时六。坤贞于六月未，右行，阴时六。以奉顺成其岁。岁终次从于屯、蒙，屯、蒙主岁。屯为阳，贞于十二月丑，其爻左行，以间时而治六辰。蒙为阴，贞于正月寅，其爻右行，亦间时而治六辰。岁终则从其次卦，阳卦以其辰为贞，丑与（张惠言曰："'丑与'当为'其爻'。"据整理者注）左行，间辰而治六辰。阴卦与阳卦同位者，退一辰以为贞，其爻右行，间辰而治六辰。泰否之卦，独各贞其辰，共北辰左行相随也（张惠言曰："'北'当为'比'。"据整理

者注)。中孚为阳，贞于十一月子；小过为阴，贞于六月未，法于乾坤。三十二岁期而周。六十四卦，三百八十四爻，万一千五百二十析，复从于贞。①

通过《乾凿度》的记述可以看出，所谓"爻辰说"，是以六十四卦卦爻与十二辰相搭配而建构律历的学说，故又称"六十四卦主岁说"。而其以卦爻配历的推算之法，则与《周易》"大衍筮法"联系在一起。《系辞》：

> 乾之策二百一十有六，坤之策百四十有四，凡三百六十，当期之日。二篇之策，万有一千五百二十，当万物之数。

按大衍筮法，乾卦每一爻揲扐策数是36，六爻揲扐总策数是216；坤坤每一爻揲扐策数是24，六爻揲扐总策数是144，乾坤两卦策数之和是360，当一年之日数。64卦阳爻、阴爻各为192爻，则总策数为11520。可见《系辞》在"易与天地准"观念的支配下，已有以卦配历的思想萌芽。

《乾凿度》作为西汉卦气易学的集大成，不但继承了《系辞》"以卦配历"的思想，而且就此问题进行了更多的探索。作者在"四正四维说"及"太一行九宫说"的指导下，以八经卦统一岁之八节，即各统四十五日，每一卦当三（节）气，即每一爻当一节气，"八卦数二十四"即二十四卦当二十四节气，而卦爻"以生阴阳"，即是说每一爻所当一节气十五日之数，恰可以分成阳爻之策数九和阴爻之策数六，故曰"衍之皆合之于度量"。这样，《乾凿度》作者不但论证了上文提出的"易一阴一阳，合而为十五之谓道"的观点，又从律历的角度（而不是从揲扐成卦的角度）对阴阳二爻之策数给出了解释，由之通过《周易》卦爻策数之推衍，论证"卦当岁，爻当月，析当日"之理。郑玄已经指出，此处文句有讹误情况：

> 从"阳析九"，至"期一岁"，此爻析之所由，及卦爻析与岁月

---

① 林忠军：《〈易纬〉导读》，齐鲁书社2002年版，第95—97页。

及日相当之意，而其文亦错乱。"阳析九"至"八而周"，律辞不相理，自是脱误。"三百八十四爻"至"析当日"，是一简字，"故六十四卦"至"期一岁"，是二简字，而大衍之说杂其间，云是换脱。①

笔者认为："八而周"之"八"承上"八卦"而误，"八"当作"六"，则一切疏通可解。调整校改之后的文本如下：

> 阳析九，阴析六，以四时乘之，六（"六"原作"八"，系涉上文而误）而周，三十二而大周，万一千五百二十析也。阴阳之爻（"爻"原作"析"，系涉上文而误），各百九十二，三百八十四爻，二卦十二爻而期一岁。故卦当岁，爻当月，析当日。……故六十四卦，三百八十四爻，戒各有所系焉。（"故阳唱而阴和，男行而女随。天道左旋，地道右迁。"——此两句当属下段之首。）

如此易卦与律历的计算上可用如下公式表示：

〔9（乾阳爻之策）+6（坤阴爻之策）〕×4（四时）×6（六爻）=360策（一岁之日数）

此是乾坤之总策数为360，当一岁之日数。

360策 × 32（64卦有32组卦爻相反或相对之卦）=11520策

此是按照《乾凿度》的表述做乘法，得出的"大周之数"。可见其照搬了《系辞》的算法，不过表述的方式有所不同。下面再做除法：

11520策当11520日，故曰"析当日"；

11520÷30（日）=384（月），六十四卦爻合计亦是384爻，故曰"爻当月"；

384÷12（月）=32（岁），而"二卦十二爻而期一岁"，故曰"卦

---

① ［日］安居香山、中村璋八：《纬书集成》，河北人民出版社1994年版，第34页。

当岁"。

这样，便构建起了易卦卦爻配十二辰的理论依据。

(二) 六十四卦爻主三十二岁中的爻辰相配之法

关于《乾凿度》中的易卦与十二辰相配之法，清代学者黄宗羲在《易学象数论·乾坤凿度二》中作了详细阐述：

> 主岁之卦，以《周易》为序；而爻之起贞，则以六日七分之法为序。内卦为贞，外卦为悔，故从初爻起为贞。其卦于六日七分在某月，即以某月起初爻。阳卦左行，阴卦右行，两卦以当一岁。前为阳，后为阴。"左行"者，其次顺数；"右行"者，其次逆数，皆间一辰。乾于卦序在四月巳，坤于卦序在十月亥。今乾初不起四月，坤初不起十月者，以十一月阳生，五月阴生，乾坤不与众卦偶，故乾贞于十一月子。坤又不起于五月者，五月与十一月皆阳辰，间辰而次则相重矣，故贞于六月未，舍午而用未，是"退一辰"也。屯序在十二月，蒙序在正月，各以其月为贞。师序在四月，比序亦在四月，阴卦与阳卦同位，阴卦退一辰而贞五月。阳卦在阳辰，阴卦亦在阳辰；阳卦在阴辰，阴卦亦在阴辰，皆退一辰以为贞，不特同位然也。泰在正月贞其阳辰，否在七月亦阳辰也，自宜避之，以两卦独得乾坤之体，故各贞其辰，而皆左行。中孚贞于十一月子，小过正月之卦也，宜贞于二月卯，而贞于六月，非其次矣。故云"法乾坤"。盖诸卦皆一例，惟乾、坤、泰、否、中孚、小过六卦不同，此是作者故为更张，自乱其义。而《注》言泰卦当贞于戌，否卦当贞于亥，抑又不知所据矣。[①]

黄氏所论甚为中肯。为便于读者理解，兹在黄氏的基础上作进一步的阐释。《乾凿度》爻辰说中六十四卦主岁的顺序，是按照通行本《周易》卦序为序；而六十四卦初爻所起之辰，以孟喜易学中"六日七分卦气图"为准，即六十四卦所在六日七分卦气图中所处的月份。于是便会产生一个问题：孟喜卦气图中的十二侯卦分内外，所值之日横跨两个辰

---

① （清）黄宗羲：《易学象数论》，中华书局2010年版，第161—162页。

第四章 西汉易学研究(下)

(月)，以哪个辰为准？按孟喜的六日七分说又见于《易纬·稽览图》，于此可见十二侯卦在十二辰上的归属。《稽览图·卷下》曰：

> 小过、蒙、益、渐、泰寅。需、随、晋、解、大壮卯。豫、讼、蛊、革、夬辰。旅、师、比、小畜、乾巳。大有、家人、井、咸、姤午。鼎、丰、涣、履未。恒、节、同人、损、否申。巽、萃、大畜、贲、观酉。归妹、无妄、明夷、困、剥戌。艮、既济、噬嗑、大过、坤亥。未济、蹇、颐、中孚、复子。屯、谦、睽、升、临丑。坎六，震八，离七，兑九。已上四卦者，四正卦，为四象。每岁五月（卦）。卦六日七分。每期三百六十六（五）日，每四分（四分日之一）。①

可知卦气图中十二侯卦与十二支的搭配方式是：屯配丑，小过配寅，需配卯，豫配辰，旅配巳，大有配午，鼎配未，恒配申，巽配酉，归妹配戌，艮配亥，未济配子，即皆以侯卦所主之节气所在的月份为准。但是，《乾凿度》中六十四卦初爻之纳辰，并不是完全依据于卦气图，还有一些特殊的规定。

一是关于卦爻纳辰上的"左行"和"右行"问题。其意义当与京房易学在爻纳支上采取的音律上"左旋""右旋"的步骤相同，即"左行"是按照顺时针的方向前进，"右行"是按照逆时针的方向前进。②《春秋纬·元命苞》曰："天左旋，地右动"，③"地所以右转者，气浊清少，含阴而起迟，故右转迎天，佐其道"④。可见"左旋""右转"是环绕圆周的相反运动。故《乾凿度》曰乾坤"并治而交错行"，"交错"正是行进路线上的相反相对之意。如此，关于乾坤两卦爻之纳辰，按《乾凿度》"乾贞于十一月子，左行，阳时六。坤贞于六月未，右行，阴时六"之说，则乾卦自初九至上九依次纳"子、寅、辰、午、申、戌"，坤卦自初六至上六依次纳"未、巳、卯、丑、亥、酉"（见图4—6）。此与京房易

---

① [日] 安居香山、中村璋八：《纬书集成》，河北人民出版社1994年版，第153页。
② 于成宝：《京房易学"爻纳支"问题略论》，《重庆工学院学报》（社科版）2008年第5期。
③ [日] 安居香山、中村璋八：《纬书集成》，河北人民出版社1994年版，第599页。
④ 同上书，第598页。

学乾坤两卦爻纳支方式完全一致，可见《乾凿度》爻辰说乃是受了京房易学纳支学说的启发而建立起来的。清人惠栋在《易汉学》中认为郑玄乾坤两卦爻纳辰的方式与《乾凿度》爻辰说一致，皆为"左行"，坤卦六爻自下而上依次纳支"未、酉、亥、丑、卯、巳"，是不正确的。①

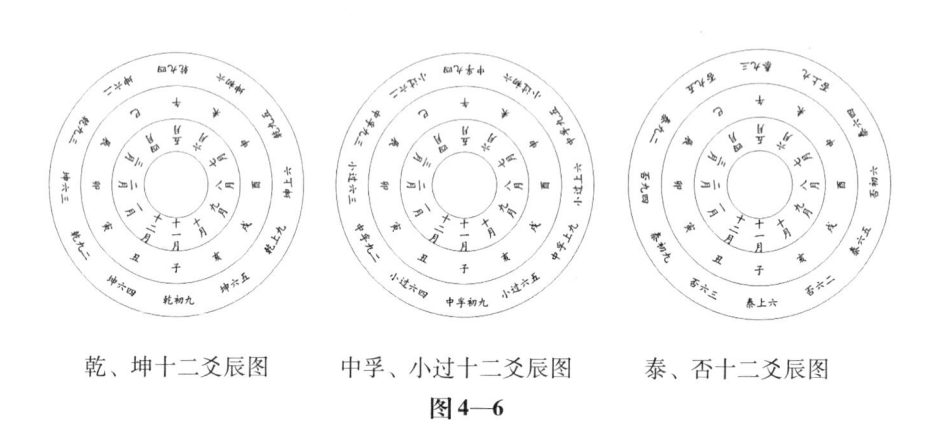

乾、坤十二爻辰图　　中孚、小过十二爻辰图　　泰、否十二爻辰图

图4—6

二是关于阴卦"退一辰以为贞"的问题。十二辰中，"子、寅、辰、午、申、戌"为阳辰，"丑、卯、巳、未、酉、亥"为阴辰。《乾凿度》将六十四卦按照通行本卦序分为三十二对，主三十二年。每一对卦中一为阳卦、一为阴卦，也即是卦序中的奇数卦为阳卦，偶数卦为阴卦。按照卦气图，如果一对卦中两卦的初爻皆纳阳辰或阴辰，则十二爻纳十二辰时不免出现有的爻纳辰相重、有的辰没有爻相配的情况。在这种情况下，《乾凿度》采取的方法是阳卦纳辰的方式不变，而阴卦则"退一辰以为贞"，因阴卦"右行"为进，故退一辰即是左行一个辰位。如丰卦和旅卦，分别为通行本卦序的第五十五和五十六卦，丰为阳卦，旅为阴卦；按卦气图，丰初爻纳未，旅初爻应当纳巳，二者皆纳阴辰，则旅卦初爻"退一辰以为贞"，左行一个辰位至午，故旅卦初爻纳午。

以上是关于《乾凿度》爻辰说的基本原则，但卦爻在具体纳辰的时候，还有三对特殊的卦例，需要作具体的说明。

（三）《乾凿度》爻辰说中的三组特例

一是关于"乾、坤"卦的纳辰问题。孟喜卦气图中，乾主四月，初

---

① （清）惠栋《易汉学》卷6，文渊阁四库全书本。

九当纳巳；坤主十月，初六当纳亥；为何《乾凿度》却以乾初九纳子，坤初六纳未？《乾凿度》爻辰说同孟喜的卦气说、京房的卦爻纳干支说的主旨一样，都在于"以卦配律历"，从历法上看，冬至所在之月或建子之月为一年之始；就十二律吕而言，《吕氏春秋·古乐》曰："黄钟之宫，律吕之本"①，十二律吕的始点是黄钟，故《吕氏春秋·十二纪》和《淮南子·天文训》以十二律配十二月，皆以黄钟为十一月律。孟喜以"自冬至初，中孚用事"，以中孚为卦气的始点，一方面是受了汉代五行思想的影响；②另一方面则是为了在卦气图中贯彻其十二辟卦说，十二辟卦说通过十二卦阴阳爻的递增与递减，体现出一年十二个月阴阳二气的消长规律，而成书于战国时期的《大象传》即以复卦为冬至之卦："雷在地中，复；先王以至日闭关，商旅不行，后不省方"，故以之主十一月，如此，则乾主四月，坤主十月。关于京房易学卦爻纳干支学说，尽管亦是以卦配律历，目的却不局限于构建卦气图，而更是为了将干支五行与《周易》卦爻相融合，故更需注重十二辰、十二律与六十四卦三者在始点上的统一，《京氏易传·卷下》曰："奇偶之数，取之于乾坤"，"乾坤者，阴阳之根本"，可见京房以乾坤为阴阳二气之始点的思想，而"阴从午，阳从子，子午分行"，按"阳卦纳阳爻、阴卦纳阴爻"的原则，故以乾初九纳子，坤初六纳未。《乾凿度》的爻辰说，在易卦与律历的结合上，则是融合了孟喜、京房二家的易学思想：其继承了京房易学爻纳支的思想，故看重乾坤两卦在阴阳二气之初生上的意义，以及阴阳二气行进的路线；其又吸收了孟喜卦气图的思想，希望所构建起的六十四卦主三十二岁的模式，又能体现出卦气的变化规律。通过《乾凿度》对于易卦与律历相配的计算上可以看出，乾坤两卦作为阴阳二气之始点、之根本的地位是不可动摇的，故其不取卦气图中的乾坤所主辰之说（见图4—6）。

再一组特例是"中孚、小过"卦。按照卦气图，中孚主十一月，初爻纳子；小过主正月，阴卦与阳卦同位，退一辰而贞，初爻当纳二月卯，为何纳六月未？笔者认为：这同样体现了《乾凿度》对孟喜卦气学说的折中与改造。前面已述乾贞于子、坤贞于未的原因，乃在于它们为宇宙

---

① 陈奇猷：《吕氏春秋校释》，学林出版社1984年版，第285页。
② 朱伯崑：《易学哲学史》第1卷，华夏出版社1995年版，第125页。

阴阳二气的源头，是六十四卦主三十二岁的始点；但中孚卦却是孟喜卦气图一年二十四节气循环的始点，中孚为阳卦，为阳气发生的始点，贞于十一月子；二卦主一岁，则与之相配的小过为阴卦，亦应当为阴气发生的始点，故其初爻贞于六月未，所以《乾凿度》曰此两卦"法于乾坤"（见图4—6）。

还有一组特例是"泰、否"卦。郑玄注曰：

> 泰、否独各贞其辰，言不用卦次。泰卦当贞于戌，否当贞于亥。戌，乾体所在；亥，又坤消息之月。泰、否、乾、坤，离体气与之相乱，故避之而各贞其辰。谓泰贞于正月，否贞于七月，六爻皆□，泰得否之乾，否得泰之坤，北（张惠言曰："'北'当为'此'。"）辰左行，谓泰从正月至六月，皆阳爻；否从七月至十二月，皆阴爻，否、泰各自相从。①

细研郑注，可知郑注不知《乾凿度》六十四卦初爻之纳辰本于孟喜卦气图，而认为是依于卦序依次与十二支相配，即乾贞子、坤贞未（此为特例）、屯贞丑、蒙贞寅、需贞卯、讼贞辰、师贞巳、比贞午、小畜贞申（"未"前为坤所用，故递延至申）、履贞酉、泰贞戌、否贞亥。故郑玄曰："泰卦当贞于戌，否当贞于亥。"由此可知郑玄后面所言泰否与乾坤之体气相乱，因此各贞其辰之说亦为非。但郑玄所谓泰否二卦的贞辰模式："泰贞于正月，否贞于七月""泰从正月至六月，皆阳爻；否从七月至十二月，皆阴爻"，言之凿凿，又不似无稽之语，因为郑玄在关于爻辰说注文的最后曰："余不见，为图者备列之矣。"张惠言曰："此盖郑时别有图，非即《稽览图》所载。"②

在辨析郑玄关于泰否二卦的纳辰模式之前，先说一下张惠言对于上面所引正文和郑玄注中两处文字的校改，这两处校改皆为当今易学界所从。"共北辰左行相随"，是否存在讹误？笔者认为张氏没有改易正文的坚实依据，一则是因为郑玄注文亦曰"北辰"，此印证了郑玄所见的《乾凿度》之文就作"北辰"；二则是不改字亦解释得通："共北辰"之

---

① ［日］安居香山、中村璋八：《纬书集成》，河北人民出版社1994年版，第36页。
② 同上。

"共",拱也;北辰,即北极星。《论语·为政》:"子曰:'为政以德,譬如北辰,居其所而众星共之。'"在战国两汉人的天文观念中,十二辰即是以北辰为轴心将一周天十二等分的时点,故卦爻行十二辰的过程,自可表述为"共北辰而行"。《乾凿度》此处表述的意义是:指出泰否两卦皆围绕北辰"左行",强调其与其他各卦阳卦左行、阴卦右行的路线不同。郑玄注文曰"北辰左行",盖脱一"拱"字,此句当是引用正文,而后面"谓泰从正月至六月,皆阳爻;否从七月至十二月,皆阴爻,否、泰各自相从"之语,则是对其的解释——《乾凿度》文本中经常出现郑注窜入正文的情况。而郑玄注文的矛盾也正在于此处:如果说泰卦六爻纳正月寅至六月未,如何能说六爻皆阳爻?否卦六爻纳七月申至十二月丑,如何能说六爻皆阴爻?泰否并未相交,又怎能说"泰得否之乾,否得泰之坤"?笔者认为最大的可能性是:郑玄所见的泰否两卦爻辰图果真是从正月至六月为阳爻所值,从七月至十二月为阴爻所值,而郑玄在表述上是有误的,泰否两卦贞辰图应该如下表述:泰贞于正月寅,六爻依次值"寅、辰、午、申、戌、子";否在卦气图中主七月申,按照阴卦与阳卦同位退一辰而贞的原则,六爻依次值"酉、亥、丑、卯、巳、未"(见图4—6)。如此,"泰得否之乾,否得泰之坤"的意思是:泰卦三阳爻得否卦三阳爻成为乾,否卦三阴爻得泰卦三阴爻成为坤。

可见,《乾凿度》六十四卦爻辰说尽管有特例,但并没有破阳卦纳阳辰、阴卦纳阴辰的基本规定,而这正体现了其对于京房卦爻纳干支易学的遵从。

总之,《易纬·乾凿度》中的爻辰说,是糅合孟喜卦气易学与京房卦爻纳干支易学以构建易卦律历的一次尝试,体现了西汉中后期易学数术化的学术走向,在易学发展史上具有独特的思想价值。

第五章

东汉易学研究(上)

第一节 论《易林》

《易林》(旧称《焦氏易林》)是易学史上的一枝奇葩。它基于春秋时占筮中的卦变思想,认为《周易》六十四卦的每一卦皆可能变成六十四卦,于是构建了六十四卦乘六十四变的占筮体系,穷尽了《周易》以大衍筮法进行占筮时所能出现的所有卦变现象,一共得四千零九十六条占辞,每一条占辞基本为四言文辞,以说明占筮结果的吉凶祸福等意义。将《易林》与《周易》经文作一比较:《周易》六十四卦共三百八十六条占辞,而《易林》是四千零九十六条占辞,故从数量上看,《易林》的容量约当十多部《周易》之巨;从占辞撰写及系属所依据的条例来看,《易林》无疑较《周易》更为复杂;从占辞的内容来看,《易林》对《周易》卦爻辞有所借用,但绝大多数都是作者另辟炉灶,重新撰作;从占辞所反映的思想来看,因二者所处时代的遥远,故在表达的思想主题上也是不同的;从占辞的文学表征来看,毫无疑问,《易林》的占辞基本上是四言韵语,个别三言构成一句,文学色彩非常浓厚。所以,《易林》的出现,是对先秦卦变易说的一次大发展,是对《周易》占筮体系的一次大充实,也是对《周易》这部经典在占筮权威上的一次大挑战。

一 《易林》的作者归属略辨

《易林》旧题西汉焦赣撰,所以又名《焦氏易林》,人们一般认为《易林》乃西汉焦延寿所作。明代郑晓首先怀疑《易林》为焦延寿所作,朱彝尊《经义考·焦氏易林》引郑晓《古言》曰:

《易林》十六卷，世传出焦延寿……疑今之《易林》未必出于焦氏。延寿为京房师，今《明夷之咸》林云："新作初陵，蹈蹈难登，三驹推车，跌损伤颐。"乃成帝时事；《节之解》林云"皇母多恩，字养孝孙。脱于襁褓，成就为君。"似言定陶傅太后育哀帝事，皆在延寿后，不应延寿预言之也。①

郑晓从《易林》有的林辞内容反映了焦延寿之后的史事，而对该书的作者提出质疑，有一定的道理。郑氏之后，顾炎武亦怀疑《焦氏易林》非焦延寿所作，《日知录》：

《易林》，疑是东汉以后人撰，而托之焦延寿者。延寿在昭宣之世，其时《左氏》未立学官，今《易林》引《左氏》语甚多。又往往用《汉书》中事，如曰"彭离济东，迁之上庸"，事在武帝元鼎元年；曰"长城既立，四夷宾服，交和结好，昭君是福"，事在元帝竟宁元年；曰"火入井口，阳芒生角，犯历天门，窥见太微，登上玉床"，似用《李寻传》语；曰"新作初陵，逾陷难登"，似用成帝起昌陵事；又曰"刘季发怒，命灭子婴"，又曰"大蛇当路，使季畏惧"，则又非汉人所宜言也。②

顾炎武也是从探讨《易林》林辞的角度，指出"初陵""昭君"皆焦延寿以后的人、事，又《易林》多引《左传》《汉书》等，认为《易林》的作者当东汉以后人。顾氏之后，何焯则提出《易林》的作者或为两汉之际的崔篆，或为东汉的许峻，《义门读书记》：

（崔）篆著《周易林》六十四篇，即今所传之《易林》否？更考之。又，许峻亦著《易林》，见《方术传》。③

"许曼所著《易林》至今行于世。"今世所传《焦氏易林》，疑

---

① （清）朱彝尊：《经义考》卷6，文渊阁四库全书本。
② 陈垣：《日知录校注》卷18，安徽大学出版社2007年版，第1042页。
③ （清）何焯：《义门读书记》卷23，文渊阁四库全书本。

即峻所著，焦氏不闻有书也。①

何焯认为焦延寿并没有著《易林》一书，而崔篆、许峻则皆著《易林》，见于史籍记载。

清四库馆臣则认为，《易林》当为焦延寿所作，并反驳了郑晓、顾炎武之说，兹将《易林提要》引之如下：

《易林》十六卷，汉焦延寿撰，延寿字赣，梁人。昭帝时由郡吏举小黄令，京房师之，故《汉书》附见于《房传》。黄伯思《东观余论》以为名赣、字延寿，与史不符，又据后汉《小黄门谯君碑》称赣之后裔，疑赣为谯姓。然史传无不作焦，汉碑多假借通用，如欧阳之作欧羊者，不一而足，亦未可执为确证。至旧本《易林》首有费直之语，称王莽时建信天水焦延寿，其词盖出伪托，郑晓尝辨之审矣。赣尝从孟喜问《易》，然其学不出于孟喜，《汉书·儒林传》记其始末甚详，盖《易》于象数之中别为占候一派者，实自赣始。所撰有《易林》十六卷、又《易林变占》十六卷，并见《隋志》变占久佚，惟《易林》尚存，其书以一卦变六十四，六十四卦之变共四千九十有六，各系以词，皆四言韵语。考《汉艺文志》所载《易》十三家、《蓍龟》十五家，不及焦氏。《隋经籍志》始著录于五行家，唐王俞始序而称之，似乎后人所附会。故郑晓《古言》疑其《明夷之咸》林，似言成帝时事。《节之解》林，似言定陶傅太后事，皆在延寿后。顾炎武《日知录》亦摘其可疑者四五条，然两家所云某林似指某事者，皆揣摩其词。炎武所指"彭离济东，迁之上庸"者，语虽出《汉书》，而事在武帝元鼎元年，不必《汉书》始载。又《左传》虽西汉未立学官，而张苍等已久相述说，延寿引用《传》语亦不足致疑。惟"长城既立，四夷宾服，交和结好，昭君是福"四句，则事在元帝竟宁元年，名字炳然，显为延寿以后语。然李善注《文选》任昉《竟陵王行状》引《东观汉记》曰："沛献王辅，永平五年秋，京师少雨，上御云台，诏尚席取卦具自卦，以《周易卦林》占之，其繇曰：'蚁封穴户，大雨将集。'明日大雨，上即以诏书问

---

① （清）何焯：《义门读书记》卷24，文渊阁四库全书本。

辅曰：道宁有是耶？辅上言曰：案易卦《震之蹇》，'蚁封穴户，大雨将集'，蹇艮下坎上，艮为山，坎为水，出云为雨，蚁穴居而知雨，将云雨，蚁封穴，故以蚁为兴文云云。"今书蹇繇实在《震》林，则书出焦氏，足为明证。昭君之类，或方技家辗转附益，窜乱原文，亦未可定耳。《崇文总目》言其推用之法不传，而黄伯思记王似占，程迥记宣和、绍兴二占，皆有奇验，则其术尚有知之者。惟黄伯思谓《汉书》称延寿《易》分六十四卦更直日用事者，乃变占法，非《易林》法。薛季宣《易林序》则谓《易林》正用直日法，辨伯思之说为谬，并为图例以明之，其说甚辨。今录季宣序与王俞序以存一家之言，俞序本名《大易通变》，与诸本不同，疑为后来卜筮家所改，非其旧也。此书隋唐宋《志》俱作十六卷，故季宣《序》称每卷四林，每林六十四变。今一本作四卷，不知何时所并，无关宏旨，今亦姑仍之焉。①

但后人并未服膺四库馆臣关于《易林》作者的考证，清人牟庭、翟云升皆认为《易林》的作者当为两汉之际的崔篆，② 余嘉锡《四库提要辨证·焦氏易林》又对四库馆臣之说进行了反驳，他说：

考《汉书》《汉纪》均不言延寿著《易林》……至于《儒林传》云："京房受《易》梁人焦延寿，房以为焦延寿《易》即孟氏学，至成帝时刘向校书考《易说》，以为诸《易》家说皆祖田何、杨叔、丁将军，唯京氏为异，党焦延寿独得隐士之说，托之孟氏，不相与同。"所谓刘向校书考《易说》者，考诸家及京房之《易说》也，非指焦氏。《艺文志》只有孟氏、京房，并无焦氏《易说》，刘向考京氏《易》而知其与诸家不同，故云唯京氏为异，不云唯焦氏为异，其言焦延寿独得隐士之说者，亦就京氏《易》中考其所受之师说而知之。然则焦延寿固未尝著书也。③

---

① （清）永瑢等：《四库全书总目》，中华书局1965年版，第923—924页。
② 余嘉锡：《四库提要辨证》，中华书局1980年版，第743—744页。
③ 同上书，第742页。

余氏又指出敦煌卷子本《修文殿御览》引《易林·谦之泰》"白鹤衔珠"一条，作《崔赣易林》；日本人所撰类书《秘府略》引《易林·谦之大过》"被锦夜行"一条，也题作崔赣。① 余氏还对焦延寿的生平年代进行了细致的考证：

> 夫赣以昭帝时为小黄令，《陈留风俗传》言之甚明……《京房传》言赣补小黄令，举最当迁，有诏许增秩留，卒于小黄，是赣自补县令以至于卒官，始终未离小黄，未尝有罢官复起之事也。……考《续汉书·律历志》云："元帝时郎中京房，房字君明，知五声之音，六律之数。上使太子太傅韦玄成（字少翁）、谏议大夫章杂试问房于乐府，房对受学，故小黄令焦延寿。"《志》虽不著其为元帝某年，然以京房、韦玄成二人仕履参互考之，《房传》言初元四年以孝廉为郎，建昭二年出为魏郡太守，《玄成传》云："元帝即位，以玄成为少府，迁太子太傅，至御史大夫。"《百官表》云："永光元年七月辛亥，太子太傅韦玄成为御史大夫。"《志》称房为郎中，玄成为太子太傅，必在初元四年以后，永光元年七月以前。房于是时已称延寿为故小黄令，明当元帝初年延寿已卒于小黄矣。②

余氏在考定焦延寿生平年代的基础上，综合辨析了之前学者关于《易林》的种种说法，最终得出了《易林》作者当为崔篆的结论。约与余氏同时，胡适撰写《〈易林〉断归崔篆的判决书——考证学方法论举例》一文，也比较有力地论证了《易林》作者应当是王莽时代的崔篆。③ 民国时期易学家尚秉和则在其1934年出版的《焦氏易诂》中认为焦延寿是《易林》的作者，当代学者林忠军又对顾炎武提出的质疑之处作了新的解释，④ 陈

---

① 余嘉锡：《四库提要辨证》，中华书局1980年版，第745页。
② 同上书，第753—754页。
③ 胡适：《〈易林〉断归崔篆的判决书——考证学方法论举例》，《历史语言研究集刊》1948年第20期（上）。
④ 林忠军：《象数易学发展史》第1卷，齐鲁书社1994年版，第70页。

良运又对胡适考证《易林》的论文进行了批判,[①] 皆认为《焦氏易林》作者当是焦延寿。

笔者认为:余嘉锡关于《易林》的考证,堪为定论。兹在此基础上,略作阐释,以求就正于方家通人。

(一) 从目录学的角度考察

《汉书·儒林传》《艺文志》及荀悦的《汉志》皆不言焦延寿著《易林》,直到《隋书·经籍志》才著录"《易林》十六卷,焦赣撰",这就颇令人生疑。按焦延寿为西汉昭帝、宣帝时人,根据《汉书·京房传》对他的介绍,可知延寿在易学研究和吏治措施上颇为时人称道,他又为著名易学家京房的老师,对于这么一个特殊人物,如果著录了这么一部大书,刘向刘歆父子绝无漏著之可能;况刘向校书时曾专门考辨诸家易说,于焦氏、京氏易说特别注意,如果焦氏作了《易林》,那么刘向就不会认为"唯京房为异,党焦延寿独得隐士之说,托之孟氏,不相与同"[②],因为《易林》所构建的占筮体系较《周易》相比,已有另起炉灶的性质,焦氏《易》与京氏《易》便大不相同了。而对于王莽时人的崔篆而言,《后汉书·崔骃传》明确记载他撰"《周易林》六十四篇",这一记载的意义是既指出了崔篆创作了《易林》,又在于"六十四篇"给我们的提示,因为现在的《易林》恰恰是一个以六十四卦各自成篇的结构体系。考之《隋书·经籍志三·五行》:

《周易守林》三卷(注:京房撰)。

《周易集林》十二卷(注:京房撰,《七录》云,伏万寿撰)。

《易林》十六卷(注:焦赣撰,梁又本三十二卷)。

《易林变占》十六卷(注:焦赣撰)。

《易林》二卷(注:费直撰,梁五卷)。

《易新林》一卷(注:后汉方士许峻等撰。梁十卷)。

《周易新林》四卷(注:郭璞撰)。

---

① 陈良运:《学术不可负前人,欺后人——〈焦氏易林〉产生时代再考,兼评胡适〈《易林》断归崔篆的判决书〉中的"考证学方法"》,《江西师范大学学报》(哲学社会科学版) 1998年第4期。

② (汉) 班固:《汉书》卷88,中华书局1962年点校本,第3601页。

《周易新林》九卷（注：郭璞撰）。
《易林》三卷（注：鲁洪度撰）。
《周易林》十卷（注：梁《周易林》三十三卷，录一卷）。
《易赞林》二卷。
《易立成林》二卷（注：郭氏撰）。
《周易卦林》一卷①。

以"林"相称的《周易》著作不下十余种，这里署名为伏万寿、京房、焦延寿、费直的著作，《汉书·艺文志》都不见记载，当是后人托名之作。崔篆在易学上的名气不及焦延寿响亮，其书之著作权亦可能遭到当时书商的窜改，《易林》十六卷本的作者问题，遂含混不清。至迟在唐代，已出现了《易林》作者两属的现象，《旧唐书·经籍下·五行》著录：

《焦氏周易林》十六卷（注：焦赣撰）。
《崔氏周易林》十六卷。②

《新唐书·艺文三·五行类》著录：

《焦氏周易林》十六卷（注：焦赣）。
《崔氏周易林》十六卷（注：崔篆）。③

案：这显然是内容相同的两部书，只不过因作者的不同而分别著录。但焦延寿作为京房的易学老师，名声自然要较崔篆大得多，故《宋史·艺文志》在著录的时候，将著作权归之于焦延寿：

焦赣《易林传》十六卷。④

---

① （唐）魏征、令狐德棻：《隋书》卷34，中华书局1973年点校本，第1032—1034页。
② （五代）刘昫：《旧唐书》卷47，中华书局1975年点校本，第2041页。
③ （宋）欧阳修、宋祁：《新唐书》卷59，中华书局1975年点校本，第1552页。
④ （元）脱脱：《宋史》卷206，中华书局1985年点校本，第5265页。

焦延寿之作《易林》，遂成为后人一般的看法。

(二) 从崔篆的学术倾向与人生经历考察

从崔篆的学术倾向与人生经历来看，他可能更是今《易林》六十四篇的作者。《后汉书·崔骃传》记载了崔篆的生平大略和一篇《慰志赋》，兹引之于下：

> 崔骃，字亭伯，涿郡安平人也。高祖父朝昭帝时为幽州从事，谏刺史无与燕刺王通，及刺王败，擢为侍御史。生子舒，历四郡太守，所在有能名。
>
> 舒小子篆，王莽时为文学，以明经征公车，太保甄丰举为步兵校尉，篆辞曰："吾闻伐国不问仁人，战陈不访儒士，此举奚为至哉？"遂投劾归。
>
> 莽嫌诸不附己者，多以法中伤之。时篆兄发以佞巧幸于莽，位至大司空，母师氏能通经学、百家之言，莽宠以殊礼，赐号义成夫人，金印紫绶，文轩丹毂，显于新世。
>
> 后以篆为建新大尹，篆不得已，及叹曰："吾生无妄之世，值浇、羿之君，上有老母，下有兄弟，安得独洁己而危所生哉？"乃遂单车到官，称疾不视事，三年不行县。门下掾倪敞谏，篆乃强起班春。所至之县，狱犴填满。篆垂涕曰："嗟乎！刑罚不中，乃陷人于穽。此皆何罪，而至于是！"遂平理，所出二千余人。掾吏叩头谏曰："朝廷初政，州牧峻刻。宥过申枉，诚仁者之心；然独为君子，将有悔乎！"篆曰："邾文公不以一人易其身，君子谓之知命。如杀一大尹赎二千人，盖所愿也。"遂称疾去。
>
> 建武初，朝廷多荐言之者，幽州刺史又举篆贤良。篆自以宗门受莽伪宠，惭愧汉朝，遂辞归不仕。客居荥阳，闭门潜思，著《周易林》六十四篇，用决吉凶，多所占验。临终作赋以自悼，名曰《慰志》。其辞曰：
>
> 嘉昔人之遘辰兮，美伊、傅之选时。应规矩之淑质兮，过班、倕而裁之。协准矱之贞度兮，同断金之玄策。何天衢于盛世兮，超千载而垂绩。岂修德之极致兮，将天祚之攸适？
>
> 愍余生之不造兮，丁汉氏之中微。氛霓郁以横厉兮，羲和忽以潜晖。六柄制于家门兮，王纲弛以陵迟。黎、共奋以跋扈兮，羿、

泥狂以恣睢。睹嫚臧而乘衅兮，窃神器之万机。思辅弼以偷存兮，亦号咷以详咨。嗟三事之我负兮，乃迫余以天威。岂无熊僚之微介兮？悼我生之歼夷。庶明哲之末风兮，惧《大雅》之所讥。遂舍翼以委命兮，受符守乎艮维。恨遭闭而不隐兮，违石门之高踪。扬蛾眉于复关兮，犯孔戒之冶容。懿氓蚩之悟悔兮，慕白驹之所从。乃称疾而屡复兮，历三祀而见许。悠轻举以远遁兮，托峻崖以幽处。竫潜思于至赜兮，骋《六经》之奥府。皇再命而绍恤兮，乃云眷乎建武。运櫌枪以电埽兮，清六合之土宇。圣德滂以横被兮，黎庶恺以鼓舞。辟四门以博延兮，彼幽牧之我举。分画定而计决兮，岂云贲乎鄙者。遂悬车以絷马兮，绝时俗之进取。叹暮春之成服兮，阖衡门以埽轨。聊优游以永日兮，守性命以尽齿。贵启体之归全兮，庶不忝乎先子。①

通过对上面引文的分析，我们可以得出崔篆所具备的一些素质：

首先，他具备很高的文学素养和历史知识。"王莽时为文学，以明《经》征公车"，可见他的文学才华是为时人所公认的。他在临死之前，作了《慰志赋》，从这篇赋的内容来看，可以说是他一生的坎坷经历与非凡心志的写照。在赋中，他融《诗经》《论语》《尚书》《左传》《国语》诸书许多典故于一炉，毫无堆砌之感，而令人感觉与其人生遭际贴合无间；语言流畅、简洁而含意深远，可谓开了东汉时期抒情赋之先河。如他说"庶明哲之末风兮，惧《大雅》之所讥"，这个典故出自《诗经·大雅·烝民》："既明且哲，以保其身。"他引用"复关"的典故，出自《诗经·氓》，其诗曰："乘彼垝垣，以望复关。"他说"懿氓蚩之悟悔兮，慕白驹之所从"，"氓蚩"出自《氓》，其诗曰："氓之蚩蚩，抱布贸丝。匪来贸丝，来即我谋。"他说"白驹"，出自《诗经·白驹》："皎皎白驹，食我场苗。"他说"叹暮春之成服兮"，出自《论语》曾点曰："暮春者，春服既成。"他说"贵启体之归全兮，庶不忝乎先子"，出自《论语》："曾子有疾，召门弟子曰：'启予足！启予手！《诗》云：战战兢兢，如临深渊，如履薄冰。而今而后，吾知免夫！小子！'。"他说"岂无熊僚之

---

① （南朝·宋）范晔：《后汉书》卷52，中华书局1965年点校本，第1703—1706页。

微介兮",这个典故出自《左传》:"曰:'市南有熊宜僚者,若得之,可以当五百人矣。'乃从白公而见之,与之言,说;告之故,辞;承之以剑,不动。胜曰:'不为利谄,不为威惕,不泄人言以求媚者,去之。'"① 他说"六柄制于家门兮","六柄"这个典故出自《国语·齐语》管仲之言:"昔者,圣王之治天下也,参其国而伍其鄙,定民之居,成民之事,陵为之终,而慎用其六柄焉。"② 他说"黎、共奋以跋扈兮,羿、浞狂以恣睢",这个典故出自《国语》:"及少皞之衰也,九黎乱德,人神杂揉,不可方物。"③ 崔篆具备的极高的文学才华和丰富的历史知识,无疑为他撷趣史料,撰写《易林》创造了条件。

其次,崔篆具备非常深厚的易学功底,这可能为他在人生后期创作《易林》打下了坚实的基础。我们读上面这段短短的关于他生平事迹的文字,深深感到崔篆已经将易学融入生活的方方面面。如他迫不得已而接受王莽封的官职时说:"吾生无妄之世,值浇、羿之君,上有老母,下有兄弟,安得独洁己而危所生哉!""无妄"本是《周易》的一个卦名,这里他用来借指"污浊之世"。如他在《慰志赋》中说"同断金之玄策",《易》曰:"二人同心,其利断金。"他说"受符守乎艮维",艮卦按《说卦》为东北之位,指篆为千乘太守。他说"何天衢于盛世兮",《大畜》卦乾下艮上,其上九爻辞曰:"何天之衢,亨。"他说"恨遭闭而不隐兮",《易·文言》曰:"天地闭而贤人隐。"他说"竫潜思于至赜兮,骋《六经》之奥府","至赜"指《周易》,《系辞》曰:"非天下之至赜,孰能与此?"这也印证了他年轻时"以明经征公车"。他说"犯孔戒之冶容",《易·系辞》孔子曰:"冶容诲淫。"他说"睹臧而乘衅兮,窃神器之万机",《系辞》曰:"嫚藏诲盗。"短短一篇赋,竟有七余处之多采用了《周易》的文句和思想,可见作者对易学的熟通。并且作者自己说他潜思于《周易》,这与《后汉书》记载他创作《易林》六十四篇之事若合符节。

而我们细读《易林》就会发现,《易林》四言诗的形式无疑是受了

---

① 杨伯峻:《春秋左传注》,中华书局1990年版,第1701—1702页。
② 徐元诰:《国语集解》,中华书局2002年版,第219页。
③ 同上书,第514—515页。

《诗经》的启发,《易林》中的很多语句袭自《诗经》,无论是从词语文句的借鉴或是思想的继承;《易林》中又包含了大量春秋战国秦汉时人的典故,以及一些神话传说,清儒顾炎武已经指出《易林》有很多地方取自《左传》的事情,① 而焦延寿的时代,《左传》毕竟还没有较大范围的流传,更不要说研究了。所有这些论据,都倾向于作者是文学与易学才华都很出众的崔篆。

最后,从生活经历上看,崔篆的生活经历远较焦赣坎坷得多,丰富的生活阅历,也使他更可能成为今本《易林》的作者。焦赣幼时家贫,后来受到梁王的资助,学术、政治生涯一直一帆风顺,况且焦赣所处的时代主要为昭帝、宣帝时期,朝廷政治尚算清明,远没有崔篆所处的那个天翻地覆的时代黑暗,牵强地认为《易林》中有很多地方了焦赣"这个七品小官的怨愤之情"②,只能说是一种歪曲的臆想,因为这与焦延寿的生平、时代皆不相符。而崔篆在经历人生的起起伏伏之后,绝仕途之路,"闭门潜思,著《周易林》六十四篇,用决吉凶,多所占验",故今本《易林》极有可能出于崔氏之手。

通过《后汉书》对崔篆家世的记载,可见崔篆出任王莽新朝官职实在是一种迫不得已、有违自己心志的举动。崔篆有一位非同寻常的母亲师氏,她"能通百家之言",可见在学问上属于当时一流,故受到王莽的尊崇:"莽宠以殊礼,赐号义成夫人,金印紫绶文轩丹毂,显于新世。"在那个男尊女卑的社会里,学问上受到当朝皇帝的尊崇,当属一种莫大的荣誉。我们可以推想,崔篆的父亲一生历任四地太守,政务繁忙,教育几个儿子的责任理所当然地落到了师氏的身上,故崔篆兄弟当受母亲师氏的影响特别大。于此我们可以推想,王莽对崔篆母亲的尊崇,或许是因为时任大司空的崔发向王莽陈说师氏的学术水平及对他们教育的关系。这就将崔篆推到了一种极为尴尬的位置,如果不是出于对整个家族生命安全的考虑,不是出于对母亲的爱戴与无比的孝顺,他很可能不会接受王莽赐给他的官职,而保持自己对汉室忠介不二的气节。崔篆这种对母亲、兄弟复杂的心理与感受,也在《易林》得到了充分的体现,整部《易林》涉及"母亲"的卦

---

① (清)顾炎武:《日知录》,岳麓书社 1994 年版,第 673 页。
② 陈良运:《焦氏易林诗学阐释》,百花洲文艺出版社 2000 年版,第 512 页。

辞有二百条之多。兹摘录数条如下：

《师之暌》："清人高子，久屯外野。逍遥不归，思我慈母。"①
《比之随》："过时不归，雌雄苦悲。徘徊外国，与母分离。"
《大壮之损》："出门望东，伯仲不来。疾病为患，使母忧患。"
《泰之否》："陟岵望母，役事不已。王政靡盬，不得相保。"
《旅之大过》："播枝迁岐，与母分离，绝不相知。"

这是描述了作者久处在外，母亲对儿子、儿子对母亲的相互思念之情。再如：

《乾之复》："三人为旅，俱归北海。入门上堂，拜谒主母，饮劳我酒。"
《晋之坎》："悬悬南海，去家万里。飞兔腰褭，一日见母，除我忧悔。"
《小畜之小畜》："白鸟衔饵，鸣呼其子，旋枝张翅，来从其母。伯仲季叔，元贺举手。"
《颐之归妹》："亡羊东泽，循堤直北。子思其母，随返其所。"
《咸之屯》："鸟鸣呼子，哺以酒脯。高栖水起，来归其母。"

这是描述了作者一旦回家，与母亲相聚的欢乐场景。再如：

《否之巽》："杜口结舌，言为祸母。代伯受患，无所祷免。"
《大有之剥》："出门大步，与兄恶忤。詈公詈母，为我忧趾。"
《恒之需》："张牙切齿，断怒相视。祸起萧墙，牵引吾子。患不可解，忧惊吾母。"
《益之渐》："伯仲言留，叔子云去。谁云无咎，主母大喜。"

这是写了作者与其兄因政见不同而引起纷争、使母担忧的事情。再如：

---

① 尚秉和：《焦氏易林注》，光明日报出版社2006年版，第75页。笔者所引《易林》皆出此书，不另行出注。

《讼之豫》:"眵鸡无距,与鹊格斗。翅折目盲,为鸠所伤。复归野庐,与母相扶。"

《随之晋》:"昆仑源口,流行不止。鲧伊砥柱,民不安处。母归扶子,黄尘悦喜。"

《萃之既济》:"老狐多态,行为蛊怪。为魅为妖,惊我王母。终无咎悔。"

《复之升》:"长子入狱,妇馈母哭。霜降旬甚,向晦伏法。"

这是写了作者曾经对王莽新朝的政治抱有幻想而入朝晋见,但鉴于王莽行为古怪,而朝廷所托之臣皆鲧伊之流,最终失望而归,退隐家中,与母亲一起度日。按:《后汉书·儒林传》记载了崔篆曾经举荐过孔僖曾祖父建的事情:

> 曾祖父子建,少游长安,与崔篆友善。及篆仕王莽为建新大尹,尝劝子建仕。对曰:"吾有布衣之心,子有衮冕之志。各从所好,不亦善乎?道既乖矣,请从此辞。"遂归,终于家。[①]

通过这件事情,亦可见崔篆曾经对王莽政权抱有过幻想。而《复之升》的林辞则可能暗示了其兄崔发在王莽被推翻后入狱被杀的结局。再如:

《未济之解》:"阴涿川决,水为吾祟,使我溃心。母树枲麻,居止凶殆。"

《泰之兑》:"水坏我里,东流为海。龟黾欢嚣,不见慈母。"

《升之同人》:"济河逾厄,脱母怵惕。四序为卫,使惠不废。"

这是写了作者所处的涿郡发生了洪水之灾,与母亲相保的场景。按:崔篆为安平人,在汉代属涿郡,涿郡境内有桃水,首受涞水,分东至安次入河。崔篆在《未济之解》说"阴涿川决",正是对家乡涿川发洪水事

---

① (南朝·宋)范晔:《后汉书》卷79,中华书局1965年点校本,第2560页。

件的记述。再如：

《渐之咸》："慈母念子，飨赐德士。蛮夷来服，国人欢喜。"

《旅之井》："慈母赤子，享赐得士。夷狄服降，以安王家，侧陋逢时。"

《兑之大过》："符左契右，相与合属。乾坤利贞，乳生六子。长大成就，夙言如母。"

《否之遁》："失持母教，嘉偶出走。攫如失老，如丧家狗。"

这是写了母亲的功德甚大，连夷狄都受其感化，慕仁前来；写了母亲教导的几个儿子各有所成，都具备了她的风格；也写了对亡母的思念之情。特别是对于《渐之咸》《旅之井》两条卦辞，我们应予以特别的注意：涿郡地处古燕赵，世与胡人为邻，故与夷狄的关系好坏，直接关系到涿人生活能否得以太平安宁，故这两条爻辞赞颂慈母的降服夷狄之功，认为这是"以安王家，侧陋逢时"。如果没有切身体会，如果这样的事情不是发生在作者身边，很难想象其能撰写出这样的卦辞。而焦延寿在河南终其一生为小黄令，与夷狄人接触的机会自然少得多，硬将《易林》的作者归属于他，则缺乏生活的真实性。正因为作者重视当时边疆地区少数民族的安抚问题，所以《易林》中出现了赞颂元帝时昭君和亲的故事：《萃之益》："长城既立，四夷宾服。交和结好，昭君是福。"《萃之临》："昭君死国，诸夏蒙德。异类既同，宗我王室。"《震之节》："东行西步，失其次舍。乾侯野井，昭君丧居。"便显得顺利成章，不可能是后人误掺该书。

此外，关于《易林》中所记的焦延寿身后事，还有这一条林辞：

《大过之大过》："典册法书，藏在兰台。虽遭乱溃，独不遇灾。"

西汉时期，于长安宫内建石室，作为中央档案典籍库，称为"兰台"。兰台作为皇家重地，一直受到严密的保护，关于兰台所藏书籍"乱溃"一事，不见于西汉历史的记载。林辞中记载的"虽遭乱溃"一事，当是指王莽新朝被推翻后的长安之乱，兰台所藏因仅是书籍文献类，幸运地躲过了灾难。

(三) 从《易林》浓郁的谶纬文化氛围考察

《易林》作者在撰写林辞时，不可避免地会受到时代思潮的影响。纬书起于西汉哀平之际，两汉之际盛行的谶纬思想，在《易林》林辞中有较多体现。

《纬书》的作者受西汉武帝以来太一崇拜的影响，以太一为精气之源，《春秋·文耀钩》：

中宫大帝，其精北极星，含元出气，流精生一也。
中宫大帝，其北极星下，一明者，为大一之先，含元气，以斗布常。①

五帝作为太一之佐，各有其精。如《孝经·援神契》：

帝者，谛也，象上可承五精之神。五精之神，实在太微，于辰为巳。②

《纬书》中构建的以五精说解释天人感应政治学的新理论，在《易林》中有着鲜明的体现：

《小过之革》："五精乱行，政逆皇恩。汤武赫怒，天伐利域。"
《贲之萃》："仁德不暴，五精就舍。四序允厘，民安其居。"
《噬嗑之泰》："金精耀怒，带剑过午。两虎相距，弓弩满野，虽忧无苦。"
《夬之小畜》："阴阳精液，膏熟脱折。胎卵成魄，肇生头目，日有大吉。"

再如关于"地乳"的概念，始于《纬书》。《洛书·甄耀度》：

政山在昆仑西南，为地乳，上为天縻星。汶山之地，为并州，

---

① ［日］安居香山、中村璋八：《纬书集成》，河北人民出版社1994年版，第662页。
② 同上书，第967页。

帝以会昌，神以建福，上为天井星。桐柏为地穴。鸟鼠同穴山，上干也，上为掩毕星。熊耳之山，为地门，上为附耳星。①

《易林》林辞则曰：

《泰之大有》："生值地乳，上皇大喜。赐我福祉，寿算无极。宾于作命。"

《剥之兑》："播天舞，光地乳。神所守，乐无咎，言不信误。"

可见，《易林》中对于"地乳"概念的使用以及对林辞的撰写，显然是受了纬书的影响。

纬书的作者出于政治目的，造作了各种灾异与祥瑞之说，如《孝经·援神契》：

德至鸟兽，则狐九尾。②

《礼·斗威仪》：

雉从鸡宿。③

《礼纬》：

白马朱鬣，瑞于文王。④

《乐·叶图徵》：

冠类鸡头，燕喙蛇头，龙形麟翼，鱼尾五采，不啄生虫。⑤

---

① ［日］安居香山、中村璋八：《纬书集成》，河北人民出版社1994年版，第1269页。
② 同上书，第978页。
③ 同上书，第529页。
④ 同上书，第531页。
⑤ 同上书，第560页。

《洛书·摘六辟》：

辰放大头四乳，号曰皇次屈。出地勃，驾六飞麟，从日月，治二百五十岁。①

《河图》：

鸡有六指，杀人。
鸡有五色，杀人。
鸡五色六距，食之杀人。
玄鸡头，食病人。
羔羊四耳，目在腋下，名孽，见即有走王。
蛇四足四翼，各群立，见则兵作。②

《易林》作者由于受到谶纬思想的影响，故在林辞中也有类似的表述，如：

《比之震》："出值凶灾，逢五赤头，跳言死格，扶伏听命，不敢动摇。"
《比之兑》："四尾六头，为凶作妖。阴不奉阳，上失其明。"
《井之贲》："神鸟五气，凤凰为主。集于王国，使君得所。"
《未济之归妹》："龙生马渊，寿考且神。舍宿轩辕，居乐常安。"
《观之比》："麟趾龙身，日驳三千。南上苍梧，与福为婚。道里夷易，安全无患。"
《观之井》："貙牝龙身，进无所前。三日五夜，得其所钦。"
《艮之蛊》："七窍龙身，造易八元。法天则地，顺时施恩，利以永存。"
《渐之蒙》："众鸟所翔，中有大怪。九身无头，魂惊魄去。不可

---

① ［日］安居香山、中村璋八：《纬书集成》，河北人民出版社1994年版，第1270页。
② 同上书，第1243—1244页。

以居。"

以上略作分析，可见《易林》林辞中反映了比较浓郁的谶纬思想。焦延寿生平年代在西汉昭宣时期，以他为《易林》的作者则解释不通；而崔篆一直生活到东汉建武年间，如果视其为《易林》的作者，则可以得到合理解释。

（四）从避讳的角度考察

关于汉代的避讳问题，是一个比较复杂的学术问题。陈垣说："汉时避讳之法亦疏。"① 但就出土汉墓文献来看：1973 年出土的长沙马王堆帛书《老子》甲、乙本中，甲本不避"邦"字，而这一本子中的 22 个"邦"字，在乙本中全部避讳为"国"；② 20 世纪 60 年代出土的甘肃武威汉简，从年代上看应是属于西汉中晚期以来的产物，"全简只避邦字，其他一律不避"；③ 同年出土的河北定州西汉中山怀王刘脩墓的简本《论语》，整个文本都避汉高祖之讳"邦"字。④ 说明西汉对于开国之君名号的避讳，是一直为人们所遵循的。西汉宣帝元康三年诏曰：

> 闻古天子之名，难知而易讳也。今百姓多上书触讳以犯罪者，朕甚怜之，其更讳询，诸触讳在令前者赦之。⑤

可见当时社会，因为触犯宣帝名讳而犯罪者，不在少数，说明汉人对于当时皇帝名号的避讳以及触讳的处理，是严格执行的。关于汉代避讳大致所遵循的原则，王刚作过如下的总结：

> 1. 汉代典籍文献在避讳时是严格的，尤其是在西汉，高祖之名作为整个合法性的来源必须避讳。2. 经籍较为特殊，大致以武帝时代为分水岭，此前没有不避讳的，但在武帝之后，随着经学时代的

---

① 陈垣：《史讳举例》，上海书店出版社1997年版，第3页。
② 马王堆汉墓帛书整理小组：《马王堆汉墓帛书》，文物出版社1976年版。
③ 中国科学院考古研究所、甘肃省博物馆：《武威汉简》，文物出版社1964年版，第52页。
④ 陈东：《关于定州汉墓竹简〈论语〉的几个问题》，《孔子研究》2003年第2期。
⑤ （汉）班固：《汉书》卷8，中华书局1962年点校本，第256页。

兴起，帝讳被改回。也就是说，此后的经籍可不再避讳，最典型的就是"国"可恢复为"邦"字。3.《史》《汉》皆避高祖之讳。凡出现"邦"字者，一是按照"临文不讳"的原则，为了不失"事正"，引他人之语或相类情形时可以不避；二是《汉书》因出现于"经学时代"之后，凡引经文甚至经学名词者，皆可不避讳。①

就《易林》一书的性质来说，其属于《易》类；但《易林》的林辞，是作者自创，故又不能将其与《五经》典籍不需要汉高祖之讳的情况等同视之，还是需要避讳"邦"字。就《易林》林辞的情况来看，其对"邦"字并不避讳，具体可以分为三种情况：

第一类是"邦国"二字连用。如：

《乾之坎》："黄鸟采葶，既嫁不答。念我父兄，思复邦国。"
《坤之蛊》："贼仁伤德，天怒不福。斩刈宗社，失其邦国。"
《师之复》："渊泉堤防，水道通利。顺注湖海，邦国富有。"
《师之贲》："伯宁子福，惠我邦国。蠲除苛残，使季无患。"
《师之剥》："馋父佞雄，贼乱邦国。生虽忠孝，败恩不福。"
《复之泰》："任力劣薄，远诧邦国。辅车不强，为痛所伤。"
《艮之渐》："比目四翼，安我邦国。上下无患，为吾喜福。"
《小过之既济》："众邪充侧，凤凰折翼。微子复北，去其邦国。"

"邦""国"二字同义互训，相互替代。上述林辞中，"邦国"一词为固定搭配，可能不须避讳"邦"字，作于西汉的《毛诗序》中有"故用之乡人焉，用之邦国焉"之语，② 也没有避讳。

第二类是用"邦"字不用"国"字。如：

《坤之遁》："鸱鸮破斧，邦人危殆。赖旦忠德，转祸为福，倾危复立。"

---

① 王刚：《从定州简本避讳问题看汉代〈论语〉的文本状况——兼谈海昏侯墓〈论语〉简的价值》，《许昌学院学报》2017年第3期。
② （唐）孔颖达：《毛诗正义》，北京大学出版社1999年标点本，第5页。

《蒙之比》:"豕生鱼鲂,鼠舞庭堂。奸佞施毒,上下昏荒,君失其邦。"

《师之坤》:"春桃生花,季女宜家。受福且多,在师中吉,男为邦君。"

《比之坤》:"麒子凤雏,生长家国。和气所居,康乐无忧,邦多哲人。"

《履之复》:"天之奥隅,尧舜所居。可以存身,保我邦家。"

《同人之蹇》:"鹿得美草,鸣呼其友。九族和睦,不离邦域。"

《谦之比》:"安息康居,异国穹庐,非吾邦域,使伯忧戚。"

《谦之否》:"践履危难,脱厄去患。入福喜门,见吾邦君。"

《离之大畜》:"嫡庶不明,孽乱生殃,陈失其邦。"

以上《易林》林辞,"邦"皆可替换为"国",但却不避汉高祖之讳,如果《易林》的作者是焦延寿的话,就很难说得通。

第三类是特意改"国"字为"邦"字。如:

《师之谦》:"穿胸狗邦,僵离旁春。天地易纪,日月更始。"

《逸周书·王会》:"正西昆仑、狗国、鬼亲、枳巳、闟耳、贯胸、雕题、离丘、漆齿。"①《山海经·海外南经》:"贯胸国在其东,其为人胸有窍。"②《易林》作者在撰写林辞之时,当是特意改"国"为"邦"。再如:

《同人之丰》:"三人俱行,北求大祥。长子病足,请季负囊。柳下之宝,不失我邦。"

《易林》的这则林辞,化用了《吕氏春秋·审己》记载的柳下惠存国的典故:

---

① 黄怀信等:《逸周书汇校集注》,上海古籍出版社1995年版,第976页。
② 袁珂:《山海经校注》,北京联合出版公司2014年版,第181页。

> 齐攻鲁，求岑鼎。鲁君载他鼎以往。齐侯弗信而反之，为非，使人告鲁侯曰："柳下季以为是，请因受之。"鲁君请于柳下季，柳下季答曰："君之赂，以欲岑鼎也，以免国也？臣亦有国于此，破臣之国以免君之国，此臣之所难也。"于是鲁君乃以真岑鼎往也。①

于此亦可见，《易林》作者改"国"为"邦"，当然此处改的目的可能是出于押韵的考虑。

以上就《易林》中"邦"的用字作了分析，就第二、三类用例来看，笔者更倾向于作者为两汉之际的崔篆，崔篆经历了王莽新朝、光武建武年间，可以不避汉高祖刘邦之名讳。

再看《易林》中"秀""茂"二字的用例。《汉书·武帝纪》："其令州郡察吏民有茂材异等可为将相及使绝国者。"颜师古注引应劭曰："旧言秀才，避光武讳称茂材。"② 可见东汉时期，要避开国之君光武帝刘秀的名讳，"秀"一般改为"茂"。《易林》中"秀"字凡两见：

> 《需之艮》："黍稷苗稻，垂秀方造，中旱不雨，伤风枯槁。"③
> 《夬之晋》："执辔在朝，回还故处。麦秀伤心，叔父无忧。"

其中，《易林》作者对于《夬之晋》林辞的撰写，当是化用了西周初年箕子作《麦秀》之歌的故事。《汉书·伍被传》：

> 臣闻箕子过故国而悲，作《麦秀》之歌，痛纣之不用王子比干之言也。④

这种情况属于"据实照录"，⑤ 并不与避讳的原则相冲突。那么，《易林》中没有避"秀"字讳的，只有《需之艮》一例；而与之形成鲜

---

① 许维遹：《吕氏春秋集释》，中华书局2009年版，第209—210页。
② （汉）班固：《汉书》卷6，中华书局1962年点校本，第197—198页。
③ 此条林辞，又见于《易林·晋之比》。
④ （汉）班固：《汉书》卷45，中华书局1962年点校本，第2172页。
⑤ 王刚：《从定州简本避讳问题看汉代〈论语〉的文本状况——兼谈海昏侯墓〈论语〉简的价值》，《许昌学院学报》2017年第3期。

明对照的是,《易林》中大量使用"茂"字。如:

《坤之乾》:"谷风步气,万物出生。萌庶长养,华叶茂盛。"
《蒙之谦》:"日月指望,光明盛昌。三圣茂承,功德大隆。"
《蒙之观》:"黄玉温厚,君子所服。甘露澍暑,万物生茂。"
《需之坤》:"温山松柏,常茂不落。鸾凤所庇,得其欢乐。"
《比之益》:"纯服黄裳,载主以兴。德义茂生,天下归仁。"
《师之节》:"日月相望,光明盛昌。三圣茂功,仁德大隆。"
《谦之解》:"蜩螗欢喜,草木喜茂。百果蕃炽,日益庶有。"
《复之解》:"春桃萌生,万物华荣。邦君所居,国乐无忧。"
《无妄之困》:"鹰栖茂树,候雀来往。一击获两,利在枝柯。"
《离之比》:"松柏枝叶,常茂不落。君子惟体,日富安乐。"
《离之大有》:"大树之子,同条共母。比至火中,枝叶盛茂。"
《离之丰》:"五利四福,俱田高邑。黍稷盛茂,多获高稻。"
《夬之离》:"南国盛茂,黍稷醴酒。可以飨养,乐我嘉友。"
《井之兑》:"大蛇奔走,奔入茂草。惊于长往,畏惧喙口。"
《鼎之蹇》:"阳春生长,万物茂壮。垂秋布叶,君子比德。"
《艮之谦》:"黍稷醇醲,敬奉山宗。神嗜饮食,甘雨嘉祥。庶物蕃茂,时无灾咎。"
《解之恒》:"鸟集茂木,柔顺利贞。心乐愿得,感戴慈母。"
《益之随》:"卷领遁世,仁德不害。三圣攸同,周国茂兴。"

如何解释这种现象呢?显然如果仅从《易林》作者用词习惯的角度解释,过于牵强了,其主要原因当是作者刻意避"秀"字讳;而《需之艮》林辞用"秀"字,当是出于作者的疏忽。

综合以上所论,《易林》一书不避"邦"字讳,而严格避"秀"字讳,说明作者当是光武帝建武初年开始撰写《易林》的崔篆。

二 《易林》的林辞分析

(一)《易林》林辞的象数分析

《易林》一书,从结构上看,一是采用了以《序卦》学说为依据的卦序排列方法,将《周易》六十四本卦四千零九十六变卦搭配成一个运动不息的大系统；二是依据了自春秋以来的卦变理论，认为《周易》中的任何一卦，因在占筮中七、八、九、六之数的随机出现，故所占得的本卦因爻变的不同而可能变成六十四卦任何一卦——如果我们将"不变"也看成"变"的一种特殊形态的话。可以说，《易林》的出现，是先秦卦变筮法进一步发展的产物。

自《彖传》《象传》的作者开始，人们一般认为《周易》六十四卦卦名及卦爻辞在撰系上，有着象数学上的依据。那么，对于《易林》四千零九十六条林辞而言，是否有一个大致上的象数学依据呢？对于这个问题，近代著名易学家尚秉和给出了肯定的回答：

> 余独认为焦氏《林》词多至四千余，其必有物焉，以主其辞。不然以一卦为六十四词，虽善者不能也。乃日夜覃精而求其故，求之既久，然后知其本于易象。[1]

又曰：

> 岂知易卦辞亦占辞也，而《易林》亦无一字不根于象。[2]

尚氏认为西汉之易象，到东汉时就失传了，而《易林》中恰恰可以恢复起许多已经失传的象数。就象而言，《易林》中使用了半象、覆象、互体、旁通等手段，并包含了《周易》六十四卦之象、《说卦》中的卦象、《左传》中的易象、荀氏九家逸象、孟氏易象等；就数而言，《易林》含有先天卦数、爻数、五行数、纳甲数、九宫数、大衍数等。[3] 应当说，尚氏通过对《易林》十余年之久的研究，比较深刻地挖掘了书中所运用的象数手段，取得了一定的成就。但尚氏坚持的《易林》林辞无不本于易象的观点值得商榷。诚然，我们可以对《易林》的某些林辞，依照《周易》的卦象、卦义作出比较合理的解释，如：

---

[1] 尚秉和：《焦氏易诂》卷1，光明日报出版社2005年版，第10—11页。
[2] 同上书，第13页。
[3] 同上书，第14—29页。

《乾之讼》:"罢马上山,绝无水泉。喉焦唇干,舌不能言。"

按:《讼》卦象坎下乾上,乾为马向上,坎为水在下,天与水违行,故林辞如是。

《乾之比》:"中夜犬吠,盗在墙外。神明佑助,消散皆去。"

按:《比》卦象坤下坎上,《说卦》坎为盗,且在上卦;互体有艮,艮为狗,故林辞如是。

《乾之泰》:"不风不雨,白日皎皎。宜出驱驰,通理大道。"

按:这可能是依据于泰卦的卦象和卦义,《泰》卦乾下坤上,按照《彖传》"则是天地交而万物通也,上下交而其志同也",故林辞曰"宜出驱驰,通理大道"。

《乾之谦》:"山险难登,涧中多石。车驰害击,载重伤轴。担负差踬,踠跌失足。"

按:《乾》卦为艮下坤上,为地中有山之象,故林辞言"山险"如是。

《乾之噬嗑》:"坚冰黄鸟,常哀悲愁。不见甘粒,但见藜蒿。数惊鸷鸟,为我心忧。"

按:《噬嗑》的卦义是吃东西,故林辞言黄鸟"觅食"的问题。

《大有之节》:"与福俱坐,畜水备火,终无灾祸。"

按:节为兑下坎上,泽上有水,有节水防患的意义在里面,而大有卦象为火在天上,似有天降火灾之意,故作者说"畜水备火",可见,作者撰系林辞时,至少是部分地参考了本卦与之卦卦象的意义。

我们能发现《易林》中的某些林辞与卦象有一定的联系，是由于作者在创作《易林》时，必然受到《周易》卦象的影响。但是，《易林》中的绝大多数林辞并没有依据《周易》卦象和卦义而撰系，这是可以肯定的。

首先，《易林》中没有贯穿一致的象数观念。《易林》中有一个非常显著的现象，就是相同的林辞经常在不同的卦中出现。如果说《易林》书中贯彻着作者统一的象数观念的话，那么，我们应该能够找到它们彼此之间象数上的联系。笔者曾对《易林》中出现的六百余条互见的卦辞予以全面的研究，得出的结果是：这些互见林辞之撰系，并没有遵循一定的规则，而是一种相对随意性排布的结果。兹举几个例子：

《比之屯》《小畜之屯》林辞皆曰：

灼灼泉源，钓鲤山巅，鱼不可得，火不肯燃。

《剥之归妹》《贲之归妹》林辞皆曰：

张罗拘鸠，鸟丽其灾。雌雄俱得，为网所灭。
这是本卦不同、之卦相同，而林辞相同。

《萃之剥》《萃之遁》林辞皆曰：

三宿无主，南行劳苦。东里失利，丧其珍宝。

《随之小过》《随之大壮》林辞皆曰：

慈乌鸣鸠，执一无尤。寝门内治，君子悦喜。

这是本卦同、之卦不同，而林辞相同。
《革之颐》《渐之明夷》林辞皆曰：

尼父孔丘，善钓鲤鱼。罗网一举，得获万头，富我家居。

《剥之师》《履之巽》林辞皆曰：

> 蹇驴不才，骏骥失时。筋力劳尽，罢于沙丘。

这是本卦、之卦皆不同而林辞同，四个卦之间卦象也没有联系——这种互见卦辞的情况最多。

《同人之比》《益之比》《蒙之坎》林辞皆曰：

> 白龙黑虎，起伏俱怒。战于阪泉，蚩尤走败，死于鲁首。

《坤之大畜》《大有之恒》《豫之蒙》《中孚之恒》《巽之明夷》《大过之大过》林辞皆曰：

> 典册法书，藏在兰台。虽遭乱溃，独不遇灾。

这是本卦、之卦有同有不同的情况，而林辞相同。

上述卦辞互见的四种形态说明了：《易林》中绝对没有一以贯之的象数手段。

其次，通过比较《周易》卦爻辞与《易林》林辞的区别也可以看出，《易林》这种撰写模式，很难如《周易》那样构建成完整的象数体系。《周易》象数体系的核心是八卦象，由八卦两两搭配而成六十四卦，这样依据上下二象的卦象，或者卦义而构建卦名，预设一卦之内容，尚算可以控制——这样每个八经卦已经被使用了十六次，要使经卦之象义一致已经比较困难。而《易林》仅算之卦已有四千零九十六个卦，这样每个八经卦要使用五百一十二次，要赋予这五百一十二个卦象比较一致的意义，又要使它们的卦辞文字不同，几乎是不可能，尤其是在古代书写、计算工具都比较简单的情况下。另外，《周易》是六爻成一卦，这六爻一般是意义相连属，说明同一个事物和现象，这样卦象、阴阳的意义比较容易附会进去；而《易林》尽管是爻变说的产物，但却无法形成"爻象"，跳过爻象直接过渡到了本卦与之卦，要赋予其中象数意义自然更难。

所以，如果硬要认定《易林》一书贯穿着统一的象数理论，从而探索每一条林辞所蕴含的象数意义，恐怕是南辕北辙之举。实际上，《易林》正是不依据于象数，故它能够更加自由、更加多样地撰系林辞，从而包容更多更丰富的思想内容，这才是《易林》带给我们的宝贵资源之所在。

（二）《易林》林辞的内容分析

从《易林》一书的林辞内容构成来看，可分为以下几种情况：

一是根据传说故事、历史事实撰写林辞，将许多极有意义的历史故事，浓缩到短短的几句林辞中，从而给人以深长的回味。如：

> 《坤之夬》："一簧两舌，妄言谋诀。三奸成虎，曾母投杼。"
> 《坤之鼎》："望尚阿衡，太宰周公。藩屏辅弼，福禄来同。"
> 《屯之观》："东邻嫁女，为王妃后。庄公筑馆，以尊主母。归于京师，季姜悦喜。"
> 《乾之中孚》："舜升大禹，石夷之野。征诣王庭，拜治水土。"
> 《屯之需》："夏台羑里，文王所厄。鬼侯输贿，商王解合。"
> 《屯之噬嗑》："陈妫敬仲，兆兴齐姜。营丘是适，八世大昌。"
> 《蒙之需》："范公陶夷，善贾饰资。东之营丘，易字子皮。把珠载金，多得利归。"
> 《需之巽》："晋平有疾，迎医秦国。病乃大秘，分为两口。逃匿肓上，伏于膏下，和不能愈。"
> 《讼之家人》："戴尧扶禹，松乔彭祖，西遇王母，道路夷易，无敢难者。"
> 《比之履》："骊姬谗嬉，与二嬖谋。谮杀公子，贼害忠孝。申生以缢，重耳奔走。"
> 《比之剥》："伯夷叔齐，贞廉之师。以德防患，忧祸不存。"
> 《履之蛊》："齐景惑疑，为孺子牛。嫡庶不明，贼蘖为患。"
> 《履之明夷》："桀乱不时，使民恨忧。六祉为笑，君危臣羞。"
> 《泰之剥》："渊涸龙忧，箕子为奴，干叔陨命，殷破其家。"
> 《否之解》："伊伯致仕，去桀耕野。执顺以待，反和无咎。"
> 《同人之比》："白龙黑虎，起伏俱怒。战于阪泉，蚩尤走败，死于鲁首。"
> 《谦之噬嗑》："周师伐纣，战于牧野。甲子平旦，天下悦喜。"

《随之中孚》:"勾践之危,栖于会稽。太宰讯言,越国复存。"

《易林》中所引的神话传说、历史故事等,多是发挥其中蕴含的惩戒意义。在语言表达上,也做到了言简意赅而形神毕肖、耐人寻味。

二是善于观察社会生活中发人深省的事物和现象,融入林辞的撰写中。如:

《乾之震》:"悬貆素餐,居非其安。失舆剥庐,休坐徒居。"

按:"失舆、剥庐"取自《剥卦》:"君子得舆,小人剥庐。"不同的是,《周易》表达的是贵族阶层的思想,认为剥到最后是小民连草屋都没有了,而君子则得到大车;而《易林》则将其转化为对整天只知道吃白饭、无所作为的官吏的讽刺与谴责。

《噬嗑之比》:"沙漠北塞,绝无水泉。君子征凶,役夫苦艰。"
《复之剥》:"持刀操肉,对酒不食。夫亡从军,少子入狱,抱膝独宿。"
《屯之屯》:"兵征大宛,北出玉关。与胡寇战,平城道西。七日绝粮,身几不全。"

按:这里写出了汉人为了抗击夷狄,从军出征的艰苦生活。

《噬嗑之大有》:"国多忌讳,大人恒畏。结口无患,可以长存。"

按:这里指出了人们在高压政治下,唯有闭口不言,才能避免祸患。

《噬嗑之无妄》:"爱我婴女,牵引不与。冀幸高贵,反得贱下。"
《噬嗑之睽》:"邻不我顾,而望玉女。身多疾癫,谁肯媚者?"
《噬嗑之夬》:"齐侯少子,才略美好。求我长女,贱薄不与。反得丑陋,后乃大悔。"

按:这是刻画了人们对婚姻嫁娶的一种患得患失的心态。

《无妄之兑》:"赋敛重数,政为民贼。杼轴空虚,家去其室。"

按:这是描写了人们在繁重赋敛下家破人亡的悲惨生活。

《剥之谦》:"三妇同夫,忽不相思。志恒悲愁,颜色不怡。"
《益之大有》:"一妇六夫,扰乱不治。张王季庄,莫适为公。政道塞壅,周君失邦。"
《蒙之节》:"三夫共妻,莫适为雌。子无名氏,翁不可知。"

按:这是作者对一夫多妻、一妻多夫情况下出现的社会不良现象的揭露、嘲笑和抨击。

《蒙之屯》:"安息康居,异国穹庐。非吾习俗,使我心忧。"

按:这是描写异域的生活风情。

可见,作者通过将当时社会生活写入林辞的方法,不但使《易林》容纳了更多更丰富的内容,使其更富有时代性,也使《易林》占筮的功能进一步得到强化。

三是将更多的自然现象纳入了林辞中,这一方面是受到了《诗经》比兴手法的影响,以事物喻人事,另一方面也是受到了西汉主流易学卦气说影响的结果。如:

《屯之师》:"李梅冬实,国多盗贼。扰乱并作,君不得息。"
《大过之无妄》:"风怒漂木,女感生疾。阳失其服,阴孽为贼。"
《坤之乾》:"谷风布气,万物出生。明庶长养,华叶茂盛。"
《坤之需》:"霜降闭户,蛰虫隐处。不见日月,与死为伍。"
《贲之小畜》:"条风制气,万物出生。明庶长养,花叶壮盛。"
《蒙之蒙》:"何草不黄?至未尽元。室家分离,悲愁于心。"
《否之随》:"春桃生花,季女宜家。受福多年,男为邦君。"
《豫之小过》:"李花再实,鸿卵降集。仁德以兴,荫国受福。"
《巽之睽》:"春阳生草,夏长条肆。万物蕃滋,充实益有。"

《谦之解》:"蜩螗欢喜,草木嘉茂,百果蕃炽,日益庶有。"
《大过之蹇》:"春桃始华,季女宜家。受福多年,男为邦君。"
《离之蛊》:"早霜晚雪,伤害禾麦。损功弃力,饥无所食。"
《离之恒》:"东风解冻,和气兆升,年岁丰登。"
《遁之晋》:"积雪大寒,万物不生。阴制庶士,时本冬贫。"
《大壮之夬》:"桃李花实,累累日息。长大成熟,甘美可食,为我利福。"
《大壮之小过》:"春鸿飞东,以马货金,利可得深。"
《大壮之既济》:"禾生虫蠹,还自克贼,使我无得。"

作者将自然的事物和现象纳入林辞之中,使《易林》充满了生活的气息与动态的美感。

总之,《易林》四千零九十六条林辞,包含了当时社会太多的内容,我们今天来阅读它,还能感受到当时社会的浓郁气息、风土人情、思想意识等,实在是一个巨大的考察汉代文化、风俗、宗教与思想的宝库。

(三)《易林》林辞的思想分析

长久以来,学者对《焦氏易林》的关注与研究不是很多,而对其哲学思想的研究,更可以说是寥寥无几,这或许是由其占筮的本质所决定的。实际上,《易林》四千零九十六条林辞看起来极为分散,各不相属,但作者于其中,亦表达了自己的政治思想、道德风尚及宗教观念,反映了汉代人的文化精神,值得我们予以细致的探讨。

1.《易林》比较集中地反映了儒家的思想倾向。这表现在作者对儒家仁德政治的无比推崇上。如:

《大有》之《噬嗑》:"年丰岁熟,仁政民乐。利以居止,旅人获福。"
《鼎》之《鼎》:"积德之君,仁政且温。伊吕股肱,国富民安。"
《遁》之《姤》:"生长太平,仁政流行。四方归德,社稷康荣。"
《乾》之《颐》:"纯服黄裳,戴上以兴。德义既生,天下归仁。"

儒家学说统之一贯的政治理想，就是对仁德政治的追求。春秋末期的孔子一生极力倡导以仁修身、以仁行政；战国中期的孟子，也是将仁政作为施行王道的根本；降在西汉以来，儒家学者鉴于秦以暴政贼害仁义、虐杀百姓的恶果，更是极力鼓吹君王应施行仁义之治。作者在《易林》中通过林辞多次展示仁德政治的美好图景，正是表达了对仁德政治理想的无比向往之情。在作者的思想中，仁德是一种巨大的政治力量，国君如果有一颗仁德之心，能够以仁行政，不但能够实现天下太平、四方归仁的局面，还能够达到阴阳调和、四时有序、万物和谐的效果。如：

《谦之履》："同木异叶，乐仁尚德，东林慕义，来兴吾国。"
《遁之既济》："文君德义，仁圣致福。年无胎夭，国富民实。卧者在室，曾累益息。"
《贲之萃》："仁德不暴，五精就舍。四序允厘，民安其居。"
《巽之小过》："德之流行，利之四乡。雨师洒道，风伯逐殃。巡狩封禅，以告成功。"
《乾之姤》："仁政不暴，凤凰来舍。四时顺节，民安其处。"

正是站在一种德治的立场上，作者批判了当时社会的那种"任力不任德"的做法，认为贼仁伤德的虎狼政治，必将会背离天命，受到上天的惩罚。如：

《复之泰》："任力劣薄，远托邦国。辅车不僵，为痛所伤。"
《复之乾》："任武负力，东征不伏。陷履泥涂，雄师败覆。"
《噬嗑之遁》："内执柔德，止讼以默。宗邑赖德，祸灾不作。"
《乾之大壮》："隙大墙坏，蠹众木折。狼虎为政，天降罪罚。高弑望夷，胡亥以毙。"
《大过之井》："贼仁伤德，天怒不福。斩刈宗社，失其土宇。"

那么，仁德政治理论何处寻找呢？又如何去实现呢？作者认为途径就是以儒家经典为指归、以圣王之治为模本。如：

《晋之蹇》:"五经六纪,仁道所在。正月繁霜,独不离咎。"

有了儒家经典作为国家政治的理论指南,就不会有过错。对于历史传说中的圣君贤相,作者是极力歌颂,并给他们都披上了一件"仁德"的外衣。如:

《讼之革》:"黄帝建元,文德在身。禄若阳春,封为鲁君。"
《坎之小畜》:"尧舜仁德,养贤致福。众英积聚,国无寇贼。"
《遁之大壮》:"尧舜在国,阴阳和德。涿聚衣裳,晋人无殃。"
《无妄之井》:"尧舜钦明,禹稷股肱。伊尹往来,进履登堂。显德之徒,可以辅王。"
《涣之恒》:"宫商角徵,五音和起。君臣父子,弟顺有序。唐虞袭德,国无灾咎。"

作者认为,具备这种德行的人,可以与宇宙最高的神相配,如:

《家人之需》:"主有圣德,上配太极。皇灵建中,授我以福。"
《乾之丰》:"太微帝室,黄帝所值。藩屏固卫,不可得入,常安无患。"

"太极",汉人一般将其视为宇宙产生之本根;"太微",即"太一"神的居所。仁德政治观的进一步发展,就表现为对古代历史上禅让制度的怀念与推崇,因为禅让制度的本质是"天下为公",这样可以在最大程度上满足仁德政治的连续与实行。如:

《讼之贲》:"紫阙九重,尊严在中。黄帝尧舜,履行至公。冠带垂衣,天下康宁。"
《大有之泰》:"禹将为君,北入昆仑。稍进扬光,登入温汤。代舜为治,功德昭明。"

而在禅让已经成为历史的情况下,作者认为,以有德者来诛除暴君,解救人民生活于水火之中,也是值得赞美与歌颂的。如:

《谦之剥》："桀跖并处，人民愁苦，拥兵荷粮，战于齐鲁。"
《谦之噬嗑》："周师伐纣，战于牧野，甲子平旦，天下悦喜。"
《大有之家人》："上义崇德，以建大福，明哲且聪，周武功立。"

《易林》中的儒家思想，也表现在对西汉盛行的阴阳灾异学说的吸收上。西汉学者董仲舒出于构建新儒学的需要，将阴阳、五行两大学说一并纳入了儒学的系统，"以《春秋》灾异之变推阴阳所以错行"，① 从而以《春秋》公羊学为基础，以阴阳、五行理论为骨架，建构了天人感应的目的论。《易林》受董仲舒天人感应目的论的影响，并吸收了西汉武帝以来太一崇拜的思想，构建了以太一为本、以阴阳五行为用的宇宙观。如：

《大有之复》："火之井谷，杨芒生角，犯历天户，窥观太极，登上玉床，家易六公。"
《家人之需》："主有圣德，上配太极。皇灵建中，授我以福。"
《大畜之大壮》："太乙置酒，乐正起舞。万福攸同，可以安处，保我齯齿。"
《屯之随》："太乙驾骝，从天上来。征我叔季，封为鲁侯，无有凶忧。"
《恒之复》："阿衡服箱，太乙载行。迡时历舍，所求吉昌。"

这五条林辞，反复出现了"太极""太乙"概念，说明战国秦汉间在哲学上作为宇宙本根的"太一"，发展至两汉之际已经成为人们的普遍信仰，尤其是我们通过"太乙置酒""太乙驾骝"等词句，可以看出在汉代人的思想观念中，"太乙"更具有了人格神的意味，这体现了太一概念在《周易》经学阴阳灾异化后的一个发展趋向。"太一"之居所太微、紫宫，也在《易林》中频频出现，为其阴阳灾异思想服务，如：

《乾之丰》："太微帝室，黄帝所值。藩屏固卫，不可得入，常安

---

① （汉）班固：《汉书》卷56，中华书局1962年点校本，第2524页。

无患。"

《大过之益》:"太微复明,说升傅岩,乃称高宗。"
《既济之蒙》:"太山上奔,变见太微。陈吾废忽,作为祸患。"
《坤之观》:"北辰紫官,衣冠立中。含和建德,常受天福。"
《涣之否》:"天门帝室,黄帝所直。藩屏周卫,不可得入。常安长在,终无祸患。"

这都说明作者接受了当时在哲学上以"太一"为宇宙本根、在宗教文化上以"太一"为最高神的思想。很明显,这种宇宙论近似于宗教,具有很大的空想性质,它不可能完全解释现实生活中林林总总的现象,所以作者在撰写林辞解释自然、社会和人生现象时,更多凭借的是阴阳学说。作者吸收了《系辞》"一阴一阳之谓道"的观点,认为天下事物之变化,是阴阳二气相互推荡、相互消长的结果,如:

《大有之临》:"阴衰老极,阳建其德。离载阳光,天下昭明。"
《剥之家人》:"岁暮花落,阳入阴室。万物伏匿,藏不可得。"
《大过之乾》:"日在北陆,阴蔽阳目。万物空虚,不见长育。"
《谦之渐》:"长夜短日,阴为阳贼。万物空枯,藏于北陆。"

由于阳气是催动事物生长、发展的力量,而阴气是使事物衰老、死亡的力量,所以作者产生了一定的尊阳卑阴的观念,并以之解释自然、政治现象。如:

《涣之升》:"生有阴孽,制家非阳。遂受还作,张氏易休,忧祸重凶。"
《离之观》:"阴蔽其阳,日暗不明,君忧其国。求骍得黄,驹犊从行。"
《颐之噬嗑》:"随阳转行,不失其常。君安于乡,国无咎殃。"
《剥之小过》:"阳不违德,高山多泽。颜子逐兔,未有所得。"
《艮之随》:"阴升阳伏,舜失其室。元元赤子,相馁不食。"

并且,作者认为,自然、社会上丑恶的事物或现象,往往是阴气或阳气过重的缘故；阴阳不调，事物就不会处在最佳状态，也就会有灾异产生。如：

  《艮之晋》："阴生獐鹿，鼠舞鬼谷。灵龟陆处，釜甑草土。人知败国，桀乱无绪。"
  《震之解》："胡俗戎狄，太阴所积。涸冽冱寒，君子不存。"
  《乾之屯》："阳孤亢极，多所恨惑。车倾盖亡，身常忧惶。乃得其愿，雌雄相从。"
  《泰之颐》："童女无室，未有配合。阴阳不和，空坐独宿。"
  《需之小畜》："任宿独居，寡处无夫。阴阳失志，为人仆使。"
  《大过之无妄》："风怒漂木，女感生疾。阳失其服，阴孽为贼。"
  《同人之损》："梅李冬实，国多寇贼。乱扰并作，王不能制。"

所以，作者所推崇的阴阳二气之关系，就是阴阳有序、和谐统一，这样世界万物才能达到最佳的状态，天下才会太平，祥瑞才会出现，事业才能成功。如：

  《坤之姤》："伯虎仲熊，德义洵美。使布五谷，阴阳顺序。"
  《师之解》："王德五材，和合四时。阴阳顺序，国无咎灾。"
  《履之蹇》："太仓积谷，天下饶食。阴阳调和，年岁时熟。"
  《泰之大畜》："长生以时，长柱根本。阴阳相和，岁乐无忧。"
  《大有之旅》："麒麟凤凰，善政得祥。阴阳和调，国无灾殃。"
  《谦之大有》："天地配享，六位光明，阴阳顺序，以成厥功。"

可以说，《易林》作者的阴阳二气说，是西汉以董仲舒为代表的阴阳灾异学说在易学上的一种具体运用，其最终还是归本于儒家的仁德政治，在一定程度上是为儒家政治提供理论依据服务的。

2.《易林》还体现了一定的道家思想。《易林》作者崔篆所处的时代，是一个政治、文化、思想都急剧发生变革的时代。政治上，由于自汉宣帝后历朝皇帝对外戚实力的过度依赖，终于酿成了王莽代汉的朝代更替；文化上，刘歆等人借助皇权的力量将《左传》《毛诗》《逸礼》《古文尚书》皆列于学官，这就大大拓展了当时学者的学识和眼界；思想上，由于社会政治的黑暗，儒家学说的权威遭到一定程度的质疑与否定，道家学说开始重新走入儒家学者的视野，一个富有代表性的事例就是扬雄创作《太玄》。扬雄身为西汉末期大儒，受道家思想的启发，模拟《周易》，创作了《太玄》，这既是对儒家经典权威的一次大挑战，也是对以《老子》为代表的道家学说的一次大思考、大发扬。而崔篆作为一个"明《六经》"的儒家学者，于《易林》中表达了一定的道家思想，也是与西汉后期这种特殊时代思潮分不开的。

《易林》中的道家思想，表现在作者对神仙逍遥生活的追求上。如：

《未济之贲》："华首山头，仙道所游。利以居止，长无咎忧。"
《复之比》："南山之蹊，真人所在。德配唐虞，天命为子。保佑歆享，身受大庆。"
《遁之鼎》："清人高子，久屯外野。逍遥不已，思我慈母。"
《未济之小畜》："骑龙乘凤，上见神公。彭祖受制，王乔赞通，巫咸就位，拜福无穷。"

"游仙""逍遥"都是道家追求的生活方式。"真人"则是道家人士渴望通过修炼达到的境界。战国时期的庄子曾对"真人"作过描写和定义，《庄子·大宗师》：

何谓真人？古之真人，不逆寡，不雄成，不谟士。若然者，过而弗悔，当而不自得也。若然者，登高不栗，入水不濡，入火不热。是知之能登假于道也若此。古之真人，其寝不梦，其觉无忧，其食不甘，其息深深。①

《庄子·刻意》：

故素也者，谓其无所与杂也；纯也者，谓其不亏其神也。能体纯素，谓之真人。②

---

① 刘文典：《庄子补正》，中华书局2015年版，第182—184页。
② 同上书，第441页。

《易林》中多次描写仙道生活,表明了作者深受道家思想的影响。《易林》中的道家思想,也表现在对长生目标的追求上。如:

  《讼之泰》:"弱水之西,有西王母。生不知老,与天相保。行者危殆,利居善喜。"
  《蛊之涣》:"紫芝朱草,生长和气。公尸侑食,福禄来下。"
  《丰之家人》:"文山紫芝,雍梁朱草。生长和气,王以为宝。公尸侑食,福禄来处。"
  《观之噬嗑》:"茹芝饵黄,饮食玉英。与神流通,长无忧凶。"

长生不老,是道家一个重要的人生目标。如《庄子·在宥》:

  至道之精,窈窈冥冥;至道之极,昏昏默默。无视无听,抱神以静,形将自正。必静必清,无劳女形,无摇女精,乃可以长生。目无所见,耳无所闻,心无所知,女神将守形,形乃长生。①

《庄子·盗跖》:

  人卒未有不兴名就利者。彼富则人归之,归则下之,下则贵之。夫见下贵者,所以长生安体乐意之道也。②

《庄子·大宗师》中亦有西王母的传说:

  西王母得之,坐乎少广,莫知其始,莫知其终。③

可见西王母在道家的笔下是一个得道的仙人,一个长生不老的人物。正因为作者有追求长生的思想,故传说中能使人们延年益寿、长生不老

---

① 刘文典:《庄子补正》,中华书局2015年版,第312—313页。
② 同上书,第815页。
③ 同上书,第201页。

的仙草异物，多在《易林》卦辞中提到，如"紫芝""朱草""玉英"等；而传说中的一些长生的道家人物，也为作者所津津乐道，如"彭祖""王乔""巫咸"等，这都表现了作者思想中的道家倾向。

《易林》中的道家思想，还表现在对无为而治的赞美上。如：

《大有之否》："乾行天德，覆帱无极。呕呼烹熟，使各自得。"

此条林辞是对道家"天生之而不有之"思想的发挥。但我们应当注意的一点是：作者的道家思想，还并没有形成完整的体系，可以说只是儒家思想的附庸，故作者在赞美道家时，还脱离不了儒家的仁德主张、儒家的天命观念。

总之，《易林》是一部大书，反映了西汉人生活的方方面面，其中若干林辞是对符瑞现象的记叙与歌颂，展现了天人感应思想对人们观念的影响；还有许多林辞干脆将当时人们的各种忌讳联系起来，表达了作者思想中一定的迷信观念；还有许多林辞描写了商人的投机和买卖活动，对他们通过自己的智慧与辛苦获取丰厚回报的活动表达了羡慕与肯定，这说明了作者虽为儒家人士，但他看到了商业活动给人民生活带来的巨大便利，是一种进步的思想。深入挖掘《易林》卦辞所包含的宝贵思想，必将有利于我们对汉代思想、文化与风俗进一步的认识。

附录：《易林》林辞互见表

《乾》林：乾之师＝比之升＝坤之恒，乾之泰＝坤之坤，乾之困＝大有之屯，乾之涣＝泰之复＝同人之归妹，乾之中孚＝师之小畜。

《坤》林：坤之坤＝乾之泰，坤之需＝小畜之解，坤之豫＝比之大过，坤之随＝泰之临，坤之观＝需之夬＝坤之解，坤之大畜＝大有之恒＝豫之蒙，坤之离＝比之蛊＝贲之睽，坤之咸＝乾之师＝比之升，坤之解＝坤之观＝需之夬，坤之革＝需之明夷，坤之震＝需之讼＝否之姤，坤之小过＝讼之坎，坤之未济＝否之无妄＝大有之临。

《屯》林：屯之坤＝豫之未济，屯之师＝同人之损＝谦之小过，屯之比＝讼之小畜，屯之履＝比之无妄，屯之谦＝大过之未济，屯之观＝泰之豫，屯之噬嗑＝比之豫＝蛊之困，屯之贲＝损之损，屯之复＝否之节，屯之明夷＝履之泰，屯之萃＝履之家人，屯之旅＝否之晋，屯之节＝小畜之豫。

《蒙》林：蒙之乾＝损之履，蒙之讼＝泰之咸，蒙之小畜＝讼之震＝谦之大有，蒙之谦＝师之节＝否之贲＝噬嗑之需，蒙之随＝否之临＝蛊之豫＝讼之艮，蒙之坎＝同人之比＝益之比，蒙之咸＝小畜之井。

《需》林：需之坤＝否之恒，需之屯＝益之同人，需之讼＝坤之震＝否之姤，需之比＝屯之随＝否之大壮，需之履＝屯之屯，需之剥＝乾之夬，需之大畜＝谦之颐，需之坎＝蒙之临，需之咸＝比之遁，需之明夷＝坤之革，需之睽＝否之革＝同人之否，需之夬＝坤之观＝履之需，需之井＝否之讼，需之兑＝同人之夬，需之未济＝比之未济。

《讼》林：讼之小畜＝屯之比，讼之坎＝坤之小过，讼之恒＝同人之离，讼之家人＝损之离＝师之离，讼之益＝履之萃，讼之震＝蒙之小畜＝谦之大有，讼之艮＝蒙之履，讼之归妹＝归妹之履，讼之巽＝剥之剥。

《师》林：师之萃＝大有之归妹，师之渐＝乾之中孚＝师之小畜，师之归妹＝蒙之坤，师之兑＝屯之谦，师之节＝蒙之谦＝否之贲。

《比》林：比之比＝同人之蹇＝益之恒，比之屯＝小畜之屯，比之讼＝小畜之离＝豫之小过，比之豫＝姤之师＝屯之噬嗑，比之蛊＝坤之离＝同人之睽＝谦之咸，比之临＝损之睽＝同人之益，比之剥＝泰之乾，比之大过＝坤之豫，比之离＝损之随＝同人之兑，比之咸＝否之井，比之遁＝需之咸，比之升＝乾之师＝坤之恒，比之革＝随之比，比之艮＝小畜之随，比之渐＝泰之震。

《小畜》林：小畜之屯＝比之屯，小畜之临＝乾之同人，小畜之离＝比之讼＝豫之小过，小畜之解＝坤之需，小畜之井＝蒙之咸，小畜之巽＝随之萃。

《履》林：履之需＝需之夬＝坤之观，履之讼＝需之既济，履之泰＝屯之明夷，履之剥＝否之屯，履之坎＝乾之谦，履之遁＝损之损，履之家人＝屯之萃，履之睽＝比之巽，履之解＝师之随＝豫之中孚，履之萃＝讼之益。

《泰》林：泰之乾＝比之剥，泰之蒙＝师之中孚，泰之讼＝蒙之旅，泰之履＝大有之谦，泰之同人＝师之姤，泰之谦＝否之离，泰之豫＝屯之观，泰之随＝坤之姤＝益之屯，泰之临＝坤之随，泰之咸＝蒙之讼，泰之大壮＝讼之比，泰之震＝比之渐。

《否》林：否之乾＝谦之豫，否之屯＝履之剥，否之需＝讼之未济，否之讼＝需之井，否之随＝师之坤＝谦之夬，否之临＝讼之艮＝益之豫＝蒙之随，否之观＝履之复，否之贲＝师之节＝蒙之谦，否之剥＝泰之小过，否之无妄＝大有之临＝坤之未济，否之坎＝讼之遁，否之离＝泰之谦＝噬嗑之坎，否之恒＝需之坤，否之大壮＝屯之随＝需之比，否之晋＝屯之旅＝谦之随，否之姤＝坤之震＝需之讼，否之井＝否之巽＝比之咸，否之革＝需之睽＝同人之否，否之巽＝否之井＝比之咸，否之节＝屯之复，否之既济＝屯之观＝泰之豫。

《同人》林：同人之比＝蒙之坎＝益之比，同人之剥＝师之夬，同人之坎＝坤之比，同人之离＝讼之恒，同人之睽＝比之蛊＝坤之离，同人之损＝屯之师＝谦之小过，同人之益＝比之临＝损之睽，同人之夬＝需之兑，同人之旅＝讼之咸，同人之兑＝比之离＝损随，同人之涣＝否之涣。

《大有》林：大有之屯＝乾之困，大有之蛊＝需之萃，大有之观＝需之蒙，大有之大畜＝乾之旅，大有之恒＝坤之大畜＝豫之蒙＝大过＝巽之明夷＝中孚之恒，大有之蹇＝小畜之大有，大有之益＝解之节，大有之困＝师之观，大有之归妹＝大畜之鼎，大有之兑＝师之观，大有之未济＝乾之既济。

《谦》林：谦之豫＝否之坤，谦之随＝屯之旅＝否之晋，谦之观＝益之节，谦之咸＝坤之离＝同人之睽＝比之蛊，谦之震＝乾之屯。

《豫》林：豫之中孚＝师之随＝履之解，豫之小过＝小畜之离＝比之讼，豫之未济＝屯之坤。

《随》林：随之屯＝师之归妹＝蒙之坤，随之师＝需之睽＝同人之否＝否之革，随之比＝比之革，随之颐＝姤之大壮，随之解＝谦之谦，随之益＝家人之无妄，随之萃＝小畜之巽，随之小过＝随之大壮。

《观》林：观之噬嗑＝豫之蛊。

《噬嗑》林：噬嗑之蛊＝临之豫，噬嗑之鼎＝坎之涣。

《贲》林：贲之小畜＝坤之乾，贲之复＝坤之震＝需之讼＝否之姤，贲之大过＝观之涣，贲之解＝复之比＝否之豫，贲之夬＝大有之井，贲之姤＝蛊之归妹，贲之归妹＝剥之归妹，贲之中孚＝乾之蹇，贲之未济＝否之兑。

《剥》林：剥之剥＝中孚之震，剥之乾＝师之谦，剥之蒙＝否之革＝

需之睽＝震之咸＝巽之需，剥之讼＝复之旅，剥之师＝履之巽，剥之泰＝贲之屯，剥之否＝乾之讼，剥之豫＝豫之明夷，剥之临＝中孚之损，剥之贲＝观之涣＝贲之大过＝坤之萃，剥之复＝观之既济＝贲之蛊，剥之大畜＝屯之履＝晋之坤＝遯之复，剥之颐＝泰之离＝需之颐＝渐之坎，剥之恒＝涣之艮，剥之遯＝恒之离，剥之解＝涣之丰，剥之损＝随之渐＝井之否＝中孚之小过，剥之升＝中孚之同人，剥之艮＝巽之临，剥之归妹＝贲之归妹，剥之巽＝归妹之中孚，剥之涣＝大过之离。

《复》林：复之讼＝贲之咸，复之比＝贲之解，复之小畜＝坤之兑，复之震＝屯之豫＝蒙之随。

《无妄》林：无妄之比＝复之剥，无妄之颐＝坎之井，无妄之恒＝巽之乾＝师之噬嗑，无妄之家人＝剥之未济＝屯之节＝小畜之豫。

《大畜》林：大畜之师＝蒙之明夷，大畜之泰＝大有之讼，大畜之鼎＝大有之归妹。

《大过》林：大过之未济＝屯之谦。

《咸》林：咸之恒＝晋之谦，咸之艮＝剥之坤。

《晋》林：晋之谦＝咸之恒，晋之观＝咸之随，晋之噬嗑＝咸之坎。

《明夷》林：明夷之旅＝丰之困。

《家人》林：家人之大畜＝晋之艮。

《睽》林：睽之乾＝蹇之同人。

《损》林：损之坤＝豫之艮，损之需＝益之无妄，损之讼＝否之渐，损之比＝屯之井，损之泰＝泰之贲，损之离＝讼之家人。

《益》林：益之比＝同人之比＝蒙之坎，益之豫＝蒙之随＝讼之艮＝否之临，益之随＝需之震，益之无妄＝损之需，益之坎＝泰之谦＝否之离，益之恒＝同人之蹇，益之节＝谦之观。

《姤》林：姤之鼎＝师之蹇。

《萃》林：萃之屯＝姤之未济，萃之剥＝萃之遯。

《革》林：革之否＝归妹之临＝泰之乾＝比之剥，革之同人＝夬之观＝否之坎，革之复＝观之屯，革之无妄＝屯之履，革之大畜＝小畜之泰＝蹇之谦，革之颐＝渐之明夷，革之坎＝咸之颐，革之蹇＝夬之大过，革之损＝乾之困＝大有之屯，革之震＝豫之大有，革之艮＝鼎之旅，革之归妹＝否之蛊。

《鼎》林：鼎之小畜＝睽之明夷，鼎之豫＝晋之晋，鼎之损＝师之归妹，鼎之艮＝姤之临，鼎之渐＝蒙之损，鼎之旅＝革之艮，鼎之未济＝同人之节＝豫之谦。

《震》林：震之坤＝小畜之升，震之屯＝豫之大过，震之讼＝损之睽＝坎之大过，震之观＝晋之益，震之剥＝睽之丰，震之复＝艮之革，震之咸＝需之睽＝否之革＝同人之否＝随之师，震之升＝大有之小过，震之革＝比之姤＝革之困，震之艮＝乾之革＝师之临，震之丰＝豫之需，震之节＝鼎之噬嗑，震之小过＝革之旅。

《艮》林：艮之临＝姤之巽＝渐之夬＝蒙之蛊，艮之遁＝乾之噬嗑＝益之大过。

《渐》林：渐之屯＝姤之坤，渐之蒙＝震之蒙，渐之履＝需之井＝否之讼，渐之否＝损之蹇，渐之同人＝大过之升，渐之大畜＝遁之恒，渐之夬＝蒙之蛊＝姤之巽＝艮之临，渐之困＝噬嗑之夬，渐之艮＝谦之中孚，渐之丰＝谦之井，渐之旅＝归妹之同人，渐之既济＝明夷之鼎。

《归妹》林：归妹之需＝家人之需，归妹之履＝讼之归妹，归妹之蛊＝晋之无妄，归妹之临＝泰之乾＝革之否＝比之剥，归妹之观＝明夷之井，归妹之颐＝明夷之井，归妹之大壮＝明夷之坤，归妹之损＝恒之夬，归妹之升＝师之离，归妹之震＝震之归妹＝大有之需，归妹之艮＝明夷之小畜，归妹之小过＝恒之观，归妹之既济＝明夷之晋。

《丰》林：丰之乾＝晋之大壮，丰之师＝益之解＝睽之大有，丰之比＝损之益＝井之坤＝恒之晋＝丰之大过，丰之泰＝明夷之益＝需之离＝益之观，丰之同人＝小畜之同人＝谦之睽，丰之豫＝临之益，丰之贲＝泰之升，丰之无妄＝离之遁，丰之离＝离之蛊，丰之大壮＝随之艮，丰之晋＝震之既济，丰之明夷＝贲之同人，丰之解＝鼎之离，丰之损＝艮之剥，丰之姤＝同人之夬，丰之升＝损之夬＝履之师＝蛊之剥＝临之巽，丰之困＝明夷之旅，丰之井＝复之离，丰之鼎＝巽之观，丰之震＝乾之升＝旅之师，丰之艮＝渐之鼎，丰之渐＝坤之丰＝复之坤＝小过之升，丰之归妹＝升之巽，丰之巽＝井之兑＝中孚之家人，丰之兑＝旅之归妹，丰之涣＝涣之大畜，丰之节＝屯之离＝未济之夬＝涣之旅，丰之中孚＝震之家人＝兑之乾，丰之既济＝同人之无妄＝讼之剥＝旅之睽。

《旅》林：旅之旅＝革之泰＝兑之小过，旅之乾＝小畜之蛊，旅之屯＝渐之蒙，旅之需＝损之观，旅之师＝乾之升＝丰之震，旅之泰＝坎之剥＝大畜之离，旅之大有＝睽之蹇，旅之豫＝大有之睽，旅之随＝蹇之乾，旅之蛊＝讼之益＝履之萃，旅之临＝巽之屯，旅之观＝升之大畜，旅之噬嗑＝需之噬嗑，旅之复＝既济之蹇，旅之无妄＝震之鼎，旅之颐＝贲之噬嗑，旅之大过＝大有之坤，旅之遯＝鼎之遯＝比之蒙，旅之睽＝讼之剥，旅之解＝师之蛊，旅之益＝鼎之解，旅之萃＝蹇之蛊，旅之升＝家人之未济，旅之革＝坤之大有，旅之渐＝涣之复，旅之归妹＝丰之兑，旅之节＝小畜之复，旅之中孚＝夬之明夷＝谦之渐，旅之小过＝归妹之大有。

《巽》林：巽之巽＝鼎之泰＝需之坤＝否之恒，巽之乾＝无妄之恒＝师之噬嗑，巽之坤＝屯之夬，巽之蒙＝明夷之明夷，巽之需＝震之咸＝萃之蹇＝否之革＝随之师，巽之讼＝师之乾，巽之小畜＝兑之井，巽之随＝夬之谦＝需之随，巽之蛊＝既济之噬嗑＝临之晋，巽之临＝剥之艮，巽之观＝丰之鼎，巽之剥＝姤之观＝观之困，巽之复＝复之小畜＝明夷之兑，巽之大畜＝归妹之损，巽之大过＝大壮之震＝小畜之革＝大过之豫，巽之咸＝革之蹇，巽之遯＝中孚之颐，巽之大壮＝兑之剥，巽之晋＝屯之履＝晋之坤＝遯之复＝井之履，巽之明夷＝坤之大畜＝大有之恒＝中孚之恒，巽之家人＝益之同人＝需之屯，巽之睽＝井之巽，巽之解＝坤之萃＝蹇之师，巽之损＝未济之益＝大过之恒，巽之困＝泰之解＝贲之履＝涣之解＝渐之复，巽之井＝咸之豫，巽之震＝中孚之晋，巽之渐＝贲之蒙＝小过之蛊，巽之丰＝革之睽＝升之困＝夬之大过，巽之兑＝革之大有，巽之涣＝升之蒙＝蒙之噬嗑＝家人之贲，巽之小过＝萃之比＝益之复，巽之未济＝恒之井＝颐之明夷＝离之恒。

《兑》林：兑之兑＝观之既济＝贲之蛊＝剥之复，兑之乾＝震之家人＝丰之中孚，兑之坤＝讼之同人＝豫之大有＝革之震，兑之屯＝屯之小畜，兑之蒙＝解之临，兑之需＝乾之大畜＝坎之家人，兑之讼＝姤之临＝鼎之艮＝损之旅，兑之师＝比之遯＝丰之离＝需之咸，兑之小畜＝家人之需＝归妹之需，兑之泰＝涣之坎＝大过之晋，兑之大有＝屯之坎＝噬嗑之否＝艮之需＝夬之恒，兑之豫＝家人之否，兑之贲＝艮之未济，兑之剥＝巽之大壮，兑之离＝革之谦＝大壮之恒＝谦之屯，兑之明夷＝革之明夷，兑之家人＝家人之睽＝艮之节，兑之蹇＝既济之复，兑之解＝萃之睽，兑之夬＝咸之震，兑之萃＝乾之中孚＝师之小畜，兑之困＝贲之蹇，兑之井＝巽之小畜，兑之革＝中孚之中孚＝屯之晋，兑之震＝井之升。

《涣》林：涣之涣＝未济之兑＝谦之既济，涣之乾＝需之小过，涣之需＝节之中孚，涣之讼＝坤之震＝否之姤＝需之讼＝贲之复，涣之小畜＝大有之咸，涣之履＝屯之蹇，涣之临＝未济之大过＝需之涣，涣之噬嗑＝离之家人，涣之复＝旅之渐，涣之大畜＝丰之涣，涣之大过＝小畜之升＝未济之乾＝震之坤，涣之坎＝兑之泰＝大过之晋＝坤之鼎，涣之咸＝晋之震，涣之遁＝豫之巽，涣之大壮＝大过之坤，涣之晋＝小畜之遁＝损之遁＝临之复，涣之明夷＝节之随，涣之家人＝泰之谦＝否之离＝益之坎，涣之睽＝师之家人，涣之蹇＝丰之升＝履之师＝蛊之剥＝损之屯，涣之解＝泰之解＝巽之困＝贲之履，涣之夬＝谦之噬嗑＝节之升，涣之萃＝遁之大过，涣之鼎＝恒之小过，涣之艮＝剥之恒＝既济之讼，涣之丰＝剥之解，涣之旅＝丰之节＝未济之夬＝屯之离，涣之巽＝比之渐＝泰之震＝渐之困，涣之兑＝遁之蛊，涣之节＝同人之剥＝丰之家人，涣之小过＝姤之坤＝渐之屯＝中孚之贲，涣之既济＝随之否，涣之未济＝姤之小过。

《节》林：节之师＝临之明夷，节之比＝豫之益＝蛊之履＝乾之蒙，节之小畜＝观之小过＝旅之豫＝大有之睽，节之大有＝夬之损，节之谦＝姤之遁，节之随＝涣之明夷，节之观＝中孚之泰＝未济之坤，节之大畜＝豫之节＝损之坤，节之晋＝升之震，节之睽＝小畜之噬嗑，节之蹇＝泰之蒙＝蛊之明夷＝师之中孚，节之损＝睽之巽，节之益＝革之否＝归妹之临＝中孚之解，节之升＝谦之噬嗑＝涣之夬，节之困＝丰之同人＝小畜之同人＝豫之睽，节之革＝明夷之蒙＝益之升，节之震＝睽之艮，节之归妹＝遁之豫，节之涣＝谦之蛊，节之中孚＝涣之需，节之既济＝乾之鼎。

《中孚》林：中孚之中孚＝兑之革，中孚之屯＝豫之师，中孚之师＝归妹之井＝归妹之剥，中孚之小畜＝谦之颐＝需之大畜＝观之颐，中孚之履＝益之需，中孚之泰＝节之观＝未济之坤，中孚之同人＝剥之井，中孚之随＝谦之解，中孚之噬嗑＝损之涣，中孚之贲＝姤之坤＝渐之屯＝涣之小过，中孚之坎＝家人之损＝渐之离，中孚之咸＝鼎之解，中孚之恒＝巽之明夷＝坤之大畜＝大有之恒，中孚之大壮＝升之蒙＝蒙之噬嗑＝家人之贲，中孚之晋＝巽之震，中孚之家人＝井之兑＝丰之兑，中孚之睽＝颐之益，中孚之解＝革之否＝归妹之临＝节之益，中孚之损＝否之大过＝剥之临，中孚之升＝明夷之豫＝谦之乾，中孚之归妹＝

益之观＝需之离＝丰之泰，中孚之巽＝大有之困，中孚之兑＝屯之履，中孚之小过＝随之渐＝井之否＝剥之损。

《小过》林：小过之比＝大畜之益，小过之大有＝家人之损＝中孚之坎＝渐之离，小过之豫＝鼎之解，小过之随＝否之坤＝恒之晋＝丰之比＝丰之大过，小过之蛊＝巽之渐＝益之中孚，小过之离＝谦之归妹，小过之晋＝无妄之巽，小过之解＝泰之贲，小过之艮＝咸之遁＝豫之大壮，小过之未济＝离之坎。

《既济》林：既济之讼＝涣之艮＝剥之恒，既济之比＝乾之中孚＝豫之小畜＝兑之萃，既济之泰＝小畜之革＝大过之豫＝大壮之震，既济之随＝姤之否＝损之需＝益之无妄，既济之噬嗑＝夬之谦＝需之随＝巽之随，既济之复＝兑之蹇，既济之坎＝未济之兑，既济之遁＝剥之颐＝需之颐＝渐之坎，既济之家人＝震之豫，既济之益＝遁之旅，既济之萃＝比之鼎＝大畜之晋＝益之蒙，既济之归妹＝损之剥，既济之中孚＝小过之益，既济之小过＝贲之需。

《未济》林：未济之乾＝涣之大过＝震之坤＝小过之升，未济之坤＝节之观＝大过之困＝中孚之泰，未济之屯＝大过之夬，未济之讼＝损之随＝同人之兑＝比之离，未济之小畜＝家人之剥，未济之观＝蹇之咸，未济之颐＝丰之晋，未济之大过＝涣之临＝需之涣，未济之益＝大过之恒＝巽之损，未济之夬＝涣之旅＝丰之节＝屯之离，未济之困＝旅之大过，未济之艮＝涣之既济＝随之否，未济之兑＝涣之涣＝谦之既济，未济之小过＝剥之损＝井之否＝随之渐。

第二节　论郑玄易学

一　郑玄对《易经》的注释

（一）天地人三才说

《说卦》的作者认为，易卦六爻涵盖了天地人三才之道：

> 昔者圣人之作易也，将以顺性命之理。是以立天之道曰阴与阳，立地之道曰柔与刚，立人之道曰仁与义，兼三才而两之，故《易》六画而成卦。分阴分阳，迭用柔刚，故《易》六位而成章。

郑玄注《易》，发挥了《说卦》的天地人三才之说，而明确以初位、二位为地道，以三位、四位为人道，以五位、上位为天道。郑氏注《乾·九二》"见龙在田"曰：

> 二于三才为地道。地上即田，故称田也。①

注《乾·九三》"君子终日乾乾"曰：

> 三于三才为人道。有乾德而在人道，君子之象。

注《乾·九五》"飞龙在天"曰：

> 五于三才为天道。天者清明无形而龙在焉，飞之象也。

注《坤·六二》"直方大"曰：

> 直也，方也，地之性。此爻得中气而在地上，自然之性，广生万物，故主动直而且方。

可见天地人三才说，当是郑氏用以注释《易经》的学说之一，通过乾九二、坤九二的注释，可见郑氏以初位为地下、二位为地上，如此，天地人三才之位亦分上下。

（二）应位说

承上所论，郑氏接受了《易纬》"初以四，二以五，三以上"爻位相应的理论，其注《乾·九二》"利见大人"曰：

> 九二利见九五之大人。

注《贲·六四》"贲如皤如"曰：

---

① （宋）王应麟：《周易郑注》卷1，《丛书集成初编》本。下引郑玄《易注》皆出此本，不另行出注。

六四，巽爻也。有应于初九，欲自饰以适初，既进退未定，故"燔如"也。

注《复·六四》"中行独复"曰：

爻处五阴之中，度中而行，四独应初。

注《恒·六五》"夫子凶"曰：

应在九二，又男子之象，体在巽，巽为进退，是无所定而妇言是从，故云"夫子凶"也。

注《遁》卦曰：

二五得位而有应。

注《睽》卦辞"小事吉"曰：

二五相应，君阴臣阳，君而应臣，故"小事吉"。

注《益》卦名曰：

阴阳之义，阳称为君，阴为臣。今震一阳二阴，臣多于君矣。而四体巽之下应初，是天子损其所有以下诸侯也。人君之道以益下为德，故谓之"益"也。

注《丰·初九》"遇其妃主，虽旬无咎"曰：

初修礼上朝四，四以匹敌恩厚待之，虽留十日不为咎。

可见，郑玄易学的应位说重在爻位之间的呼应，两爻的阴阳属性相同亦可相应。

（三）互体说

互体说源于春秋时期的易说。对于一个六画别卦来说，它是由上下两个三画经卦组成的，但其二至四爻、三至五爻，又可组成两个新的经卦，这两个新的经卦通过上下组合，又可组成一个新的别卦，这种取象之法，古人称之为"互体"。如此，一卦之中，如果不考虑卦是否相重，实则包括四个经卦、两个别卦，这在解释《周易》卦爻辞的意义、占断吉凶的结果时，就大大增加了易卦取象的范围。就现存郑玄注释《易经》的材料来看，他较多地使用了互体说解《易》。如郑氏注《蒙》卦辞曰：

> "亨"者，阳也。互体震而得中，嘉会礼通，阳自动其中。

"互体震"即是指《蒙》卦二至四爻所构成的经卦。郑氏注《贲》卦辞"小利有攸往"曰：

> 卦互体坎震①，艮止于上，坎险于下，夹震在中，故不利大行，小有所之，则可也。

《贲》卦二至四爻构成坎卦，三至五爻构成震卦，故郑氏以之解释卦辞。郑氏注《颐》卦辞"自求口实"曰：

> 颐中有物曰"口实"，自二至五有二坤，坤载养万物，而人之所食之物皆存焉。观其求可食之物，则贪廉之情可别也。

郑氏注《恒·九三》"不恒其德，或承之羞"曰：

> 互体为乾，乾有刚健之德，体在巽，巽为进退，是"不恒其德"也。又互体为兑，兑为毁折，是将有羞辱也。

《恒》卦二至四爻成乾卦，三至五爻成兑卦，故郑氏以之解经。郑氏

---

① "震"原作"艮"，涉下文"艮"而误。

注《渐·九三》"夫征不复,妇孕不育"曰:

> 九三上与九五互体为离,离为火,腹孕之象也。又互体为坎,坎为丈夫,坎为水,水流而去,是"夫征不复"也。夫既不复,则妇人之道颠覆,故孕而不育。

值得注意的是,郑氏有时亦以四个爻画构成互体之卦,如其注《大畜》卦辞"不家食吉"曰:

> 自九三至上九有颐象,居外,是"不家食吉"。

关于郑玄的互体说,林忠军先生说:

> 另一种是将内外卦看作互体。如《既济》九五注云"互体为坎",《旅》初六注云"爻互体艮"。①

并认为这是郑玄所独创。按《京氏易传·姤》:

> 阴爻用事,金木互体,天下风行曰姤。

《姤》卦卦象为巽下乾上,按《京氏易传》"乾为金""巽为木",是以上下二经卦为互体,始于京房。但京房易说中的"互体",又与传统的互体说不是一个概念。关于林氏之说,其举的第一个例子,显然是误读《既济·九五》"东邻杀牛,不如西邻之禴祭"的郑注:

> 互体坎也,又互体为离。离为日,坎为月。日出东方,东邻象也。月出西方,西邻象也。

《既济》卦二至四爻构成坎卦,三至五爻构成离卦,此即是郑氏所说的互体,本来《既济》卦离下坎上,经过郑氏的互体之说,又变为坎下

---

① 林忠军:《象数易学史》第1卷,齐鲁书社1994年版,第162页。

离上，其目的大概是以离上对应"东邻"，以坎下对应"西邻"。至于林氏所举的第二个例子，郑注《旅·初六》"旅琐琐，斯其所取灾"曰：

> 爻互体艮。艮，小石，小小之象。三为聘客，初与二，其介也。介当以笃实之人为之，而用小人琐琐然，客主人为言。不能辞，曰非礼；不能对，曰非礼。每者不能以礼行之，则其所以得罪。

按"爻互体艮"之"艮"，当作"兑"，涉下文"艮"而误。郑注所谓"客主人为言"，正是互体"兑"之义。可见，郑玄的互体说，并无以一卦上下两经卦为互体之说。

（四）爻辰说

爻辰说亦是郑玄注《易》较多使用的方法。根据郑玄对《易纬·乾凿度卷下》"乾贞于十一月子，左行，阳时六；坤贞于六月未，右行，阴时六，以奉顺成其岁"①的理解，乾卦自初爻至上爻分别主子（十一月）、寅（一月）、辰（三月）、午（五月）、申（七月）、戌（九月），坤卦自初爻至上爻分别主未（六月）、酉（八月）、亥（十月）、丑（十二月）、卯（二月）、巳（四月）。关于其他六十二卦所主的爻辰，林忠军先生指出：

> 郑氏以此为基础，将《周易》其它卦的爻辰看作是由乾坤十二爻辰派生出来的。故奉阳爻从乾爻所值，逢阴爻从坤爻所值。②

郑氏注《比·初六》"有孚盈缶"曰：

> 爻辰在未，上值东井。井之水人所汲，用缶。

《比》卦初六，从坤初六所主辰为未，未为西南，二十八宿中的井宿亦西南，故郑氏又说"上值东井"，如此又将爻辰与二十八宿联系了起来。郑氏注《泰·六五》"帝乙归妹，以祉元吉"曰：

---

① 林忠军：《〈易纬〉导读》，齐鲁书社2002年版，第96页。
② 林忠军：《象数易学史》第1卷，齐鲁书社1994年版，第153页。

五爻辰在卯。春为阳中，万物以生。生育者，嫁娶之贵。仲春之月嫁娶，男女之礼，福禄大吉。

《泰》卦六五，从坤六五所主辰为卯。郑氏注《蛊·上九》"不事王侯，高尚其事"曰：

上九艮爻，艮为山，辰在戌，得乾气，父老之象，是臣之致事也，故不事王侯。是不得事君，君犹高尚其所为之事。

《泰》卦上九，从乾上九所主辰为戌，戌位在西北，按《说卦》乾位亦在西北，故郑氏曰"得乾气"。郑氏注《明夷·六二》"明夷睇于左股"曰：

六二辰在酉，酉在西方，又下体离，离为目。九三体在震，震东方。九三又在辰，辰得巽气为股。此谓六二有明德，欲承九三，故云睇于左股。

《明夷》卦六二，从坤六二所主辰为酉；九三，从乾九三所主辰为辰。辰位东南，又为巽位，又按《说卦》"巽为股"，故曰"辰得巽气为股"。郑氏注《坎·六四》"樽酒，簋贰，用缶，纳约自牖，终无咎"曰：

六四上承九五，又互体在震上。爻辰在丑，丑上值斗，可以斟之象。斗上有建星，建星之形似簋。贰，副也。建星上有弁星，弁星之形又如缶。天子大臣，以王命出会诸侯，主国尊于簋，副设玄酒以缶。

郑氏注《坎·上六》"系用徽纆，寘于丛棘，三岁不得，凶"曰：

爻辰在巳，巳为蛇。蛇之蟠屈似徽纆也。三五互体艮，又与震同体。艮为门阙，于木为多节。震之所为，有丛拘之。类门阙之内，有丛木多节之木，是天子外朝左右九棘之象也。外朝者，所以询事之处也。左嘉石，平罢民焉；右肺石，达穷民焉。罢民，邪恶之民也。上六乘阳，有邪恶之罪。故缚约徽纆，置于丛棘，而后公卿以下议之。其害人者置之圜土，而施职事焉，以明刑耻之。能复者，上罪三年而赦，中罪二年而赦，下罪一年而赦。不得者，不自思以得正道，终不自改而出圜土者，杀。故凶。

《坎》卦六四、上六从坤六四、上六所主辰，分别为丑、巳。郑氏又将爻所主辰与二十八宿、十二生肖联系了起来，以之解释爻辞。郑氏注《困·九二》"困于酒食"曰：

> 二据初，辰在未，未为土，此二为大夫有地之象。上值天厨，酒食象。

此处所说的"辰在未"，是指《困》卦初六从坤初六所主辰为未，未在五行属土位，故曰"未为土"，二爻位又是大夫位，又是阳爻，可以占据初六，故曰"大夫有地之象"。《困》卦九二从乾九二所主辰为寅，《晋书·天文志》："（紫宫垣）东北维外六星曰天厨，主盛馔"，[①] 寅所主星宿有天厨星，故郑氏曰"上值天厨，酒食象"。

通过以上分析可以看出，郑氏以爻辰说解《易》，尽管有其机械、简单的一面，但通过十二辰这个中介，将星宿、生肖、五行等因素纳入了对卦爻辞的解释中去，从而丰富了易卦的内涵。

（五）卦爻值八气说

卦爻值八气说是爻辰说的延伸。上文已述，郑玄注《蛊·上九》曰"辰在戌，得乾气"，注《明夷·六二》"九三又在辰，辰得巽气为股"，可见郑氏的爻辰说，又与《说卦》中的八卦方位说结合了起来，这样，爻位、爻所主之辰、辰所在方位之卦，三者形成了一致的联系，最终又实现了爻与八卦之气的结合，这种解《易》的方法，可以称之为"卦爻值八气说"。刘玉建先生总结说：

---

① （唐）房玄龄等：《晋书》卷11，中华书局1974年点校本，第290页。

《乾》初九辰在子，得坎气；《乾》九二辰在寅，得艮气；《乾》九三辰在辰，得巽气；《乾》九四辰在午，得离气；《乾》九五辰在申，得坤气；《乾》上九辰在戌，得乾气。《坤》初六辰在未，得坤气；《坤》六二辰在酉，得兑气；《坤》六三辰在亥，得乾气；《坤》六四辰在丑，得艮气；《坤》六五辰在卯，得震气；《坤》上六辰在巳，得巽气。①

郑玄的"卦爻值八气说"，扩大了爻象的取象范围。

(六) 爻象六子说

战国时期的易学中，爻象只有阴阳之分，即阴爻、阳爻。京房易学赋予卦爻以五行之象的意义。《京氏易传·乾》：

> 纯阳用事。象配天，属金。……水配位为福德，木入金乡居宝贝，土临内象为父母，火来四上嫌相敌，金入金乡木渐微，宗庙上建戌亥，乾本位。

乾卦六爻所纳支依次是：子、寅、辰、午、申、戌，六支的五行意义分别是水、木、土、火、金、土。可见，京房通过赋予卦、爻不同的五行意义，以之阐释六爻与卦之间的各种关系，从而发展了《周易》的爻象理论。就现存郑玄注释《易经》的文献来看，其发展了《说卦》乾坤生六子的理论：

> 乾天也，故称父，坤地也，故称母；震一索而得男，故谓之长男；巽一索而得女，故谓之长女；坎再索而男，故谓之中男；离再索而得女，故谓之中女；艮三索而得男，故谓之少男；兑三索而得女，故谓之少女。

孔颖达《周易正义》曰：

> 得父气者为男，得母气者为女。坤初求得乾气为震，故曰长男；

---

① 刘玉建：《郑玄爻辰说述评》，《周易研究》1995年第3期。

坤二求得乾气为坎，故曰中男；坤三求得乾气为艮，故曰少男。乾初求得坤气为巽，故曰长女；乾二求得坤气为离，故曰中女；乾三求得坤气为兑，故曰少女。①

孔氏的注疏，代表了人们对乾坤生六子学说的一般理解。郑玄依据《说卦》乾坤生六子的理论，认为三画经卦初位、中位、上位的阳爻，分别为震爻、坎爻、艮爻；三画经卦初位、中位、上位的阴爻，分别为巽爻、离爻、兑爻，从而于爻位的阴阳属性之外，又赋予了六子卦象的属性。对于六十四别卦来说，其六爻的属性则分别由上下经卦卦爻的六子卦象所决定，从而在易卦的系统内构建起了爻象六子说。如郑氏注《贲·六四》曰"六四巽爻"，按贲卦离下艮上，从上下经卦上说并无巽卦，但六四为上经卦之初位阴爻，故曰"巽爻"。再如郑氏注《颐》卦辞曰"二五离爻"，颐卦震下艮上，二五爻分别为经卦中位之阴爻，故曰"离爻"。再如郑氏注《井·九二》"井谷射鲋"：

> 九二坎爻也。坎为水，上值巽，九三②艮爻也。艮为山，山下有井，必因谷水，所生鱼无大鱼，但多鲋鱼耳，言微小也。夫感动天地，此鱼之至大；射鲋井谷，此鱼之至小，故以相况。

井卦卦象巽下坎上，二、三位皆阳爻，故曰"九二坎爻""九三艮爻"。再如郑氏注《损》卦辞"二簋可用亨"：

> 四以簋进黍稷于神也，初与二直，其四与五承上，故用二簋。四巽爻也，巽为木。五离爻也，离为日。日体圆，木器而圆，簋象也。

损卦卦象兑下艮上，四、五爻位皆阴位，故曰"四巽爻""五离爻"。再如郑氏注《萃》"王假有庙，利见大人。亨，利贞。用大牲吉。利有攸往"曰：

---

① （唐）孔颖达：《周易正义》，北京大学出版社1999年标点本，第330页。
② 原作"生一"，当为"九三"。

> 假,至也。互有艮、巽。巽为木,艮为阙,木在阙上,宫室之象也。四本震爻,震为长子。五本坎爻,坎为隐伏。居尊为隐伏,鬼神之象。长子入阙升堂,祭祖祢之礼也。故曰"王假有庙"。二本离爻也,离为目,居正应五,故"利见大人"矣。大牲,牛也。言大人有嘉会时可干事,必杀牛而盟,既盟则可以往,故曰"利往"。

萃卦卦象坤下兑上,故郑注曰"二本离爻""四本震爻""五本坎爻"。

通过以上的分析可以看出,郑氏通过引入爻象六子说,不但拓展了爻的取象范围,还深化了爻的哲学含义,从而发展了易学中的象数说。

(七) 六日七分说

郑玄注《复》卦辞"七日来复"曰:

> 建戌之月,以阳气既尽。建亥之月,纯阴用事。至建子之月,阳气始生,隔此纯阴一卦,卦主六日七分,举其成数言之,而云"七日来复"。

关于此处的注解,郑氏首先运用了孟喜的十二月卦说,以剥卦建戌,象征"阳气既尽";坤卦建亥,象征"纯阴";复卦建子,象征"阳气始生",复卦与剥卦之间隔着坤卦,故曰"隔此纯阴一卦"。之后,郑氏又运用了孟京易学中的一卦至"六日七分"说,取其成数则为七日,以之解释卦辞"七日来复"。由于郑玄关于《周易》的注释大部分亡佚了,我们无法较为全面地了解郑氏运用六日七分说解《易》的情况。但郑氏首先学习的易学即是京房易学,京房易学对于郑玄易学当有着较大的影响,故将此例记录于此。

二 论郑玄的易学哲学

如果说郑玄在对《易经》的注释中,较多地运用了各种象数手段,从而力图构建起卦爻象与卦爻辞之间的有机联系,那么,郑玄主要是通过对《易纬》《易传》的注解,表达其对易学义理方面的理解。兹本诸《易纬》《易传》中的郑注材料,对于郑玄的易学哲学,作一简要的阐释。

第五章 东汉易学研究(上)

(一) 以气为本的宇宙生成论

郑玄易学哲学的基本观点，是其受《易纬》的影响，构建起了以气为本的宇宙生成论。笔者在关于《易纬》的论述中，已提到《易纬》中的"四太"学说，郑玄也正是通过对"四太"学说的注解，表达了他对宇宙生成问题的理解。为了便于阐述，兹引《易纬·乾凿度卷上》及郑注相关文字如下：

> 夫有形生于无形，乾坤安从生？故曰：有太易，有太初，有太始，有太素也。太易者，未见气也。（郑注：以其寂然无物，故名之为太易。）太初者，气之始也。（郑注：元气之所本始，太易既自寂然无物矣，焉能生此太初哉，则太初者，亦忽然而自生。）太始者，形之始也。（郑注：形见也。天象形，见之所本始也。）太素者，质之始也。（郑注：地质之所本始也。）气形质具而未离，故曰浑沦。（郑注：虽含此三始，而犹未有分判。《老子》曰："有物浑成，先天地生。"）浑沦者，言万物相浑沦而未相离。（郑注：言万物莫不资此三者也。）视之不见，听之不闻，循之不得，故曰易也。易无形埒。（郑注：此明太易无形之时，虚豁寂寞，不可以视听寻。《系辞》曰："易无体。"此之谓也。）易变而为一，（郑注：一主北方，气渐生之始，此则太初气之所生也。）一变而为七，（郑注：七主南方，阳气壮盛之始也，万物皆形见焉，此则太始气之所生者也。）七变而为九。（郑注：西方阳气所终，究之始也，此则太素气之所生也。）九者，气变之究也，乃复变而为一。（郑注：此一，则元气形见而未分者，夫阳气内动，周流终始，然后化生一之形气。）一者，形变之始。清轻者上为天，（郑注：象形见矣。）浊重者下为地。（郑注：质形见矣。）物有始，有壮，有究，故三画而成乾。（郑注：象一、七、九也。夫阳则言乾成者，阴则坤成可知矣。）乾坤相并俱生，物有阴阳，因而重之，故六画而成卦。①

《乾凿度》的这段文字，是为了解决宇宙论上从无入有的问题。郑玄的注解，虽然承认宇宙生成上经过了一个"寂然无物"的"太易"阶段，

---

① [日]安居香山、中村璋八：《纬书集成》，河北人民出版社1994年版，第10—13页。

但却不认为是"太易"生了"太初",郑玄曰"则太初者,亦忽然而自生",可见元气在生成宇宙的过程中,有其本源性,而并不是从"无"中生"气"。而宇宙由太初之"气",到太始之"形",再到太素之"质",再到气、形、质三者之"浑沦",再到阴阳之气的分判而成天地,遂完成了生成过程。需要注意的是,郑氏在解释天地的形成过程时,又与乾坤两卦卦画的生成过程结合了起来,认为乾卦自初至上爻三画,分别象征宇宙气、形、质的三个阶段,在易数上分别为一、七、九。对于坤卦卦画的生成过程,郑玄在《乾凿度卷下》另一处记载四太学说的注释中作了说明,其于"九者,气变之究也,乃复变而为一"注曰:

> "乃复变为一","一变"误耳,当为二。二变而为六,六变而为八,则与上七九意相协。不言如是者,谓足相推明耳。九言气变之究也,二言形之始,亦足以发之耳。又言乃复之一,易之变一也。太易之变,不惟是而已,乃复变而为二,亦谓变而为太初。二变为六,亦谓变而为太始也。六变为八,亦谓变而为太素也。……一变而为七,是今阳爻之象,七变而为九,是今阳爻之变。二变而为六,是今阴爻之变,六变而为八,是今阴爻之象。七在南方象火,九在西方象金,六在北方象水,八在东方象木。自"太易"至"太素",气也,形也。既成四象,爻备于是,清轻上而为天,重浊下而为地,于是而开阖也。天地之与乾坤,气形之与质本,同时如表里耳,以有形生于无形,问此时之言,斯为之也。①

按:关于"乃复变而为一"之"一"的意义,郑玄在《乾凿度卷上》注中已指出其与"易变而为一"之"一"的意义完全不同。"易变而为一"之"一",是指太初元气;"乃复变而为一"之"一",郑氏曰"此一,则元气形见而未分者,夫阳气内动,周流终始,然后化生一之形气",可见已兼具气、形两者的含义在内了,也就是阴气之始生的意义。但《乾凿度》中并没有如乾卦那样详细说明坤卦卦画的生成过程,故此处的"乃复变而为一"之"一"的指向性并不明确。郑玄认为"一"当作"二",以"二"为阴爻之气、以"六"为阴爻之变、以"八"为阴

---

① [日]安居香山、中村璋八:《纬书集成》,河北人民出版社1994年版,第30—31页。

爻之象，三者的演化过程，形成了坤卦三爻。

由之可见，郑玄易学的天地（乾坤）的生成过程，可以表示为：太易→太初（一，乾初爻）→太始（七，乾二爻）→太素（九，乾三爻）→二（坤初爻）→六（坤二爻）→八（坤三爻）。而七、九、六、八又分别位于南、西、北、东四个方位，在五行上象征火、金、水、木，故乾坤两卦的生成过程，又体现了天地四方、五行的定位过程，反映了阴阳循环的天地之道。

《易纬·乾凿度卷上》：

> 天地之气，必有终始，六位之设，皆由上下，故易始于一，分于二，通于三，□于四，盛于五，终于上。（郑注曰：易本无体，气变而为一，故气从下生也。清、浊，分于二仪。阴阳气交，人生其中，故为三才。二壮于地，五壮于天，故为盛也。）①

可见，郑玄接受了《乾凿度》以气本论解释易卦六位之说，认为易卦六爻的生成过程，就是元气的变化的过程。因为易卦六爻都是气的反应，故郑氏又以易卦爻所含之气来解释卦爻辞，如郑氏注《坤·六二》"直方大"曰：

> 直也，方也，地之性。此爻得中气而在地上，自然之性，广生万物，故主动直而且方。

郑氏所谓的"中气"，即是坤卦之中气。

可以说，以气为本的宇宙生成论，是郑玄易学哲学的根本。

（二）以五行为框架的宇宙图式

郑玄易学哲学的又一特色，是其以五行为框架的宇宙图式。关于郑玄易学中的五行说，张涛先生从易学思想史的角度指出：

> 五行说在郑玄易学中亦占有重要地位。以五行解释八卦的爻位始于京房，将五行同《周易》中的数联系起来，始于刘歆《三统

---

① ［日］安居香山、中村璋八：《纬书集成》，河北人民出版社1994年版，第20页。

历》。在此基础上，郑玄进一步将五行理论贯彻到易学之中。①

兹作一具体的分析，郑氏注《系辞》"大衍之数五十，其用四十有九"曰：

> 天地之数，五十有五，以五行气通，凡五行减五，大衍又减一，故四十九也。天一生水于北，地二生火于南，天三生木于东，地四生金于西，天五生土于中。阳无耦，阴无配，未得相成。地六成水于北，与天一并；天七成火于南，与地二并；地八成木于东，与天三并；天九成金于西，与地四并；地十成土于中，与天五并也。

注《系辞》"天数五，地数五，五位相得而各有合"曰：

> 天地之气各有五。五行之次，一曰水，天数也；二曰火，地数也；三曰木，天数也；四曰金，地数也；五曰土，天数也。此五者，阴无匹，阳无耦，故又合之。地六为天一匹也，天七为地二耦也，地八为天三匹也，天九为地四耦也，地十为天五匹也。二五阴阳各有合，然后气相得，施化行也。

通过郑氏的注解，可以看出，五行本源于天地之气，水、火、木、金、土依次由天地之气所生；五行被派生之后，或是秉承了天（阳）之性，或是秉承了地（阴）之性，此时还不能运行，须待阴阳之气相合后，才能运行。如此看来，郑氏认为五行的运转皆兼具阴阳二气之性。此外，郑氏还指出：五行在生成之初就兼具方位的意义，这样便构建起了气本论下的以五行为框架的宇宙图式。

郑玄以五行为框架的宇宙图式，当然是本于对《系辞》中天地之数的解释，既然天地之数之和是五十五，五行之数之和也是五十五，那么，五行也就具有与天地一样的意义。五行之数减五气，即是大衍之数，从而具有推演天地万物的功能。五行又具有生成万物的功能，郑玄注《系辞》"精气为物，游魂为变，是故知鬼神之情状，与天地相似，故不

---

① 张涛：《论郑玄易学》，《南都学坛》2000年第1期。

违"曰：

> "精气"，谓七八也。"游魂"，谓九六也。七八，木火之数也。九六，金水之数。木火用事而物生，故曰"精气为物"。金水用事而物变，故曰"游魂为变"。"精气"之谓神，"游魂"之谓鬼。木火生物，金水终物，二物变化，其情与天地相似，故无所差违之也。

可见，郑玄构建以五行为框架的宇宙图式，是为了解释宇宙万物生长衰死的原因和规律。

（三）以数为易道的表达手段

数字，本来就属于《周易》"理、数、象、占"之一端。郑玄易学，特别喜欢借助易数来阐释易理，其赋予了数字以不同哲学的含义。以数作为易之道的表达手段，这是郑玄易学哲学的第三个特点。

上文已述，郑玄易学在构建气本论的宇宙生成论时，使用了"一、七、九""二、六、八"两组数字，以之阐释乾坤两卦的生成过程；在构建以五行为框架的宇宙图式时，使用了一至十，十个数字，阐释了数字在五行生成上的不同意义。此外，郑玄以数为易道的表达，还反映在以下几个方面：

1. 天地、阴阳之道

《易纬·乾凿度卷上》：

> 阳动而进，阴动而退，故阳以七、阴以八为象。易一阴一阳，合而为十五之谓道。阳变七之九，阴变八之六，亦合于十五，则象变之数，若之一也。（郑注：阳动而进，变七之九，象其气息也。阴动而退，变八之六，象其气消也。象者，爻之不变动者。五，象天数奇也。十，象地之数偶也。合天地之数，乃谓之道。）①

郑玄以"七之九""八之六"作为阴阳二气消长的表现形式；将"十五"分解为"五""十"，以之作为天地之道的表现形式，从而将数字提升到了天道的高度。再如郑氏注《说卦》"参天两地而倚数"曰：

---

① ［日］安居香山、中村璋八：《纬书集成》，河北人民出版社1994年版，第13—14页。

天地之数备于十，乃三之以天，两之以地，而倚托大演之数五十也。必三之以天，两之以地者，天三覆，地二载，欲极于数，庶得吉凶之审也。

注《易纬·乾凿度卷上》"阳三阴四，位之正也"曰：

三者，东方之数，东方日所出也。又圆者，径一而周三。四者，西方之数，西方日所入也。又方者，径一而匝四也。①

这两条郑注，皆是以奇数为天数、以偶数为地数，以此阐释易数所表达的天道。

2. 太一行九宫之道

《易纬·乾凿度卷下》：

阳动而进，变七之九，象其气之息也。阴动而退，变八之六，象其气之消也。故太一取其数以行九宫，四正四维皆合于十五。（郑玄注曰：太一者，北辰之神名也，居其所曰太一，常行于八卦日辰之间，曰天一，或曰太一。出入所游，息于紫宫之内外，其星因以为名焉。故《星经》曰："天一、太一，主气之神。"行，犹待也。四正四维，以八卦神所居，故亦名之曰宫。天一下行，犹天子出巡狩，省方岳之事，每率则复。太一下行八卦之宫，每四乃还于中央。中央者，北神之所居，故因谓之九宫。天数大分，以阳出，以阴入。阳起于子，阴起于午，是以太一下九宫，从坎宫始，坎，中男，始亦言无适也。自此而从于坤宫，坤，母也。又自此而从震宫，震，长男也。又自此而从巽宫，巽，长女也。所行者半矣，还息于中央之宫。既又自此而从乾宫，乾，父也。自此而从兑宫，兑，少女也。又自此从于艮宫，艮，少男也。又自此从于离宫，离，中女也。行则周矣。上游息于太一天一之宫，而反于紫宫。行从坎宫始，终于离宫。数自太一行之，坎为名耳。出从中男，入从中女，亦因阴阳

---

① ［日］安居香山、中村璋八：《纬书集成》，河北人民出版社1994年版，第15页。

男女之偶，为终始云。自坎宫必先之坤者，母于子养之勤劳者。次之震，又之巽，母从异性来，此其所以敬为生者。从息中而复之乾者，父于子教之而已，于事逸也。次之兑，又之艮，父或老顺其心所爱，以为长育，多少大小之行，已亦为施，此数者合十五，言有法也。)①

由郑玄"四正四维，以八卦神所居，故亦名之曰宫"的解释，可知太一行九宫的图式就是太一行九宫八卦的图式，其中八卦的方位就是《说卦》中"帝出乎震"一章所述的方位，兹以下表略示之：

表5—1　　　　　　　　　太一行九宫次序表

巽 四	离 九	坤 二
震 三	中 五	兑 七
艮 八	坎 一	乾 六

有学者认为："太一行九宫本来便是易学的理论。"② 笔者则认为，易卦体系中的太一行九宫说，是西汉易学对于数术之学改造的结果。以太一为主宰的宇宙图式，在西汉中前期的《淮南子》一书中就出现了，其《天文》篇运用太一、八风、五官、六府、七舍、十二律吕、二十四节气等概念构建了一个庞大而精妙的天道运行图式：

何谓八风？距日冬至四十五日条风至。条风至四十五日明庶风至。明庶风至四十五日清明风至。清明风至四十五日景风至。景风至四十五日凉风至。凉风至四十五日阊阖风至。阊阖风至四十五日不周风至。不周风至四十五日广莫风至……

---

① ［日］安居香山、中村璋八：《纬书集成》，河北人民出版社1994年版，第31—33页。
② 李学勤：《〈九宫八风〉及九宫式盘》，收入李氏专著《古文献丛论》一书，上海远东出版社1996年版，第240页。

何谓五官？东方为田，南方为司马，西方为理，北方为司空，中央为都。

何谓六府？子午、丑未、寅申、卯酉、辰戌、巳亥是也。

太微者，太一之庭也。紫宫者，太一之居也。轩辕者，帝妃之舍也。咸池者，水鱼之囿也。天阿者，群神之阙也。四宫者，所以为司赏罚。太微者主朱雀。紫宫执斗而左旋，日行一度，以周于天……反覆三百六十五度四分度之一而成一岁。

阴阳刑德有七舍。何谓七舍？室、堂、庭、门、巷、术、野……

斗指子则冬至，音比黄钟；加十五日指癸则小寒，音比应钟；加十五日指丑则大寒，音比无射；加十五日指报德之维，则越阴在地，故曰距日冬至四十六日而立春……故曰有四十六日而立夏……故曰有四十六日而夏至……故曰有四十六日而立秋……故曰秋分……故曰有四十六日而立冬……阳生于子，故十一月日冬至。①

在此姑且制作一图式表示之，见图5—1：

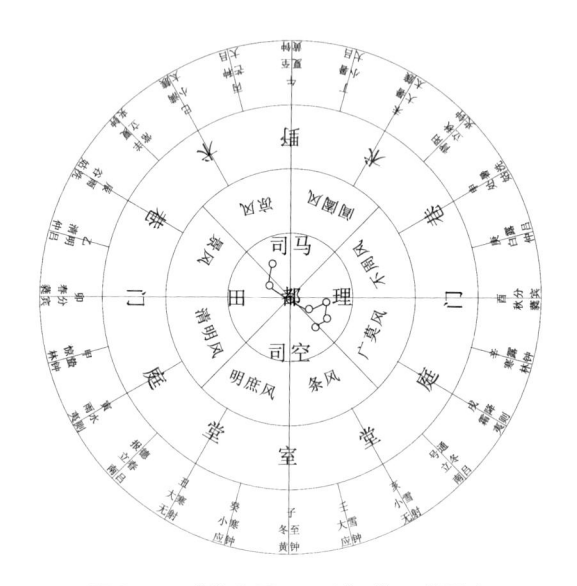

图5—1　《淮南子·天文》的天道图式

---

① 何宁：《淮南子集释》，中华书局1998年版，第195—218页。

主宰这一宇宙图式运转的，在西汉人的观念中则是"太一"。此外，《灵枢·九宫八风》篇中以八卦与九宫相配的天道运行图式，当是太一行九宫理论来源的雏形，笔者在魏相易学一节已作过阐释，兹不详论。可见，早在《易纬》之前，太一行九宫的相关数术之学，已经发展成熟。《易纬》通过借用《说卦》中的八卦方位说，构建了四正四维说、太一行九宫说，说明西汉易学从孟喜、京房易学，直至《易纬》，自始至终贯穿着对数术之学的吸收与改造活动。

就郑玄对于"太一行九宫"路径的说明来看，虽然说八卦在九宫中的方位与《说卦》"帝出乎震"、《易纬》的四正四维说的方位一致，但太一并不是按照《说卦》从震位开始做顺时针的圆周运动，也不是从坎位开始做顺时针的圆周运动，也就是说，易卦体系下的太一行九宫说，已经扬弃了作为源头意义上的八风说，而是按照九宫之数，依据数字的顺序运行，即：太一（中宫）→下行坎宫（一）→行坤宫（二）→行巽宫（三）→行震宫（四）→息于中宫（五）→下行乾宫（六）→行兑宫（七）→行艮宫（八）→行离宫（九）→返于中宫（五），从而完成一个周期的运转。可见，易卦体系中的太一行九宫之说，虽与《说卦》八卦运转顺序不同，与《系辞》天地之数的方位有差异，但其以坎（一）始、以离（九）终的行进路线，符合西汉易学中"阳起于子，阴起于午"的观念，又与《易纬·乾凿度》"易变而为一，一变而为九。九者，气变之究也，乃复变而为一"阴阳变化思想相协，通过数字的变化比较完美地表达了阴阳周期的转换。

对于郑玄易学而言，其正是通过对易数赋予哲学上含义，以之作为宇宙秩序的规定性，从而表达了更为精致的天道观。

第六章

东汉易学研究（下）

第一节　论荀爽易学

荀爽（128—190年），一名谞，字慈明。颍川颍阴（今河南许昌）人，战国晚期儒学大师荀子的第十二世孙。东汉末年大臣、经学家。据《后汉书·荀爽传》记载：

> （荀爽）著《礼》《易传》《诗传》《尚书正经》《春秋条例》，又集汉事成败可为鉴戒者，谓之《汉语》，又作《公羊问》及《辩谶》，并它所论叙，题为《新书》。凡百余篇，今多所亡缺。[1]

可见荀爽对经学著述甚多，但大都亡佚。就其易学来看，荀爽易说主要见于唐代李鼎祚《周易集解》所辑荀爽《易注》。

荀爽与郑玄是同时代的易学人物，就他们所处的时代而言，今文经学走向衰微，古文经学开始兴盛。就易学自身的发展而言，作为汉代官方易学的代表——孟、京易学逐渐走到了历史的尽头。孟、京易学是天人感应目的论的产物，其学术的最大价值是构建天人感应目的论下的占术体系。京房在易卦的体系内，吸纳天文历法、音律、干支、五行等数术知识建构"推天道以明人事"的宇宙图式，这种宏大的宇宙图式一旦构建完善，如果没有新的天文历法成果的出现，不能再为易学构建新的宇宙图式提供理论指导时，就是衰落的开始。西汉末年扬雄模拟《周易》经传和孟、京易学创作《太玄》，可以说是以《易》而非《易》的形式

---

[1] （南朝·宋）范晔：《后汉书》卷62，中华书局1965年点校本，第2057页。

终结卦气易学，意味着易学探究的中心必然向《周易》经传回归。故西汉晚期，"长于卦筮，亡章句，徒以《彖》《象》《系辞》十篇文言解说上下经"①的费直易学勃然兴起，预示着易学研究重心的转向。就郑玄的易学来看，其既注《易纬》，又注《周易》经传，反映了其融合今文经学和古文经学的学术倾向。就荀爽易学来看，其通过对《周易》经传的注释来表达其易学思想，更是体现了向《周易》经传回归的学术特色。

当然，作为处于易学变革期的易学人物，荀爽的易学思想是复杂的，或者说具有一定的杂糅性，这与其易学渊源有着一定的联系。荀爽对费氏《易》有很深的研究，《后汉书·儒林传》：

> 陈元、郑众皆传《费氏易》，其后马融亦为其传。融授郑玄，玄作《易注》，荀爽又作《易传》，自是费氏兴，而京氏遂衰。②

荀爽又师从陈寔学习京氏《易》，《三国志·王烈传》注引《先贤行状》：

> 烈通识达道，秉义不回。以颍川陈太邱为师，二一子为友。时颍川荀慈明、贾伟节、李元礼、韩元长皆就陈君学。③

而陈寔则师从当时的京氏《易》大师樊英，《后汉书·方术列传》记载：

> 樊英字季齐，南阳鲁阳人也。少受业三辅，习《京氏易》，兼明《五经》。……初，英著《易章句》，世名樊氏学，以图谶教授，颍川陈寔少从英学。④

就现存荀爽的易说来看，作为古文《易》的费直易学和作为今文

---

① （汉）班固：《汉书》卷88，中华书局1962年点校本，第3602页。按：此处文字或有讹误，疑当作"徒以《彖》《象》《系辞》《文言》十篇解说上下经"。
② （南朝·宋）范晔：《后汉书》卷79，中华书局1965年点校本，第2554页。
③ （晋）陈寿：《三国志》卷11，中华书局1959年点校本，第355页。
④ （南朝·宋）范晔：《后汉书》卷82，中华书局1965年点校本，第2721—2724页。

《易》的京房易学，都对荀氏易学有着一定影响。

关于荀爽易学的研究，朱伯崑先生的《易学哲学史》第1卷①、林忠军先生的《象数易学史》第1卷②、高怀民先生的《两汉易学史》③中都有专门的论述，兹在前人研究的基础上，就荀爽易学略作阐释，以飨读者。

一 论荀爽的易学哲学

（一）以气为本、乾坤为用的宇宙观

我国先秦两汉时期的宇宙论，气本论是主流思想。《老子》曰："道生一，一生二，二生三，三生万物。万物负阴而抱阳，冲气以为和。"（四十二章）"一"即"气"，开启了古代宇宙生成论上气论之先河。《庄子·田子方》曰："通天下一气耳，圣人故贵一。"《庄子·至乐》曰："气变而有形，形变而有生。"更是明确以"气"为天地万物生成的根源。《鹖冠子·泰录》："故天地成于元气，万物乘于天地，神圣乘于道德。"以"元气"为宇宙之本原与成因，标志着先秦气本论的最终形成。汉代易学中卦气易学是主流，卦气易学本于当时天文学上所取得的成就，将易卦与四时、二十四节气、七十二候相配，以阴阳二气消长的学说构建了天人感应的天道观和占术体系，将气本论的宇宙观推向了新的阶段。《易纬》中的"四太"学说，堪称汉代卦气易学在宇宙生成论上的最高成果。气化的宇宙，已成为两汉人思想中的一般观念，这自然也深刻影响着荀爽的宇宙观。就现存荀氏《易注》以及《后汉书·荀爽传》的记述来看，荀爽的易学哲学，首先表现在其以气为本、乾坤为用的宇宙观上。

《系辞》"乾知大始"《九家易》注曰：

"始"，谓乾禀元气，万物资始也。

《系辞》"坤作成物"荀爽注曰：

---

① 朱伯崑：《易学哲学史》第1卷，华夏出版社1995年版，第204—210页。
② 林忠军：《象数易学史》第1卷，齐鲁书社1994年版，第176—187页。
③ 高怀民：《两汉易学史》，广西师范大学出版社2007年版，第134—141页。

"物"，谓坤任育体，万物资生。

按：《九家易》即《经典释文》所记《荀爽九家集注》，陆德明注曰：

> 不知何人所集，称荀爽者，以为主故也。其序有荀爽、京房、马融、郑玄、宋衷、虞翻、陆绩、姚信、翟子玄。[1]

可知《九家易》是以荀爽《易注》为注的《周易》集注。由这两处注文文法一致，知《九家易》所引为荀氏易注。可见，荀爽认为，元气为宇宙之本，天地（乾坤）万物皆是禀受元气而生。

荀爽的元气观，表现在其以"气"作为解释天道、地道和社会政治的工具，《后汉书·荀爽传》载荀氏对策之言曰：

> 汉为火德，火生于木，木盛于火，故其德为孝，其象在《周易》之《离》。夫在地为火，在天为日。在天者用其精，在地者用其形。夏则火王，其精在天，温暖之气，养生百木，是其孝也。冬时则废，其形在地，酷烈之气，焚烧山林，是其不孝也……
>
> 故天子娶十二，天之数也；诸侯以下各有等差，事之降也。阳性纯而能施，阴体顺而能化，以礼济乐，节宣其气。故能丰子孙之祥，致老寿之福。及三代之季，淫而无节。瑶台、倾宫，陈妾数百。阳竭于上，阴隔天下……
>
> 百姓穷困于外，阴阳隔塞于内。故感动和气，灾异屡臻……
>
> 夫寒热晦明，所以为岁；尊卑奢俭，所以为礼：故以晦明寒暑之气，尊卑侈约之礼为其节也。《易》曰："天地节而四时成。"[2]

荀氏认为，晦明寒暑之气的变化形成了一年四季，温暖之气（阳气）催生万物，酷烈之气（阴气）肃杀万物，这是天地之道也；对于社会政治而言，理想的状态是达到阴阳二气相合的状态，也就是"和气"的状

---

[1] （唐）陆德明：《经典释文》卷1，文渊阁四库全书本。
[2] （南朝·宋）范晔：《后汉书》卷62，中华书局1965年点校本，第2051—2056页。

态，天下才能安宁祥和，否则，阴阳二气不能相通，就会灾异频生。在易学上，荀氏亦以阴阳二气之消长的理论注《易》，如注《大壮·彖》"大壮，大者壮也。刚以动，故壮"曰：

> 乾刚震动，阳从下升，阳气大动，"故壮"也。

注《乾·初九·小象》"潜龙勿用，阳在下也"曰：

> 气微位卑，虽有阳德，潜藏在下，故曰"勿用"也。

但就现存的荀氏《易注》而言，除了在宇宙生成上坚持气本论之外，气论并不是荀爽易学哲学探讨的重心，荀氏更喜欢以乾坤两卦为依据来阐释《易》理。在荀氏《易注》中，尽管亦有以乾坤为本生成六十四卦的表述，如其注《乾·彖》"大哉乾元"曰：

> 谓分为六十四卦，万一千五百二十册，皆受始于乾也。册取始于乾，犹万物之生禀于天。

《九家易》注《坤·彖》"至哉坤元"曰：

> 谓万一千五百二十策，皆受始于乾，由坤而生也。策生于坤，犹万物成形，出乎地也。

但从荀氏以乾坤说注《易》来看，其更注重乾坤两卦在生成《易》道上的功能，从而形成了特有的"乾坤为用"的易学哲学。如荀氏注《乾·彖》"大明终始"曰：

> 乾起坎，而终于离。坤起于离，而终于坎。离坎者，乾坤之家，而阴阳之府，故曰"大明终始"也。

乾为阳，坤为阴；阳起于子，阴生于午；坎处子位，离为午位，故荀爽曰"乾起坎""坤起于离"，把"大明终始"解释为乾坤两卦在阴阳消长上的圆周运动。再如荀氏注《文言》"水流湿，火就燥。云从龙，风从虎"曰：

> 阳动之坤而为坎，坤者纯阴，故曰"湿"也。阴动之乾而成离，乾者纯阳，故曰："燥"也。"龙"，喻王者。谓乾二之坤五为坎也。"虎"，喻国君。谓坤五之乾二为巽，而从三也。三者，下体之君，故以喻国君。

把自然界"湿""燥""云""风"形成的原因，解释为乾坤阴阳之爻之间的流转。再如荀氏注《坤·彖》"含宏光大"曰：

> 乾二居坤五为含，坤五居乾二为弘，坤初居乾四为光，乾四居坤初为大也。

亦是以乾坤两卦阴阳之爻的相交关系来解释卦爻辞。所以，从本质上看，荀爽"乾坤为用"的哲学观，仍不脱阴阳说的窠臼。

(二) 阳尊阴卑、阴阳正位的政治观

荀爽易学哲学观的第二个特点，是其阳尊阴卑、阴阳正位的思想。就荀爽所处的时代而言，东汉晚期的政治极端腐败，社会极其黑暗，人民生活极其艰难，皇帝作为国家最高权力的象征，或听命于外戚，或依附于宦官，导致国家一整套管理机构处于失控的状态。《后汉书·荀爽传》载荀爽对策之言曰：

> 臣闻有夫妇然后有父子，有父子然后有君臣，有君臣然后有上下，有上下然后有礼仪。礼义备，则人知所厝矣。夫妇人伦之始，王化之端，故文王作《易》，上经首《乾》《坤》，下经首《咸》《恒》孔子曰："天尊地卑，乾坤定矣。"夫妇之道，所谓顺也。《尧典》曰："釐降二女于妫汭，嫔于虞。"降者下也，嫔者妇也。言虽帝尧之女，下嫁于虞，犹屈体降下，勤修妇道。《易》曰："帝乙归妹，以祉元吉。"妇人谓嫁曰归，言汤以娶礼归其妹于诸侯也。《春秋》之义，王姬嫁齐，使鲁主之，不以天子之尊加于诸侯也。今汉承秦法，设尚主之仪，以妻制夫，以卑临尊，违乾坤之道，失阳唱

之义……《春秋传》曰："唯器与名不可以假人。"《孝经》曰："安上治民，莫善于礼。"礼者，尊卑之差，上下之制也。昔季氏八佾舞于庭，非有伤害困于人物，而孔子犹曰"是可忍也，孰不可忍。"《洪范》曰："惟辟作威，惟辟作福，惟辟玉食。"凡此三者，君所独行而臣不得同也。今臣僭君服，下食上珍，所谓害于而家，凶于而国者也。宜略依古礼尊卑之差，及董仲舒制度之别，严督有司，必行其命。此则禁乱善俗足用之要。①

此处引文与上引荀爽的对策之言，一是批判了当时的"尚主"（娶公主为妻）之仪，认为这有违夫妇阳唱阴随之道；二是批判了皇帝后宫采女数千人，认为这有违男女阴阳和谐之道；三是批判了大臣僭越皇权的行为，认为这违背了阳上阴下、君尊臣卑之道，并大声疾呼，希望朝廷乃至整个天下重新回归到礼治的轨道上。荀爽构建以"礼"为核心的汉代政治生态和秩序的思想，表现在易学上，就是强调阳为尊、阴为卑，阴阳必须各正其位。如荀氏注《文言》"贞者，事之干也"曰：

阴阳正而位当，则可以干举万事。

荀爽认为，阴阳正位，是干事的先决条件。对于社会组织而言，家庭是社会最基础的单位，故夫妇之道最为重要，荀氏注《恒·彖》"恒亨，无咎，利贞，久于其道也"曰：

恒，震世也，巽来乘之，阴阳合会，故"通无咎"。长男在上，长女在下，夫妇道正，故"利贞，久于其道也"。

对于家庭而言，夫为妻纲，故男在上女在下；对于国家而言，君为臣纲，故当尊君卑臣，荀氏注《文言》《易》曰：'履霜，坚冰至。'盖言顺也"曰：

霜者，乾之命令。坤下有伏乾，履霜坚冰，盖言顺也。乾气加

---

① （南朝·宋）范晔：《后汉书》卷62，中华书局1965年点校本，第2052—2056页。

之，性而坚，象臣顺君命而成之。

将自然界的现象，解释为乾为君，坤为臣，臣当顺君命。荀氏通过注《易》，表达了其君臣正位的政治观。再如荀氏注《文言》"直方大，不习，无不利，则不疑其所行也"曰：

"直方大"，乾之唱也。"不习无不利"，坤之和也。阳唱阴和，而无所不利，故"不疑其所行也"。

荀爽不从传统意义上以"直方大"为地德之说，而是将其解释为"乾之唱"，将"不习无不利"，解释为"坤之和"，以此说明"阳唱阴和"之理，乃天地之道。再如荀氏注《比》卦辞"其道穷也"曰：

后夫谓上六。逆礼乘阳，不比圣王，其义当诛，故"其道穷凶"也。

荀爽认为阴乘阳为"逆礼"、不亲辅圣王之臣，应当诛灭，于此可见荀氏尊君卑臣的政治主张。再如荀氏注《离·九四》"突如，其来如，焚如，死如，弃如"曰：

阳升居五，光炎宣扬，故"突如"也。阴退居四，灰炭降坠，故"其来如"也。阴以不正，居尊乘阳。历尽数终，天命所诛。位丧民畔，下离所害。故"焚如"也。以离入坎，故"死如"也。火息灰损，故"弃如"也。

联系《后汉书·荀爽传》所记荀氏对策之言中备陈"汉为火德""其象在《周易》之《离》"的说法，此处注解显然有着强烈的政治寓意，就是希望将乘阳的不正之阴尽数诛灭，使天地阴阳正位，皇权尊卑有序，黎民百姓亲附，重新恢复汉家圣明政治之天下。这样的政治图景，荀爽在《易注》中也有描述，如其注《比·初六》"有孚比之，无咎"曰：

初在应外,以喻殊俗,圣王之信,光被四表。绝域殊俗,皆来亲比,故"无咎"也。

表达了其对圣王之治的无限向往。

(三) 阴阳相合、中庸和谐的社会观

荀爽易学哲学观的第三个特点,是其阴阳相合、中庸和谐的思想。荀氏虽以阳为尊,阴为卑;阳为贵,阴为贱;阳为唱,阴为和,但其并不主张阳对阴绝对的压制,而是认为阴与阳之间应是相合、统一的关系。阴阳相合才能达到中和,这才是事物发展的最好方式、最佳态势。荀氏注《文言》"利者,义之和也"曰:

阴阳相合,各得其宜,然后利矣。

认为阴阳相合,事物才能得其所宜,才能有利于发展。荀氏注《贲·彖》"柔来而文刚,故亨"曰:

此本泰卦。谓阴从上来,居乾之中,文饰刚道,交于中和,故"亨"也。

以乾坤相交,达到中和,来解释贲卦的亨通之理。荀氏注《泰·九二》"包荒,用冯河,不遐遗。朋亡,得尚于中行"曰:

河出于乾,行于地中。阳性欲升,阴性欲承。冯河而上,不用舟航。自地升天,道虽辽远,三体俱上,不能止之,故曰"不遐遗"。中,谓五。坤为朋,朋亡而下,则二上居五,而行中和矣。

荀氏首先论证了自然界是乾坤阴阳相交的结果,又论证阳爻属性上升,阴爻属性下降,阳爻上居五位,处上卦之中,最终实现中和状态。荀氏注《乾·彖》"云行雨施,天下平也"曰:

乾升于坤,曰"云行"。坤降于乾,曰"雨施"。乾坤二体成两既济。阴阳和均，和而其正，故曰"天下平"。

荀氏认为，阴阳通过运动而达到和谐，和谐状态在易卦中最理想的体现是既济卦，既济卦一三五位为阳爻、二四六位为阴爻，阴阳爻既正位又均等，这在社会发展上象征着儒家学说中的最高理想——"天下平"的状态。

总之，作为东汉末期一名希望匡扶王朝政治的大臣、一名心系家国天下的经学家，荀爽通过对《周易》经传的注解，将哲学与政治紧密结合在一起，其易学哲学思想集中表达了对圣王政治和社会理想图景的期盼。

二 论荀爽的解《易》体例

荀爽易学既受汉代卦气易学的影响，又受到费直古文易学的影响，反映在其对《周易》经传的注解上，就是在兼容并收各家易说的基础上形成了独具特色的解《易》体例。

（一）乾坤升降说

朱伯崑先生指出："荀爽解易，属于自己创见的是乾升坤降说。"[①] 上文已述，荀爽认为六十四卦皆本乾坤二气而生，乾为纯阳爻之体，坤为纯阴爻之体，而"阳性欲升，阴性欲承"，故六十四卦的卦爻变化，可解释为乾坤阴阳二爻升降的结果，这就是乾坤升降说。如荀氏注《文言》"与日月合其明"曰：

> 谓坤五之乾二成离，离为日。乾二之坤五为坎，坎为月。

就乾坤两卦而言，坤五在五位，即天位；乾二在二位，即地位。坤六五爻下降至乾二位，为坤降，得离卦；乾九二爻上升至坤五位，为乾升，得坎卦，上坎为月，下离为日，故得日月之象。再如荀氏注《文言》"本乎天者亲上，本乎地者亲下"曰：

> 谓乾九二，本出于乾，故曰"本乎天"。而居坤五，故曰"亲

[①] 朱伯崑：《易学哲学史》第 1 卷，华夏出版社 1995 年版，第 205 页。

上"。谓坤六五，本出于坤，故曰"本乎地"。降居乾二，故曰"亲下"也。

清儒惠栋在《易汉学》中指出：

> 以阳在二者，当上升坤五为君；阴在五者，当降居乾二为臣。①

对于一卦六爻来说，二位处下卦之中，为臣位；五位处上卦之中，为君位，这两个爻位是一个六画卦中意义最为重要的。对于这两个爻位阴阳的关系来说，荀爽认为当乾九二升坤六五降，以此实现阴阳正位，这与他在政治上追求的君臣正位思想是一致的。前面已述，荀爽以"既济"卦为最理想状态的卦画，寄寓了其天下太平的思想，但按照其"乾坤二体成两既济"的说法，仅仅乾二升坤五降是不够的，由荀氏注《坤·彖》"含宏光大"之说：

> 乾二居坤五为含，坤五居乾二为弘，坤初居乾四为光，乾四居坤初为大也。

可见坤初六还当上升至乾四位，乾九四下降至坤初位。以此类推，坤六三还当上升至乾六位，乾上九下降至坤三位。如此，方是荀爽乾坤升降说的全部内容。故惠栋曰："乾上居坤三亦为含，故六三含章可贞，坤三居乾上亦成两既济也。"② 由之，我们也可以看出，荀爽的乾坤升降说，本质上就是乾坤两卦中阴阳二爻的升降说。

荀爽的乾坤升降说，是对西汉以来阴阳二气说的发展，也是对孟京卦气易学、《易纬》易学的进一步发展。《淮南子·天文训》中首先提出了"阳生于子，阴生于午"③ 的理论；孟喜将这一理论引入易学，提出了十二辟卦说，以十二卦的阴阳爻位的变动，解释一年的天道流转；京房易学本于阴阳在卦爻六位的消长理论，创立了八宫卦的体系，将六十四

---

① （清）惠栋：《易汉学》卷7，文渊阁四库全书本。

② 同上。

③ 刘文典：《淮南鸿烈集解》，中华书局1989年版，第102页。

卦统摄于八经卦之下；《易纬·乾凿度》则提出了"四太"学说的气本论，解决了乾坤两卦的生成问题，并深刻探讨了乾坤、阴阳之间的相应问题：

> 乾坤相并俱生，物有阴阳，因而重之，故六画而成卦。三画已下为地，四画已上为天，物感以动，类相应也。易气从下生。动于地之下，则应于天之下；动于地之中，则应于天之中；动于地之上，则应于天之上。初以四，二以五，三以上，此之谓应。①

故至荀爽易学提出乾坤阴阳二爻升降说，以之解释六十四卦爻之象与卦爻辞的关系，就是水到渠成的事了。

（二）正位说

就现有的易学资料来看，正位说出现于战国时期的易学中，《象》《小象》对之多有阐述。其主要内容是：爻的阴阳属性当与一卦六位的阴阳属性相一致，初、三、五位属阳位，二、四、上位属阴位。阳爻当居阳位；阴爻当居阴位，如此便是爻位得正。前面已述，阳尊阴卑、阴阳正位是荀爽易学哲学观的主要内容之一，表现在对《周易》的注解上，荀氏较多使用正位说来注解《周易》经传，从而使正位说成为他的解《易》体例之一。概而言之，荀氏正位说的主要内容有三点。

1. 以正位说解释卦爻辞和卦爻象之间的关系。如荀氏注《丰·大象》"雷电皆至，丰。君子以折狱致刑"曰：

> 丰者，阴据不正，夺阳之位而行以丰。故"折狱致刑"，以讨除之也。

是说丰卦六五阴爻占据阳位，处位不正，故当"折狱致刑"。如荀氏注《需·九五》"需于酒食，贞吉"曰：

> 五互离，坎水在火上，酒食之象。需者，饮食之道。故坎在需

---

① 林忠军：《〈易纬〉导读》，齐鲁书社2002年版，第82页。

家，为酒食也。云须时欲降，乾须时当升。五有刚德，处中居正。故能帅群阴，举坎以降。阳能正居其所，则吉。故曰"需于酒食"也。

以九五阳爻处位居正解释爻辞"贞吉"。再如荀氏注《中孚·六三》"得敌，或鼓或罢，或泣或歌"曰：

三四俱阴，故称"得"也。四得位，有位故鼓而歌。三失位，无实。故罢而泣之也。

荀氏认为，中孚卦六三阴爻失位、六四阴爻得位，得位吉，失位凶。

2. 以正位说解释爻变、卦变的原因。如荀氏注《乾·六四·小象》"或跃在渊，进无咎也"曰：

乾者，君卦。四者，阴位。故上跃居五者，欲下居坤初，求阳之正。地下称"渊"也。阳道乐进，故曰"进无咎也"。

荀氏认为，乾卦九四阳爻居阴位，位不正，则当变动以求正位，或上居五位、或下居初位，都可得阳爻之正位，故"进无咎"。如荀氏注《屯·初九·象》"虽盘桓，志行正也"曰：

"盘桓"者，动而退也。谓从二动而退居初，虽盘桓，得其正也。

荀氏认为屯卦是由坎卦卦变而来，而卦变的原因是坎卦九二阳爻居位不正，动而得其正位。再如《小过·九四》"无咎，弗过遇之，往厉必戒，勿用永贞"爻辞，《九家易》注曰：

以阳居阴，行过乎恭。今虽失位，遇则进五，故"无咎"也。四体震动，位既不正，当动上居五，不复过五，故曰"弗过遇之"矣。

荀氏注曰：

> 四往危五，戒备于三，故曰"往厉必戒"也。勿长居四，当动上五，故"用永贞"。

《九家易》注当取自荀注，二者合起来正好是对《小过》卦九四爻辞的完整注解。荀氏认为，九四阳爻居位不正，当"动上居五"，求其正位。可见，荀氏认为《周易》一卦阴阳六爻如果居位不正，则当发生变动，求其正位，这就比较合理地解释了爻变、卦变的原因。再扩展一步说，荀氏的乾升坤降说，即乾卦九二升居坤五、坤卦六五爻降居乾二，还是一种正位说。

3. 正位说的最高范式是成既济卦。荀氏注《乾·文言》"云行雨施，天下平也"曰：

> 乾升于坤，曰"云行"。坤降于乾，曰"雨施"。乾坤二卦，成两既济。阴阳和均，和而其正，故曰"天下平"。

按荀氏的理论，阳爻本于乾卦，阴爻本于坤卦，乾坤卦爻相交成六十四卦，六十四卦卦爻有失位、有正位，故卦爻辞吉凶悔吝各不相同。而易卦正位说的最高范式只有既济卦，因为既济卦初、三、五位阳爻，二、四、上位阴爻，阴阳爻不但均衡，而且居位皆正，象征天地阴阳和谐的最佳状态。再如荀氏注《系辞》"是故知幽明之故"曰：

> "幽"谓天上地下不可得睹者也，谓否卦变成未济也。"明"谓天地之间万物陈列，著于耳目者，谓泰卦变成既济也。

荀氏认为未济卦自否卦卦变而来，否卦卦义为阻塞不通，进而形成未济卦"天上地下不可得睹"的幽暗状态；而既济卦则自泰卦卦变而来，泰卦卦义为天地阴阳二气交通，进而发展到"天地之间万物陈列，著于耳目"的光明状态，可见既济卦，体现了荀氏理想中的天地之道。当然，荀氏也指出，既济卦虽然阴阳皆居正位，但不是永远不变的，其于《既济·大象》"水在火上，既济。君子以思患而豫防之"曰：

> 六爻既正，必当复乱，故君子象之，思患而豫防之，治不忘乱也。

由之可以看出，荀氏的易学观，具有一定的辩证思想。

荀爽的失位求正、成既济卦的爻位学说，对于虞翻易学的卦爻"之正说"和"成既济定说"，有着直接而重要的影响。

（三）上下经卦互易说

所谓上下经卦互易说，也就是刘大钧先生在《周易概论》所称述的"上下象易"：

> 这种在一个卦体中，用上卦与下卦互相交易而变成另一个卦体的方法，古人称作"上下象易"。①

林忠军先生又称之为"两象易"：

> 虞氏显然是以两象易这种卦与卦之间的联系来说《易》的，以这种方法说《易》在易学史上当属首创。虽然在虞氏之前，荀爽易学升降说中已暗含了这样的思想，如荀注《需》九二云："乾虽在下，终当升上。"注上六云："需道已终，云当下，入穴也。……三人谓下三阳也，须时当升。"但荀氏着眼点在于升降，而没有将内外卦互易概括为"两象易"。由此观之，虞氏"两象易"之义，虽然受到荀氏升降说的启发，但主要还是根据《系辞》"易之"之辞而发明。②

按：林氏将"两象易"说的首创之功归之于虞氏，显然有失公允。荀氏的乾坤升降说，是指爻而言，并不是三画卦的乾坤经卦整体升降，这一点，由上述的乾坤升降说不难辨析得出。但如果说，荀氏在乾坤二爻升降说的基础上，又发明了上下经卦互易的解《易》方法，怎能说原创权不归荀氏呢？除了林氏所指出的《需》卦，荀氏明确以下经卦乾升

---

① 刘大钧：《周易概论》（增补本），巴蜀书社2008年版，第58页。
② 林忠军：《象数易学史》第1卷，齐鲁书社1994年版，第223—224页。

至上经卦坎，以上下经卦互易解释《需》卦爻辞之外，荀氏于《升》卦更是鲜明地运用了上下经卦互易的解《易》方法。荀氏注《升·初六》"允升，大吉"：

> 谓一体相随，允然俱升。初欲与巽一体，升居坤上，位尊得正，故"大吉"也。

注《升·六四》"王用享于岐山，吉，无咎"曰：

> 此本升卦也。巽升坤上，据三成艮。巽为岐，艮为山。王，谓五也。通有两体，位正众服，故"吉"也。四能与众阴退避当升者，故"无咎"也。

按：荀氏注《升》卦六四爻辞曰"此本升卦也"，笔者起初不解其意，与荀氏注《升》卦初六爻辞联系起来读，始晓其意，即本于升卦下经卦一体俱升之义。巽升坤上则成观卦，观卦三四五爻互体艮，以之解释"岐山"；观卦九五阳爻居正位，《观·大象》曰"风行地上，观。先王以省方观民设教"，故荀氏曰"通有两体，位正众服"。

由荀氏对《需》《观》两卦爻辞的注解来看，其皆是以下经卦整体升上经卦之上，也就是以"上下经卦互易"解《易》，且并不是孤例。尤其需要指出的是：荀氏以上下经卦互易的方法解释卦爻辞，而虞氏则无一例以之解释卦爻辞，只在注解《系辞》时以之说明卦变，二者相较，虞氏的"两象易"思想显然本之于荀氏，是荀氏思想的延伸。

（四）卦气说

荀氏既习费氏《易》，又通京氏《易》。费氏《易》注重以《十翼》解释《易经》，京氏《易》则通过卦气说的构建，发挥阴阳消息之义，借以实现"推天道以明人事"的政治效果。荀氏《易》则表现出调和二者的倾向，其引用或阐发孟、京易学的卦气说，既是阐释他的易学天道观，又是为了解释《周易》经传，在一定程度上体现了向先秦易学回归的学术倾向。简略言之，荀氏卦气说的主要观点有如下两点：

第一，荀氏继承并发挥了孟喜的十二消息卦说，构建了以乾坤两卦十二爻准拟阴阳消长天道的图式。如荀氏注《乾·彖》"六位时成"曰：

> 六爻随时而成乾。

如何理解"六爻随时而成乾"？《九家易》注《文言·坤》"为其兼于阳也，故称龙焉"曰：

> 阴阳合居，故曰"兼"。阳谓上六，坤行至亥，下有伏乾，阳者变化，以喻龙焉。

荀氏注《坤·文言》"夫玄黄者，天地之杂也"曰：

> 消息之卦，坤位在亥，下有伏乾，阴阳相和，故言"天地之杂也"。

荀氏注《坤·文言》"天玄而地黄"曰：

> 天者阳，始于东北，故色玄也。地者阴，终于西南，故色黄也。

此处的《九家易》注，即荀注也。由之可以看出，荀氏以十二支表示循环的天道，阳起于子，经子、丑、寅、卯、辰、巳六位而成六画卦之乾体，至巳位乾阳气最盛，而下面已有"伏坤"；阴起于午，经午、未、申、酉、戌、亥，至亥阴气最盛，而下面已有"伏乾"。荀氏的这一易学思想，我们通过虞翻注《坤·象》"东北丧朋，乃终有庆"引荀氏的观点亦可得到印证：

> 而荀君以为"阴起于午，至申三阴，得坤一体，故曰'西南得朋'。阳起于子，至寅三阳，丧坤一体，故曰'东北丧朋'"。就如荀说，从午至申，经当言南西得朋；子至寅，当言北东丧朋。以乾变坤而言"丧朋"，经以乾卦为丧邪？此何异于《马》（指马融，笔者注）也。①

---

① （清）李道平：《周易集解纂疏》，中华书局1994年版，第74页。

在此不对二者的易学观点进行评价。就荀氏这一解《易》思想来看，其显然是孟喜易学十二消息卦说的发展。孟喜易学以十二消息卦准拟阴阳循环的天道，荀氏则脱离十二消息卦的窠臼，其视乾坤两卦为阴阳二气之源，所以天道的阴阳消长，就是乾坤两卦卦爻的阴阳消长，故以乾坤两卦十二爻主十二辰，以之准拟阴阳消长的天道。荀氏的这一卦气图式，我们可以图6—1表示。如果我们将其与孟喜的十二消息卦气图、《易纬》中的爻辰图比较的话，可以说，荀氏的卦气图是一种新的卦爻准拟天道的图式。

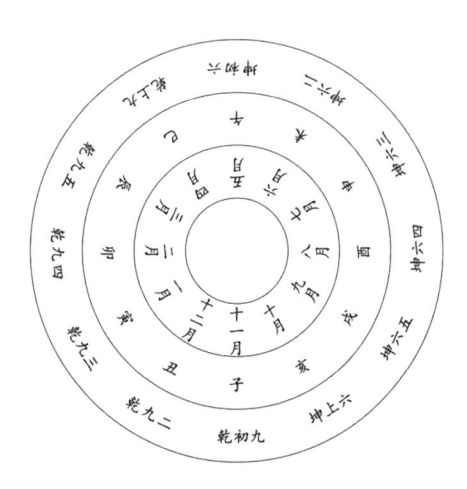

图6—1　荀爽乾坤爻辰图

第二，荀氏继承了京房易学的八卦卦气说，并有所发展。如荀氏注《说卦》"雷以动之"（以下皆《说卦》文）曰：

谓建卯之月，震卦用事，天地和合，万物萌动也。

注"风以散之"曰：

谓建巳之月，万物上达，布散田野。

注"雨以润之"曰：

谓建子之月，含育萌牙也。

注"日以烜之"曰：

谓建午之月，太阳欲长者也。

注"艮以止之"曰：

谓建丑之月，消息毕止也。

注"兑以说之"曰：

谓建酉之月，万物成熟也。

注"乾以君之"曰：

谓建亥之月，乾坤合居，君臣位得也。

《九家易》注《说卦》"坤以藏之"曰：

谓建申之月，坤在乾下，包藏万物也。乾坤交索，既生六子，各任其才，往生物也。又雷与风雨，变化不常。而日月相推，迭有来往。是以四卦以义言之，天地山泽，恒在者也。故直说名矣。

此处的《九家易》注，即荀注也。这段《说卦》文字的注解，既可见荀氏本于京房易学的八卦卦气说解《易》，即震主卯月，巽主巳月，坎主子月，离主午月，艮主正月，兑主酉月，乾主亥月，坤主申月；又由《九家易》对于"坤以藏之"之注解，可见荀氏将乾坤十二爻主十二支说与八卦卦气说结合了起来。"建申之月，坤在乾下"，是说阴生于午，经未至申，已行十二辰中的三位，得以成三画卦之坤卦，其上乃是三画卦之乾卦——此是荀氏以乾坤爻辰说解《易》。

荀氏将乾坤爻辰说与八卦卦气说结合起来解《易》的方法，体现了其对于易学天道观的新思考和新发展。如荀氏注《家人·彖》"家人有严君焉，父母之谓也"曰：

> 离巽之中有乾坤，故曰："父母之谓也。"

注《姤·彖》"天地相遇，品物咸章也"曰：

> 谓乾成于巽而舍于离。坤出于离，与乾相遇，南方夏位，万物章明也。

注《乾·彖》"大明终始"曰：

> 荀爽曰：乾起坎，而终于离。坤起于离，而终于坎。离坎者，乾坤之家，而阴阳之府，故曰"大明终始"也。

从易学哲学上，八卦时位是固定不变的，但乾坤阴爻二气在八卦时位、十二支的流转，是永恒变动的，从而在天道观的构建上，辩证地解决了易之道"不变"与"变"的关系，这是荀氏对于汉代易学哲学的一大贡献。

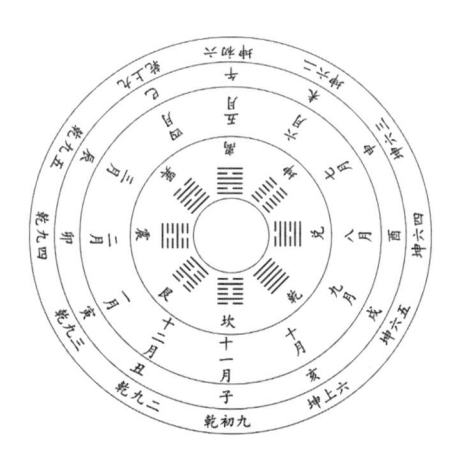

图6—2　荀爽乾坤爻辰与八卦方位结合图

三　荀爽易学的卦变说——兼论荀爽之前的卦变理论及实践

《易纬·乾凿度》开篇曰："易者，易也、变易也、不易也，管三成为道德苞籥。"①"变易"的思想，无疑是《周易》六十四卦的根本思想。卦变理论是《周易》"变易"思想的重要体现，也是易学史上的核心论题之一。先秦两汉时期的易学阐释，贯穿着卦变说的构建这一主线，展现了卦变说从产生、发展到成熟的演进脉络。就荀爽易学来说，其卦变说的形成，既是继承战国时期以《彖》《说卦》《序卦》为代表的《易传》卦变思想的结果，也是在西汉孟喜、京房易学卦变理论影响下进行再思考、再创造的结果。荀爽易学中的卦变说，对于先秦两汉时期易学卦变理论之集大成者——虞翻易学也有着深刻的影响。为了使读者清楚此中的关系，兹将春秋易学、战国易学、西汉易学的卦变理论作一历史的梳理。

（一）春秋易学中的卦变现象及其理论

"卦变"的最初意义是"变卦"，其源于运用《周易》的占筮活动。就是在占筮时筮得的某一个或几个爻之象在阴阳属性上恰好处于向其对立面转化的状态，在这种情况下判断占筮的结果，不能仅仅依靠所筮得的卦（即"本卦"）及其爻辞的意义，还需参考所筮得的卦的这一个或几个爻阴阳属性变化之后所形成的新卦，即"变卦"（亦称"之卦"）的意义。按照《系辞》所讲的"大衍筮法"，就是通过揲扐所得的七、八、九、六之数来确定爻的阴阳，分别代表少阳、少阴、老阳、老阴之象，少阳、少阴则不变，老阳、老阴则要向其对立面转化，老阳变阴，老阴变阳。因为爻变而形成变卦，这个现象可称之为"卦变"。可见，卦变的本质是爻变，这与《周易》"尚变"的主旨是一致的。

就《左传》《国语》所载春秋时期的《周易》筮例来看，占筮者较多使用卦变理论解释占筮的结果。大体可以分为三种情况：

第一种情况是只看本卦所变之爻的爻辞判断占断的结果。如《左传·哀公九年》：

> 宋公伐郑……晋赵鞅卜救郑，遇水适火……阳虎以《周易》筮

---

① ［日］安居香山、中村璋八：《纬书集成》，河北人民出版社1994年版，第3页。

之，遇《泰》之《需》，曰："宋方吉，不可与也。微子启帝乙之元子也。宋、郑，甥舅也。祉，禄也。若帝乙之元子归妹而有吉禄，我安得吉焉？"乃止。①

这则筮例，是《泰》六五爻变，阳虎的占断即依据了《泰》六五爻辞"帝乙归妹，以祉，元吉"。

第二种情况是既看本卦所变之爻的爻辞，又看之卦的卦象或所变之爻在所变之卦的爻辞。如《左传·僖公二十五年》：

公曰："筮之！"筮之，遇《大有》之《睽》，曰："吉，遇'公用亨于天子'之卦，战克而王飨，吉孰大焉！且是卦也，天为泽以当日，天子降心以逆公，不亦可乎？《大有》去《睽》而复，亦其所也。"②

"《大有》之《睽》"的"之"，是变的意思，大有卦九三爻变为阴爻而成睽卦，判断占筮的结果，则主要依据本卦所变之爻的爻辞的意义，即《大有》九三爻辞"公用亨于天子，小人弗克"。此外，还参考了变卦的卦象，大有卦象为"乾下离上"，变卦睽卦象为"兑下离上"，下卦乾为天，兑为泽，上卦离为日，天变为泽，与日相当，故曰"天为泽以当日，天子降心以逆公"。再如《左传·僖公十五年》：

初，晋献公筮嫁伯姬于秦，遇《归妹》之《睽》，史苏占之，曰："不吉，其繇曰：'士刲羊，亦无衁也；女承筐，亦无贶也。'西邻责言，不可偿也。《归妹》之《睽》，犹无相也。震之离，亦离之震，为雷为火，为嬴败姬。车说其輹，火焚其旗，不利行师，败于宗丘。《归妹》'睽孤，寇张之弧'，侄其从姑，六年其逋，逃归其国而弃其家，明年其死于高梁之虚。"③

---

① 杨伯峻：《春秋左传注》，中华书局1990年版，第1652—1654页。
② 同上书，第431—432页。
③ 同上书，第363—365页。

这则筮例,是归妹卦上六的阴爻发生变化,筮者在解释的时候,不但参考了《归妹·上六》的爻辞"士刲羊,亦无亡也;女承筐,亦无贶也。"(与今本《周易》稍有差异)而且还参看了所变之爻在所变之卦的爻辞,即《睽·上九》爻辞"睽孤,寇张之弧"(与今本《周易》稍有差异)。

第三种情况是不看本卦,专看之卦,以此判断占筮结果的吉凶。如《左传·襄公九年》:

> 穆姜薨于东宫。始往而筮之,遇《艮》之八。史曰:"是谓《艮》之《随》。《随》,其出也。君必速出!"姜曰:"亡!是于《周易》曰:'《随》,元、亨、利、贞,无咎。'"①

关于春秋时期占筮中的"之八"现象,《左传》中载有数例,至今其义未明,兹不细论。穆姜既已采纳筮人"《艮》之《随》"的卦变意见,却不从本卦及所变之爻去分析,而直接采用之卦的卦辞。

在《左传》《国语》所记十七条《周易》筮例中,涉及卦变的有十四例之多,占了筮例的绝大多数,这说明春秋时期的易学在占筮活动中,特别重视爻变现象,已经认识到爻变则卦变,在判断占筮的结果时,注重从本卦、之卦两个方面协同考虑。

值得注意的是春秋时期人们对于一卦六爻的称呼,采用某卦之某卦的形式。如《左传·昭公二十九年》:

> 秋,龙见于绛郊。魏献子问于蔡墨……对曰:"……龙,水物也,水官弃矣,故龙不生得。不然,《周易》有之,在《乾》之《姤》,曰'潜龙勿用',其《同人》曰'见龙在田',其《大有》曰'飞龙在天',其《夬》曰'亢龙有悔',其《坤》曰'见群龙无首,吉',《坤》之《剥》曰'龙战于野'。若不朝夕见,谁能物之?"②

---

① 杨伯峻:《春秋左传注》,中华书局1990年版,第964—965页。
② 同上书,第1500—1503页。

乾之姤指乾之初九爻，乾之同人指乾之九二爻，乾之大有指乾之九五爻，坤之剥指坤之上六爻。以某卦之某卦的形式指称卦爻，或是因为当时还没有以"初、二、三、四、五、上"表示六位与以"九、六"表示阴阳属性组合起来标记爻题的方法。但由蔡墨对于乾卦诸爻的称谓，说明人们已经熟练掌握了爻变导致卦变的规律，一卦各爻的变化，能够产生其他各卦，并反过来以某卦之某卦来称谓并观照各爻。

可以说，春秋时期的占筮活动，特别是揲扐成卦及占断时突出所变之爻，注重探究所变之爻的爻辞吉凶以及兼取本卦、之卦两个方面的意义，使人们逐渐认识到，一卦六爻的阴阳属性的变化，是六十四卦之间相互联系、相互转化的桥梁。这为战国时期的易学对于爻变、卦变理论的阐发提供了基础。

(二) 战国易学中的卦变理论

战国时期易学的卦变理论，主要集中在《易传》的《彖》《说卦》《序卦》等篇。《彖》当成书于战国中期，是对六十四卦卦辞和卦象的解释，其中蕴含着丰富的爻变、卦变理论。宋代学者朱震在其《汉上易传·丛说》中对《彖》的爻变、卦变之说进行了阐述：

> 《讼·彖》曰："刚来而得中。"《随·彖》曰："刚来而下柔。"《蛊·彖》曰："刚上而柔下。"《噬嗑·彖》曰："刚柔分动而明。"《贲·彖》曰："柔来而文刚，分刚上而文柔。"《无妄·彖》曰："刚自外来而为主于内。"《大畜·彖》曰："刚上而尚贤。"《咸·彖》曰："柔上而刚下。"《损·彖》曰："损上益下"，又曰："损刚益柔。"《益·彖》曰："损上益下"，又曰："自上下下。"《涣·彖》曰："刚来而不穷，柔得位而上同。"《节·彖》曰："刚柔分而刚得中。"刚者，阳爻也；柔者，阴爻也。刚柔之爻，或谓之来，或谓之分，或谓之上下，所谓唯变所适也。①

朱氏阐释了《彖》中所谓的"刚柔"，皆指爻之阴阳，归纳了《彖》以阴爻、阳爻的变动解释卦名和卦辞的几种体例，证明了《彖传》中有着丰富的卦变理论，深化了人们对于战国时期易学卦变说的认识。清代

---

① （宋）朱震：《汉上易传》，文渊阁四库全书本。

学者江永对《彖》的卦变说也作过精辟的阐释，其在《群经补义·卦变考》曰：

> 按《彖传》中有言刚柔、往来、上下者，虞翻谓之卦变，《本义》谓自某卦而来者，其法以相连之两爻上下相易，取之似未安。倘谓来无所自，往无所之，但虚言之不指何卦，此《注疏》之说，又觉虚空无著。今更考之，文王之《易》，以反对为次序，则所谓往来上下者，即取切近相反之卦，非别取诸他卦也。往来之义，莫明于《泰》《否》二卦之《彖》辞。《否》反为《泰》，三阴往居外，三阳来居内，故曰"小往大来"。《泰》反为《否》，三阳往居外，三阴来居内，故曰"大往小来"。《彖传》所谓"刚来"、"柔来"者本此。而"往"亦为"上"，"来"亦为"下"，又或因卦之义，而以"上"为"进"为"升"，以"下"为反其为，取诸相反之卦则一也。①

虽然江氏认为卦爻的"往来上下"皆取自通行本卦序相邻两卦的观点值得商榷，但其指出《彖》中的"往""来""上""下""进""升"皆为爻之变动，无疑具有启发意义。

成书于战国中后期的《说卦》，则以乾坤两卦为父母卦，提出了乾坤相交生六子卦的主张：

> 乾，天也，故称乎父。坤，地也，故称乎母。震一索而得男，故谓之长男。巽一索而得女，故谓之长女。坎再索而得男，故谓之中男。离再索而得女，故谓之中女。艮三索而得男，故谓之少男。兑三索而得女，故谓之少女。

《说卦》的乾坤生六子说，本质也是一种卦变说，或爻变说。这一理论有着多重的意义：第一，突出了乾坤两卦在八卦中的源头性，其他六卦皆是其派生的，从而实质上将八经卦以及六画经卦区分为父母卦与子女卦两大类；第二，从卦爻生成的角度，为震、坎、艮、巽、离、兑六子卦的阴阳长幼之序提供了依据；第三，说明了六子卦的诞生，是一个乾卦阳爻入

---

① （清）江永：《群经补义》卷1，文渊阁四库全书本。

坤卦、坤卦阴爻入乾卦的过程，也就是一个由爻变而卦变的过程。

此外，《说卦》"乾坤生六子"说的出现，以及《说卦》《系辞》皆提出的一卦六爻涵摄天地人三才之道的说法，说明了战国中后期学者在构建易学天道观时，已经深入对卦象以及卦爻意义的考察上。

再看《序卦》，《序卦》的主要目的是解释通行本卦序之缘由。从广义上讲，《序卦》所述，也是一种卦变说，即一卦发展终结，变为另一卦。其以《乾》《坤》两卦象征天地，认为其他六十二卦皆源于乾坤，相邻两卦的卦爻"非覆即变"，将六十四卦的卦序，解释为宇宙万物和人类社会前后相承、相依相因、相反相对的变化过程。

如果对战国时期的卦变说作一总结的话，《彖》中运用卦变说是为了解释卦名和卦辞，《说卦》《序卦》则运用卦变说解释了八卦和六十四卦的生成问题，构建了以乾坤为本、八卦为用、六十四卦相依相生、相反相对的宇宙生成论。这为两汉时期卦变说的进一步发展奠定了理论基础。

（三）西汉易学卦变理论及其实践

西汉易学以孟喜、京房的卦气易学为代表，二者易学体系的构建都与卦变理论有直接的关系。就孟喜易学而言，其提出十二月辟卦说，以十二辟卦象征阴阳在一年十二月中周期性的消长运动，即，

表6—1

卦名/卦形	月 份	卦名/卦形	月 份
复 ䷗	十一月中	姤 ䷫	五月中
临 ䷒	十二月中	遁 ䷠	六月中
泰 ䷊	正月中	否 ䷋	七月中
大壮 ䷡	二月中	观 ䷓	八月中
夬 ䷪	三月中	剥 ䷖	九月中
乾 ䷀	四月中	坤 ䷁	十月中

其中，从复→临→泰→大壮→夬→乾，是一个阳气持续增长的过程，反映在卦爻上，是阳爻自下而上改变阴爻；从姤→遁→否→观→剥→坤，

是一个阴气持续增长的过程，反映在卦爻上，是阴爻自下而上改变阳爻。可见，十二辟卦说的本质，就是一种卦变或者爻变说。朱伯崑先生指出：

> 此说来于《彖》的爻位说，如以剥卦为"柔变刚"，夬卦为"刚决柔"，所谓"消息盈虚，天行也。"①

阴长为"消"，阳长为"息"，孟喜"十二辟卦说"模拟了阴阳在乾坤两卦十二位的消息运动，故又称之为"十二消息卦说"。与战国时期的《彖》不同的是，孟喜对于十二月辟卦说的构建，不是为了说明卦名和卦爻辞，而是以阴阳在乾坤两卦十二位的有序运动，模拟天道在一年十二月的阴阳循环，目的是为了构建其易学框架下阴阳消长的天道观。

对于京房易学而言，其直接受孟喜易学"十二消息卦说"的启发，构建了八宫卦的卦变体系，见表6—2：

表6—2

八宫\世系	乾	震	坎	艮	坤	巽	离	兑
一世	姤	豫	节	贲	复	小畜	旅	困
二世	遁	解	屯	大畜	临	家人	鼎	萃
三世	否	恒	既济	损	泰	益	未济	咸
四世	观	升	革	睽	大壮	无妄	蒙	蹇
五世	剥	井	丰	履	夬	噬嗑	涣	谦
游魂	晋	大过	明夷	中孚	需	颐	讼	小过
归魂	大有	随	师	渐	比	蛊	同人	归妹

《京氏易传·卷下》曰：

> 孔子《易》云有四易：一世二世为地易，三世四世为人易，五世八纯为天易，游魂归魂为鬼易。②

---

① 朱伯崑：《易学哲学史》第1卷，华夏出版社1995年版，第123页。
② 郭彧：《〈京氏易传〉导读》，齐鲁书社2002年版，第133页。以下关于《京氏易传》的引文皆引自该书，不另行加注。

第六章 东汉易学研究（下）

京氏对于"四易"的阐释，无疑是源自《系辞》和《说卦》，是对二者的易卦六爻涵摄天地人三才说的发展，并从《系辞》的"精气为物，游魂为变"之语得到灵感。京氏八宫卦序的理论基础，显然是本之于《彖》《说卦》《序卦》中的卦变思想，并进一步发展，认为八经别卦因阴阳消长导致卦爻变化而产生其他五十六卦，从而试图构建起六十四卦之间的内在联系。对于八宫卦各宫所属世卦的具体设计，则主要源于孟喜的十二月消息卦说。如关于乾宫八卦，京氏于《乾》卦曰"纯阳用事"，于一世《姤》卦曰"阴遇阳"，于二世《遯》卦曰"阴来阳退也"，于三世《否》卦曰"内象阴长"，于四世《观》卦曰"内象阴道已成"，于五世《剥》卦曰"阴盛不可逆"，于游魂《晋》卦曰"阴阳返复"，于归魂《大有》卦曰"阴退阳伏"。可见，京氏易学八宫卦中一世至八纯六卦的构建模式，很明显是孟喜十二消息卦说的翻版，一世初爻变，二世二爻继续变，三世三爻继续变，四世四爻继续变，五世五爻继续变，（"八纯"或称"六世"虽未出现，但就八宫卦的整个体系来看，当为各宫卦主的全变之卦），游魂、归魂则按照物极则反的原则，在阴阳消长的指向上往各宫卦主靠拢。

前面已述，《彖》主要以刚柔言一卦之中阴阳各爻的变动情况，以之解释卦名和卦辞。京氏论卦爻时虽亦言柔刚，如其于《剥》卦曰"柔长刚减，天地盈虚"，于《坎》卦曰"柔顺不能履重刚之险，故以刚克柔而履险曰阳"等，但由于京氏接受了汉代自董仲舒以来的以阴阳五行为主干的天人感应学说，以及深受孟喜十二月辟卦说中的阴阳消长天道观的影响，故其主要是以阴阳关系阐述一卦之大意。如其于《震》卦曰"分阴阳交互用事""取象为阳，配爻属阴，故曰阴阳交错而为震""阴阳交互，阳为阴，阴为阳，阴阳二气荡而为象，故初九三阴为豫"。于《艮》卦曰"乾分三阳为长中少，至艮为少男。本体属阳，阳极则止，反生阴象""刚极阳反，阴长积气，止于九三，初六变阳，取其虚中，文明在内，成于贲"等。可见京氏倾向于以卦爻的阴阳关系，阐释卦义；以卦爻的阴阳消长，阐释卦变。可以说，本于阴阳消长理论，京氏创立了八宫卦的卦变体系，将《周易》六十四卦排布为一个"阴阳运动，适当何爻，或阴或阳、或柔或刚，升降六位"（《京氏易传·归妹》）的模拟天道运行的过程；并以卦爻为框架，吸纳阴阳、五行、干支、律历、星宿、人伦、阶级、万物于一体，从而构建起了涵摄天地、包容万物、准拟人类社会的易学天道观。

以上对于京房易学的卦变体系略作阐述，当然，这并不能包涵京氏卦变思想的全部，如：《京氏易传·贲》曰：

> 泰取象，上六柔来反（"反"当作"文"）刚，九二刚上文柔，成贲之体，止于文明。

贲卦为艮宫一世卦，京氏不取艮卦"初六变阳，取其虚中，文明在内，成于贲"之义，而说贲卦是从泰卦卦变而来，泰卦上六阴爻返入二位，九二阳爻上升至上位。如《京氏易传·益》曰：

> 天地不交曰否，六二阴上柔刚，九四下降积阴，故为益。

益卦为巽宫三世卦，从家人卦变而来，京氏不取家人卦"文明运动，变化之象，九三适阴入震，风为雷合则益"之义，而是说益卦自否卦变而来，即九四阳爻下降到初位，初六阴爻上升至四位，六二阴爻则在初九阳爻之上，故曰"六二阴上柔刚，九四下降积阴"。

就京房对贲、益两卦在卦名的解释来看，其本之于泰、否的上下经卦（即三画的乾、坤卦）之间阴阳爻的互动，从而赋予了泰、否两卦在卦变上的特殊意义。这种解释，实际上突破了八宫卦体系中的卦变规律，即卦变的动因皆是诸宫世卦之间次第的阴阳消长或升降，而不是一卦六爻内部的升降。这当是京氏对于六十四卦卦变关系的新思考，可惜《京氏易传》中仅两例解释，没有形成一种理论或原则性的卦变设计方法。但就荀爽和虞翻的卦变说来看，《京氏易传》中本于泰、否卦的卦变说对二者无疑都有着重要的影响。

总之，西汉时期易学对于卦变说的理论探讨与实践，既继承了《彖》的卦变理论。以之阐释卦爻阴阳之间的上下、往来、升降、变决、世应等各种关系，又发展了《系辞》《说卦》的易卦涵摄天地人三才说、《说卦》的乾坤生六子说，从而构建了以十二消息卦说为核心的易学天道观和本于之八卦阴阳消长理论的新的易卦卦序体系及占断体系。这不仅对西汉时人的易学观念产生了深刻的影响，也对东汉易学卦变说的构建，产生了若干实质性的影响。

(四) 荀爽易学的卦变说

关于荀爽易学的卦变说，朱伯崑先生指出：

> 就占筮的体例说，荀爽从其乾升坤降说发展为卦变说，即某一卦通过其爻位的变化，可以成为另一卦。此说是《彖》《象》二传的爻位说，特别是刚柔往来的新发展，也是本于《系辞》所说："上下无常，刚柔相易，不可为典要，唯变所适。"①

就现存荀爽《易注》来看，卦变说是其重要解《易》理论，张惠言《周易荀氏九家义》中考证荀氏卦变之说"见注者二十六卦"②——此数包括李鼎祚《周易集解》中所引的《九家易》，因《九家易》宗主荀爽易学，王琪指出："《九家易》宗主荀爽易学，与荀爽《易》注如出一辙。"③ 故可将《九家易》中的卦变说视为荀爽易学。考虑到《周易》六十四卦在卦爻象数上又有着一定的规律性，荀爽在以卦变说解《易》时未必六十四卦皆一一注明；且古书在传承过程中常常有亡佚等因素，故今存荀氏二十六条卦变说，也是一个可观的数量，我们或可以由之推究荀氏关于《周易》六十四卦卦变设计之全貌，并探究荀氏卦变理论是如何构建的。

探究荀氏的卦变说，当从京氏易学八宫卦的体系入手。为什么这么说呢？如朱伯崑先生所指出的，荀氏的卦变说源于其乾升坤降说，而荀氏乾升坤降说的本质也就是阴阳爻的升降、相感、相交，它的创立直接受了京房"升降六爻"说或"阴阳升降"说的影响。如《京氏易传·剥》曰："阳息阴专，升降六爻，反为游魂，荡入晋。"《京氏易传·大有》曰："金土分象三十六候，配阴阳升降。六位相荡，返复其道。"《京氏易传·豫》曰："大矣哉，阴阳升降。"《京氏易传·恒》曰："阴阳升降反于阴，君道渐进，臣下争权，运及于升。"《京氏易传·随》曰："阴阳升降为八卦，至随为定体。"《京氏易传·屯》曰："内外刚长，阴阳升降，动而险。"《京氏易传·贲》曰："起于潜至于用九，阴阳升降，通变

---

① 朱伯崑：《易学哲学史》第1卷，华夏出版社1995年版，第208页。
② 同上书，第181页。
③ 王琪：《荀爽与〈九家易〉》，《周易研究》2012年第5期。

随时。"……可以说：京氏八宫卦体系构建的根本理论，就是阴阳升降说。荀爽曾拜师学习过京氏易，从京氏易那里推演出乾坤升降说，进而提出其易学体系的卦变说，是顺理成章的事。

卢央先生曾指出："荀爽解说《周易》经传时，多用京说。"① 我们通过荀氏《易注》，亦可见京氏易学八宫卦的卦变理论对于其有着重要的影响，如荀氏注《随·彖》"大亨贞，无咎"曰：

> 《随》者，震之归魂。震归从巽，故大通。动爻得正，故"利贞"。阳降阴升，嫌于有咎。动而得正，故"无咎"。②

《随》卦为震宫归魂卦，与巽为飞伏，且三四五爻互体巽卦，故荀爽曰："震归从巽。"《京氏易传·随》曰："六位虽殊，吉凶象震，进退随时，各处其位，无差晷刻。"故荀氏曰："动爻得正。"再如荀氏注《蛊·彖》"蛊元亨，而天下治也"曰：

> 蛊者，巽也。巽归合震，故"元亨"也。蛊者，事也。备物致用，故"天下治"也。

此处亦是受京氏易学的影响，蛊卦是巽宫的归魂卦，与震为飞伏，且三四五爻互体为震卦，故荀爽曰："巽归合震。"再如荀氏注《恒·彖》"恒亨，无咎，利贞，久于其道也"曰：

> 恒，震世也，巽来乘之，阴阳合会，故"通无咎"。长男在上，长女在下，夫妇道正，故"利贞，久于其道也"。

恒卦为震宫三世卦，《京氏易传·恒》曰："雷与风行，阴阳相得，尊卑定矣。"荀氏本于《京氏易传》也是很明显的。又如荀氏注《解·彖》"雷雨作而百果草木皆甲坼"曰：

---

① 卢央：《京房评传》，南京大学出版社1998年版，第430页。
② （清）李道平：《周易集解纂疏》，中华书局1994年版，第210页。以下关于荀氏《易注》及《九家易》的引文皆引自该书，不另行出注。

解者，震世也。仲春之月，草木萌芽。雷以动之，雨以润之，日以烜之，故"甲坼"也。

荀氏强调"解者，震世也"，可见其是将解卦纳入震宫中考虑的。

鉴于此，为了更清晰地阐释荀爽卦变说的具体设计，笔者在探究荀爽易学的卦变说时，将其置于京氏八宫卦的体系下进行分析，认为荀爽的卦变说主要有三方面的内容。

1. 本于乾坤卦。在荀氏易说中，特别重视乾坤作为六十四卦生成的本原意义，荀氏注《乾·彖》"万物资始"曰：

谓分为六十四卦，万一千五百二十册，皆受始于乾也。册取始于乾，犹万物之生禀于天。

注《坤·彖》"万物资生"曰：

谓万一千五百二十策，皆受始于乾，由坤而生也。策生于坤，犹万物成形，出乎地也。

乾坤卦作为阴阳的根本，自然具有卦变其他卦的功能。而本于乾坤卦的卦变，则又分如下几种情况。

（1）六子卦由乾坤卦变而来。其中震、坎、艮三阳卦由坤卦卦变而来，巽、离、兑三阴卦由乾卦卦变而来。荀氏注《坤·彖》"含宏光大"曰：

乾二居坤五为含，坤五居乾二为弘，坤初居乾四为光，乾四居坤初为大也。

"乾二居坤五"，成坎卦；"坤五居乾二"，成离卦；"坤初居乾四"，成巽卦；"乾四居坤初"，成震卦。虽未言艮、兑两卦，按荀氏的说法，当是乾三居坤六为艮，坤六居九三为兑。《说卦》中"乾坤生六子卦"的理论，只言三画经卦，荀氏则将其推衍到六画别卦，故有"坤五""乾四"之称。再如荀氏注《坎·彖》"行险而不失其信"曰：

谓阳来为险而不失中，中称"信"也。

"阳来为险"，即是说阳爻入坤卦，变成坎卦，阳爻居二五中位，故虽处险境而不失其信。再如荀氏注《离·彖》"离，丽也"曰：

阴丽于阳，相附丽也。亦为别离，以阴隔阳也。离者，火也，托于木，是其附丽也。烟焰飞升，炭灰降滞，是其别离也。

荀氏谓"阴丽于阳"或"以阴隔阳"，"丽""隔"皆为动词，是指阴爻入乾卦，或附丽于阳、或隔离于阳。其他各卦，荀氏虽未注解爻变情况，但皆可依此类推，求得其由乾或是由坤卦变而来，即震、坎、艮三子卦本于坤，巽、离、兑三女卦本于乾。

（2）除乾坤两卦外的十二消息卦，皆由乾坤卦变而来。其中，乾宫一世至五世卦，即姤、遁、否、观、剥卦本于乾卦；坤宫一世至五世卦，即复、临、泰、大壮、夬卦本于坤卦。

荀氏注《姤·彖》"天地相遇，品物咸章也"曰：

谓乾成于巽而舍于离。坤出于离，与乾相遇，南方夏位，万物章明也。

《九家易》对荀注进一步解释说：

谓阳起子，运行至四月，六爻成乾，巽位在巳，故言"乾成于巽"。既成，转舍于离，万物皆盛大。坤从离出，与乾相遇，故言"天地遇"也。

荀氏曰"坤出于离，与乾相遇"，即是坤爻变乾卦初九，故姤卦本于乾卦。注《遁·彖》曰：

阴称小，浸而长，则将消阳，故"利正"。居二与五相应也。

是说阴爻浸长至六二。注《否·九五》"其亡其亡,系于包桑"曰:

> 阴欲消阳,由四及五,故曰"其亡其亡"。谓坤性顺从,不能消乾使亡。包者,乾坤相包也。桑者,上玄下黄,以象乾坤也。乾职在上,坤体在下,虽欲消乾,系其本体,不能亡也。

是说否卦下体三爻欲消乾之本体。注《观·六三·小象》"观我生进退,未失道也"曰:

> "我"谓五也。生者,教化生也。三欲进观于五,四既在前,而三故退,"未失道也"。

是说居于下位之阴爻六三、六四皆欲消乾之九五。注《剥·彖》"剥,剥也,柔变刚也":

> 谓阴外变五。五者至尊,为阴所变,故曰"剥也"。

是说阴爻消乾之九五而为剥卦。可见,在荀爽易学的卦变体系中,姤、遁、否、观、剥卦本于乾卦,依次由坤爻消乾卦卦变而来。

再看复、临、泰、大壮、夬五个卦。荀氏注《复·彖》"利有攸往,刚长也"曰:

> 利往居五,刚道浸长也。

注《临·九二·小象》"咸临吉无不利,未顺命也"曰:

> 阳感至二,当升居五,群阴相承,故"无不利"也。阳当居五,阴当顺从,今尚在二,故曰"未顺命也"。

《九家易》注《泰·彖》"君子道长,小人道消也"曰:

> 谓阳息而升,阴消而降也。阳称息者,长也。起复成巽,万物

盛长也。阴言"消"者，起姤终乾，万物成熟，成熟则给用，给用则分散，故阴用特言消也。

荀氏注《大壮·象》"刚以动，故壮"曰：

> 乾刚震动，阳从下升，阳气大动，故"壮"也。

注《夬·象》"孚号有利，其危乃光也"曰：

> 信其号令于下，众阳危去上六，阳乃光明也。

可见，荀氏认为复、临、泰、大壮、夬五卦，是乾爻依次自下而上变坤卦而成，故皆本于坤卦。

（3）八宫卦中的一阴爻或一阳爻卦，由乾坤卦变而来。其中一阴爻之卦本之于乾卦，一阳爻之卦本之于坤卦。这些卦有：乾宫归魂卦大有，坤宫归魂卦比；震宫一世卦豫，巽宫一世卦小畜；坎宫归魂卦师，离宫归魂卦同人；艮宫五世卦履，兑宫五世卦谦。

《九家易》注《履·象》"说而应乎乾"曰：

> 动来为兑而应上，故曰"说而应乎乾"也。

按："动来为兑"，即阴爻变乾九三而为兑卦。此处"动"字，疑当作"阴"字。荀氏注《谦·象》"天道下济而光明"曰：

> 乾来之坤，故"下济"。阴去为离，阳来成坎，日月之象，故"光明"也。

按："乾来之坤"，即是乾爻入坤卦变六三而成谦卦，因乾上坤下，故这是个"下济"的过程。"阴去为离"，不是说形成离卦，而是"离去"的"离"，荀氏以此谐离卦之意；"阳来成坎"，则是指二三四爻成坎卦，故有日月之象。荀氏注《师·象》"能以众正，可以王矣"曰：

谓二有中和之德，而据群阴，上居五位，可以王也。

按："群阴"，即"众"，坤也，"据"即依靠、占有之意，乾爻来居坤卦二位，故曰"据群阴"。故师卦本于坤卦。此外，荀氏曰"上居五位"，是指乾爻入坤五位成比卦。故此注说明师、比卦皆由坤卦卦变而来。《九家易》注《同人·彖》"同人"曰：

谓乾舍于离，同而为日。天日同明，以照于下，君子则之，上下同心，故曰"同人"。

荀氏注《同人·大象》"天与火，同人"曰：

乾舍于离，相与同居，故曰"同人"也。

按：荀氏曰同人卦"乾舍于离"，须与上引荀氏《易注》及《九家易》注《姤·彖》联系起来看，姤卦是六阳爻成乾出巽位，坤出离位与乾相迎，坤爻变乾卦初九成姤卦；同人卦则是乾卦完全舍于离位，坤爻变乾九二成同人卦。故同人卦亦是由乾卦卦变而来。其他如大有、豫、小畜等卦，荀氏虽未明言其本于何卦，但依照体例，可知它们皆从乾、坤卦变而来。

总之，巽、离、兑、姤、遁、否、观、剥、大有、小畜、同人、履等十二个卦，卦变本于乾卦；震、坎、艮、复、临、泰、大壮、夬、比、豫、师、谦等十二个卦，卦变本于坤卦。本于乾坤卦变的，合计二十四个卦。

2. 本于六子卦。按照荀爽的设计，乾坤卦具有六十四卦本源的意义，按照乾坤相交、升降的理论，其派生了六子卦、十二消息卦以及一阴爻一阳爻卦。六子卦亦具有卦变其他卦的功能，八宫卦中震、巽、坎、离诸宫的二世卦解、家人、屯、鼎四卦，分别由震、巽、坎、离卦变而来；坎、离、艮、兑诸宫的四世卦革、蒙、睽、蹇四卦，分别由兑、艮、离、坎卦变而来；震、巽、艮、兑诸宫的游魂卦大过、颐、中孚、小过四卦，分别由兑、艮、巽、震卦变而来。

先看八宫卦中震、巽、坎、离诸宫的二世卦，如荀氏注《屯·彖》

"屯，刚柔始交而难生，动乎险中，大亨贞"曰：

> 物难在始生，此本坎卦也。

对于荀注，李鼎祚进一步解释曰：

> 案：初六升二，九二降初，是"刚柔始交"也。交则成震，震为"动"也，上有坎，是"动乎险中"也。动则物通而得正，故曰"动乎险中，大亨贞"也。①

可见，荀氏认为屯卦由坎卦变来的依据，是《彖》"刚柔始交"之语，"始交"，则是初爻变也，故荀氏认为是从坎卦而来。荀氏注《解·彖》"解利西南，往得众也"曰：

> 乾动之坤而得众，西南，众之象也。

注《解·彖》"其来复吉，乃得中也"曰：

> 来复居二，处中成险，故曰"复吉"也。

注《解·彖》"天地解而雷雨作"曰：

> 谓乾坤交通，动而成解卦，坎下震上，故曰"雷雨作"也。

注《解·彖》"雷雨作而百果草木皆甲坼"曰：

> 解者，震世也。仲春之月，草木萌芽。雷以动之，雨以润之，日以烜之，故"甲坼"也。

对于《解》卦由何卦卦变而来，张惠言在《周易荀氏九家义》中认

---

① （清）李道平：《周易集解纂疏》，中华书局1994年版，第96页。

第六章 东汉易学研究(下)

为:"《乾》二之《豫》为《解》,《乾》五之《谦》为《蹇》。"① 李道平在《周易集解纂疏》中疏解荀注曰:"卦自《临》来,初阳乾爻,动之四坤。"② 对于李道平的观点,林忠军先生曾予以批驳,而提出解卦本于坤卦的观点:

> 对《蹇》卦荀氏注所作的解说,李氏没有用卦变说。若按照李氏疏《解》卦荀氏注之范例,《蹇》当来自《观》。然案荀注《蹇·彖》"乾动往居坤五",注《解·彖》"乾动之坤而得众",当知此两卦来自乾坤升降,《蹇》卦是乾三、五两爻到坤三、五而成,《解》卦是乾二四两爻到坤二四而成,故张、李之说有失。③

但林氏的观点亦值得商榷。通读荀氏关于《解·彖》的注解,其强调"解者,震世也",可见其是将解卦纳入震宫中考虑的。其曰"乾动之坤而得众"是指解卦九二爻动于坤中,其曰"来复居二,处中成险"之"复",则是指由初位乾爻,复来居二,其曰"乾坤交通,动而成解卦",不是说乾坤两卦相互交通,而是指乾爻初九与坤爻六二相互交通,故解卦当从震卦卦变而来。再如荀氏注《鼎·彖》"鼎,象也。以木巽火,亨饪也"曰:

> 巽入离下,中有乾象。木火在外,金在其内,鼎镬亨饪之象也。

按:荀氏曰"巽入离下",虽是就鼎卦上下两经卦的卦象而言,但一"入"字,点出了鼎卦是以巽变离的结果,也就是离卦初位乾爻与二位坤爻相交的结果。

由之,可以看出,荀氏本于京房易学八宫卦的体系言卦变,有着鲜明的规律性。即八宫卦中震、巽、坎、离诸宫的二世卦解、家人、屯、鼎四卦,皆是由初爻与二爻相交而成,故巽宫家人卦,当本于巽卦卦变而成。并且,这四卦的卦变,皆符合荀氏解《易》的总体原则——乾坤

---

① 张惠言:《周易荀氏九家义》,道光九年(1829)广东学海堂皇清经解刻本。
② (清)李道平:《周易集解纂疏》,中华书局1994年版,第368页。
③ 林忠军:《象数易学史》第1卷,齐鲁书社1994年版,第182页。

升降说。

再看坎、离、艮、兑诸宫的四世卦革、蒙、睽、蹇四卦。荀氏注《蒙·彖》"蒙亨,以亨行时中也"曰:

> 此本艮卦也。

对于荀注,李鼎祚进一步解释曰:

> 案:二进居三,三降居二。刚柔得中,故能通发蒙时,令得时中矣。故曰"蒙亨,以亨行时中也"。①

李氏的疏解,指出了蒙卦是由艮卦六二阴爻与九三阳爻相交而成,故蒙卦本于艮卦,此亦符合荀氏的乾坤升降说。本于这一原则,我们再来审视其他各卦。与离宫相对的是坎宫,其四世卦革卦当是由兑卦九二阳爻与六三阴爻相交而成。荀氏注《革·六二》爻辞"巳日乃革之,征吉,无咎"曰:

> "日"以喻君也。谓五巳居位为君,二乃革,意去三应五,故曰"巳日乃革之"。上行应五,去卑事尊,故曰"征吉,无咎"也。

按:"二乃革",指出了六二爻是革后的状态;"意去三应五",则是指六二爻从三位而来,故荀氏虽然没有明确说革卦本于何卦,但从其在八宫卦中的位置以及荀氏对革卦六二爻辞的注解,可以推知其本于兑卦。以此类推,关于艮宫四世卦睽卦,其当由离卦六二阴爻与九三阳爻相交而成,故睽卦本于离卦;关于兑宫四世卦蹇卦,其当由《坎》卦九二阳爻与六三阴爻相交而成,故蹇卦本于坎卦。

再看震、巽、艮、兑诸宫的游魂卦大过、颐、中孚、小过四卦,这四卦不但在八宫卦的体系中处于相对的位置,在通行本《周易》卦序中,颐、大过为第二十七、二十八卦,中孚、小过为第六十一、六十二卦,也处于相对的状态,按照孔颖达所归纳的"非覆即变"的说法,相邻两

---

① (清)李道平:《周易集解纂疏》,中华书局1994年版,第106—107页。

卦之间的六爻全变。关于这四卦是由何卦卦变而来，荀氏皆未注明。虞翻注《大过》卦曰：

> 大壮五之初，或兑三之初。

荀氏的卦变说对于虞翻易学有着直接的影响，林忠军先生曾指出：

> 比较荀、虞卦变说，十分接近。……如《屯》自《坎》来，《蒙》自《艮》来，《随》、《蛊》、《噬嗑》、《贲》、《咸》、《恒》、《既济》、《未济》、《损》、《井》、《旅》、《涣》、《困》等来自《泰》、《否》，荀、虞略同。可见，虞氏推崇荀易，很大程度上与荀氏言卦变是分不开的，荀氏卦变说在虞氏卦变说形成中的作用也是显而易见的。①

按：虞氏的卦变说，主要是构建了十二消息卦卦变其他卦的体系，除了认为屯、蒙自坎、艮卦变而来外，认为卦由六子卦卦变而来仅此一例，疑当是采荀氏之说。如此看来，在荀氏的卦变体系中，大过卦当是由兑卦初九阳爻与六三阴爻相交而成；颐卦当是由艮卦初六阴爻与九三阳爻相交而成；中孚卦当是由巽卦初六阴爻与九三阳爻相交而成；小过卦当是由震卦初九阳爻与六三阴爻相交而成。

总之，本于六子卦卦变的，合计有解、家人、屯、鼎、革、蒙、睽、蹇、大过、颐、中孚、小过等十二卦。

3. 本于泰否卦。这其中又可以分为三阴三阳卦和二阴二阳卦两类。

（1）三阴三阳卦。八宫卦中一世卦节、旅、贲、困四个卦，三世卦恒、益、既济、未济、损、咸六个卦，五世卦井、噬嗑、丰、涣四个卦，游魂卦随、蛊、渐、归妹四个卦，皆是三阴爻三阳爻之卦，或由泰卦、或由否卦卦变而来。

荀氏注《随·彖》"大亨贞，无咎"曰：

> 动爻得正，故利贞。阳降阴升，嫌于有咎。动而得正，故"无咎"。

---

① 林忠军：《象数易学史》第1卷，齐鲁书社1994年版，第193页。

《九家易》注《随·初九》"官有渝,贞吉。出门交有功"曰:

  渝,变也。谓阳来居初,得正为震。震为子,得土之位,故曰"官"也。阴阳出门,相与交通,阴往之上,亦不失正,故曰"贞吉"而"交有功"。

《九家易》以荀爽易学为主,与荀注可相互印证。即随卦是阳降初位、阴升上位,如此则所动之爻皆得正位,可见随卦是由否卦卦变而来。《九家易》注《蛊·彖》"利涉大川,往有事也"曰:

  阳往据阴,阴来承阳,故"有事"也。此卦本泰。乾天有河,坤地有水,二爻升降,出入乾坤,"利涉大川"也。阳往求五,阴来求二,未得正位,戎事不息,故"有事"。

《九家易》曰"阳往据阴,阴来承阳"即是指蛊卦是初位阳爻往上位,上位阴爻往初位,故本泰卦也。蛊卦在通行本卦序中与随卦前后相承,是随卦的既"覆"又卦爻全变的卦,二者在京房八宫卦中又分别是震宫、巽宫的归魂卦,随本否、蛊本泰,正好相反。又如荀氏注《噬嗑·六五·小象》"贞厉无咎,得当也"曰:

  谓阴来正居是而厉阳也。以阴厉阳,正居其处而无咎者,以从下明上,不失其中,所言"得当"。

按:荀注于六五爻言"阴来正居""从下明上",正是指六五爻从初位而来,而九五爻则下降至初位。故荀氏虽不明言噬嗑自何卦而来,由其注解可以看出噬嗑本于否卦。荀氏注《贲·彖》"贲亨,柔来而文刚,故亨。分刚上而文柔,故小利有攸往"曰:

  此本泰卦。谓阴从上来,居乾之中,文饰刚道,交于中和,故"亨"也。分乾之二,居坤之上,上饰柔道,兼据二阴,故"小利有攸往"也。

噬嗑、贲属于《周易》通行本卦序中相邻两卦卦爻相"覆"的卦，虽在八宫卦中属于巽、艮宫不同的世卦，但在卦变上也呈现出相对的特点，贲卦本泰，噬嗑卦则本否。再如荀氏注《咸·彖》"天地感而万物化生"曰：

乾下感坤，故万物化生于山泽。

按：荀氏曰"乾下感坤"，是指否卦上九阳爻下降至三位，入坤卦中。相应的，六三阴爻上升至上位，入乾卦中，卦象变为艮下兑上，艮为山，兑为泽，故荀氏曰"万物化生于山泽"。荀氏注《恒·彖》"利有攸往，终则有始也"曰：

谓乾气下终，始复升上居四也。坤气上终，始复降下居初者也。

是说恒卦是由泰卦初九乾爻与六四坤爻相交而成。荀氏注《损·彖》"损而有孚"曰：

谓损乾之三居上，孚二阴也。

是说损卦是由泰卦九三居上位，上六居三位而成。

咸、恒、损三卦，同属三世卦，就卦爻特点来看，咸、恒是相覆之卦，咸、损是全变之卦，咸卦本否，恒、损卦本泰卦，也是符合上述所举卦的卦变原则，即一个卦与其相覆、全变之卦所本之卦是相对的。如果我们再进一步概括其卦爻特点的话：下经卦有二个阳爻的，本于泰卦；上经卦有二个阳爻的，本于否卦。由之，我们可以推断出所有三阴爻三阳爻之卦所本泰卦或否卦的情况，即节、贲、恒、既济、损、井、丰、蛊、归妹九卦，由泰卦卦变而来；旅、困、益、未济、咸、噬嗑、涣、随、渐九卦，由否卦卦变而来。

（2）二阴二阳卦，即二阴爻四阳爻卦或二阳爻四阴爻卦。本于泰、否卦者有大畜、萃、无妄、升、晋、需、明夷、讼等八个卦。

荀氏注《萃·上六·小象》"赍咨涕洟，未安上也"曰：

此本否卦。上九阳爻，见灭迁移，以喻夏桀殷纣。以上六阴爻代之，若夏之后封东娄公于杞，殷之后封微子于宋，去其骨肉，臣服异姓，受人封土，未安居位，故曰"赍咨涕洟，未安上也"。

按照前述荀氏三阴三阳卦卦变的规律，则萃卦的卦爻全变的艮宫大畜卦、萃卦卦爻相覆之卦的震宫升卦，当本于泰卦。而与升卦同世的巽宫无妄卦，则当由否卦卦变而来，荀氏虽没有注明无妄卦所本何卦，但二阴二阳卦所本于泰否卦的卦变理论，当来自《无妄·彖》：

无妄，刚自外来而为主于内。

上文已述，《彖》以下经卦为内卦，属性为"来"；以上经卦为外卦，属性为"往"。《彖》之意，即认为初九阳爻从上经卦乾而来。荀爽的卦变说正是深受《彖》这一思想的影响，认为在由泰否卦变而成的卦中，既存在着乾坤升降、乾爻变坤、坤爻变乾，即两个爻位阴阳属性变化的情况；还存在着乾或坤只改变对方爻位属性的情况。再如《九家易》注《需·九五·小象》"酒食贞吉，以中正也"曰：

谓乾二当升五，正位者也。

指出了九五爻来于乾卦，故需卦本于泰卦。荀氏注《讼·彖》"不利涉大川，入于渊也"曰：

谓阳来居二，坎在下为"渊"。

指出了《讼》卦中的九二阳爻，是自外卦"来"，入坤卦而为坎。荀氏注《晋·彖》"是以康侯用锡马蕃庶"曰：

阴进居五，处用事之位。阳中之阴，侯之象也。阴性安静，故曰"康侯"。马，谓四也。五以下群阴锡四也。坤为众，故曰"蕃庶"矣。

《九家易》注《晋·六二·小象》"受兹介福，以正中也"曰：

> 五动得正中，故二受大福矣。大福谓马与蕃庶之物是也。

荀氏注《晋·六五》"悔亡，矢得，勿恤。往吉，无不利"曰：

> 五从坤动而来为离。离者，射也，故曰"矢得"。

可见，荀氏认为晋卦六五阴爻是从下经卦坤中来，故可知晋卦是由泰卦卦变而来。由之可知，晋卦的相覆之卦明夷，当本于泰卦。总之，关于二阴二阳卦，大畜、升、需、明夷等四个卦，由泰卦卦变而来；萃、无妄、晋、讼等四个卦，由否卦卦变而来。

通过以上的分析，关于荀氏《周易》六十四卦的卦变设计，我们可以借用京房八宫卦的卦序体系作一示意、说明，见表6—3（各卦所本之卦写于小括号内）：

表6—3　　　　　　　　荀爽易学卦变表

八宫世系	乾	震	坎	艮	坤	巽	离	兑
	（坤）	（坤）	（坤）	（坤）		（乾）	（乾）	（乾）
一世	姤（乾）	豫（坤）	节（泰）	贲（泰）	复（坤）	小畜（乾）	旅（否）	困（否）
二世	遁（乾）	解（震）	屯（坎）	大畜（泰）	临（坤）	家人（巽）	鼎（离）	萃（否）
三世	否（乾）	恒（泰）	既济（泰）	损（泰）	泰（坤）	益（否）	未济（否）	咸（否）
四世	观（乾）	升（泰）	革（兑）	睽（离）	大壮（坤）	无妄（否）	蒙（艮）	蹇（坎）
五世	剥（乾）	井（泰）	丰（泰）	履（乾）	夬（坤）	噬嗑（否）	涣（否）	谦（坤）
游魂	晋（否）	大过（兑）	明夷（泰）	中孚（巽）	需（泰）	颐（艮）	讼（否）	小过（震）
归魂	大有（乾）	随（否）	师（坤）	渐（否）	比（坤）	蛊（泰）	同人（乾）	归妹（泰）

通过对表6—3的观察，可以看出，荀氏易学的卦变设计，在八宫卦中呈现出鲜明的规律性，即相对之宫的相同世卦所本之卦皆是相反或者说相对的，由之可以说明两点：第一，荀氏的卦变说，确实是借鉴或本于京氏易学的八宫卦体系；第二，荀氏的卦变说，是对《周易》整个六十四卦的统筹考虑和系统设计，其中有着既定的原则和依据。在此，需要辨析的一个问题是：在荀氏的卦变设计中，为什么有的二阴二阳卦本于六子卦，而有的二阴二阳卦却本于泰否卦呢？其实，这其中还有着鲜明的象数上的区别。对于前者而言，其上下二经卦皆是乾坤相交，即乾体中有坤爻、坤体中乾爻；对于后者而言，则上下经卦中存有乾或坤一纯体。荀氏可能正是看到了这一差别，故在深入研究卦爻辞以及卦变规律的基础上，提出了两种不同的卦变原则。

总之，荀氏的卦变说，一方面深受孟、京易学的影响，特别是京房八宫卦的卦变体系的影响，使其在探究六十四卦卦变规律的时候，既强调乾坤作为阴阳根本而具备的卦变功能，并由之突出作为乾坤合体的泰否两卦的卦变功能；又承认六子卦的卦变功能，从而使其在整体的卦变设计上，反而不如京房八宫卦体系严整，没有形成一以贯之的卦变体例。另一方面，较之于孟、京易学的卦变理论，其又有重要的理论突破。孟喜的十二消息卦说、京房的八宫卦迭变体系，其理论依据皆是视阴阳消长的力量自外部来，尽管《京氏易传》注"贲""益"卦有一卦六爻之间阴阳互动的意味，但毕竟没有形成体例。荀氏则将卦变的动因区分为外部原因和内部原因两类，特别是三阴三阳卦皆本之于《泰》《否》卦，以及部分二阴二阳卦本之于同为二阴二阳卦的六子卦，这既符合自然变易中内因为主的法则，又为人们进一步探究爻变、卦变的规律开辟了道路。此外，与孟、京易学以卦变说构建易学天道观的主要目的不同，荀氏的卦变说鲜明地体现了向战国易学回归的指向，卦变理论的主要目的是为了解释《周易》经传，构建起《周易》"象"与"辞"之间的桥梁。

第二节　论虞翻易学

虞翻（164—233年），字仲翔，会稽余姚人，东汉末三国初著名易学家。就东汉晚期郑玄、荀爽、虞翻三位学者的生活年代来看，虞翻的生年要较郑玄、荀爽晚三十六七年，故他能够对郑玄、荀爽等东汉经学家的易学成就予以评价和总结，并融会贯通，自成一家。关于虞翻的易学渊源，《三国志·虞翻传》裴松之注引《翻别传》曰：

> 翻初立《易注》，奏上曰："臣闻六经之始，莫大阴阳，是以伏羲仰天悬象，而建八卦，观变动六爻为六十四，以通神明，以类万物。臣高祖父故零陵太守光，少治孟氏《易》，曾祖父故平舆令成，缵述其业，至臣祖父凤为之最密。臣亡考故日南太守歆，受本于凤，最有旧书，世传其业，至臣五世。前人通讲，多玩章句，虽有秘说，于经疏阔。臣生遇世乱，长于军旅，习经于枹鼓之间，讲论于戎马之上，蒙先师之说，依经立注。"①

可见虞翻易学的家学渊源很深，至其已经五世传孟喜易学，可谓得西汉易学之正宗。西汉今文经学盛行，其在阐发经义上盛行章句，刘师培《国学发微》曰："章句之体，乃分析经文之章句者也。"② 作为经学的一种注解形式，章句侧重于逐句逐章串讲、分析和阐发经学中的微言大义，这与古文经学以传注为特色、依据经文逐字训诂的学术风格，有着鲜明的分野。《汉书·艺文志》载《易经》有施氏、孟氏、梁丘氏《章句》③，可见虞氏家传的孟氏易学，正是章句之学。东汉中后期古文经学盛行，古文经学强调文字训诂对于治经的重要性，要求准确地理解并解释儒家经书的原义，这对于虞氏的学术思想也有着深刻的影响，故虞氏能够检讨其家传的孟氏《易》章句之学的得失，认为"前人通讲，多玩章句，虽有秘说，于经疏阔"，并提出了"蒙先师之说，依经立注"的学术主张，鲜明地体现了其《易注》古文经学的特色。

关于虞翻易学，又富有传奇色彩，《翻别传》引虞翻上疏曰：

> 又臣郡吏陈桃梦臣与道士相遇，放发被鹿裘，布《易》六爻，挠其三以饮臣，臣乞尽吞之。道士言《易》道在天，三爻足矣。岂

---

① （晋）陈寿：《三国志》卷57，中华书局1959年标点本，第1322页。

② 刘师培：《国学发微》，收入《刘申叔先生遗书》第十三种，民国二十三年（1934）宁武南氏刊本。

③ （汉）班固：《汉书》卷30，中华书局1962年标点本，第1704页。

臣受命，应当知经！所览诸家解不离流俗，义有不当实，辄悉改定，以就其正。孔子曰："乾元用九而天下治。"圣人南面，盖取诸离，斯诚天子所宜协阴阳致麟凤之道矣。谨正书副上，惟不罪戾。①

此种记载，是虞翻给他的易学披上了一层易学天授的外衣。虞翻易学，在当世就有着极高的评价，《三国志·虞翻传》记载：

翻与少府孔融书，并示以所着《易注》。融答书曰："闻延陵之理乐，睹吾子之治《易》，乃知东南之美者，非徒会稽之竹箭也。又观象云物，察应寒温，原其祸福，与神合契，可谓探赜穷通者也。"会稽东部都尉张纮又与融书曰："虞仲翔前颇为论者所侵，美宝为质，雕摩益光，不足以损。"②

孔融才高八斗，恃才傲物，从不轻易称许他人，却对虞翻易学赞誉有加。张纮作为东吴重臣，博通《易》《书》《诗》《礼》和《春秋》诸经，且年长于虞翻，他在给孔融的书信中夸赞虞翻，足见虞翻易学确实有过人之处。朱熹曰："《易》本为卜筮而作。"③ 要全面地理解《周易》中深蕴的哲理，自古以来离不开理、数、象、占四端。虞翻正是在这种思想的指导下，积极运用《周易》进行占筮活动，并因之见重于世人。《三国志·虞翻传》记载了虞翻占断一代名将关羽的最终结局一事：

关羽既败，权使翻筮之，得《兑》下《坎》上，《节》，五爻变之《临》，翻曰："不出二日，必当断头。"果如翻言。权曰："卿不及伏羲，可与东方朔为比矣。"④

按：节卦九五阳爻在坎险之中，与九二阳爻的关系是"敌应"，上下无应，孤身涉险，下经卦兑按《说卦》义为"毁折"，九五爻变即是涉险

---

① （晋）陈寿：《三国志》卷57，中华书局1959年标点本，1322页。
② 同上书，1320页。
③ （宋）黎靖德：《朱子语类》卷66，中华书局1986年版，第1620页。
④ （晋）陈寿：《三国志》卷57，中华书局1959年标点本，1320页。

第六章　东汉易学研究(下)

之阳为阴所灭，变阴爻即与九二阳爻相应，临卦二阳在下，当二日也，故虞翻曰"不出二日，必当断头"。就虞翻一生之经历来看，易学思维对于其行事判断，起到了重要的作用。故虞翻于五经之中特别推崇《易经》，并对当时的易学人物作了点评，《翻别传》引虞翻上疏曰：

> 翻又奏曰："经之大者，莫过于《易》。自汉初以来，海内英才，其读《易》者，解之率少。至孝灵之际，颍川荀谞号为知《易》，臣得其注，有愈俗儒，至所说西南得朋，东北丧朋，颠倒反逆，了不可知。孔子叹《易》曰：'知变化之道者，其知神之所为乎！'以美大衍四象之作，而上为章首，尤可怪笑。又南郡太守马融，名有俊才，其所解释，复不及谞。孔子曰'可与共学，未可与适道'，岂不其然！若乃北海郑玄，南阳宋忠，虽各立注，忠小差玄而皆未得其门，难以示世。"①

可见虞翻对其易学的自我评价是很高的。关于虞翻易学，前人研究得比较全面和深入。当代易学家朱伯崑先生就虞翻易学的卦变说进行了细致的分析，并以虞翻注蛊卦为例，对之评价说：

> 此种卦变说，无非是以爻象的变易解释蛊卦辞和《象》文。此种解释，颇具匠心，实际上与原意无涉，成为一种象数游戏。②

但汉代易学的显著特征之一就是象数之学，故虞翻在阐释《周易》经传时借用了之前的象数说，并提出了多种象数解《易》的体例，是两汉易学发展的时代要求。林忠军先生在阐述虞翻易学时，系统总结并阐释了虞氏"卦变说"之正说""纳甲说""旁通说""反卦说""两象易说""互体说""逸象说"等解《易》体例，可谓集古今关于虞翻象数易学研究之大成。兹在前人研究的基础上，对于虞翻易学的主要内容略作介绍。

---

① （晋）陈寿：《三国志》卷57，中华书局1959年标点本，第1322页。
② 朱伯崑：《易学哲学史》第1卷，华夏出版社1995年版，第216—217页。

一　论虞翻的易学观

(一) 乾坤互涵

乾坤互涵是指乾中有坤，坤中有乾；阳中有阴，阴中有阳。当乾（阳）显时则坤（阴）隐，当坤（阴）显时则乾（阳）隐。乾坤（阴阳）二元作为属性矛盾的宇宙构成元素，在影响或决定事物发展变化的过程中，始终处于有机的统一状态。此是虞氏易学观的主要内容之一。其中又分为如下几种情况：

虞氏注《乾·九三·小象》"终日乾乾，反复道也"曰：

> 至三体复，故"反复道"，谓"否泰反其类也"。

乾卦六爻全是阳爻，虞氏为何说九三体复卦呢？是因为虞氏认为，乾卦六个阳爻的形成，皆是涵摄在坤卦的卦体之内，至九三则下经卦乾体已成，而上经卦仍是坤卦，从九三至上六四个爻可以看成是复卦，故九三体复卦，虞氏以之解释"反复道也"的象辞。此是乾涵于坤中之例。坤亦涵于乾中，如虞氏注《坤·文言》"臣弑其君，子弑其父"曰：

> 坤消至二，艮子弑父。至三成否，坤臣弑君。上下不交，天下无邦。故"子弑父，臣弑君"也。

此是以坤卦六爻，涵摄于乾卦之中。阴爻至二，则成艮卦，艮于六子卦为少子，艮成灭下经卦乾，故虞氏曰"艮子弑父"；阴爻至三，下经卦为坤，上经卦为乾，故虞氏曰"坤臣弑君"。由之，我们可以看出，在虞氏的易学观中，乾与坤、阴与阳，始终处于相互涵摄的状态之下。王新春先生曾就虞翻的十二消息说评价道：

> 十二消息卦彼此间的对待旁通，昭示出阴阳消息所成诸格局与态势间动态流转互通与静态相互涵摄。历时性的流转互通过程中，始终伴随着显的格局与态势对于隐的格局与态势的共时性内在涵摄，从而彰显出大宇宙阴阳之动态性均衡与阴阳之大和，保障了天地万

物往复循环的春生夏长秋收冬藏，开显出大千世界的有机整体大和谐。①

可以说，十二消息卦彼此间的对待、互通，正是建立在虞氏乾坤、阴阳相互涵摄、有机统一的易学观基础上的。在虞氏的易学观中，不但乾坤两卦、十二消息卦相互涵摄，整个《周易》六十四卦，凡是两两卦爻相反之卦，都处于一种相互涵摄的状态，从而创立了"旁通说"的解《易》体例，大大扩展了一卦六爻的取象范围。

虞氏乾坤互涵的易学观，还表现在一个卦中，虽是阴爻，但所处为阳位，阳爻即隐伏在阳位之中；或虽是阳爻，但所处为阴位，阴爻即隐伏在阴位之中。这就为虞氏解《易》的"之正说"奠定了理论基础。如虞氏注《乾·九五》"飞龙在天，利见大人"曰：

> 谓四已变，则五体离。离为飞，五在天，故"飞龙在天，利见大人"也。谓若庖牺观象于天，造作八卦，备物致用，以利天下，故曰"飞龙在天"。天下之所利见也。

对于乾卦九五爻的爻象来说，如何与"飞龙在天"的卦辞相对应呢？虞氏认为，乾卦九四阳爻所处为阴位，阴爻隐伏其中，可随时由隐伏的状态转为显现的状态，则九四阳爻变阴爻，九四、六四与九五构成离卦，以之取得象与辞之间的对应。再如虞氏注《坤·彖》"安贞之吉，应地无疆"曰：

> 坤道至静，故"安"；复初得正，故"贞吉"。震为应。阳正于初，以承坤阴；地道应，故"应地无疆"。

坤卦六爻全是阴爻，但因初位是阳位，故阳隐伏其中，当阳爻由隐伏转为显现的状态，即是阳承坤阴，不但复位得正，而且与六四阴爻相呼应。

虞氏还认为，乾坤互涵的最佳状态是成既济卦，如此则乾坤两卦皆

---

① 王新春：《虞翻易学十二消息说语境下的宇宙大化》，《中国哲学史》2011年第2期。

处于一种既互涵又显现的状态，而阴阳卦爻与卦位的阴阳属性完全契合，象征着天下安定和谐、事物发展到最佳的状态。如虞氏注《屯·六二》"匪寇婚媾，女子贞不字，十年乃字"曰：

> "匪"，非也。"寇"谓五。坎为寇盗，应在坎，故"匪寇"。阴阳德正，故"婚媾"。字，妊娠也。三失位，变复体离。离为"女子"，为大腹，故称"字"。今失位为坤，离象不见，故"女子贞不字"。坤数十。三动反正，离女大腹。故十年反常乃字。谓成既济，定也。

屯卦六二爻辞是叙述女子怀孕之艰难，但虞氏认为，六二至六四互体为坤卦，坤卦中三位隐伏阳爻，当阳爻显现时，则下经卦离、上经卦坎，成既济卦，一三五阳位皆乾爻、二四六阴位皆坤爻，乾坤交错互涵，阴阳均衡且位正，为乾坤卦爻矛盾统一的最理想状态。可以说，构建在乾坤互涵易学观基础上的"成既济卦"的理念，最终成为虞氏易学的最高理念，也说明了虞氏乾坤互涵易学观在其易学思想中的核心地位。

（二）尊阳卑阴

虞氏易学观的第二个内容，是尊阳卑阴的思想观念。尊阳卑阴的观念，可以说伴随着自《易经》创立以来的易学史。成书于战国时期的《系辞》开篇即曰"天尊地卑，乾坤定矣"，以阳为"君子"、以阴为"小人"，表现出了鲜明的阳尊阴卑的思想倾向。就虞氏易学来说，其虽继承了《易传》"一阴一阳之谓道"的思想，认为易道的本质就是乾坤相互涵摄、阴阳相互作用，阴阳作为易道的两端，皆不可偏废，但同时又表现出浓郁的尊阳卑阴的思想观念。

虞氏认为，阳之道的本质是生长之道，故"吉"；阴之道是本质是毁灭之道，故"凶"。如虞氏注《夬·上六·小象》"无号之凶，终不可长也"曰：

> 阴道消灭，故"不可长也"。

注《系辞》"吉凶者，贞胜者也"曰：

"贞",正也;"胜",灭也。阳生则吉,阴消则凶者也。

注《系辞下》"爻象动乎内,吉凶见乎外"曰:

"内",初;外,上也。阳象动内,则吉见外;阴爻动内,则凶见外也。

注《系辞》"吉凶生矣"曰:

物三称群,坤方道静,故"以类聚"。乾物运行,故"以群分"。乾生,故"吉";坤杀,故"凶",则"吉凶生矣"。

以上虞注,皆可见虞氏以阳长之道为吉、以阴消之道为凶,并以之解释《周易》经传。好的结果,一般来自阳道;不好的结果,一般缘于阴道。如虞氏注《系辞》"夫茅之为物薄"曰:

阴道柔贱,故"薄"也。

注《系辞》"名必辱"曰:

阳称名,阴为辱,以阳之阴下,故"名必辱"也。

注《系辞》"此小人之福也"曰:

坤为小人,乾为福。

虞氏还将阴阳之道提升到道德的高度,注《系辞》"小人不耻不仁,不畏不义"曰:

谓否也。以坤灭乾,为"不仁"、"不义"。坤为耻、为义,乾为仁、为畏者也。

认为阳道为"仁",以阴灭阳,则是"不仁"。就虞氏关于乾坤所取之象来看,阴阳对立、尊阳卑阴的思想分野更是明显。兹引惠栋《易汉学》所载虞氏乾坤两卦逸象,以示说明:

> 乾为王,为圣人,为贤人,为君子,为善人,为武人,为行人,为物,为敬,为威,为严,为道,为德,为性,为信,为善,为良,为爱,为忿,为生,为庆,为祥,为嘉,为福,为禄,为积善,为介福,为先,为始,为知,为大,为盈,为肥,为好,为施,为利,为清,为治,为高,为宗,为甲,为老,为旧,为古,为久,为畏,为昼,为大明,为昼,为远,为郊,为野,为门,为大谋,为道门,为百,为岁,为朱,为顶,为圭,为蓍。
>
> 坤为妣,为民,为姓,为刑人,为小人,为鬼,为尸,为形,为自,为我,为躬,为身,为至,为安,为康,为富,为财,为积,为聚,为重,为厚,为基,为致,为用,为包,为寡,为徐,为营,为下,为裕,为虚,为书,为永,为迩,为近,为思,为默,为恶,为礼,为义,为事,为类,为闭,为密,为耻,为欲,为过,为丑,为怨,为害,为终,为死,为丧,为杀,为乱,为丧期,为积恶,为冥,为晦,为夜,为暑,为乙,为年,为十年,为户,为阖户,为庶政,为大业,为土,为田,为邑,为国,为邦,为大邦,为鬼方,为器,为缶,为辐,为虎,为黄牛。①

(三) 变通趋时

《系辞》曰:"《易》,穷则变,变则通,通则久。"变易的思想,是《周易》的核心思想,也是虞氏在《易注》中着力阐述的重要思想。虞氏注《损·象》"损益盈虚,与时偕行"曰:

> 乾为盈,坤为虚,损刚益柔,故"损益盈虚"。谓泰初之上,损二之五,益上之三,变通趋时,故"与时偕行"。

注《系辞》"通变之谓事"曰:

---

① (清)惠栋:《易汉学》卷3,文渊阁四库全书本。

"事"谓变通趋时。以尽利天下之民,谓之事业也。

可见在虞氏的易学观中,"变通趋时"是其重要的思想。所谓"变通趋时",意思是《周易》六十四卦卦爻阴阳的变化,反映了天道、地道和人道,体现了事物发展变化的规律和方向。

首先,十二消息卦的卦爻之变,完美地体现了天地一年四季的时序之变。虞氏注《系辞》"变通配四时"曰:

变通趋时,谓十二月消息也。泰、大壮、夬,配春;乾、姤、遁,配夏;否、观、剥,配秋;坤、复、临,配冬,谓十二月消息相变通,而周于四时也。

再如虞氏注《系辞》"寒往则暑来,暑往则寒来"曰:

乾为寒,坤为暑,谓阴息阳消,从姤至否,故"寒往暑来"也。阴诎阳信,从复至泰,故"暑往寒来"也。

皆是认为十二消息卦的阴阳消长之变,体现了天地之道变化的规律。

其次,八卦卦象的变化,体现为月相圆缺的周期性运动。虞氏注《坤·彖》"西南得朋,乃与类行。东北丧朋,乃终有庆"曰:

谓阳得其类,月朔至望,从震至乾,与时偕行,故"乃与类行"。阳丧灭坤,坤终复生,谓月三日震象出庚,故"乃终有庆"。此指说易道阴阳消息之大要也。谓阳月三日,变而成震,出庚。至月八日成兑,见丁。庚西丁南,故"西南得朋"。谓二阳为朋,故兑"君子以朋友讲习"。《文言》曰:敬义立而德不孤。《象》曰:乃与类行。二十九日,消乙入坤,灭藏于癸,乙东癸北,故"东北丧朋"。谓之以坤灭乾,坤为丧故也。

此即虞氏的月体纳甲说,而其体现的易学思想则是易卦变通趋时的观念。

最后，虞氏认为人类社会发展的历史，就是一个变通趋时的过程。虞氏注《系辞》"备物致用，立成器以为天下利，莫大乎圣人"曰：

> 神农、黄帝、尧、舜也。民多否闭，取乾之坤，谓之"备物"。以坤之乾，谓之"致用"。乾为物，坤为器用。否四之初，耕稼之利；否五之初，市井之利；否四之二，舟楫之利；否上之初，牛马之利。谓十三盖取以利天下。通其变，使民不倦，神而化之，使民宜之，圣人作而万物睹，故"莫大乎圣人"者也。

认为上古圣人在人类社会发展的原始阶段，是从易卦变化上汲取了智慧，制作了适应生产、生活需要的各种不同的工具，从而满足了不同时代发展的需求。虞氏注《系辞》"上古穴居而野处，后世圣人易之以宫室，上栋下宇，以待风雨，盖取诸大壮"曰：

> 无妄，两象易也。无妄乾在上，故称"上古"。艮为穴居，乾为野，巽为处，无妄乾人在路，故"穴居野处"。震为后世，乾为圣人，后世圣人，谓黄帝也。艮为宫室，变成大壮，乾人入宫，故"易以宫室"。艮为待，巽为风，兑为雨，乾为高，巽为长木，反在上，为栋。震阳动起，故"上栋"。下宇，谓屋边也。兑泽动下，为下宇。无妄之大壮，巽风不见。兑雨隔震，与乾绝体。故"上栋下宇，以待风雨"，盖"取诸大壮"者也。

这是认为圣人受到易卦卦象的启发，主动"变通趋时"，学会了建造房屋宫室。乃至文字的发明、社会制度的构建，都是在易卦卦象的启发下，圣人积极地变通趋时的结果。虞氏注《系辞》"上古结绳而治，后世圣人易之以书契。百官以治，万民以察，盖取诸夬"曰：

> 履上下象易也。乾象在上，故复言上古。巽为绳，离为罔罟，乾为治，故"结绳以治"。后世圣人，谓黄帝、尧、舜也。夬旁通剥，剥坤为书，兑为契，故"易之以书契"。乾为百。剥艮为官，坤为众臣，为万民，为迷暗。乾为治。夬反剥，以乾照坤。故"百官以治，万民以察"。故"取诸夬"。大壮、大过、夬，此三盖取直两

象，上下相易，故俱言易之。大壮本无妄。夬本履卦。乾角俱在上，故言上古。中孚本无乾象，大过乾不在上，故但言古者。大过亦言后世圣人易之，明上古时也。

总之，"变通趋时"的观念，是虞氏易学观的重要内容之一，有着积极的理论意义和现实意义。

二　论虞翻的卦变思想及设计

关于虞翻易学的卦变说，清代学者惠栋指出：

> 卦变之说本于《象传》，荀慈明、虞仲翔、姚元直及蜀才（范长生）、卢氏、侯果等之注详矣，而仲翔之说尤备。①

可见清人对虞翻易学的卦变说，评价甚高。虞氏的卦变理论，也得到了今人的肯定，林忠军先生评价虞翻卦变理论时说：

> 其卦变体系的精微、庞大及完备是古代（宋以前）言卦变者望尘莫及的。②

虞翻易学的卦变说，当是受了荀爽易学的影响。《三国志·虞翻传》注引虞翻曰：

> 经之大者，莫过于《易》。自汉初以来，海内英才，其读易者，解之率少。至孝灵之际，颍川荀谞号为知《易》，臣得其注，有逾俗儒。③

朱伯崑先生指出：

---

① （清）惠栋：《易汉学》卷8，文渊阁四库全书本。
② 林忠军：《象数易学史》第1卷，齐鲁书社1994年版，第192页。
③ （晋）陈寿：《三国志》卷57，中华书局1982年版，第1322页。

> 他（指虞翻，笔者注）发挥了荀爽的刚柔升降说，将卦气说引向卦变说，以卦变说解释《周易》经传。①

林忠军先生也认为：

> 虞氏推崇荀易，很大程度上与荀氏言卦变是分不开的，荀氏卦变说在虞氏卦变说形成中的作用也是显而易见的。②

关于虞氏的卦变说，李鼎祚的《周易集解》中保存得比较完整，除了师、同人、大有卦不言自何卦卦变而来外，其他各卦皆言自何卦卦变而来，这为我们比较全面地认识虞氏卦变说提供了条件。朱伯崑先生认为虞翻卦变说的主要内容是：

> 一是乾坤父母卦变为六子卦，一是十二消息卦变为杂卦。③

笔者赞同朱先生的观点，但虞氏有着不同的目的和意义。兹在前人研究的基础上，结合荀氏卦变说对于虞氏卦变说的影响，对虞翻易学中卦变说作具体的分析。

1. 本于乾、坤卦。这其中又分两种情况，一种是乾、坤卦变而成六子卦；另一种是乾、坤卦变而成十二消息卦（乾坤两卦除外）。

（1）乾、坤卦变而生六子卦。虞翻的这一卦变思想，远绍《说卦》乾坤生六子说，近取荀爽易学的乾坤卦变六子卦说。虞翻将乾坤生六子的卦变过程，置于宇宙生成论的高度，以之解释《系辞》"太极生两仪，两仪生四象，四象生八卦"的过程。虞氏曰：

> 太极，太一也，分为天地，故生两仪也。四象四时也。两仪谓乾坤也。乾二五之坤成坎离震兑。震春，兑秋，坎冬，离夏，故两仪生四象……乾二五之坤则生震坎艮，坤二五之乾则生巽离兑，故

---

① 朱伯崑：《易学哲学史》第1卷，华夏出版社1995年版，第211页。
② 林忠军：《象数易学史》第1卷，齐鲁书社1994年版，第193页。
③ 朱伯崑：《易学哲学史》第1卷，华夏出版社1995年版，第211页。

四象生八卦。乾坤生春，艮兑生夏，震巽生秋，坎离生冬者也。

我们知道，孟喜易学在《说卦》八卦方位说的基础上，提出坎离震兑为四正卦，主宰一年四季的节气变化，并以阴阳消长的理论，结合四正卦的三画卦象给予了论述。虞氏则从乾坤卦变的角度，阐释了四正卦在宇宙生成论上的重要意义，由"太一"→天地（乾坤）→四时（坎离震兑）→八卦，吸收了汉代国家信仰中的"太一崇拜"，构建了易卦系统的宇宙生成论，这是其卦变说的创新之一。

尽管受荀爽卦变说的影响，虞翻认为六子卦是由乾坤两卦卦变而来，但从虞氏卦变的思想及具体卦变设计上来看，其更取十二消息卦卦变六子卦之义，故关于六子卦的卦变，存在"两可"的情况。如虞氏注《坎》卦曰：

乾二五之坤，与离旁通。于爻，观上之二。

前一句是说坎自坤卦变而来；后一句是说坎自观卦变而来。其注《离》卦曰：

坤二五之乾，与坎旁通。于爻，遁初之五，柔丽中正，故"利贞，亨"。

前一句是说离自乾卦变而来，后一句是说离自遁卦变而来。很明显，关于前者，虞翻是受了荀爽卦变说的影响；关于后者，方是虞翻易学自成体系的卦变说。故虞氏注《震》卦曰"临二之四"，注《巽》卦曰"遁二之四"，注《艮》卦曰"观五之三"，注《兑》卦曰"大壮五之三"。可见虞氏在六子卦的卦变设计上，是有着鲜明的规律性的。这也给我们一个启示：虞氏的卦变说，其本于荀氏易学的，有的并不属于虞翻自创的卦变体系。就是说，虞氏《易注》中的卦变说，有的仅仅是对于荀氏卦变说的记录或借用，并不能算作虞氏的卦变思想或卦变设计。

在此需要提出的问题是：虞氏易学的卦变体系中是否有六子卦卦变杂卦的设计？我们知道，在荀爽的卦变体系中，六子卦是有卦变其他杂卦的功能的，而虞翻注《屯》卦曰：

坎二之初，刚柔交震，故"元亨"；之初得正，故"利贞"也。

注《蒙》卦曰：

艮三之二。"亨"谓二。震刚柔接，故"亨"。

注《大过》卦辞曰：

大壮五之初，或兑三之初。"栋桡"谓三，巽为长木称"栋"。初上阴柔，"本末弱"，故"栋桡"也。

虞氏《易注》中言本于六子卦卦变的仅此三例。其中，屯、蒙分别本于坎、艮，又见于荀注。上文已辨析，虞氏曰大过卦的卦变"或兑三之初"，亦当本于荀注。如何理解虞氏《易注》中的这三例卦变？林忠军先生认为：虞氏卦变说中屯、蒙、颐、中孚、小过、丰、旅等七卦属于卦变中的特变，反映了虞氏卦变体系的前后矛盾。① 笔者认为，就虞翻的整个卦变体系来看，十二消息卦卦变其他杂卦是主线，如果说虞氏设计了六子卦卦变其他杂卦，考虑到虞氏将六子卦抬升到"两仪生四象""四象生八卦"的哲学高度，六子卦又皆从临、观、遁、大壮四个消息卦卦变而来，则不会只构建坎、艮、兑三卦可生成其他杂卦，而震、巽、离三个卦不能生成其他杂卦的体系。所以，仅就此三个卦的卦变而言，毋宁说是虞氏的卦变思想，不如说是其对荀爽卦变说的标记。因为就京房八宫卦的体系来看，这三个卦分别为二世、四世和游魂卦，而在荀爽的卦变体系中，本于六子卦的卦变，亦皆在这三世的卦中，故虞氏曰"坎二之初""艮三之二""兑三之初"之语，当是对荀氏易学六子卦卦变杂卦的理论总结。上文已述，虞氏注坎、离两个卦的卦变有"两可"之说，虞氏注大过卦的卦变亦存"两可"之说，说明了"大壮五之初"，方是虞氏自创的卦变设计；此处不用己说，而取荀氏"兑三之初"的卦变说，与其注屯、蒙两个卦一样，只是为了更好地解释卦辞。故虞氏关于屯、蒙两卦的卦变设计，从临、观

---

① 林忠军：《象数易学史》第1卷，齐鲁书社1994年版，第200页。

卦变杂卦的规律来看：屯卦当是"观上之初"，蒙卦当是"临初之上"。再退一步说，坎、艮两个卦属于二阳四阴卦，卦变自临、观来，故言屯、蒙来自临、观卦的卦变，也是可以的。

（2）乾、坤卦变而成十二消息卦。就虞翻所处的东汉末期的学术思潮来看，孟喜开创的十二消息卦说已经不是新说。但从虞翻对于整个《周易》六十四卦的卦变来看，乾坤卦变十二消息卦，方是揭开了虞氏卦变说的帷幕。虞氏注《复》卦"阳息坤"，注《临》卦曰"阳息至二"，注《泰》曰："阳息坤，反否也"，注《大壮》曰"阳息泰也"，注《夬》曰"阳决阴，息卦也"，此五卦皆言"阳息"，本于《坤》卦。虞氏注《姤》曰"消卦也"，注《遁》曰"阴消姤二也"，注《否》曰"阴消乾，又反泰也"，注《剥》卦曰"阳消乾"也，于《观》卦虽无注，但依其注《大壮》之例当为"阴消否也"，此五卦言"阴消"，本于乾卦。可见虞氏本于京房、荀爽易学关于十二消息卦卦变的解释，而更突出阳息阴消之义。

2. 本于十二消息卦。在荀氏的卦变设计中，十二消息卦中只有泰、否卦具有变成它卦的功能，虞氏则将十二消息卦的卦变功能又扩展到了遁、大壮、临、观、剥、复、夬、姤八个卦上，这是虞氏对卦变说的新发展。大体言之，三阴三阳卦本于泰、否卦；二阴四阳卦本于遁、大壮卦，二阳四阴卦本于临、观卦；一阴五阳卦本于夬、姤，一阳五阴卦本于剥、复，并将其施之于其他五十二卦，从而基本构建起了一以贯之的卦变体系。

（1）本于泰、否卦。在荀爽的卦变体系中，所有的三阴三阳卦和部分二阴二阳卦由泰、否卦变而来；而在虞翻的卦变体系中，只有所有的三阴三阳卦本于泰、否卦，即节、贲、恒、既济、损、井、丰、蛊、归妹九卦本泰卦；旅、困、益、未济、咸、噬嗑、涣、随、渐九卦本否卦，与荀氏卦变之说相同。林忠军先生认为："三阴三阳之卦的《丰》、《旅》本当来自《泰》、《否》，但虞注来自《噬嗑》、《贲》。"[①] 笔者认为，林氏之说欠妥。兹先看虞氏对于两卦卦变的注解，注《丰》卦曰：

> 此卦三阴三阳之例，当从泰二之四。而丰三从噬嗑上来之三，折四于坎狱中而成丰，故"君子以折狱致刑"。阴阳交，故"通"。

---

① 林忠军：《象数易学史》第1卷，齐鲁书社1994年版，第200页。

噬嗑所谓"利用狱"者，此卦之谓也。

注《旅》卦曰：

> 贲初之四，否三之五，非乾坤往来也。与噬嗑之丰同义。小谓柔，得贵位而顺刚，丽乎大明，故"旅小亨，旅贞吉"。再言"旅"者，谓四凶恶，进退无恒，无所容处，故再言"旅"，恶而愍之。

就虞氏曰丰卦"此卦三阴三阳之例，当从泰二之四"，旅卦"贲初之四，否三之五，非乾坤往来也"来看，其并没有破三阴三阳卦从泰、否而来的体例。只是出于解释卦爻辞及《大象》辞的需要，又认为丰卦从噬嗑卦而来，旅卦从贲卦来。

（2）本于遁、大壮卦。依虞注，二阴四阳卦中，兑、需、大畜、睽、鼎、大过六个卦本于大壮卦；离、巽、讼、无妄、家人、革六个卦本于遁卦。

（3）本于临、观卦。依虞注，二阳四阴卦中，震、蒙、颐、明夷、解、升六个卦本于临卦，坎、艮、屯、晋、蹇、萃六个卦本于观卦。

上述两类卦变所列的二十四个卦中，屯、蒙两个卦上文已分析过，在此专门分析一下颐卦，虞氏注《颐》卦曰：

> 晋四之初，与大过旁通。"养正则吉"，谓三之正，五上易位，故"颐贞吉"。反复不衰，与乾、坤、坎、离、大过、小过、中孚同义。故不从临、观四阴二阳之例。或以临二之上，兑为口，故有"口实"也。

通行本《周易》中颐与大过卦为相对之卦，在京房八宫卦的体系中，大过与颐卦分别属于震宫和巽宫的游魂卦，故也属于相对之卦，二者在卦画上属于"全变"。而虞氏注《大过》卦曰"大壮五之初，或兑三之初"，已是肯定大过卦从二阴四阳之例，故此处注解《颐》曰"晋四之初，与大过旁通"之语，乍一看来，确实令人费解。按虞氏卦变体例，二阳四阴卦，或本于临，或本于观，虞氏不会不做推演。那么，虞氏为什么还坚持颐卦"晋四之初"的卦变说呢？原因在于表达其"成既济定"

的社会理想,即颐卦发生"三之正,五上易位"的变化而成既济卦。可见虞氏的卦变说,有时候因为要服从其人文理想而进行改易。但虞氏又于注的末尾补充说"或以临二之上",可见其又认为颐卦的卦变,是可以遵从临、观四阴二阳之例的。由之亦可见,虞氏对于十二消息卦变五十二卦的卦变,有着鲜明的体例,但为了更好地弥合卦爻辞和卦爻象之间的关系,又部分地突破了其卦变的体例。

除此而外,属于二阴二阳卦的尚有小过、中孚卦,虞氏注《中孚》曰:

> 讼四之初也。坎孚象在中,谓二也,故称"中孚"。此当从四阳二阴之例。遁阴未及三,而大壮阳已至四,故从讼来。二在讼时,体离为鹤,在坎阴中,有"鸣鹤在阴"之义也。

注《小过》曰:

> 晋上之三。当从四阴二阳临观之例。临阳未至三,而观四已消也,又有飞鸟之象,故知从晋来。杵臼之利,盖取诸此。柔得中而应乾刚,故"亨"。五失正,故"利贞"。"过以利贞,与时行也"。

虞氏关于中孚、小过卦卦变的注解,受到了学者的质疑。如清代学者焦循曰:

> 《临》《观》未至三,二未至三成《明夷》也;《观》四已消,五未至四成《晋》也。五先之四,则四不消也,四不消而《晋》上之三为《小过》,则《临》二先至三成《明夷》,《明夷》初之四成《小过》,亦可也。盖两阳爻齐之乃成小过,两阴爻齐之乃成中孚。无两爻齐之之理,而其例既穷乃变其说,为讼四之初,晋上之三,晋上之三仍是观五先之四,观上次之三也。讼四之初仍是遁二先之三,遁初次之四也,仍是两爻齐之。虞氏自知其不可强通,故晦其辞,貌为深曲,而究无奥义也。[①]

---

① (清)焦循:《易图略》卷7,九州出版社2003年版,第124页。

林忠军先生也说：

> 虞氏对《小过》特变所作解释也不能令人置信。《小过》不从《临》、《观》，在于《临》阳未至三，《观》四已消。若按照这种理论类推，《明夷》、《震》、《艮》等大部分皆有阳爻居三、四位，也不应从《临》、《观》，这就等于推翻了《临》、《观》生卦的理论。①

按：林氏之说似乎误解了虞氏之注，焦氏虽察觉虞氏卦变说的问题所在，但评价显失公允。虞氏的这种卦变设计，其实体现了他卦变说的根本原则，兹作一揭示：第一，虞氏注《中孚》卦曰"此当从四阳二阴之例"，注《小过》卦曰"当从四阴二阳临观之例"，已经指出这两卦亦须遵循虞氏的卦变条例。因为讼、晋分别由遁、观卦变而来，由讼变中孚，晋变小过，二者属于间接从遁、观卦变而来，按虞氏之注，这并没有破其卦变体例。第二，虞氏注《小过》曰"临阳未至三，而观四已消也"之义，显然是被误解了。虞氏的意思是临卦初、二位阳爻，观卦五、上位阳爻，若直接从临、观卦变，因为小过卦是三、四位阳爻，若进行一次阴阳爻位的升降或变化，是变不出小过卦的，故虞氏认为从观之晋，再从晋之小过，方完成二阴四阳之例的卦变。同样的道理，遁卦初、二爻位阴爻，大壮卦五、上位阴爻，而中孚卦是三、四位阴爻，遁或大壮卦进行一次阴阳升降，是不能变成中孚卦的，故虞氏设计了二次卦变。由之，可以推知虞氏乾坤卦变十二消息卦，十二消息卦变其他五十二卦的一个根本原则：一卦六爻的一次阴阳升降或阴阳变易变成另一卦。如前述乾坤卦变十二消息卦，即是一次阴阳爻位的变易；泰否卦变三阴三阳杂卦，即是一次阴阳升降。我们再分析二阴二阳卦的卦变情况加以印证，本于遁、观、临、大壮四个卦的卦变，可以分为两大类，相覆之卦和全变之卦，就相覆之卦的卦变来看，自然是分别本于临、观，或分别本于遁、大壮。而就全变之卦来看，除去分别本于讼、晋的中孚、小过卦，还剩下震、巽、坎、离、艮、兑六子卦和颐、大过等八个卦，而虞氏分别设计了四组卦变，穷尽了所有的组合形式，即震、巽分别本于临、

---

① 林忠军：《象数易学史》第 1 卷，齐鲁书社 1994 年版，第 200—201 页。

遁，坎、离分别本于观、遁，艮、兑分别本于观、大壮，颐、大过分别本于临、大壮，这既充分显示了虞氏对于卦变设计的深思熟虑，又是虞氏卦变原则使然。如震卦只能本于临，而不能本于观；巽卦只能本于遁，不能本于大壮；艮卦只能本于观，不能本于临；兑只能本于大壮，不能本于遁；晋只能本于观，不能本于临；讼只能本于遁，不能本于大壮等，皆是因为一次阴阳升降完成卦变，而不是两次或更多（下述一阴一阳卦变也是一次阴阳升降或变易完成卦变），这是虞氏卦变说较荀爽卦变说改进的地方。从卦与卦之间的联系来看，一次阴阳升降或变易完成卦变，自然较多次阴阳升降或变易完成卦变，要更具有合理性。

3. 关于一阴一阳卦的卦变。上文阐述了包括乾坤卦在内的五十六卦的卦变情况，还剩下一阴一阳卦的师、比、小畜、履、同人、大有、谦、豫等八个卦。关于这八个卦，虞氏有三个卦未注明变自何卦，有两个卦违背卦变的体例，令人颇为费解，兹具体分析之。

先看一阳五阴卦，谦、豫是通行本《周易》的第十五、十六卦，虞氏注《谦》卦曰：

> 乾上九来之坤，与履旁通。天道下济，故"亨"。彭城蔡景君说"剥上来之三"。

按：虞氏曰"乾上九来之坤"，即是说《谦》卦由《剥》卦卦变而来。注《豫》卦曰：

> 复初之四，与小畜旁通。坤为邦国，震为诸侯。初至五体比象，四利复初，故"利建侯"。

可见，虞氏关于谦、豫卦的卦变设计，遵循了十二消息卦变杂卦的原则。师、比是通行本《周易》的第七、八卦，虞氏注《师》卦曰：

> 坤为众，谓二失位，变之五为比。（蜀才曰："此本剥卦。"）

注《比》卦曰：

师二上之五，得位。（蜀才曰："此本师卦。"）

由虞氏注《比》卦来看，其并没有遵循一阳五阴卦本于十二消息卦剥、复的规律，而是认为比卦由师卦卦变而来。那么，师卦是由何卦卦变而来呢？唐明邦先生指出：

蜀才的卦变思想，是将荀爽升降说，同虞翻卦变说相结合。基本上依虞氏卦变体例，对虞氏自违其例者，有所匡正。[①]

由蜀才对《比》卦卦变的注解来看，其对虞氏明显"违例"的卦变说并无修正，则蜀才关于《师》卦卦变的注解，亦当是本于虞氏，即师卦本于剥卦，遵循了一阳五阴卦本于十二消息卦剥、复的体例。

再看一阴五阳之卦。小畜、履是通行本《周易》的第九、十卦，虞氏注《小畜》卦曰：

需上变为巽，与豫旁通。豫四之坤初为复，复小阳潜，所畜者少，故曰"小畜"。二失位，五刚中正，二变应之，故"志行乃亨"也。

注《履》卦卦辞"履虎尾，不咥人，亨，利贞"曰：

谓变讼初为兑也，与谦旁通。以坤覆乾、以柔履刚。谦坤为"虎"、艮为"尾"、乾为"人"，乾兑乘谦震足蹈艮，故"履虎尾"。兑悦而应，虎口与上绝，故"不咥人"。刚当位，故通。俗儒皆以兑为虎，乾履兑，非也。兑刚卤，非柔也。

小畜、履皆是一阴五阳卦，而需、讼皆是二阴四阳卦，一阴五阳卦由二阴四阳卦卦变而来，这就突破了前述虞氏十二消息卦变杂卦的体例。小畜、履两卦的特殊卦变，尽管由虞注来看其是出于注释卦辞的需要，但也确实如学者指出的：

[①] 唐明邦：《范长生的易学思想》，《宗教学研究》2001年第4期。

一阴五阳、一阳五阴卦的卦变没有统一体例，显示了虞氏体系的不完备，不严密。①

同人、大有是通行本《周易》的第十三、十四卦，虞氏注《同人》卦曰：

　　旁通师卦。（蜀才曰："此本夬卦。九二升上，上六降二，则'柔得位得中而应乎乾'。下奉上之象，义同于人，故曰'同人'。"）

注《大有》卦曰：

　　与比旁通。

对于大有卦，不但虞氏没有注明自何卦卦变而来，蜀才亦不言本于何卦，我们只能依照虞翻的卦变思想作一番推求。同人、大有分别与师、比旁通，即与之卦形全变，是否可以依比卦来自师卦的卦变说，而认为大有卦来自同人卦呢？答案是否定的。我们知道，"之正说"是虞氏重要的易学思想，为什么师卦必须变为比卦，原因在于九二阳爻位不正，当升之五位，方为正位。而同人卦之六二，如《象》言"柔得位得中"，位正且中，若六二上之五，虽得尊位而位不正，虞氏不会作此卦变上的考虑。由蜀才注《同人》卦"此本夬卦"之语，说明作为同人卦的相覆之卦大有，亦当从一阴五阳卦卦变而来，而小畜、履虽是一阴五阳卦，却是从二阴四阳的需、讼卦变而来，若是大有卦又自小畜、履卦变而来，作为虞氏卦变体系极其特殊的"违例"，虞氏自当如注《比》卦一样注明，故大有卦只有来自夬或姤卦。又由虞氏注《同人》卦曰"二至五体姤"之语，注《大有》卦曰"以乾灭坤，体夬"之语，可见虞氏已经深刻观察到了二者与夬、姤两卦在卦体上的相似性，按照阴阳升降的法则，同人卦是夬上六之二，故大有卦当是姤初六之五。

以上关于一阴一阳卦的分析，可见虞氏有违卦变体例的地方，这自

---

① 林忠军：《象数易学史》第1卷，齐鲁书社1994年版，第202页。

然有失卦变系统的严整性。但如果我们不以苛求的眼光审视虞氏这几处违例的卦变的话，比卦来自师卦，而师卦来自十二消息卦剥；小畜、履虽来自二阴四阳的需、讼卦，但需、讼分别来自十二消息卦中的大壮、遁，故我们仍可以说，这并不违背十二消息卦变其他卦的总体理论构架。总之，关于虞氏易学六十四卦的卦变设计，我们可以下图表示：

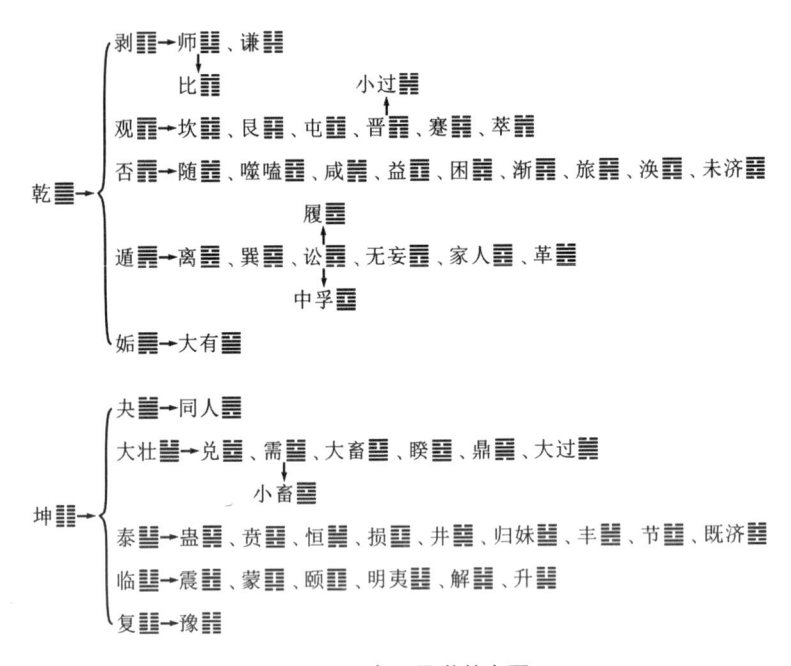

$$
乾\begin{cases}
剥\rightarrow师、谦\\
比\quad\quad\quad\quad\quad 小过\\
观\rightarrow坎、艮、屯、晋、蹇、萃\\
否\rightarrow随、噬嗑、咸、益、困、渐、旅、涣、未济\\
履\\
遁\rightarrow离、巽、讼、无妄、家人、革\\
中孚\\
姤\rightarrow大有
\end{cases}
$$

$$
坤\begin{cases}
夬\rightarrow同人\\
大壮\rightarrow兑、需、大畜、睽、鼎、大过\\
小畜\\
泰\rightarrow蛊、贲、恒、损、井、归妹、丰、节、既济\\
临\rightarrow震、蒙、颐、明夷、解、升\\
复\rightarrow豫
\end{cases}
$$

图6—3 虞翻易学卦变图

通过虞氏易学卦变图，可以很清楚地看出虞翻的卦变思想，即以乾坤为本、十二消息为纲，相对之卦在卦变上的所本之卦亦基本相对。可见虞氏卦变说已经摆脱了京房八宫卦变体系的影响，而重新沿着《序卦》所阐述的通行本《周易》卦序探究卦变之理。有趣的是，通过虞氏易学卦变图，可以查知本于乾卦（含乾卦）的卦变有三十四卦，本于坤卦（含坤卦）的卦变有三十卦。本于乾卦，即是以坤爻入乾；本于坤卦，即是以乾爻入坤，则乾爻动者三十卦，坤爻动者三十四卦，此与《周易》上下经所包括的卦数相合，又与《易纬·乾凿度》之说相合：

孔子曰：阳三阴四，位之正也。故易卦六十四，分而为上下，象阴阳也。夫阳道纯而奇，故上篇三十，所以象阳也。阴道不纯而偶，故下篇三十四，所以法阴也。①

此或是巧合，或是虞氏卦变说的本然之义。

总之，虞氏易学的卦变说，可谓集战国时期《易传》和两汉孟喜、京房、荀爽易学中的卦变思想之大成，融会贯通而推陈出新，是全面、深入而系统的卦变说的理论体系。其以乾坤卦变六子卦解释《系辞》"两仪生四象，四象生八卦"的过程，突出了六子卦在宇宙生成论上的重要意义，从而进一步丰富和完善了两汉时期的易学天道观。同是本于孟喜"十二消息卦"的阴阳消长理论，却能继京房八宫卦的卦变体系之后，以乾坤卦变十二消息卦、十二消息卦变其他五十二卦，富有逻辑性地构建起了《周易》六十四卦的卦变体系。在这个卦变体系下，贯穿着虞氏卦变的根本原则或者说基本规律，即一卦六爻内一次卦爻升降或一个爻位的阴阳变易完成一次卦变，前者基本体现在十二消息卦变其他卦上，后者基本体现在乾坤生十二消息卦上。尽管以今天的学术眼光审视，虞氏个别卦变之说有"违例"的地方，但瑕不掩瑜，其对于《周易》六十四卦之间卦变、爻变规律的阐发，既进一步揭示了《周易》六十四卦卦象相互联系、相互转化的奥秘，解释了《周易》卦爻辞与卦爻象之间的内在关系，也进一步丰富并深化了《易经》的变易思想，从而提升了人们对《周易》思维体系的认识。从易学史发展的脉络上看，虞翻的卦变理论，标志着自战国时期《易传》开启的两个命题——以卦变说解释阴阳消长的天道观，以卦变说解释《周易》卦爻辞，经过两汉时期孟喜、京房、荀爽易学的努力，至虞翻易学而最终予以比较圆满的解决，意味着卦变说阶段性的终结，从而又预示着易学将开启新的学术转向。

三 虞翻易学的其他解《易》体例

（一）旁通说

虞氏注《比》卦曰"与大有旁通"，注《需》卦曰"与豫旁通"，注《履》卦曰"与谦旁通"，注《同人》卦曰"旁通师卦"，注《豫》卦曰"与小畜旁通"……可见，旁通说是虞翻易注中常用的解《易》体例。所

---

① ［日］安居香山、中村璋八：《纬书集成》，河北人民出版社1994年版，第15页。

谓"旁通"说，就是指一卦与它卦爻相反的卦存在着一种相通、转化的关系，一卦之中涵摄着与其卦爻相反之卦，故在解释卦爻辞的时候，不但可以用本卦的卦象，还可以利用与其卦爻相反之卦的卦象。张涛先生指出：

> 旁通之说不见于《周易》，虽然《乾·文言》有"六爻发挥，旁通情也"之语，《系辞上》有"旁行而不流"之语，但很明显，此处的"旁通"、"旁行"并非占筮的体例和原则，也没有阴阳对待的含义。因此，旁通说实乃虞翻的一大发明。①

关于旁通说，究其实质，是先秦以来易学卦变思想的发展。按照卦变的理论，一卦皆可变成六十四卦，六十四卦通过卦变而建立了一种普遍的联系，而一卦六爻在阴阳属性全变，则是六十四种变化形式中较为特殊的一种。虞氏既然认为乾坤、阴阳之间相互对立又相互涵摄，故于六十四卦的卦变关系专门阐释相反之卦的关系及意义，就是很自然的事情了。虞氏创立的旁通说，是依据于卦变的理论，但在实际解《易》的时候，则大大扩展了易卦取象的范围。如虞氏注《小畜》曰：

> 与豫旁通。豫四之坤初为复，复小阳潜，所畜者少，故曰"小畜"。二失位，五刚中正，二变应之，故"志行乃亨"也。

虞氏不从小畜卦的卦象和卦爻关系出发阐述小畜的卦义，而是从小畜卦的全变之卦豫卦出发，认为豫卦九四下行之初位，成复卦，复卦初九在最下位，处于潜藏的状态，所畜者少，故曰"小畜"。虞氏注《临》"至于八月有凶"曰：

> 与遁旁通，临消于遁，六月卦也。于周为八月。遁弑君父，故"至于八月有凶"。

按照孟喜的十二月辟卦说，临卦当十二月中，而遁卦当六月中，周

---

① 张涛：《略论虞翻易学》，《山东师范大学学报》（人文社会科学版）2016年第4期。

代历法"建子",即以初昏时刻北斗星柄指向子辰的月份为正月;汉代太初历"建寅",即以初昏时刻北斗星柄指向寅辰的月份为正月。故十二月辟卦说中遁卦,于周历实当八月,故虞氏以之解释临卦卦辞。再如虞氏注《大畜》曰:

> 与萃旁通。二五失位,故"利贞"。此萃五之复二,成临。临者,大也。至上有颐养之象,故名大畜也。

大畜旁通萃卦,虞氏认为萃卦九五爻下行至复卦二位,成临卦,《序卦》曰:"临者,大也。"又以大畜卦三至上位有颐卦象,故以之解释大畜卦名。

(二) 互体说

张涛先生指出:

> 所谓互体,是指在六爻结构的卦体中,除了乾、坤等个别卦外,并非都是上下两个单卦卦体,二至四、三至五均可组合为一个新的单卦卦体,初至四、二至五、三至上均可组合为一个新的复卦卦体。①

虞氏视互体说为重要的解《易》体例,并有所发展。具体而言,虞氏有二爻互体、三爻互体、四爻互体、五爻互体等诸种说法。

二爻互体,又称"半象"。虞氏注《小畜·象》"密云不雨,尚往也"曰:

> 密,小也。兑为密。需坎升天为云,坠地称雨。上变为阳,坎象半见。故"密云不雨,尚往也"。

虞氏所谓的"坎象半见",是指小畜卦四、五爻互体成坎卦下部分。如虞氏注《讼·初六》"不永所事,小有言,终吉"曰:

---

① 张涛:《略论虞翻易学》,《山东师范大学学报》(人文社会科学版) 2016 年第 4 期。

永，长也。坤为事，初失位，而为讼始，故"不永所事"也。小有言，谓初四易位成震，言三食旧德，震象半见，故"小有言"。初变得正，故"终吉"也。

讼卦初爻与四爻易位，则二、三、四爻互体成震卦，对于六三而言，其与九二仅构成一半的震卦卦象，故虞氏曰"震象半见"。再如虞氏注《需·九二》"需于沙，小有言，终吉"曰：

"沙"谓五。水中之阳称"沙"也。二变之阴称"小"。大壮震为"言"，兑为口。四之五，震象半见，故"小有言"。二变应之，故"终吉"。

需卦卦爻六四至五位、九五至四位，则成大壮卦，上经卦为震，而对于九二所应之六五，其与九四仅构成一半的震卦卦象，故虞氏曰"震象半见"。由之可见，虞氏的互体说，又与卦变说或之正说紧密联系在一起。

三爻互体。虞氏注《泰·初九·小象》"拔茅征吉，志在外也"曰：

否泰反其类，否巽为"茅"。茹，茅根。艮为手。汇，类也。初应四，故"拔茅茹以汇"。震为"征"，得位应四，"征吉"，"志在外"。外，谓四也。

泰卦与否卦属于旁通之卦，故虞氏在解释泰卦小象时，又引用了否卦的卦象。虞氏所谓"否巽"，是指否卦三、四、五爻互体成巽卦，"艮"是指否卦二、三、四爻互体成艮卦；"震"则是指泰卦三、四、五爻互体成震卦。此处皆是以三爻互体解释《周易》经传。如虞氏注《同人·彖》"唯君子为能通天下之志"曰：

"唯"，独也。四变成坎。"坎为通"，为志，故"能通天下之志"。

此是以同人卦九四变为阴爻，二、三、四爻互体成坎卦。再如虞氏注《噬嗑》"亨，利用狱"曰：

> 否五之坤初，坤初之五，刚柔交，故"亨"也。坎为狱，艮为手，离为明，四以不正，而系于狱。上当之三，蔽四成丰，折狱致刑，故"利用狱"。坤为用也。

虞氏所谓的"坎为狱，艮为手"，即是以噬嗑卦三、四、五爻互体成坎卦；二、三、四爻互体成艮卦。

四爻互体。虞氏注《师·大象》"君子以容民畜众"曰：

> "君子"谓二。"容"，宽也。坤为民众，又畜养也。阳在二，宽以居之，五变"执言"时，有颐养象，故"以容民畜众"矣。

师卦六五变为阳爻时，二位至五位互体象颐卦，故虞氏以之解释《大象》辞。此处"执言"疑涉下文六五爻辞而衍。虞氏注《同人·九五》"同人先号咷而后笑，大师克，相遇"曰：

> 二至五体姤，遇也，故"相遇"。

此是以同人卦二位至五位四爻互体象姤卦，故以之解释爻辞。虞氏注《睽·初九》"悔亡，丧马勿逐，自复"曰：

> 无应，四动得位，故"悔亡"。应在于坎，坎为马。四而失位，之正入坤，坤为丧。坎象不见，故"丧马"。震为逐，艮为止，故"勿逐"。坤为自，二至五，体复象，故"自复"。四动震马来，故"勿逐自复"也。

睽卦九四变阴爻后，二位至五位互体象复卦，故虞氏以之解释爻辞。再如虞氏注《大畜·六五》"豮豕之牙，吉"曰：

> 三至上有颐象。

是说《大畜》卦三至上位互体象颐卦。

五爻互体。虞氏注《蒙》"匪我求童蒙，童蒙求我"曰：

> 童蒙谓五，艮为童蒙。我谓二也。震为动起，嫌求之五，故曰"匪我求童蒙"。五阴求阳，故"童蒙求我，志应也"。艮为求，二体师象，坎为经。谓礼有来学，无往教。

虞氏所谓的"二体师象"，即是以初爻至五爻有师卦卦象，九二即象征师者。虞氏注《讼·六三》"食旧德，贞厉，终吉"曰：

> 乾为旧德。食谓初。四二已变之正。三动得位，体噬嗑食。四变食乾，故"食旧德"。三变在坎，正危贞厉，得位二，故"终吉"也。

按虞氏注《讼·初六》"初四互易"，注《讼·九二》"二变应五"，此处又曰"三动得位"，则成鼎卦，鼎卦初爻至五爻，如果把初爻和二爻看成震卦半象的话，则体"噬嗑"。再如虞氏注《泰·上六》"城复于隍，勿用师，自邑告命，贞吝"曰：

> 谓二动时体师。阴皆乘阳，行不顺，故"勿用师"。

此是以泰卦九二变阴爻，二位至五位互体象师卦。再如虞氏注《明夷·大象》"明入地中，明夷。君子以莅众，用晦而明"曰：

> "而"，如也。君子谓三。体师象，以坎莅坤。坤为众，为晦，离为明，故"用晦如明"也。

亦是以二至上位五爻互体象师卦，下经卦为坎，上经卦为坤，故曰"以坎莅坤"。

通过以上分析，可见虞氏的互体说突破了自春秋易学以来以三爻画互体的理论，大大拓展了互体的内容和形式，并且互体说与爻变说结合起来，在解释《周易》经传时极大地扩展了取象的范围；但其弊端也是很明显的，就是如此随意、频繁地运用互体说解《易》，以之沟通卦爻辞与卦爻象之间的关系，反而使易卦中蕴涵的哲理被烦琐的象数冲淡了，甚至淹没了。

（三）上下易象说

虞氏注《系辞》"古之葬者，厚衣之以薪，葬之中野，不封不树，丧期无数，后世圣人易之以棺椁，盖取诸大过"曰：

> 中孚，上下易象也。本无乾象，故不言上古。大过乾在中，故但言古者。巽为薪，艮为厚，乾为衣、为野，乾象在中，故"厚衣之以薪"。葬之中野，穿土称封。封，古窆字也。聚土为树，中孚无坤坎象，故"不封不树"。坤为丧期，谓从斩衰至缌麻。日月之期数，无坎离日月坤象，故"丧期无数"。巽为木，为入处；兑为口；乾为人；木而有口，乾人入处，棺敛之象。中孚艮为山丘，巽木在里，棺藏山陵，椁之象也，故"取诸大过"。

虞氏认为，上古丧葬制度的演变，是圣人从易卦的变通之理中得到的启发。由葬之野，不树不封，至以棺椁安葬，其礼在易卦中体现为中孚变为大过。而从中孚变为大过，是中孚上下经卦相易的结果，即下经卦兑上移于上经卦巽之上，成大过卦。此即上下易象说。

（四）之正说

之正说源于战国时期《易传》的当位说。对于一卦六位而言，一、三、五是阳位，二、四、六是阴位，阳爻当处阳位、阴爻当处阴位，此即当位说。虞氏认为，如果阴爻处阳位，或者阳爻处阴位，都是卦爻不当位，即失位，须变易得正，此是之正说的主要内容，故虞氏的之正说，其本质是爻变。

初爻之正。虞氏注《比·初六》"有孚比之，无咎"曰：

> 孚谓五。初失位，变来得正，故"无咎"也。

比卦初位阴爻不正，变阳爻则得正，得正则"无咎"。

二爻之正。虞氏注《小畜·象》"刚中而志行，乃亨"曰：

二失位，五刚中正，二变应之，故"志行乃亨"也。

小畜卦乾下巽上，九二失位，九五得位，九二变阴爻，则与九五相应，虞氏以之解释"志行乃亨"。虞氏注《需》卦辞"利涉大川，往有功也"曰：

谓二失位，变而涉坎，坎为大川。得位应五，故"利涉大川"。五多功，故"往有功也"。

虞氏认为需卦九二爻位不正，变阴爻则正位，与九五相应，故以之解释卦辞。

三爻之正。虞氏注《屯·六三》"即鹿无虞，惟入于林中"曰：

即，就也。虞谓虞人，掌禽兽者。艮为山，山足称麓。麓，林也。三变体坎，坎为丛木。山下，故称"林中"。坤为兕虎；震为麋鹿，又为惊走；艮为狐狼。三变禽走入林中，故曰"即鹿无虞，惟入林中"矣。

注《屯·六三》"君子几，不如舍，往吝"曰：

君子谓阳已正位。几，近。舍，置。吝，疵也。三应于上，之应历险。不可以往，动如失位。故"不如舍"之，往必吝穷矣。

屯卦六三位不正，阴变为阳则正位，如此则二至四位成坎卦，坎为丛木，又为险，虽与上六相应，但九三动则失位，且涉险，故虞氏以之解释爻辞。

四爻之正。虞氏注《睽·彖》"男女睽而其志通也"曰：

四动艮为男，兑为女，故"男女睽"。坎为志，为通，故"其志通也"。

睽卦兑下离上，初位阳爻已正，四位阳爻不正，故四位阳爻变阴爻，得正，上经卦成艮卦，虞氏以之解释《象》辞。

五爻之正。虞氏注《明夷》卦辞"利艰贞"曰：

> 谓五也。五失位，变出成坎，为艰，故"利艰贞"矣。

上爻之正。虞氏注《颐·六四·小象》"颠颐之吉，上施光也"曰：

> 晋四之初，谓三已变，故"颠颐"。与屯四乘坎马同义。坤为虎，离为目。眈眈，下视貌。逐逐，心烦貌，坤为吝啬，坎水为欲，故"其欲逐逐"。得位应初，故"无咎"。谓上已反三成离，故"上施光也"。

虞氏以颐卦上九下至三位，下经卦成离卦，离为光，故以之解释《小象》"上施光也"。再如虞氏注《小畜·上九》"月几望，君子征凶"曰：

> 几，近也。坎月离日，上已正，需时成坎，与离相望。兑西震东，日月象对，故"月几望"。上变阳消，之坎为疑，故"君子征，有所疑"矣。与归妹、中孚"月几望"义同也。

虞氏认为，小畜上九位不正，阳变阴，上经卦成坎卦，坎为疑，又是阴消阳，故以之解释爻辞"君子征凶"和《小象》"有所疑也"。

虞氏的之正说，特别重视卦爻之间的呼应关系，即他注重从一卦六位的相应关系阐述卦爻阴阳之正的关系。如初与四、二与五、三与上位，从爻位上看是相应的关系，从卦位阴阳上看是相反的关系，如果相应爻位上的阴阳爻皆不正位，则在之正上互易得正。如虞氏注《师·彖》"师，众也。贞，正也。能以众正，可以王矣"曰：

> 坤为众，谓二失位，变之五，为比。故"能以众正"，乃"可以王矣"。

师卦二、五位爻皆不当位，故当之正，其之正的方式是九二阳爻至五位，六五阴爻至二位，二者互易，皆得正位，故虞氏以之解释《象》辞。再如虞氏注《晋·六三》"众允，悔亡"曰：

> 坤为众。允，信也。土性信，故"众允"。三失正，与上易位，则"悔亡"。

注《晋·六三·小象》"众允之志，上行也"曰：

> 坎为志。三之上成震，故曰"上行也"。

晋卦三位、上位爻皆不当位，虞氏认为三、上爻易位，则得其正，"悔亡"；上经卦变为震卦，震为动，故"上行"。

关于卦爻的失位之正说，虞氏亦因出于解释卦爻辞的需要而有两可之论。如虞氏注《比·六三》"比之匪人"曰：

> 匪，非也，失位无应，三又多凶，体剥伤象，弑父弑君，故曰"匪人"。

此是以比卦六三失位而不正，故曰"匪人"。但虞氏注《比·九五》"显比"曰：

> 五贵多功，得位正中，初三以变体重明，故"显比"。谓显诸仁也。

此又是以初六、六三变阳爻之正，一至三位、三至五位皆成离卦，为"重明"，比于九五为吉。

此外还有位正之爻亦变、再变之正之例。如虞氏注《家人·六四·小象》"富家大吉，顺在位也"：

> 三变体艮，艮为笃实。坤为大业。得位应初，顺五乘三，比据三阳，故曰"富家大吉，顺在位也"，谓顺于五矣。

注《家人·上九》"有孚威加,终吉"曰:

> 谓三已变,与上易位,成坎。坎为孚,故"有孚"。乾为威如,自上之坤,故"威如"。易则得位,故"终吉"也。

虞氏的之正说,虽是对于自先秦易学以来卦爻当位说的一种发展,但因虞氏过于追求卦爻辞与卦爻象之间的一致关系,难免滥用之正说而使象数太过繁琐,反而使卦爻辞中的义理无处可寻。如虞氏注《睽·六五》"悔亡,厥宗噬肤,往何咎"曰:

> 往得位,"悔亡"也。动而之乾,乾为宗。二动体噬嗑,故曰"噬"。四变时,艮为肤。故曰"厥宗噬肤"也。变得正成乾,乾为庆,故往无咎而有庆矣。

注《睽·上九》曰"睽孤,见豕负涂,载鬼一车"曰:

> 睽三顾五,故曰"睽孤"也。离为见,坎为豕,为雨。四变时坤为土,土得雨,为泥涂。四动艮为背,豕背有泥,故"见豕负涂"矣。坤为鬼,坎为车,变在坎上,故"载鬼一车"也。

虞氏以之正说,爻变而得六画卦噬嗑(震下离上)、三画卦艮、坤、乾,又兼用上经卦离、互体坎卦来解释爻辞,几乎将八卦卦象都用了一遍。再如虞氏注《恒·象》"日月得天而能久照,四时变化而久成"曰:

> 动初,成乾为天。至二,离为日;至三,坎为月。故"日月得天而能久照"也。春夏为变,秋冬为化,变至二离夏,至三兑秋,至四震春,至五坎冬。故"四时变化而能久成"。谓乾坤成物也。

以之正说,几乎将八卦卦象推演了一遍,可谓陷入了象数的泥潭而不自知也。

(五)成既济定说

"成既济定",语出《杂卦》:"既济,定也。"张涛先生指出:

所谓成既济定,就是变卦中不当位之爻,使阴阳爻位各得其正,然后择其所需以释卦爻辞和传文。在六十四卦中,只有既济卦是六爻皆当位。①

虞氏注《屯·彖》"雷雨之动满形,天造草昧,宜建侯而不宁"曰:

震雷坎雨,坤为形也。谓三已反正,成既济。坎水流坤,故"满形"。谓雷动雨施,品物流形也。造,造生也。草,草创物也。坤冥为昧,故"天造草昧"。成既济定,故曰"不宁",言宁也。

屯卦三位之爻变,则下离上坎成既济卦,寓意天地和谐,天下安宁。如虞氏注《恒·彖》"圣人久于其道,而天下化成"曰:

圣人谓乾。乾为道。初二已正,四五复位,成既济定。乾道变化,各正性命。有两离象,重明丽正,故"化成天下"。

恒卦初二位变、四五位卦爻互易则成既济卦,象征圣人化成天下。又如虞氏注《家人·上九·小象》"威如之吉,反身之谓也"曰:

谓三动,坤为身。上之三,成既济定,故"反身之谓"。此家道正,正家而天下定矣。

《周易》特别重视家庭之义,家人卦上九变则成既济,但虞氏出于解释《家人·六四》爻辞"富家大吉"的需要,以九三变,二三四位成坤卦、三四五位成艮卦,坤为大业、艮为笃实。故于此处发挥上位与三位的相应之义,二者互易成既济定,以之解释爻辞,并阐发《家人·彖》之义。又如虞氏注《艮·彖》"进以正,可以正邦也。其位刚得中也"曰:

谓初已变,为家人。四进已正,而上不正。三动成坤,为邦。

---

① 张涛:《略论虞翻易学》,《山东师范大学学报》(人文社会科学版)2016年第4期。

上来反三。故"进以正,可以正邦"。其位刚得中,与家人道正同义。三在外体之中,故称"得中"。《乾·文言》曰:中不在人,谓三也。此可谓上变既济定者也。

虞氏发挥之正说,以艮卦通过多位爻变而成既济卦,以阐发艮卦的正邦之义。由之可见,虞氏的成既济定说,是其之正说的延伸,更多地体现了虞氏的社会政治理想和人文关怀。

(六) 纳甲说

虞氏注《坤·彖》"西南得朋,乃与类行"曰:

> 谓阳得其类,月朔至望,从震至乾,与时偕行,故"乃与类行"。

注《坤·彖》"东北丧朋,乃终有庆"曰:

> 谓阳月三日,变而成震,出庚。至月八日成兑,见丁。庚西丁南,故"西南得朋"。谓二阳为朋,故兑"君子以朋友讲习"。《文言》曰:敬义立而德不孤。《彖》曰:乃与类行。二十九日,消乙入坤,灭藏于癸,乙东癸北,故"东北丧朋"。谓之以坤灭乾,坤为丧故也。

注《蹇·彖》"蹇之时用大矣哉"曰:

> 谓坎月生西南而终东北。震象出庚,兑象见丁;乾象盈甲,巽象退辛,艮象消丙,坤象穷乙,丧灭于癸,终则复始,以生万物,故"用大矣"。

虞氏注《系辞》"在天成象"曰:

> 谓日月在天成八卦。震象出庚,兑象见丁,乾象盈甲,巽象伏辛,艮象消丙,坤象丧乙,坎象流戊,离象就己,故"在天成象"也。

虞氏注《系辞》"县象著明,莫大乎日月"曰:

谓日月县天，成八卦象。三日莫，震象出庚。八日，兑象见丁；十五日，乾象盈甲；十七日旦，巽象退辛；二十三日，艮象消丙；三十日，坤象灭乙。晦夕朔旦，坎象流戊，日中则离，离象就己，戊己土位，象见于中，日月相推而明生焉，故县象著明，莫大乎日月者也。

注《说卦》"乾，西北之卦也，言阴阳相薄也"。

乾刚，正五月，十五日晨象西北，故"西北之卦"。薄，入也。坤十月卦，乾消剥入坤，故"阴阳相薄"也。

以上是虞氏关于月体纳甲说的阐述。后世学者，曾作多种虞氏月体纳甲图，兹录清代学者胡渭的"新定月体纳甲图"[①] 于下，以飨读者。

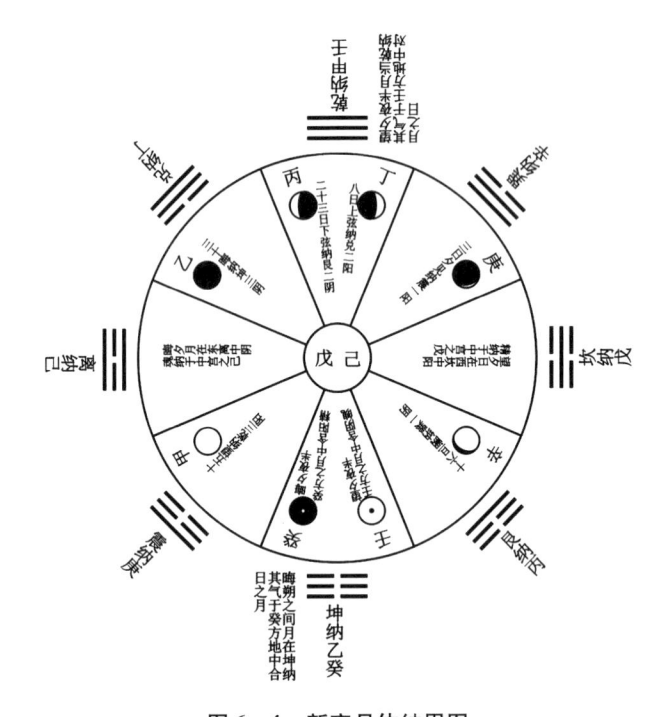

图6—4 新定月体纳甲图

---

① 胡渭：《易图明辨》卷3，中华书局2008年版，第71页。

笔者在"京房易学"部分阐述过，月体纳甲说当源自京房，京房把坎离二卦提高到了"阴阳之性命"的哲学高度，认为天地之道是坎离之象——日月不停运动的结果；《京氏易传》中的"分天地乾坤之象，益之以甲乙壬癸，震巽之象配庚辛，坎离之象配戊己，艮兑之象配丙丁。八卦分阴阳，六位配五行，光明四通，变易立节"之语，讲的就是月相与八卦之象相配的问题，认为八卦之象所表达的阴阳消长的意义，与月相所昭示的天道变化完全一致。虞氏家传孟氏易，对于京氏易当非常熟稔，故采京氏之说解释《周易》经传是很自然的事。

通过上述虞氏"卦变说""互体说""之正说""上下易象说"的介绍，可见虞氏认为《周易》经传所体现的天地之道、圣人之教、万物之理，皆可以通过八卦和六十四卦卦象的变化，得到完美的解释。这是虞氏基于《系辞》"易与天地准"思想解《易》的体现。但虞氏在关于月体纳甲说的阐述中曰"日月在天成八卦""日月县天，成八卦象"之语，认为月体纳甲所表达的周而复始的天道，即八卦卦象；八卦卦象，即是天道之最显著者。这不但突破了自战国时期《易传》以来人们认为伏羲是通过对天地人物观象取法而创作八卦的认识，也突破了"易与天地准"的思想，其思想的本质，是将《周易》之理与实际之天道合二为一，此是虞氏易学思想的又一关键点，学者不可不察也。